2018 中国保险业发展年报

Annual Report of
China's Insurance Industry Development in 2018

中国保险行业协会 编
INSURANCE ASSOCIATION OF CHINA

中国财经出版传媒集团
经济科学出版社
Economic Science Press

图书在版编目（CIP）数据

2018中国保险业发展年报/中国保险行业协会编.
—北京：经济科学出版社，2018.12
ISBN 978-7-5141-8471-6

Ⅰ.①2… Ⅱ.①中… Ⅲ.①保险业-经济发展-研究报告-中国-2018 Ⅳ.①F842

中国版本图书馆CIP数据核字（2018）第294999号

责任编辑：于海汛
责任校对：郑淑艳
责任印制：李　鹏

2018中国保险业发展年报

中国保险行业协会　编
经济科学出版社出版、发行　新华书店经销
社址：北京市海淀区阜成路甲28号　邮编：100142
总编部电话：010-88191217　发行部电话：010-88191522
网址：www.esp.com.cn
电子邮件：esp@esp.com.cn
天猫网店：经济科学出版社旗舰店
网址：http://jjkxcbs.tmall.com
北京时捷印刷有限公司印装
787×1092　16开　23.5印张　480000字
2018年12月第1版　2018年12月第1次印刷
ISBN 978-7-5141-8471-6　定价：128.00元
（图书出现印装问题，本社负责调换。电话：010-88191510）
（版权所有　侵权必究　打击盗版　举报热线：010-88191661
QQ：2242791300　营销中心电话：010-88191537
电子邮箱：dbts@esp.com.cn）

编委会名单

主　　编：朱进元
副 主 编：王　敏　张承惠　王　和
执行主编：王　敏

执行副主编：（按姓氏笔画排序）
　　　　尹　博　朱俊生　刘　阳　杨文梅　连锦泉
　　　　张建龙　周　星　郑　权　贾　磊　柴　岳
　　　　徐钟抒　徐晓华　黄　蓉　蔡恩学　魏　杰

编写组成员：（按姓氏笔画排序）
　　　　王　未　王立峰　王　宁　王锦坤　尤　莉
　　　　牛志伟　邓　亮　付盛麟　曲　江　孙　飞
　　　　杨大明　杨　俊　李　飞　李　真　李富强
　　　　张　焱　林志坚　周县华　赵建川　荣丹蕊
　　　　耿德兵　徐　伟　徐　强　高　峰　郭静艳
　　　　黄永波　符云波　廖　朴　魏云亮

前　言

2018年是改革开放40周年，也是保险复业近40年。40年来，在党的正确领导下，中国保险业从无到有、从小到大，经过持续多年的高速增长，已成为全球第二大保险市场；保险业在人身和财产等领域的风险保障功能不断增强，在服务实体经济和社会治理方面取得积极成效；现代企业制度建设和费率市场化改革取得积极成果，对外开放步伐不断加快；建立起比较完整规范的保险市场监管体系，搭建起以"三支柱"为主体的现代保险监管框架，构建起全流程的保险风险防控体系；保险科技创新应用突飞猛进，传统保险业务加快升级。

2017年是中国保险业回归保障本源、从高速增长转向高质量发展的关键之年。在党的十九大和第五次全国金融工作会议精神指引下，保监会出台"1+4"系列文件，着力引导行业防风险、治乱象、补短板、服务实体经济。全年保险保费收入保持了较快增长。同时，在业务模式转换、产品结构调整等方面取得明显成效，保障型业务占比明显提升，资金运用更加稳健审慎，行业风险总体可控。从整体来看，中国保险业正在由过去追求数量、规模快速增长的成长方式转向更加注重发展质量、更加严格管控风险的可持续增长模式。

《2018中国保险业发展年报》（以下简称"本报告"）紧紧围绕行业和市场的变化，以主报告的形式回顾了改革开放40年来中国保险业的发展历程，介绍了2017年中国保险业的发展情况；以分报告的形式分别介绍了财产险市场、人身险市场、保险中介市场、保险资金运用市场四个业务领域的发展历程和发展现状；以专题报告的形式介绍了一年来中国保险行业协会对行业一些热点问题的研究成果。

本报告是中国保险行业协会编写的第五部年度报告。五年来，我们得到了中国社会科学院、国务院发展研究中心、波士顿咨询、麦肯锡咨询、普华永道等国内外一流研究智库的大力支持，研究成果日益得到行业内外认可。截至目前，以该系列报告为基础、共形成了19篇内参上报国务院，开辟了保险业争取国家政策支持的新通道。自2018年开始，我们立足于行业进一步转型发展的需要，更加注重以市场数据为基础进行实践研究，着重突出横向各业务领域的全面性和纵向历年发展情况的可追溯性。在此基础上，总结历史经验、探索发展规律，为今后保险业的转型升级提供必要的借鉴。

本报告编写过程中，得到了中国银保监会政策研究局的大力指导。同时，本报告的编写离不开行业内外的鼎力支持，泰康保险集团为报告的编写和出版提供了经费赞助，课题组成员包括国务院发展研究中心金融研究所、中国人民保险集团股份有限公司、中国人民财产保险股份有限公司、中国人寿保险股份有限公司、中国太平洋财产保险股份有限公司、中国平安财产保险股份有限公司、华泰财产保险股份有限公司、华泰资产管理有限公司、安华农业保险股份有限公司、华安财产保险股份有限公司、普华永道中天会计师事务所、中央财经大学保险学院、华宝证券有限责任公司等机构的专家，在此我们一并表示衷心的感谢。

由于编写时间紧迫，《2018中国保险业发展年报》难免有疏漏、错误之处，敬请业内同仁、广大读者提出宝贵意见和建议。

编委会

2018年12月

目　　录

主　报　告

主报告 01　改革开放 40 年中国保险业回顾与展望　/　3
　　一、改革开放 40 年中国保险业回顾　/　4
　　二、改革开放 40 年中国保险业主要成就　/　25
　　三、中国保险业未来发展展望　/　31

主报告 02　2017 年中国保险业发展报告　/　35
　　一、2017 年保险业发展政策环境　/　35
　　二、2017 年保险业发展状况　/　39
　　三、当前保险业发展前瞻　/　58
　　四、当前保险业发展的政策建议　/　60

分　报　告

分报告 01　财产险市场发展历史回顾、当前形势与未来展望　/　65
　　一、改革开放以来财产险市场发展历史回顾　/　65
　　二、2017 年财产险市场发展形势　/　69
　　三、财产险市场在挑战中实现新发展　/　74
　　四、财产险市场未来展望　/　77

分报告 02　人身险市场发展历史回顾、当前形势与未来展望　/　82
　　一、改革开放以来人身险市场发展历史回顾　/　83

二、2017年人身险市场发展形势 / 87

三、人身险市场面临的挑战 / 110

四、人身险市场未来展望 / 115

分报告03　保险中介市场发展历史回顾、当前形势与未来展望 / 120

一、改革开放以来保险中介市场发展历史回顾 / 120

二、2017年保险中介市场发展形势 / 122

三、存在问题与对策建议 / 136

四、保险中介市场未来展望 / 141

分报告04　保险资金运用历史回顾、当前形势与未来展望 / 145

一、改革开放以来保险资金运用历史回顾 / 145

二、2017年保险资金运用情况 / 147

三、保险资金运用发展成绩与存在问题 / 162

四、保险资金运用未来展望 / 165

专题报告

专题报告01　2017年中国保险发展指数报告 / 173

摘要 / 173

一、宏观经济为保险业发展营造良好环境 / 173

二、2017年中国保险发展指数保持提升态势 / 174

三、党的十八大以来我国保险业砥砺前行 / 180

专题报告02　中国养老金第三支柱研究 / 187

摘要 / 187

一、建设中国特色养老金第三支柱的关键问题 / 188

二、建设中国养老金第三支柱的总体框架 / 192

三、建设中国养老金第三支柱的主要考虑 / 195

四、建设中国养老金第三支柱的政策建议 / 197

专题报告 03　中国商业健康保险发展情况及政策建议 / 201

摘要 / 201

一、我国商业健康保险发展情况 / 201

二、商业健康保险发展问题及其原因 / 208

三、加强商业保险服务"新医改"能力的若干建议 / 212

专题报告 04　中国农业保险制度现存问题及优化对策 / 217

摘要 / 217

一、11 年来我国农业保险的发展成效 / 218

二、我国农业保险制度现存问题 / 221

三、优化我国农业保险制度的对策 / 226

专题报告 05　中国保险行业内部审计发展研究 / 234

摘要 / 234

一、保险行业内部审计发展现状 / 235

二、保险行业内部审计的发展趋势 / 238

三、保险行业审计所面临的挑战与应对 / 242

专题报告 06　保险公司合规管理现状调查 / 252

摘要 / 252

一、调研问卷整体情况分析 / 252

二、合规负责人基本情况 / 253

三、合规管理基本情况 / 257

四、合规管理财务情况 / 261

五、合规管理框架建设情况 / 263

六、合规风险情况 / 266

七、合规考核情况 / 268

八、合规培训情况 / 270

九、监管科技在合规管理中的应用 / 272

十、反洗钱合规管理 / 274

十一、关联交易与资金运用　/　275

十二、结束语　/　276

专题报告07　中国保险科技发展情况研究　/　277

摘要　/　277

一、保险科技兴起的背景　/　278

二、保险科技的重点领域　/　280

三、保险科技的创新实践　/　285

四、保险科技与风险防范　/　291

专题报告08　中国保险科技指数研究报告　/　292

摘要　/　292

一、研究背景　/　293

二、保险科技指标体系　/　295

三、保险科技指数模型　/　298

专题报告09　论汽车零整比研究的重要意义和发展方向　/　305

摘要　/　305

一、零整比指标体系　/　305

二、零整比研究的迫切性和必要性　/　306

三、零整比研究的社会效益和经济效益　/　308

四、零整比研究应该坚持的发展方向　/　309

专题报告10　中保研汽车技术研究院的建设与发展研究　/　311

摘要　/　311

一、实现中国保险行业汽车技术研究基础设施从无到有的跨越　/　312

二、以保险行业技术需求为导向开展汽车技术研究　/　314

三、中保研服务行业转型成效初显　/　317

四、中保研要继续服务行业走向高质量发展　/　318

五、结束语　/　319

专题报告11　保险行业人力资源发展报告 / 320

摘要 / 320

一、人力资源现状盘点 / 321

二、行业人才培训提升 / 326

三、人力资源管理优化 / 328

四、结束语 / 333

专题报告12　中国保险行业协会教育培训专题研究 / 335

摘要 / 335

一、保险行业人才队伍建设面临的主要问题 / 336

二、中国保险行业协会引领行业人才培养体系建设 / 338

三、行业教育培训实践创新及成效 / 341

四、中国保险行业人才培养工程未来思考 / 348

特色案例

"保险+医养康宁"跨界融合　打造全生命周期大健康生态体系——泰康人寿保险有限责任公司案例分析 / 353

从摇篮到天堂，深耕寿险产业链 / 353

高品质医养服务，打造全国领先品牌 / 356

依托泰康集团，综合实力更强 / 361

主 报 告

主报告 01

改革开放 40 年中国保险业回顾与展望[*]

2018 年是我国改革开放 40 周年，也是保险复业近 40 年。回顾中国保险业改革发展的 40 年，伴随着中国特色社会主义市场经济体制的探索、建立和发展，中国保险业从无到有、从小到大，基本可以划分为业务恢复阶段、竞争起步阶段、入世开放阶段、职能重新定位和规范发展阶段等四个阶段。

40 年来，中国保险业成长为全球第二大保险市场，初步建立起一个比较完善的保险市场体系，保险改革开放取得突破性进展，市场配置保险资源的决定性作用得到逐步发挥，保险监管体制逐步完善，符合现代金融保险特点的现代金融监管框架基本确立。同时，保险业在提供风险保障、服务实体经济、稳定资本市场和辅助社会治理等方面发挥了稳定器、助推器和压舱石作用。

未来，随着我国经济从高速度增长转向高质量发展，全面深化改革持续推进，对外开放力度不断加大，人民群众风险保障需求不断升级，以及监管和法制建设更加专业化、规范化，中国保险业将在回归本源与转型升级中，迎来更加广阔巨大的发展空间。

---

[*] 本报告所引用数据，除特殊说明外，分别来自《国务院批转中国人民银行关于国内保险业务恢复情况和今后发展意见的报告的通知》（1982 年 2 月）、国家统计局官网（http://www.stats.gov.cn/）、中国银行保险监督管理委员会官网（www.cbrc.gov.cn）、《中国金融四十人看四十年》（陈元、黄益平，中信出版集团 2018 年版）、《中国保险业发展改革报告（1979~2003）》（吴定富主编，中国经济出版社 2004 年版）、《保险史话》（保险史话编委会，社会科学文献出版社 2015 年版）、《保险中国 200 年》（王安，中国言实出版社 2008 年版）、《中国保险史》（中国保险学会《中国保险史》编审委员会，中国金融出版社 1998 年版）、历年《中国金融年鉴》（中国金融出版社）、历年《中国保险年检》（中国保险年鉴社）、中国保险行业协会行业统计数据等渠道。

一、改革开放40年中国保险业回顾

（一）保险业务恢复阶段（1978~1991年）

这一时期，在党的十一届三中全会政策指引下，在中国人民银行作出恢复国内保险业务的决策带动下，保险业务、特别是财产险业务迅速恢复并高速发展。在此期间，保费收入从1980年的4.6亿元增长到1991年的235.6亿元，年均增长率达43.02%，高于同期GDP年均名义增速27.7个百分点。新的保险机构相继成立，打破了中国人民保险公司独家经营的局面。保险法制化建设起步，新中国第一部保险业法律文件颁布出台，保险业由中国人民银行领导和监管。

1. 保险业务快速发展，财产险业务居于领先地位

保险机构快速铺设至全国各地。截至1981年10月，中国人民保险公司已在除西藏外的28个省、直辖市、自治区的大中城市和少数县，建立保险专业机构477个，银行代理处803个，有保险专业人员5700余人。

改革开放初期，保险业发展的重心集中在财产保险领域。主业务是以企财险和车险为主，1987年车险保费收入首次超过企财险保费收入，此后逐步增加。随着财产险的发展，过去发生意外损失统一由财政补偿的做法也得到了相应改变，全民所有制单位投保的财产，一旦发生损失，由保险公司按保险合同规定负责赔偿，国家财政不再核销和拨款。从业务拓展方式看，财产险更多地依赖各级政府红头文件，如在农业系统、电力系统和煤炭系统等；许多产品和条款沿用20世纪50年代的做法，带有强制保险和苏联国家保险的烙印。这一时期，我国财产保险在国家有关政策的支持下得到较快发展，处于我国保险业的主导地位，占总保费收入的比重一直在70%以上。

在财产保险业务已经恢复并运行的基础上，于1982年恢复办理人身保险业务和农业保险业务，1985年试办系统内分保业务，至此保险业经营范围已拓展到财产保险、人身保险、政策性保险、再保险等各个领域。总体上产品形态比较单一，比如人身险产品以简易人身险和意外险为主，保额基本为几十元左右，保险期限以5年内短期险为主，缴费方式以月缴为主。

2. 新的市场主体出现，打破中国人民保险公司独家经营局面

从改革开放之初到1986年，我国保险业一直处于独家经营的局面，中国人民保险公司是国内保险市场上唯一的经营主体。这种独家经营的局面，在恢复国内业务初期起到了一定的积极作用。但是随着改革开放的推进，垄断经营的弊端开始暴露，难以满足社会发展的需求，也制约了我国保险市场的发展。

1986年7月,中国人民银行批准设立了新疆生产建设兵团农垦保险公司,专门经营兵团内部以种植和牧养业为主的保险业务,在当时被视为"打响了中国保险体制改革的第一枪"。1987年,中国交通银行及其分支机构开始设立保险部专营保险业务,4年后在此基础上成立了中国太平洋保险公司。1988年,在深圳经济特区成立了平安保险公司。

这一时期,尽管我国保险市场的经营主体已经不止人保一家,但当时新疆兵团保险和深圳平安保险都属于地方性保险公司,影响力十分有限;交通银行的保险业务并没有独立运行,太平洋保险是第二家全国性商业综合保险公司,但成立时间还比较短。1990年和1991年,人保市场份额分别为99.33%和97.57%。

3. 法制建设起步,中国人民银行履行监管职能

改革开放以来,伴随着保险业的快速发展,保险法制化建设也开始起步。1981年12月颁布的《中华人民共和国经济合同法》,对财产保险合同作了原则规定,是新中国第一部与保险有关的真正意义上的法律。1983年9月,国务院颁布《中华人民共和国财产保险合同条例》,这是新中国成立后第一部专门调整保险合同关系的行政法规。1985年3月,国务院颁布《保险企业管理暂行条例》,对保险企业的性质、组织、资本金、准备金和再保险等事项进行了规定,这是我国专门针对保险经营活动的第一部行政法规,也是保险监管的主要法律依据。

改革开放头20年里,我国保险业没有单独的行政监管部门,监管职能由中国人民银行履行。1983年9月,经国务院批准,中国人民保险公司升格为国务院直属局级经济实体,按照国家相关法律法规,独立行使职权并开展经营活动。1984年1月1日起,中国人民保险公司正式从中国人民银行中分设出来,但在业务上仍然接受中国人民银行的领导、管理、监督和稽核。

这一阶段的监管,主要特点是严格条款费率监管。中国人民银行根据《保险企业管理暂行条例》《财产保险合同条例》等,通过制定或审批保险产品的条款费率、控制市场准入等手段进行监管。在严格监管的同时,稳妥开放市场准入,适度引入竞争机制,形成以垄断为主、寡头竞争为辅的市场结构。

(二)竞争起步阶段(1992~2001年)

1992年,邓小平南方谈话掀起了改革开放新一轮高潮,中共十四大提出建立社会主义市场经济体制的改革目标,保险业由此进入竞争起步阶段。在这一时期,保险业市场化改革加快,产寿分业经营原则确立并落地实施,新华、泰康、华泰等一批股份制保险公司成立,首家外资保险公司友邦进入中国并引入个险营销员体制,第一部《保险法》颁布实施,中国保监会正式成立,保险业迎来分业监管阶段。1992~2001年,行业总保费从367.9亿元增加到2112.3亿元，全球排名提升至第13位，年均增长率达21.43%，高于同期GDP年均名义增速4.53个百分点。

1. 保险企业集中涌现，多元化格局初步形成

国内保险企业集中涌现。1991年，交通银行在其保险业务部的基础上组建成立了中国太平洋保险公司，成为继中国人民保险公司之后的第二家全国性综合保险公司。1992年，地方性的深圳平安保险公司正式更名为中国平安保险公司，扩大了经营地域，成为第三家全国性综合保险公司。太保和平安这两家全国性综合保险公司的出现，真正打破了中国人民保险公司独家垄断经营的局面。

1994年底至1995年底，天安保险和大众保险两家区域性保险公司在上海成立。1996年8月，中国人民银行正式批准成立新华人寿、泰康人寿、华泰财险3家全国性保险公司和华安财险、永安财险2家区域性保险公司，这些公司成为《保险法》颁布实施后成立的首批商业性、股份制的保险企业。1997年，国务院提出在中国人民保险公司和中国进出口银行出口信用保险部的基础上，组建统一的政策性出口信用保险公司。2001年12月中国出口信用保险公司正式成立，政策性保险业务取得突破。

外资保险机构破冰入华。在邓小平南方谈话的春风带动下，我国开始了保险市场对外开放的试点。经国务院批准，美国友邦在1992年率先在上海设立分公司，以独资身份进入中国市场，成为国内首家外资寿险公司，同时其也是截至目前国内唯一一家外资独资寿险公司，成为中国保险业乃至整个金融业对外开放的里程碑。1994年日本东京海上火灾保险公司也进入上海市场。1995年，保险对外开放试点从上海扩大到广州。1996年，加拿大宏利人寿保险公司与中国对外经贸信托投资公司合资成立中宏人寿，这是改革开放以来第一家中外合资寿险公司。外资保险公司经营范围主要有：境外企业的各项保险和境内外商投资企业的财产险及相关责任险，外国人和境内个人缴费的人身险业务，以及上述业务的再保险。截至2001年底，外资保险公司保费收入从1992年的29.5万元增加到2001年的32.84亿元。

到2001年底，全国共有保险公司52家，其中：国有独资5家，股份制15家，中外合资19家，外国分公司13家，初步形成了以国有保险公司为主、中外保险公司并存、保险公司相互竞争发展的新格局。1991~1996年，人保的市场份额从97.57%快速下降到74.89%，太保和平安则分别由1.37%和0.66%提高到10.94%和12.76%。到2001年，财产险市场上，人保占比73.72%，其他中资公司合计25.56%，外资公司0.72%；人身险市场上，国寿占比57.10%，其他中资公司合计41.25%，外资公司1.65%。

中国保险业开始"走出去"。1980年1月，人保驻伦敦联络处成立，这是改革开放后中国保险企业首次走出国门。这一时期，我国保险业"走出去"的步伐有所加快。1992年平安、1994年太保先后在香港成立子公司。2001年12月，中国出口信用保险公司成立，为中国企业的出口业务提供外汇等方面的风险保障。

2. 个险营销体制迅速兴起，保险中介市场初步发展

改革开放初期，保险中介业务主要以行业代理和农村代办的形式存在。1992年以来，专业性的保险中介市场开始兴起。1995年《保险法》以法律的形式确定了各类保险中介机构在我国保险市场的合法地位。

个险营销体制进入中国并迅速推广。 1992年以前，我国人身险业务主要以团险直销和兼业代理为主，市场占比较小。1992年美国友邦保险公司在上海设立分公司，引进个险营销体制，开创个人代理人销售人身险产品先河，从而带动个人寿险产品创新和服务创新，促进了人身险业务的快速增长。1994年平安率先效仿实施，1995年人保开始研究试点，1996年产寿分业后中国人寿决定全面推广，新华、泰康成立后普遍采用，个险营销体制迅速被全行业接受。自1996年12月起，中国人民银行组织对保险代理人实行资格考试、执证上岗的管理制度。1997年，《保险代理人管理条例（试行）》颁布，为规范保险代理人的发展提供了法律保障。1995年底，全国已有30余万保险营销员，保险公司大约40%的保险业务收入来自营销渠道；2001年底，保险营销员增至105万人。

个险营销体制的引入，让人身险业务从过去主要依靠政府部门支持、重点面向企事业单位和机关团体展业，转变为主要依靠市场化营销队伍、重点面向个人展业，不仅带来了人身保险业的高速发展，更重要的是，通过保险营销员的面对面深入细致的宣传和推销，推动全社会保险意识的提升。

保险经纪机构和公估机构应运而生。 随着外资企业和外国保险公司不断进入中国，通过保险经纪人进行展业的模式也逐步出现。1993年6月，中国人民银行深圳市分行和深圳市工商局分别批准了16家保险经纪公司开业。一些外国保险经纪公司也纷纷在华设立代表处。1998年，中国人民银行颁布《保险经纪人管理规定（试行）》。1999年5月，中国保监会举行首次保险经纪人资格考试。2000年6~7月，北京江泰、上海东大、广州长城3家全国性保险经纪公司相继成立。为解决保险理赔工作中的一些专业技术问题，保险公估公司逐步出现。1993年3月，上海成立东方公估行。1994年，北方公估行（天津）、浙江公估行（杭州）、民太公估公司（深圳）相继成立。2000年，中国保监会发布《保险公估人管理规定（试行）》，奠定了保险公估的法律基础。截至2003年底，我国共有保险经纪机构165家，公估机构158家。

3. 产寿分业原则落地实施，寿险业务超过产险业务

改革开放以来，我国保险公司可以同时经营财产险和人身险业务。借鉴国际保险业产、寿分业经营的通行做法，1995年《保险法》将分业经营体制以法律的形式确定下来。经国务院批准，1996年7月，中国人民保险公司更名为中国人民保险（集团）

公司,下设财产险、人身险、再保险3家子公司,海外机构由总公司管理,后撤销总公司。1998年10月,上述3家子公司分别更名为中国人民保险公司、中国人寿保险公司、中国再保险公司,成为独立法人。

除了中国人民保险公司改制外,2000年11月,新疆兵团保险公司完成分业改制,改为新疆兵团财险公司。2001年4月,太平洋保险公司开展分业改革,改制为太平洋保险(集团)公司、太平洋财险公司、太平洋寿险公司。2002年4月,平安保险公司完成分业改革,成立平安集团、平安财险、平安人寿、平安信托投资公司。

分业经营体制改革在促进产、寿险专业化经营,防范经营风险等方面发挥了积极作用,特别是极大地促进了寿险业的发展。在产寿分业和个险营销体制共同作用下,人身险业务快速壮大。随着展业模式变革,人身险产品从过去的简易人身险和意外险为主,转变为以普通寿险为主,保额上升到万元乃至数万元,保险期限扩展到终身,缴费方式转变为年缴,同时引入体检、核保等技术手段,提高了寿险行业的技术水平和风险管理水平。1997年人身险保费收入首次超过财产险,在总保费中占比55.53%。随后数年人身险保费收入占比快速提升,2001年提升到67.42%。此后人身险在总保费中的占比优势保持至今,这一局面未曾改变。

4. 保险资金运用渠道放开,在探索中前进

改革开放初期,保险资金属国家财政资金,按规定全部存入银行。1987年后,保险资金运用渠道放开。在缺乏经验和管理滞后的情况下,保险资金涌向房地产、有价证券等市场,积累了大量的不良资产。据不完全统计,仅1992年、1993年经济过热时期因保险资金运用形成的不良资产就达到100多亿元。1995年《保险法》104条规定,保险资金运用限于银行存款、买卖政府债券、金融债券和国务院规定的其他资金运用形式。1998年以后,逐步放开了保险资金进入银行间债券市场、中央企业债券市场等。1999年10月,《保险公司投资证券投资基金管理执行办法》颁布,规定保险资金投资基金的余额按成本价格计算不得超过上月末总资产的5%,标志着保险资金可以"间接入市"。2000年3月,中国保监会批准中国人寿、平安等5家保险公司证券投资基金的比例提高到10%,险资入市的比例越来越高。2003年,我国保险资金运用实现收益235亿元,收益率为2.7%。这个阶段的保险资金运用,既积累了经验和教训,也为保险资金管理的规范化奠定了基础。

5.《保险法》颁布实施,保险监管体制进入专业化监管阶段

1995年颁布实施的《保险法》,是新中国成立以来第一部保险基本法。该法兼具"合同法"与"业法"的特征,对保险合同要件进行了原则规范,明确了保险公司的组织形式、设立条件和审批程序,规定了保险公司的经营规则和监管要求,定义了保险代理人和保险经纪人,明确其行为基本要求,等等。《保险法》颁布后,中国人民银行作为保险监管机构，加快推进保险业改革开放：优先发展中资机构、逐步引进外资机构；落实分业经营，优先发展寿险公司；鼓励设立股份制保险公司；强化对保险中介、保险资金运用等监管。这些举措确定了随后的保险业改革发展的基本方向和主要内容。

在此期间，中国人民银行逐步加强对保险业的监管，建立完善监管的内设机构。1994年5月，中国人民银行在非银金融机构管理司专门设立保险处。为贯彻落实《保险法》，中国人民银行1995年7月设立保险司，专门负责对中资保险公司的监管。同时，加强了系统的保险监管机构建设工作，各一级分行逐步设立保险科，省以下分支行配备专门的保险监管人员。

随着我国金融体制改革的逐步深入，银行、证券、保险业分业经营的格局逐步确立。1997年全国金融工作会议明确提出，在我国现实情况下，必须严格执行银行、信托、证券、保险分业经营、分业管理的原则。1998年，中国保险监督管理委员会成立。其职能为根据国务院授权履行行政管理职能，依照法律、法规统一监督管理全国保险市场。中国保监会的成立，表明我国保险业监管进入规范化、专业化阶段，实现了金融宏观调控与金融微观监管的分离，标志着中国金融分业监管体制初步形成，是金融日益复杂化、专业化的大势所趋。到2001年4月，中国保监会在各省、自治区、直辖市和计划单列市全部设立派出机构，全国保险监管组织体系逐步形成。

这一阶段监管主要特点是加强市场行为监管。在此期间，一批股份制、外资、合资保险公司相继成立，保险产品和销售渠道不断创新，保险业务高速增长。但由于市场主体尚不成熟，市场竞争中的各种违法违规事件时有发生。针对市场经营行为，监管部门出台了一系列规范性文件，开展航意险、车险、保险中介市场、寿险误导、资金运用等专项清理整顿工作，通过审批保险机构设立变更、审批条款费率、规范保险机构和中介机构市场行为、监督检查保险业务经营活动等，加强保险监管，保护消费者合法权益，维护公平竞争环境。此外，监管部门在人身险精算制度方面做了基础性工作。1995年7月完成了《中国人寿保险经验生命表（1990~1993）》，这是中国第一张经验生命表。1996年6月，中国人民银行下发通知，从1997年4月1日起，中国境内开发的所有人寿保险险种都必须以该表为保单定价、计算退保金和准备金的依据。

在此期间，监管部门的两次清理整顿影响较大。一是接管永安保险。1997年12月1日，中国人民银行陕西分行发布公告，鉴于永安财产保险股份有限公司存在严重违法和违规等问题，决定依法对其进行接管，这是我国改革开放以来第一例保险公司被接管事件。二是调整寿险预期利率。20世纪90年代中后期，我国经历了严重的通货膨胀，银行存款利率大起大落。这一阶段，寿险产品定价方式主要是在参考银行存款利率基础上的自由定价，不少机构定价策略比较激进，定价利率最高达9%。1996年5月到1999年6月，央行基准利率连续7次下调，一年期定期存款利率从10.98%下降到2.25%。由于寿险业资产主要集中在银行存款和政府债券，在银行利率快速回落的过程中形成巨额利差损。1999年6月10日，中国保监会发布《人身保险定价管理办法》，规定所有人身险产品定价利率不得超过2.5%，对防范和化解利差损风险起了非常重要的积极作用。

（三）"入世"开放阶段（2002~2011年）

2001年12月我国加入世贸组织，2002年11月中共十六大召开，我国保险业由此进入了大幅对外开放和加速发展时期。这一时期，国务院首次颁布《关于保险业改革发展的若干意见》（"国十条"），从国家层面肯定了保险业在市场经济体系中的重要作用；机动车交强险制度、政策性农业保险试点在全国实施，资金运用改革和现代企业制度建设取得突破。2002~2011年，行业保费收入从3053.1亿元增加到14339.25亿元，全球排名从第11位提升至第6位；10年间年均增速18.75%，超过同期GDP年均名义增速2.03个百分点，国寿等5家险企登上全球500强。我国成为全球最重要的新兴保险大国。

1. 股份制改造取得重大突破，现代企业制度初步建立

一是多家保险公司在股份制改造后上市。党的十五届四中全会通过了《关于国有企业改革和发展若干重大问题的决定》，为国有保险公司改革提供了重要机遇。针对当时国有保险公司资本金严重不足、经营机制不活、资产质量不高、历史包袱沉重等问题，2000年6月中国保监会提出股份制改革思路。2002年全国金融工作会议对国有保险公司股份制改革提出明确要求：坚持国家控股原则，加快国有独资保险公司股份制改革步伐；通过吸收外资和社会资金参股，实现股权结构多元化，完善法人治理结构，切实转换经营机制，引进国外先进技术和管理经验，增强经营活力和竞争力。根据2002年全国金融工作会议精神，中国人保、中国人寿和中国再保分别制定了股份制改革方案，并相继得到国务院批准。

2003年7月，中国人民保险公司重组改制为中国人保控股公司，并发起设立了中国人民财产保险股份有限公司。2003年11月，人保财险在香港挂牌上市，募集资金62.2亿港元，成为内地第一家完成股份制改造的国有金融机构，也是内地第一家境外上市的金融保险机构。2003年8月，中国人寿保险公司重组为中国人寿保险（集团）公司和中国人寿保险股份有限公司，后者于当年12月在纽约、香港两地成功上市，成为我国第一家在两地同时成功上市的金融机构。此次上市公开发行融资34.75亿美元，创造了当年度全球资本市场融资额最高纪录。随后，中国再保险公司重组改制为中国再保险（集团）公司。2003年10月，中再集团吸收9家境外投资者，发起成立中国大地财险公司，成为我国第一家国有保险公司作为主发起人、吸收境外投资者共同设立的保险公司。2003年12月，中国再保险（集团）公司、中国财产再保险公司、中国人寿再保险公司成立。

国有保险公司股份制改革取得重要成果。一是充实了资本金，提高了偿付能力。人保财险和国寿股份通过上市共募集资金折合人民币354亿元，两家公司的偿付能力分别达到监管要求的1.9倍和5.6倍。二是优化了股权结构。人保财险和国寿股份两家上市公司公开发行股份为28%和27.8%，中再集团改制后三家子公司外资和民营持股比例分别为20%、26.3%、44.9%。三是促进了国有资产的保值增值。截至2002年底，三家国有保险公司总资产合计达到3795亿元。

二是积极优化股权结构，改善公司治理。在监管部门的引导和支持下，一些保险公司纷纷按照现代企业制度的要求，推进股份制改造，积极吸引外资和民营资本参股，股权结构得到优化。例如，汇丰入股平安、新华引入苏黎世、华泰与ACE联姻等。截至2007年，已有27家外资机构以参股的方式投资了国内20家保险公司，其投入的资本总量在110亿~120亿元。再如，2006年原中华联合财产保险公司整体改制为"中华联合保险控股股份有限公司"。在改造完成的"中华控股"股权结构中，除仍由新疆生产建设兵团作为控股股东持有61%股份外，自治区内16家股东单位共持股21%，公司员工持股18%。经过股份制改造，我国保险公司内部管理制度不断健全，经营决策机制更加科学。

三是规范保险公司的公司治理结构。2006年1月中国保监会发布《关于规范保险公司治理结构的指导意见（试行）》，研究制定了《保险公司合规管理指引》等配套制度，初步建立了保险公司治理结构监管的基本制度框架。在这一框架引导下，保险公司纷纷进行董事会改造、建立有效的激励、约束机制，加强对信息披露的管理，逐渐建立和完善了公司治理机制。

随着改革开放红利进一步释放，保险业实力与日俱增，中国逐步涌现出一批具有国际竞争力的保险企业。2003年，国寿入选《财富》全球500强，2005年国泰入选，2008年平安入选，2009年人保入选，2011年太保入选。并且入选的中国险企在500强榜单中的排名总体保持不断上行的态势。2011年，共有5家中国保险企业入选，包括国寿（第113位）、国泰（第258位）、人保（第288位）、平安（第327位）、太保（第466位）。

2. 国务院出台"国十条"，行业改革发展迎来重大机遇

2006年，国务院颁布"国十条"，指出"保险具有经济补偿、资金融通和社会管理功能，是市场经济条件下风险管理的基本手段，是金融体系和社会保障体系的重要组成部分,在社会主义和谐社会建设中具有重要作用"。这是首次从国家层面对保险业的地位、作用予以充分肯定,对行业发展产生重大的鼓舞和推动作用。在此期间,三个重要的政策落地实施。

一是实施交强险。为保障机动车道路交通事故受害人依法得到赔偿,促进道路交通安全,2006年3月《机动车交通事故责任强制保险条例》公布。该条例要求:中华人民共和国境内道路上行驶的机动车的所有人或者管理人,应当依照《中华人民共和国道路交通安全法》的规定投保机动车交通事故责任强制保险。"入世"后,我国汽车产销量连续10年平均增速超过20%,至2011年底我国成为全球第二大汽车保有国。交强险制度的实施,对推进车险业务发展产生了重大影响。2002~2011年,车险保费从472亿元增长至3505亿元,年均增速达24.95%,在财产险业务中占比达到并稳定在70%以上。交强险制度的实施,也显著缓解了机动车肇事后无力承担赔偿损失的情况,减少了因交通事故引起的矛盾纠纷。2006年7月至2011年底,交强险投保机动车辆规模从5755万辆次上升到1.14亿辆次,汽车投保率从58%提高到81%,累计赔付支出超过2500亿元。在业务规模快速扩张的同时,交强险承保亏损也比较严重,2006~2011年累计亏损173亿元。

二是财政补贴农业保险。1982年,我国农业保险恢复,由中国人民保险公司经办。但1982~2004年间,农业保险经营一直处于亏损状态。2000年以来,随着"三农"问题越来越受到社会关注,农业保险作为支持"三农"发展的扶持政策之一,也得到了中央高度重视。2002年12月修订的《农业法》首次确立了我国建立农业保险制度的目标。2007年《中共中央　国务院关于积极发展现代农业　扎实推进社会主义新农村建设的若干意见》提出:建立完善农业保险体系,扩大政策性农业保险试点范围,各级财政对农户参加农业保险给予保费补贴。从2007年开始,中央财政开始对农业保险给予保费补贴,选择吉林、四川、江苏、湖南、新疆、内蒙古6省区的5种主要农作物开展试点。同时地方政府加大了对农业保险的支持力度,农业保险的试点省份不断扩大。2007年,已有20余个省(直辖市、自治区)通过地方财政补贴来推动农业保险工作。中国保监会也加大了对农业保险发展的指导、推动和支持的力度。这些支持措施,对专业农业保险公司的发展起到了重要的推动作用。2011年末,我国农业保险保费收入达到173.8亿元,同比增长28.1%,为农业提供风险保障6523亿元;农业保险已经覆盖了农、林、牧、副、渔各个方面,开办区域也已经覆盖了全国所有省市区,为1.69亿户次农户提供风险保障。

三是保险资金入市。为发挥保险的资金融通功能,改变保险资金运用渠道较为狭窄、形式较为单一、收益相对较低等状况,2004年10月,中国保监会、证监会联合发布《保险机构投资者股票投资管理暂行办法》,标志着我国保险资金首次获准直接投资股票市场。2006年,保险公司被允许用人民币自有资金购买外汇,进行境外投资。

同年6月，"国十条"提出，要深化保险资金运用体制改革，在风险可控的前提下，鼓励保险资金直接或间接投资资本市场，逐步提高投资比例。保险资金投资渠道的放宽，极大地激活了险资运用。2005~2011年，保险公司银行存款占全部资产的比重从34.4%下降到29.49%，投资占比从58.4%上升到66.7%，投资渠道也由国债和基金拓宽到债券、证券投资基金、股票（股权）、投资性房地产等领域。2011年，保险公司资金运用平均收益率为3.57%。

3. 人身险业务引入投资型产品，银行保险渠道兴起壮大

20世纪90年代，我国传统的寿险产品死亡率、费用率、利率风险全部由保险公司承担，保险公司经营风险较大。这一阶段，寿险公司纷纷研究开发分红险、投资连结险、万能险等新型寿险产品。

以分红险为主的投资型业务迅速兴起。为应对前期形成的巨额利差损，在监管部门的鼓励和支持下，寿险公司普遍推出了投资型产品，比如分红险、投连险、万能险等。1999年，平安保险率先在上海推出投资连结险，拉开了新型产品迅速发展的序幕。这类新型寿险产品形态多为短期趸交，具有较强的资金筹集功能，使得保费收入得以在短期内快速上升，逐渐成为拉动整个人身险业务的增长点。2002~2011年，人身险保费收入从2274.8亿元增至9721.43亿元，年均增速17.51%。其中，分红险逐步呈现一险独大态势，最高时曾占人身险业务保费收入比重接近80%；投连险仅在2007年占比达到9%的高点，其他时期占比较小。

投资型业务的快速发展，在提升保险公司资金实力、化解前期形成巨额利差损的同时，也带来了业务结构扭曲、销售误导、渠道单一、销售费用攀升等问题，加大了经营管理风险，尤其是偿付能力风险，比如投连险在2002年和2008年出现了2次退保风波。

银保渠道保费贡献超越个险渠道。个险营销体制虽然极大地促进了人身险业务的发展，但也面临队伍建设难、管理成本高、人均产能低等问题，需要开拓新的销售渠道。适应投资型寿险产品销售的需要，银行保险渠道迅速兴起与壮大。2000年，平安人寿推出"千禧红"产品，银行保险业务全面启动。2003年，监管机构解除银行代理保险"一对一"的限制，允许银行同多家保险公司合作，自此银保渠道保费收入开始突飞猛进。2008年银保渠道保费收入首次超过个险渠道，至2010年银保渠道占比达45.45%。但受"银保新规"等各种内外部因素交织叠加影响，银保业务在2011年增速有所放缓。

4. 市场主体数量快速增加，集团化专业化趋势显现

随着中国加入世贸组织和改革开放的进一步推进，保险市场主体数量在这一阶段快速增长。截至2011年末，全国保险经营机构增加到148家，其中，保险集团10家，财产险公司59家，人身险公司61家，再保险公司7家，保险资产管理公司11家。此外，还有2554家专业保险中介机构，保险兼业代理机构超过14万家。这一阶段的市场主体发展主要有以下特点：

一是大型保险企业集团化。2003年，中国保监会提出，要大力培育和发展具有国际竞争力的大型保险集团。2006年"国十条"又指出：支持具备条件的保险公司通过重组、并购等方式，发展成为具有国际竞争力的保险控股（集团）公司。在这一时期，中国人保、中国人寿、中国再保险、中国平安、中国太保、中国太平、中华联合等保险公司相继走向集团化。

二是保险资管公司成立。一直以来，我国保险公司通过在内部设立投资部门的方式管理保险资产。随着保险资金的快速增长和规模扩大，加上市场竞争加剧和投资环境的发展变化，迫切需要对保险资金进行专业化管理。2003年全国保险工作会议指出：完善保险资金管理体制，做到保险业务与投资业务相分离。2003年7月中国人保资产管理公司成立，2004年6月中国人寿保险资产管理公司成立，其他保险公司也相继成立保险资管公司，标志着我国保险资管业务向专业化方向迈进。

三是专业保险公司出现。由于保险涉及经济社会的方方面面，随着保险业务的拓展，对保险公司的专业性要求越来越高，一批专业保险应运而生。例如，随着企业年金制度的确立和相关配套政策实施，2004年中国保监会首次批准成立了平安养老、太平养老、长江养老、国寿养老、泰康养老等专业养老保险公司。随后，2004年9月，第一家农业保险公司——上海安信成立。2005年1月，第一家相互制保险公司——阳光农业成立。2005年4月，第一家专业健康保险公司——中国人保健康正式开业。到2011年底，共有5家专业养老保险公司、4家专业健康保险公司、5家专业农业保险公司、1家专业车险公司和1家专业责任保险公司。

随着保险市场主体的不断增加，市场集中度继续下降。在财产险市场上，2003年保费收入排名前三位的公司（人保、太平洋、平安）市场份额合计88.71%，2005年为72.63%，2007年降为63.97%，2011年为68.93%。在人身险市场上，2003年保费收入排名前三位的公司（国寿、平安、太平洋）市场份额合计85.80%，2005年降为77.02%，2007年下降为70.17%，2011年进一步降至54.56%。

5. 中国加入世贸组织，对外开放进入新阶段

2001年，我国正式加入世贸组织，标志着我国保险业对外开放进入一个新的阶段。根据我国加入世贸组织的对外承诺，保险业是对外开放力度较大的行业之一。主要内容有：从经营区域看，加入时开放上海、广州等5个城市，加入2年内再开放北京、天津等10个城市，加入后3年内取消地域限制。从业务范围看，加入时，允许外国非寿险公司从事没有地域限制的"统括保单"和大型商业险保险；加入后两年内，允许外国非寿险公司向中国和外国客户提供全面的非寿险服务；加入后3年内，允许外国

寿险公司向中国公民和外国公民提供健康险、团体险和养老金/年金险服务。从企业设立形式看，加入时，允许合资非寿险公司外资股比达到51%，允许合资寿险公司外资股比不超过50%，合资保险经纪公司外资股比可以达到50%。从法定分保看，加入时，要求按照20%的比例分保，加入后1年降至15%、加入后2年降至10%、加入后3年降至5%、加入后4年取消比例法定保险。

中国加入世贸组织后，大量外资保险机构看好中国保险市场，并加快市场进入节奏。2002年1月中意人寿保险公司在广州成立，中油资本和意大利忠利保险持股比例各占50%，是我国加入WTO后成立的第一家合资保险公司。2002年有6家外资保险公司获批进入中国保险市场。2004年3月，中国保监会审议通过《中华人民共和国外资保险公司管理条例实施细则》，规定了"5-3-2"条款（申请前1年的年末总资产不低于50亿美元；人身险外资50%股权限制、30年保险业经验和2年办事处要求）。这一时期，德国安联集团、法国安盛集团、英国保诚集团、荷兰国际集团、美国大都会人寿、日本生命人寿、加拿大永明人寿、英国劳合社、瑞士再保险、德国慕尼黑再保险等海外保险业巨头，纷纷通过合资等方式，在中国保险市场布局。随着2008年国际金融危机爆发，外资保险在中国的发展进入一个分化和市场相对稳定的阶段。一些外资保险公司发展良好、业务稳定、市场不断从一线城市向全国扩展。另外一些外资保险公司经营失败，本土化不成功，经历股权变化波折，导致减少投资甚至退出中国市场。2001~2011年，外资保险公司数量从16家增长到46家，总保费收入由32.79亿元增至438.5亿元，增长13倍。

这一时期，我国保险业"走出去"取得较大进展。2006~2007年，中国保监会先后发布《保险公司设立境外保险类机构管理办法》和《保险资金境外投资管理暂行办法》，推动了保险企业在境外的资产端和负债端业务拓展。市场主体方面，2002年，人保在香港设立财险子公司；2003年，太平在澳门和新加坡设立财险子公司；2008年，中再在伦敦成立再保险子公司。出口信用保险业务方面，中国信保承保金额从2002年的27.5亿美元增加到2011年的2538.9亿美元，成立10年来共实现承保金额7418.5亿美元，承保保费57.5亿美元，累计赔款31.6亿美元，累计支持企业获得融资超过1万亿元人民币。海外投资业务方面，2007年底，平安收购欧洲富通集团，成为中国保险企业首次市场化的大型境外并购；这一时期保险企业海外投资开始活跃，但在2008年国际金融危机爆发后步伐又逐渐放缓。

6. 法制化建设再上台阶，初步形成比较完整的保险监管法规体系

两次修订《保险法》，为保险业发展提供法制保障。2002年，中国为履行加入世贸组织承诺，对《保险法》做了部分修改，对规范保险活动、保护保险活动当事人的合法权益、促进保险业健康发展发挥了重要作用。2009年2月，十一届全国人大常委会第七次会议表决通过了新修订的《保险法》,并于2009年10月1日起正式实施。新《保险法》增设了保险合同不可抗辩规则,明确被保险财产发生转让时的理赔争议,规范保险公司理赔程序和时限等。其中,不可抗辩规则规定,自合同成立之日起超过2年的,保险人不得解除合同,即保险合同成立满2年后,保险公司不得再以该投保人未履行如实告知义务解除合同,这对保护长期人寿保险合同下的被保险人意义重大;其他新增条款突出强化监管和防范风险,拓宽保险服务领域,对保险业的依法合规经营提出更高的要求。

制定和修订一系列部门规章和规范性文件。中国保监会成立后,对中国人民银行制定的规章和规范性文件进行了全面的清理和修订,形成了一系列部门规章和规范性文件,对保险公司的机构准入、高级管理人员、保险产品、偿付能力、市场行为、资金运用、保险中介以及保险监管的规章制定程序、检查处罚程序、保险行政复议程序等作出了比较全面详细的规定,初步形成了比较完整的体系。2000年1月,在1996年7月中国人民银行制定的《保险管理暂行规定》的基础上,中国保监会制定了《保险公司管理规定》,对保险机构、保险经营、保险条款费率、保险资金运用、偿付能力、再保险及监管部门的监督检查作了具体规定,成为除了《保险法》外对保险业影响比较大、规定比较全面细致的法律文件。为履行加入世贸组织相关承诺,2002年3月中国保监会对《保险公司管理规定》进行了部分修改。2001年12月,国务院常务会议通过《中华人民共和国外资保险公司管理条例》,对外资保险公司的设立与登记条件、业务范围、监督管理、中止与清算、法律责任等制定了详细的规定,是我国第一部关于外资保险公司监管的行政法规。

7. 监管理念不断演进,监管重点逐步转向风险防范

积极探索中国保险业发展道路。一是提出了保险发展初级阶段理论。当时我国保险业总体规模小、在国民经济中比重低、功能和作用发挥不充分。比如2003年,我国保险密度为34.76美元、保险深度为3.33%,远低于2002年的世界平均水平(分别为422.9美元和8.14%)。二是提出了保险功能理论。指出现代保险具有经济补偿、资金融通、社会管理三大功能,特别是强化了社会管理的功能,从经济社会发展全局的高度诠释保险业,为保险业全方位、多层次、宽领域发展提供了理论指导。这一阶段,以中国人保为代表的保险企业在北京奥运会、上海世博会、广州亚运会等重大国际赛事活动中,创新保险产品和服务,为赛事活动和人员财产提供保险服务,充分发挥了保险的社会管理职能。

加快推进保险业迅速壮大。这一阶段,我国保险业发展还相对比较薄弱、单靠市场力量还不足以实现自身健康发展,同时入世开放也带来一定的外部挑战,监管机构的侧重点聚焦在推动行业发展、服务经济建设方面,比如以"国十条"为指导,实施

了交强险制度，探索推广多形式、多渠道的农业保险制度，积极参与多层次的社会保障体系建设，以及放宽保险资金投资渠道限制和银行保险代理机构限制等。2007年，中国保监会与天津市政府联合设立天津滨海新区保险改革试验区，保险业方面的重大改革创新措施原则上可以在试验区先行先试。

市场行为监管继续加强。适应产寿险分业经营、保险业对外开放、市场主体增加和产品服务创新等需要，保险市场行为监管继续加强。这一阶段，针对保险市场存在的突出问题，中国保监会出台了《人身保险新型产品精算规定》《财产保险公司分支机构监管指标》等监管文件，重点查处寿险新型产品的误导行为、整顿车险市场秩序、加强对保险中介机构违规行为的查处，维护被保险人合法权益，规范保险市场秩序。2008年9月，中国保监会、财政部、人民银行共同制定了《保险保障基金管理办法》，在保险公司被依法撤销或者依法实施破产，其清算财产不足以偿付保单利益时；或者保险公司存在重大风险，可能严重危及社会公共利益和金融稳定时，可以使用保险保障基金。在实际工作中，保险保障基金参与了2006年的新华人寿和2009年的中华联合的风险处置，全程没有动用中央财政和央行再贷款资金，完全凭借行业自身力量有效化解了风险。

偿付能力监管不断强化。随着保险业在快速发展中逐步暴露出销售误导、理赔难等问题，特别是国际金融危机爆发后，我国保险业监管重点以风险防范为主，日益加强偿付能力监管。这一时期，监管部门初步构建了偿付能力、公司治理和市场行为监管三支柱的现代保险监管框架，形成了以公司内控为基础、以偿付能力为核心、以现场检查为重要手段、以资金运用为关键环节、以保险保障基金为屏障的防范风险"五道防线"。

2000年中国保监会颁布的《保险公司管理规定》，提出了"市场行为监管和偿付能力监管并重"的监管目标模式。2001年1月，中国保监会发布了《保险公司最低偿付能力及监管指标管理规定》，增强了偿付能力监管的可操作性和科学性。从2003年开始建立中国保险业第一代偿付能力监管标准（偿一代），这一体系以规模为导向，要求保险公司资本和业务规模相适应。2006年1月中国保监会发布《关于规范保险公司治理结构的指导意见（试行）》，研究制定了《保险公司合规管理指引》等配套制度，初步建立了保险公司治理结构监管的基本制度框架。在这一框架引导下，保险公司纷纷进行董事会改造，建立有效的激励、约束机制，加强对信息披露的管理，逐渐建立和完善了公司治理机制。

积极参与国际交流合作。2005年5月，中国保监会首倡发起"亚洲区域保险监督合作会议"，14个国家和地区出席并发表《北京宣言》，以后定期或不定期召开"亚洲保险监督官论坛"。2006年，中国承办了国际保险监督官协会第13届年会，在国际保险规则制定领域发出中国声音。

（四）职能重新定位和规范发展阶段（2012年至今）

2012年以来，党的十八大、十九大胜利召开，在以习近平同志为核心的党中央领导下，中国特色社会主义进入新时代，保险业的改革发展也进入新阶段。这一时期，国务院颁布"新国十条"，商业车险改革、人身险费率改革、大病保险制度、税优健康险试点、资金运用体制改革等一系列政策有力推动行业发展，市场主体数量呈现爆发式增长，保险企业综合实力不断增强，中国银保监会成立，保险监管全面从严，保险业务继续保持较快发展。2012~2017年，保费收入从1.55万亿元增加到3.66万亿元，全球排名从第6位跃升至第2位，年均增长18.76%，高于同期GDP年均名义增速9.87个百分点。

1. 国务院出台"新国十条"，保险业发展上升为国家意志

"新国十条"从顶层设计高度赋予保险业全新定位。2014年8月，国务院出台《关于加快发展现代保险服务业的若干意见》（"新国十条"）。首次提出"保险是现代经济的重要产业和风险管理的基本手段，是社会文明水平、经济发达程度、社会治理能力的重要标志"，提出到2020年，保险深度（保费收入/国内生产总值）要达到5%，保险密度（保费收入/总人口）要达到3500元/人，基本建成保障全面、功能完善、安全稳健、诚信规范，具有较强服务能力、创新能力和国际竞争力，与我国经济社会发展需求相适应的现代保险服务业，努力由保险大国向保险强国转变。保险业的发展从行业意愿上升为国家意志，对行业发展产生重大推动作用。当年，保险业总保费突破2万亿元，居全球第4位；总资产突破10万亿元，居全球第3位；为全社会提供风险保障114万亿元，同比增长25.5%。2017年，以上三项指标分别达3.66万亿元、16.75万亿元、4154万亿元，其中保费收入跃升全球第2位。在"新国十条"的带动下，一系列支持保险业发展的政策加速出台。

承办大病保险，基本实现城乡居民全覆盖。为解决人民群众反映日益强烈的"因大病致贫、因大病返贫"问题，国家发改委等六部委于2012年8月联合发布《关于开展城乡居民大病保险工作的指导意见》，针对城镇居民医保、新农合参保（合）人大病负担重的情况，建立大病保险制度。大病保险采取向商业保险机构购买大病保险的方式。2013年3月，中国保监会印发《保险公司城乡居民大病保险业务管理暂行办法》，明确大病保险市场准入与退出条件。商业保险公司承办大病保险，在不增加国家财政支出的条件下，放大了医保基金的保障作用，切实解决了特病、重病人群的高额医疗费用问题。截至2017年，大病保险已覆盖全国城乡居民10.6亿人，基本医保＋大病保险总报销水平超过80%，"因大病致贫、因大病返贫"现象得到有效缓解。

建立巨灾保险制度，取得初步成效。为进一步发挥商业保险的风险分担作用、降低重大自然灾害损失，2013年党的十八届三中全会、2014年"新国十条"均提出"建立巨灾保险制度"。2014年7月深圳率先开始探索巨灾保险试点，此后宁波、云南等多地相继开展试点，基本做法是由地方政府作为投保人出资，向商业保险公司购买巨灾保险保障，产品形态均为损失补偿型保险产品，具体由民政局签署，保障对象主要为灾害发生时处于行政区域范围内的所有人口。2016年5月，中国保监会、财政部发布《建立城乡居民住宅地震巨灾保险制度实施方案》，12月上海保交所巨灾保险平台系统正式上线运行。2016年，地震巨灾保险累计出单18.07万笔，风险保障金额177.62亿元；2017年，巨灾保险出单244万笔，保费收入8401.5万元，风险保障金额达1054.5亿元。

加快发展健康保险，实现税优健康险落地并推向全国。为满足人民群众不断增长的医疗卫生保障需求，健康保险得到大力发展。2014年10月，《国务院办公厅关于加快发展商业健康保险的若干意见》颁布，这是国家层面部署商业健康保险发展的纲领性文件，对商业健康保险的发展路径给予了全面指导。为进一步发挥商业健康保险服务医疗保障的作用，财政部、国税总局、中国保监会于2015年5月发布《关于开展商业健康保险个人所得税政策试点工作的通知》，通过给予税收优惠的方式鼓励商业健康保险的发展。8月，中国保监会发布《个人税收优惠型健康保险业务管理暂行办法》，要求保险公司不得因被保险人既往病史拒保，并保证续保；医疗保险简单赔付率不得低于80%。据统计，2012~2017年，健康险保费收入从862.76亿元增加到4389.46亿元，年均增长38.45%，占我国卫生总费用的比重从1.03%提升到3.66%；赔款和给付从298.17亿元增长到1294.77亿元，年均增长34.14%。

加快发展商业养老保险，实施个人税延型商业养老保险试点。为进一步发挥商业养老保险在构建多层次养老保障体系中的作用，政产学研各界多年来一直在研究税收优惠型商业养老保险，并于近年来取得政策上的突破。2017年6月，国务院办公厅出台《关于加快发展商业养老保险的若干意见》，将商业养老保险定位为：个人和家庭商业养老保障计划的主要承担者、企业发起的商业养老保障计划的重要提供者、社会养老保障市场化运作的积极参与者、养老服务业健康发展的有力促进者、金融安全和经济增长的稳定支持者。2018年4月，财政部、中国银保监会等五部委联合发布《关于开展个人税收递延型商业养老保险试点的通知》，正式出台税延型养老险政策，并规定在上海市、福建省（含厦门市）、苏州工业园区实施试点。试点政策规定，取得工资薪金、连续性劳务报酬所得的个人，其缴纳的商业养老保险保费准予在申报扣除当月计算应纳税所得额时予以限额据实扣除，扣除限额按照当月工资薪金、连续性劳务报酬收入的6%和1000元孰低的办法确定。截至2018年9月，已有国寿、太保寿、平安养老等19家保险公司获批经营此项业务。

加快发展责任保险，服务社会治理。责任保险是创新社会治理的有效方式。"新国十条"强调：发挥责任保险化解矛盾纠纷的功能作用。强化政府引导、市场运作、立法保障的责任保险发展模式。这一时期，责任保险得到快速发展。一是法律环境不断改善。旅行社、环境污染、食品安全、安全生产等责任保险分别写入新修订的《旅游法》《环境保护法》《食品安全法》《安全生产法》。中共中央、国务院《生态文明体制改革总体方案》明确提出"在环境高风险领域建立环境污染强制责任保险制度"。二是行业创新能力提升。先后推出了诉讼财产保全、建筑工程质量等责任保险新产品，探索出医疗责任保险的"宁波解法"、环境污染责任保险的"无锡模式"、食品安全责任保险的"鄞州模式"等典型经验。三是覆盖面持续扩大。仅"十二五"期间，医疗责任保险基本实现全国三级、二级公立医院参保率分别达到100%、90%以上的目标。环境污染责任保险试点扩展至28个省、自治区、直辖市，覆盖20余个高风险行业。校园方、承运人、旅行社等责任保险等基本实现保险全覆盖。

2. 保险业市场化改革加速推进

人身险费率改革积极推进。2013年8月，中国保监会发布《关于普通型人身保险费率政策改革有关事项的通知》，正式启动普通型人身险费率政策改革。在此后两年多时间中，按照普通型、万能型、分红型的顺序，陆续放开人身保险预定利率，由保险公司按照审慎原则自行决定，放开已经连续执行14年的2.5%的预定利率上限。通过人身保险费率政策改革，初步形成了市场化的人身险费率形成机制，有力激励了保险公司加强产品和服务创新。据统计，2012~2017年，人身险业务原保费收入从10157亿元增至26746.35亿元，年均增长21.37%；其中寿险业务从8908.06亿元增至21455.57亿元，年均增长19.22%，在人身险业务中占比一直在80%以上。

商业车险改革提升行业和消费者权益。为解决消费者反映强烈的车险"高保低赔""无责不赔"等问题，在深入调研车险市场体制机制性深层次矛盾的基础上，中国保监会决定开展商业车险改革，赋予保险企业更大的自主定价权。2015年2月，中国保监会下发《关于深化商业车险条款费率管理制度改革的意见》，标志着改革正式启动。经过长达两年多的两轮改革，截至2017年下半年，车险自主渠道系数下限下调至0.70~0.75，自主核保系数下限下调至0.70~0.85，有效提升了险企自主定价权。商车改革以来，2013~2017年，车险行业扭亏为盈，实现承保利润73.9亿元；投保率较改革前上升8.8个百分点，商业三责险平均责任限额较改革前提升60%以上；车均保费较改革前下降16.7%；无赔款优待（NCD）系数鼓励车主安全驾驶，使车辆报案率大幅下降20个百分点。从保费收入来看，2012~2017年，车险业务从4005.17亿元增至7521.07亿元，年均增长13.43%，在财产险业务中占比稳定在70%以上。2014年我国车险保费达到5516亿元,成为全球第二大车险市场。

保险资金运用改革加快。2012年开始,中国保监会大力推进保险资金市场化改革,陆续发布10余项保险资金运用新政策,实行基础设施投资计划注册制改革,进一步放开不动产和股权的投资行业和领域,允许投资银行理财、信托等金融产品,允许保险资金以对冲风险为目的参与金融衍生品。2015年,组建中国保险投资基金,整合行业资源,对接国家重大工程和重大战略。2013~2015年,中国保监会又陆续放开投资创业板、优先股、创业投资基金,支持历史存量保单投资蓝筹股,增加境外投资范围等。2017年末,保险资金运用余额达14.9万亿元,是2012年6.9万亿元的2.2倍;保险资金运用收益共计8352亿元,是2012年2085亿元的4.1倍;保险业利润总额2567亿元,是2012年利润总额469亿元的5.5倍,有力支持了直接融资和多层次资本市场的发展。

保险营销员队伍迅速壮大。为落实国家简政放权要求,根据2015年5月新修改的《保险法》规定,中国保监会于2015年8月下发《关于取消和调整一批行政审批事项的通知》,取消了保险销售从业人员资格核准、保险经纪从业人员资格核准。此后2年多时间内,营销员队伍从400多万人增至800多万人,对于保险业特别是寿险业个险营销渠道的保费收入增长作出了重要贡献。2016年,人身险公司保费收入中,个险渠道(占比46%)超越银保渠道(占比44%),重返寿险第一大渠道;2017年,个险渠道达13065.64亿元,占比提升至50.18%,寿险销售主渠道的地位日益稳固。

保险业对外开放取得新突破。2017年11月,国务院有关部门负责人指出:3年后将单个或多个外国投资者投资设立经营人身保险业务的保险公司的投资比例放宽至51%,5年后投资比例不受限制。2018年4月,习近平总书记在博鳌亚洲论坛开幕式讲话中指出,2017年年底宣布的放宽银行、证券、保险行业外资股比限制的重大措施要确保落地,同时加快保险行业开放进程,放宽外资金融机构设立限制,扩大外资金融机构在华业务范围,拓宽中外金融市场合作领域。5月,中国银保监会相关负责人表示,将积极推动各项开放措施落地,确保放宽外资持股比例限制的重大措施落地,鼓励保险业机构引进境外专业投资者,在全国范围内取消外资保险机构设立前需开设2年代表处的要求,允许符合条件的境外投资者来华经营保险代理业务和保险公估业务。10月16日,国务院批复同意设立海南自贸区,将人身险公司外资股比限制放开至51%。

3. 多元化市场格局进一步发展

各路资本加速进入保险业。一是商业银行加速进军保险业。2012年11月,中国农业银行发布公告称,先后收到银监会和中国保监会的监管批复,获准入股嘉禾人寿并持有其股份总额的51%。同时,嘉禾人寿收到中国保监会关于同意其变更注册资本、变更公司名称和迁址的监管批复。至此，五大国有商业银行悉数控股险企。二是民营资本加速进入保险业。2012年6月，中国保监会出台《关于鼓励和支持民间投资健康发展的实施意见》，明确提出"鼓励民间资本进入保险领域"，并首次规定"对于符合条件的民营股东，在坚持战略投资、优化治理结构、避免同业竞争、维护稳健发展的原则下，单一持股比例可以适当放宽至20%以上"。此后数年，民间资本积极布局保险业，其中尤以百度、阿里、腾讯等互联网科技企业引人注目，它们通过搭建渠道平台、参股保险公司或中介公司、投资成立创投企业等多种方式进入保险业。

新型市场主体不断涌现。首家自保公司获批成立。2012年10月，中国保监会发布公告正式批准中石油专属财产保险股份有限公司的筹建申请，填补了国内保险公司自保模式空白。公司主要经营中国石油集团内的财产损失保险、责任保险、信用保险、保证保险、短期健康保险和意外伤害保险等业务。首批互联网保险公司获批成立。2013年11月，经中国保监会批准，我国第一家互联网保险公司众安保险正式开业。众安总部设在上海黄浦外滩实验区，注册资本金10亿元。此后，泰康在线、安心财险和易安财险等3家互联网保险公司陆续获批。

市场集中度继续下降。这一时期，随着保险市场多元化格局加剧，市场集中度总体呈下降态势。财产险公司方面，保费收入排名前3位的公司保持不变，分别为人保财险、平安财险、太保产险，其合计市场份额也相对比较稳定，从2012年的65.35%微降至2017年的63.49%。人身险公司方面，排名前10位公司合计市场份额下降比较明显，从2012年的86.27%降至2017年的71%，其中国寿股份、平安寿险、太保寿险3家合计市场份额从54.73%下降至40.52%。

中国险企国际竞争力不断增强。这一时期，在前期已有5家中国险企（国寿、人保、平安、太保、国泰）入选《财富》全球500强的基础上，又新增友邦、太平、富邦、泰康4家。截至2018年，共有9家中国险企入选《财富》全球500强，并且平安和国寿进入前10。此外，平安于2013年成为全球系统性重要保险机构之一，并于2017年成为全球保险企业市值排行第1名。

保险业"走出去"步伐加快。2012年，中国保监会发布《保险资金境外投资管理暂行办法实施细则》，进一步细化了对保险资金境外投资范围和品种的要求，之后投资政策不断放宽，其中2016年9月发布《关于保险资金参与沪港通试点的监管口径》，开辟了保险企业投资港股的新渠道。市场主体方面，经过这一时期的快速增长，截至2016年末，共有12家中资公司在境外设立共计38家保险类营业机构，还有4家保险公司在境外设立了8家代表处。出口信用保险方面，中国信保承保金额从2012年的3182.3亿美元增加到2017年的5246亿美元，成立16年来累计承保金额超过3.3万亿美元，帮助企业获得银行融资超过2.9万亿元人民币。截至2017年末，保险资金境外投资余额近700亿美元（折合人民币约4500亿元），共有50余家保险机构和20余家保险资产管理公司在香港市场开展投资业务。

4. 保险监管全面从严，监管体制发生重大变革

第五次全国金融工作会议召开，明确了新时代金融保险业发展的根本方向。2017年7月，第五次全国金融工作会议在京召开。会议指出，金融是国家重要的核心竞争力，金融安全是国家安全的重要组成部分，金融制度是经济社会发展中重要的基础性制度；金融工作要围绕服务实体经济、防控金融风险、深化金融改革三项任务，要坚持回归本源、优化结构、强化监管、市场导向；要加强党对金融工作的领导，设立国务院金融稳定发展委员会，把主动防范化解系统性金融风险放在更加重要的位置，加强金融监管协调；创新和完善金融调控，健全现代金融企业制度，完善金融市场体系，推进构建现代金融监管框架，加快转变金融发展方式，健全金融法治，保障国家金融安全，促进经济和金融良性循环、健康发展，扩大金融对外开放等。第五次全国金融工作会议的召开，确立了新时代金融保险业的发展方向、主要任务、基本原则和重点领域，在包括保险业在内的中国金融业发展史上具有重大里程碑意义。

中国保监会出台"1+4"系列文件，维护保险业稳定健康发展。针对保险业此前数年快速发展过程中暴露出的风险问题，中国保监会于2017年4~5月出台了"1+4"系列文件，大力促进保险业回归保障本源。[①]其中，《关于进一步加强保险监管维护保险业稳定健康发展的通知》统筹提出保险监管四方面的主要任务：强化监管力度，持续整治市场乱象；补齐监管短板，切实堵塞监管制度漏洞；坚持底线思维，严密防控风险；创新体制机制，提升保险服务实体经济能力和水平。《关于进一步加强保险业风险防控工作的通知》提出保险业必须重点防范9个方面的风险：流动性风险、资金运用风险、战略风险、新业务风险、外部传递性风险、群体性事件风险、底数不清风险、资本不实风险、声誉风险，并提出30余项具体的针对性防风险举措。《关于强化保险监管打击违法违规行为整治市场乱象的通知》指出保险业存在的八大乱象：虚假出资、公司治理乱象、资金运用乱象、产品不当创新、销售误导、理赔难、违规套取费用、数据造假，并分别提出针对性治理措施。《关于弥补监管短板构建严密有效保险监管体系的通知》指出，要抓住8个重点领域堵塞制度漏洞：健全公司治理监管制度、严格保险资金运用监管、深化偿付能力监管制度全面实施、夯实保险产品管理制度、完善保险中介市场监管制度、推动保险消费者权益保护制度体系建设、完善高管人员管

[①] 原中国保监会于2017年4~5月先后发布《关于进一步加强保险监管维护保险业稳定健康发展的通知》《关于进一步加强保险业风险防控工作的通知》《关于强化保险监管打击违法违规行为整治市场乱象的通知》《关于保险业支持实体经济发展的指导意见》《关于弥补监管短板构建严密有效保险监管体系的通知》，简称"1+4"系列文件。

理制度、提升新型业务监管水平，要在8个方面完善监管机制：加强监管机制的协调统一、加强前端审批与后端监管的协同、加强监管基础设施建设、加强非现场监管与现场检查联动、加大行政处罚和信息披露力度、强化司法手段运用、落实问责机制、提升监管干部队伍素质能力。《关于保险业支持实体经济发展的指导意见》提出，保险业要通过4个方面加强支持服务实体经济：积极构筑实体经济的风险管理保障体系、大力引导保险资金服务国家发展战略、不断创新保险业服务实体经济形式、持续改进和加强保险监管与政策引导，并提出了15项针对性具体举措。

加强配套制度修订，强化保险监管力度。 根据第五次全国金融工作会和中国保监会"1+4"系列文件精神，保险监管部门修订出台规章和规范性文件60多项。特别是在人身险领域，2017年9月，中国保监会出台《关于规范人身保险公司产品开发设计行为的通知》，明确叫停快速返还的万能、两全保险，并禁止以附加险形式设计销售万能险、投连险，深刻改变了人身险市场格局。2018年5月，中国银保监会下发《关于组织开展人身保险产品专项核查清理工作的通知》，从产品条款设计、产品责任设计、产品费率厘定、产品精算假设、产品申报使用管理等5个方面，列出了人身保险产品设计负面清单52项。各项从严监管政策出台以来，政策效应不断显现，截至2017年底，保险业偿付能力充足率为252%，风险总体可控；治理乱象共处罚机构700余家次、人员1000余人次，市场乱象初步得到遏制；监管体系不断完善，公司治理、产品管理、资金运用等一系列新规相继出台，行业面貌发生深刻变化，以人身险为例，2017年万能险在寿险业务中占比大幅下降16.9个百分点，寿险业回归本源步伐加快；保险业服务实体经济成效显著，大病保险基本实现全覆盖，农业保险为2.13亿户次农户提供2.8万亿元的风险保障，巨灾保险和责任保险快速发展，保险资金通过股权计划、债权计划直接服务实体经济重大项目金额超过4万亿元。2018年2月23日，鉴于安邦集团存在违反法律法规的经营行为可能严重危及公司偿付能力，中国保监会决定对安邦集团实施期限为1年的接管。一系列全面从严监管举措，有效推动保险业从高速增长转向高质量发展。

"偿二代"建设全面启动，监管水平不断提升。 在前期"偿一代"基础上，进一步提升监管水平，探索从规模导向转变为风险导向。2012年，中国保监会全面启动"第二代偿付能力监管制度体系"建设工作。2013年5月，中国保监会发布"偿二代"整体框架。"偿二代"核心是"三支柱"的监管体系，包含了定量监管、定性监管和市场约束。其中，定量资本监管要求是第一支柱，主要防范能够量化的风险，要求保险公司具备与其风险相适应的资本，主要包括五部分内容：量化资本要求、实际资本评估标准、资本分级、动态偿付能力测试和部分监管措施；定性监管要求是第二支柱，是在第一支柱的基础上，进一步防范难以量化的风险，主要包括四部分内容：风险综合评级、保险公司风险管理要求与评估、监管检查和分析,以及第二支柱监管措施;市场约束机制是第三支柱,是引导、促进和发挥市场相关利益人的力量,通过对外信息披露等手段,借助市场的约束力,以及监管部门第三支柱监管举措加强对保险公司偿付能力的监管。2015 年,"偿二代"开始进行产寿险压力测试;2016 年正式实施。"偿二代"建设充分体现了中国新兴保险市场的特征,具有中国的原创性贡献,并得到国际保险界的广泛关注和高度认同。

中国银保监会正式成立,保险监管踏上新征程。为进一步防控金融风险、消除监管盲点、防止监管套利、避免风险的交叉感染,2018 年 3 月,经国务院批准,中国银行保险监督管理委员会正式成立,将原中国银行业监督管理委员会和原中国保险监督管理委员会的职责整合,原银监会主席郭树清出任首任中国银保监会党委书记、主席。这是中国保险监管体制的一次重大变革,有利于充分化解混业监管难题,解决监管标准不统一、监管套利、监管缺乏穿透性以及"铁路警察,各管一段"等问题,对于推动保险业加强风险防范、转向高质量发展具有重大而深远的意义。

二、改革开放 40 年中国保险业主要成就

40 年来,保险业改革发展取得很大成绩。1980~2017 年,我国原保险保费收入从 4.6 亿元增加到 3.66 万亿元,保险业资产规模从 14.5 亿元增加到 16.75 万亿元,保险深度从 0.1% 增加到 4.42%,保险密度从 0.47 元 / 人增加到 2631.72 元 / 人,市场规模从全球第 68 位跃升至全球第 2 位。与此同时,保险业在服务经济发展、社会治理和民生保障方面发挥着越来越重要的作用。农业保险、巨灾保险、大病保险、责任保险、养老保险、健康保险等关系国计民生的保险业务不断壮大,资金运用规模增长到 14.92 万亿元,保险从业人员已达 925 万人,保险业成为服务国计民生的重要力量。

(一)中国建成全球第二大保险市场

1. 实现了多年持续的保费规模高速增长

从 1980 年到 2017 年,我国保费收入增长近和资产规模分别从 4.6 亿元、14.52 亿元增加到 3.66 万亿元、16.75 万亿元,年均增长率分别达 27.47% 和 28.76%;保险密度从 0.47 元 / 人提高到 2631.72 元 / 人,保险深度从 0.1% 提升到 4.42%。目前中国保险业已成为全球第二大保险市场,对全球保费增长贡献率接近一半,已成为全球保险市场的增长引擎。特别是寿险业,35 年来年均增长率达到 49%,在全球寿险市场份额占比达 12%。

2. 建立起一套比较健全的市场供求体系

从市场主体看，保险机构数量从 1 家增加到 220 余家，涵盖财产险公司、人身险公司、再保险公司、保险集团（控股）公司、保险资产管理公司、农村保险互助社等各类市场主体。从保险产品看，产品数量快速增长、大类基本齐全。据中国保险行业协会统计，截至 2017 年底，财产险备案类自主注册产品共计 14 个大类、173940 款，人身险产品信息库注册产品共计 4 个大类、23920 款[①]，其中健康险产品从 1992 年的在售 72 款，增加到 2017 年底的 3553 款，改变了复业初期保险产品数量不足、门类不全的局面。从保险消费者看，目前商业养老保险覆盖人群已达 1.7 亿人，[②]农业保险参保农户已达 2.13 亿户次，机动车交强险投保率已达 72%；消费者购买意愿不断增强，比如，2013~2016 年消费者主动咨询保险的渗透率增长 70% 以上，76.7% 的人认识到保险与生活密切相关，[③]2004~2013 年保险准备金在我国居民家庭总资产结构中的占比从 7.8% 增加到 10.9%，[④]多年来总体保持稳步上升态势。

3. 诞生了一批具有国际竞争力的保险企业

2013 年，平安集团成为 9 家全球系统重要性保险机构之一，也是全球新兴市场中唯一入选代表，2017 年登上全球保险企业市值排行榜第 1 名。2018 年《财富》全球 500 强中，我国保险企业共有 9 家上榜，数量仅次于美国的 22 家，5 年间入围数量翻番，并且有 2 家跻身全球保险企业前 5 名，集中反映了中国保险市场的国际竞争力和影响力与日俱增。2018 年 10 月发布的"改革开放四十年百名杰出民营企业家"名录中，泰康集团主要负责人入选。

（二）保险业成为服务国计民生的重要力量

1. 在社会保障体系中的作用日益显现

以 2017 年为例，人身保险为全社会提供风险保障 1118 万亿元。在健康保障方面，目前，保险业经办全国城乡居民大病保险基本实现全覆盖，因大病致贫、因大病返贫现象得到有效缓解。近年来，以重疾保险、医疗保险为代表的健康保险突飞猛进，2017 年赔款给付 1294.77 亿元，5 年来年均增长 33.22%。在养老保障方面，保险业经过多年探索，已在第二支柱企业年金运作方面积累了较丰富经验的基础上，成功取得了第三支柱商业养老保险试点资格。此外，泰康等 8 家保险公司积极探索养老社区模式，

---

① 数据来自中国保险行业协会财产险公司备案产品自主注册平台和人身险产品信息库。
② 《银行保险业：中国养老金体系重要建设者》，载于《中国保险报》2018 年 10 月 23 日。
③ 中国保险行业协会：《中国保险行业形象宣传评估报告（2013-2016）》，2017 年 2 月。
④ 张屹山、华淑蕊、赵文胜：《中国居民家庭收入结构、金融资产配置与消费》，载于《华东经济管理》2015 年第 3 期。

目前已在全国18省区投资建设29个养老社区项目，占地面积超过1200万平方米，全部建成时床位预计达33万张。

2. 在财产损失补偿领域的功能不断增强

以2017年为例，财产保险为全社会提供风险保障3030万亿元，覆盖生产生活诸多方面和领域。例如，实施交强险以来，2006年7月至2017年底，交强险累计处理赔案2.2亿件（其中垫付298万件），累计赔付成本达8757亿元。[①]实施商车改革五年来，车险车均保费较改革前下降16.7%，商业三责险平均责任限额提升60%以上，消费者支付成本明显降低、保障程度大幅提升。实施农业保险补贴试点11年来，提供风险保障从1126亿元增加到2.79万亿元，承保农作物从2.3亿亩增加到21亿亩，并覆盖全国所有省份，我国成为仅次于美国的全球第二大农业保险市场。上线地震保险产品两年来，探索步伐不断加快，2017年共出单244.2万笔，保险金额达1054.5亿元。

3. 在服务实体经济和社会治理方面迈出坚实步伐

至2017年底，保险资金支持"一带一路"建设投资规模达8568.26亿元，支持长江经济带和京津冀协同发展战略投资规模分别达3652.48亿元和1567.99亿元，有力地支持了国家战略顺利推进和实体经济高质量发展。在资本市场中积极发挥着"压舱石"的作用，当前保险机构已成为我国债券市场第二大机构投资者和股票市场的重要机构投资者，在债券市场和股票市场中也发挥了日益重要的作用。责任保险从传统的小险种中异军突起，深度嵌入国家经济社会发展大局，涉及环保、医疗、教育、交通、食品安全、旅游、安全生产、建筑工程、火灾公众、职业责任、政府救助等领域，成为保险业积极参与社会治理的重要方式。2017年，责任保险原保费收入451.27亿元，为社会提供风险保障251.76万亿元。

（三）保险业改革开放取得重大进展

1. 现代企业制度基本建立

保险企业在金融业中率先实施股份制改造和上市。1996年，完成产寿险分业经营体制改革。2003年，中国人保、中国人寿、中国再保险3家国有保险公司全部完成重组改制，中国人保财险、中国人寿股份先后在海外上市，目前我国已有9家保险公司上市。2017年4月以来，修订完善《保险公司股权管理办法》，出台《保险集团公司管理办法》，强力规范保险企业公司治理。当前，保险分业经营体制逐步确立，保险中介市场逐步培育，国有保险公司股份制改革大力推进，保险市场管理制度不断优化。

---

① 中国银保监会：《交强险经营进一步稳定保障功能有效发挥》，http://www.cbrc.gov.cn/chinese/newShouDoc/6AE01C768AE54014B66A390E37CB9E6D.html。

2. 产品费率市场化改革取得阶段成果

财产险方面，推进商业车险费率改革，完善定价方式，下调费率浮动系数下限。人身险方面，2000年我国引进分红险、万能险、投连险等新型产品，从2013年开始按照"普通型、万能型、分红型三步走"的路径，初步完成了费率市场化改革，放开已经持续执行14年的2.5%的预定利率上限限制。保险资金运用领域，逐步放松1995年颁布的《保险法》对保险资金运用的严格限制，加大保险资金运用改革力度，支持保险资金进入实体经济和资本市场，有效激发了市场活力。

3. 对外开放步伐加快

保险业是中国金融领域对外开放时间较早、步伐较快、力度较大的行业。1992年，美国友邦保险公司作为第一家外资保险公司在上海设立分公司，成为改革开放以来在我国设立的第一家外资金融机构。2001年加入WTO后，取消了保险经纪公司外资持股比例限制，扩大合资人身险公司外方股东持股比例，并逐步允许外资非寿险公司经营除法定保险业务以外的全部非寿险业务。2018年更是取得突破，我国决定放开人身险公司外资股比限制，并在海南自贸区率先实现。中国银保监会还发布了《外资保险公司管理条例实施细则》（征求意见稿）。截至2017年底，共有外资保险公司56家、资管子公司1家；外资保险公司总资产1.03万亿元，同比增长13.33%；全年保费收入2140.06亿元，同比增长35.7%。外资保险公司在整个中国保险市场中的总资产份额和保费收入市场份额分别为6.71%和5.85%。

4. 行业定位不断提升

保险业在加快自身改革发展的进程中，积极倡导"想全局、干本行，干好本行、服务全局"的理念。2006年3月，国务院颁布《交强险条例》。2006年6月，《国务院关于保险业改革发展的若干意见》颁布，对保险业发展起到了巨大的推进作用。2007年以来，中央财政实施农业保险保费补贴政策。2014年8月，《国务院关于加快发展现代保险服务业的若干意见》发布，把保险业的发展放在国家经济社会发展的全局中去统筹谋划，成为国家治理体系和治理能力现代化的重要手段，开创了保险业在更广领域和更深层面服务经济社会全局的战略机遇。

（四）保险监管改革全面推进

1. 建立起比较完整规范的保险市场监管体系

改革开放之初，保险由中国人民银行领导和监督管理。1998年，中国保监会正式成立，保险监管工作从宏观金融管理部门内分设出来。2018年3月，党中央、国务院决定设立中国银行保险监督管理委员会，符合现代金融保险特点、富有统筹协调监管特征、有力高效的现代金融监管框架基本确立。与此同时，保险监管法规不断完善，目前初步形成了以《保险法》为核心、以3部行政法规和50部规章为主体、以1000余部规范性文件为补充的保险法律法规体系。

2. 搭建起以"三支柱"为主体的现代保险监管框架

偿付能力监管是现代保险监管的核心。中国保监会于2012年启动以风险为导向的"偿二代"建设，2016年初步建成。目前，"偿二代"已在全球与美国RBC标准和欧盟偿付能力Ⅱ并立，并向亚洲国家和地区推介。公司治理是现代企业制度的重要基石。中国保监会于2006年正式引入公司治理监管，重点强化股权、资本、管理层等监管，有效落实"三会一层"制度。市场行为监管是市场有序运行的重要保障。我国保险业恢复初期以市场行为监管为主，中国保监会成立后逐步过渡到市场行为监管和偿付能力监管并重，此后再过渡到以偿付能力监管为核心、以公司治理监管为基础、以市场行为监管为抓手的"三支柱"监管框架。

3. 构建起全流程的保险风险防控体系

应用风险管理技术，建立监测指标体系；加强市场分析和日常监管，及时识别和控制风险；建立保险保障基金制度，率先在金融业建立起市场化的风险自救机制；从经营管理各方面着手，全方位应对突出风险隐患。中国保监会于1999年紧急下调预定利率，迅速控制新的业务利差损风险，并通过增量业务逐步化解存量风险。先后于2007年、2011年运用保险保障基金成功化解新华人寿、中华联合的风险。2008年有效应对平安投资富通失利风险。2016年以来先后对有关问题公司派出监管组和调研组；2018年2月依法接管安邦保险集团，运用保险保障基金注资，着力化解重大风险隐患。

4. 初步建立起保险消费者权益保护制度体系

出台《关于加强保险消费者权益保护工作的意见》等规范性文件，推进保险实名登记管理制度建设，落实销售行为可回溯制度，加快保险服务标准化建设，建立和完善保险公司服务评价指标体系。保险消费纠纷化解渠道通畅，在金融管理部门中率先开通消费者投诉维权热线12378，建立保险纠纷"诉调对接"机制。加强风险提示，大力开展消费者教育，强化涉及消费者权益的信息披露。

（五）保险科技创新应用突飞猛进

1. 互联网保险市场规模高速增长

2000年，平安正式启用一站式综合理财网站PA18，成为国内第一家"触网"的保险公司，拉开了"互联网＋保险"的序幕。18年来，开办互联网保险业务的产寿险公司从1家增加到131家，已达产寿险公司总数的近8成；2011~2017年，产寿险互联网保费合计从31.99亿元增加到1876.69亿元，①年均增长率达97.12%，在总保费中的贡献率从0.22%提升至5.13%；2011~2016年，网络保险用户数量从0.1亿人增至3.3亿人，增幅高达3200%。②

2. 传统业务加快升级

营销管理方面，打造智能营销平台，改善传统销售模式，提高转化率。例如，平安联合重庆疾控中心研发全球首个人工智能+大数据流感预测模型，为保险产品定价提供重要参考。运营管理方面，降低IT运营成本，提高核保效率。例如，太平部署私有云，提升公司数据存储及分析能力，有力节省IT建设和人力成本，提高了公司的运营效率。客户管理方面，积极打通全流程的延伸服务链条。例如，太保寿险运用人工智能技术推出"阿尔法保险"智能投保顾问，切入用户社交媒体，提供综合性、个性化、结构化的客户风险测量，为消费者投保提供具体建议。风险管理方面，破解信息不对称及信息安全问题。例如，国寿开发"金盾人工智能重疾险风险评估"反欺诈模型，运用人工智能、大数据技术，从历史数据中总结、归纳欺诈案件规律，实现系统自动评估案件欺诈风险。

3. 新型业态蓬勃涌现

2013年，中国保监会批准众安在线保险公司的设立，开启了互联网保险专业化运营的探索。众安在线由平安、腾讯、阿里巴巴合作注资，经营特点为不设任何分支机构，完全通过互联网进行销售和理赔服务，这是我国保险业对原有保险经营模式的创新。目前我国已设立4家互联网保险公司，同时也涌现出一大批科技创投企业。2012~2017年，国内保险科技行业私募融资次数从4次增加到43次，融资金额从300万元增加到16.08亿元，截至2017年，国内保险科技类创业公司共有200余家。③

总体来看，改革开放40年来我国保险业取得了很大的成绩，在保持自身持续高速增长的同时，为服务国计民生、提供风险保障发挥了不可替代的独特作用。但与此同时，也必须清醒地看到，当前我国保险业也存在一些不容忽视的问题，主要表现有：一是行业发展总体还处于初级阶段。目前，我国保险密度和保险深度仅为全球平均水平的70%和61%；资产总量仅为银行业金融机构总资产的6.6%，远低于国际上29个主要经济体21.3%的平均水平。产品供给不平衡不充分，财产险产品同质化较为严重，车险业务占比达到70%，家财险、责任保险等比重相对较低，农险保障程度依然偏低，巨灾保险顶层设计仍处于研究过程中。人身险保障型产品发展还不够充分，2016年，

---

① 中国保险行业协会：历年《中国互联网保险行业发展报告》。
② 艾瑞咨询：《2016年中国创新保险行业白皮书》。
③ 清华大学五道口金融学院：《中国保险科技行业投融资报告》，2018年10月。

人均寿险保单不足 0.2 件，而发达国家在 1.5 件以上。二是发展模式还比较粗放。尽管各保险机构按照《公司法》《保险法》建立了"三会一层"的现代企业制度，但公司治理总体上比较薄弱。不少保险公司发展战略定位不准，更多注重短期利益，更多地关注保费规模，经营方式偏于粗放，产品开发能力不强，客户服务能力不高，采取以价格竞争为主的竞争手段，经营成本居高不下。个别保险公司采取激进经营方式，背离保险保障本源，加大了企业经营风险。营销员队伍已达到 800 万人，但产能相对较低，容易出现销售误导，因此营销体制需要不断完善。三是监管改革还需要进一步深化。虽然出台了《保险公司股权管理办法》《保险公司董监高级管理人员任职资格管理规定》《保险公司控股股东管理办法》等一系列规定，但执行力度还不足。保险机构集团化经营趋势明显，业务来源多元化导致风险多样化和交叉传递的可能性加大，穿透式监管有待于进一步加强。金融科技在行业的应用越来越广，监管部门如何利用科技手段防范和化解风险、保护投保人合法权益，仍是一个需要破解的课题。四是发展环境有待进一步改善。一直以来，我国社会和民众对保险的认识存在一定的误区，民众保险意识有待增强。在农业保险、责任保险、养老保险、健康保险、长期护理保险等领域，支持保险业发展的政策环境仍然有待进一步地改善。在鼓励和支持商业保险机构参与养老健康产业等方面还存在政策制约因素，在响应国家战略和支持实体经济发展过程中面临多重风险。

三、中国保险业未来发展展望

展望未来，中国将进一步扩大对外开放和全面深化改革，经济还将持续增长，国民收入水平将不断提高，同时，随着国家治理体系的健全和治理能力的提升，社会保障和公共管理方面存在巨大需求，保险业面临巨大的发展空间。按照全球平均水平计算，我国的年度保费规模有望达 6 万亿元；按发达保险市场平均水平计算，保费规模有望超过 30 万亿元，总资产将达到 150 万亿元，占银行业资产比重将达到 20% 左右，将有效地优化金融结构[①]。同时，内外部环境的剧烈变化，包括对外开放进一步扩大、消费者需求不断升级等因素叠加，都在加速推动保险业自身的变革。

1. 保险业仍将保持较长时期持续增长

一是宏观经济将在较长时期保持中高速运行。我国经济已由高速增长阶段转向高质量发展阶段，高质量阶段将保持中高速运行。要实现 2020 年全面建成小康社会，未来 3 年 GDP 增速将保持 6.3% 以上。2020 年以后 10 年左右的时间，预计增速将在

---

① 根据课题组测算，如果保费和保险资产增长能够保持 2002 年以来的平均增长水平，达到上述规模需要 10~12 年左右。

5%~6%。这样的速度下,中国每年GDP的新增量依然是全世界最大的。国内外大量的实践经验证明,保险业的发展与整个国家的宏观经济形势之间存在着较高的正相关性,因此,中国保险业具备增长的基础。二是人民群众保险需求日益旺盛、不断升级。人口老龄化问题的解决需要保险业发挥作用[①],大力发展各类养老保险产品,以投资新建、参股、托管等方式兴办养老机构,参与基本养老保险基金投资管理和医保基金的运行管理等。实体经济和社会治理需要保险业发挥作用,保险业可通过股权、债权投资方式,支持"一带一路"、雄安新区、保险扶贫等。2017年我国家庭金融财富达到140万亿人民币,但养老保险类金融资产占比只有约11%,远低于30%的全球平均水平[②],还有很大的发挥作用空间。三是保险业发展环境得到不断改善。保险业市场化改革加速推进,保险费率的市场化改革在持续稳步推进,监管部门也在逐步厘清监管边界,减少不适当的行政干预。对外开放将有效提升行业服务质量和效率,外资保险机构在更广泛和深入地参与市场竞争的同时,也将带来新的风控技术和新的产品,促进保险服务改进,提升保险业声誉。政策环境将进一步优化,农业保险支持政策、税优健康险政策、税延养老险政策等支持保险业发展的相关政策不断出台,为保险业更好地发挥作用提供政策保障。

2. 保险业将更加聚焦风险保障主业

一是更加重视负债端的基础性地位。过去一个时期,一些保险公司采用了资产驱动负债模式,这与保险业负债经营、特别是长期负债的特性不相符合。在发达保险市场,寿险公司经历了产品体系建设,拥有专业化的风险定价能力,收入贡献来源主要为负债管理。可以预见,随着市场日渐成熟,中国保险业的价值创造也将从资产端向负债端转移,负债管理能力日趋重要,洞悉客户需求,为客户提供有价值的产品和服务,将成为保险公司的关键制胜要素。二是进一步提升保障型业务占比。过去粗放式发展阶段以理财型为主的业务结构,与新时代保险业高质量发展的需要不相符合。未来,短期、趸交、高收益率的产品将继续降低占比,长期、期缴、合理收益率的产品将继续提升占比。一方面,这有利于发挥保险区别于其他金融产品的独特保障功能;另一方面,这要求保险业建立与保障型业务结构相适应的精细化管理体系,提升风险管理能力和理赔服务水平,让行业真正量减质升、价值优化,让消费者在保险的保障责任和优质服务中(而非仅靠高收益率承诺)得到切切实实的获得感。三是更加注重综合性风险管理服务。随着经济社会发展日益多元化、复杂化,保险消费者受教育水平、

[①] 基本养老保险(第一支柱)的挑战是如何解决财务可持续性问题;企业年金制度(第二支柱)面临的问题是如何提高职工参与率(目前参与人数仅为2300万人),职业年金的制度也面临不少挑战。商业补充养老保险的挑战是如何通过制度调整和提升保险公司服务能力,吸引城乡居民积极参与。

[②] 资料来源:中国金融四十人论坛(CF40)发布的《2018·径山报告》。

收入水平、法律意识、保障观念、全球视野均有较大的提升,他们对保险的功能作用越来越认同,对原有的粗放营销方式则越来越不认同。保险服务未来的方向,应当是从理财规划、产品推销转变为风险管理方案设计、提供、服务等,并嵌入消费者的社交、生活、医养等各方面,构建起以风险管理为核心的综合性系统化保险生态圈。

3. 保险企业经营管理将日益走向科学规范

一是股权管理更加科学合理。近年来保险业出现的一些风险问题,从深层来讲与股权管理密切相关。随着2018年修订的《保险公司股权管理办法》出台,单一股东持股比例上限从51%降至1/3,从绝对控股转变为相对控股,过去大股东或实际控制人权力过于集中、进而操纵公司经营管理和资金运用的现象将得到根本转变;同时,以负面清单方式明确了不得入股的资金类型,从源头进行治理。二是公司治理更加规范有效。未来,我国保险机构将在立足自身实际和借鉴国际经验相结合的基础上,进一步提升公司治理的规范化水平,主要包括:加强党的领导和党的建设,发挥其在公司治理中的政治核心作用;加强董事会建设,明晰董事会和经营层的职责分工,提高董事的履职能力;做实监事会功能,改进监督方式,优化监事会结构;推进市场化选聘职业经理人的制度建设,建立符合市场规律的履职评价体系和激励约束机制等。三是企业经营更加高效集约。随着我国保险业转型升级,保险市场不断完善,保险企业要根据既有资源和能力,寻找准确定位,调整战略规划和商业模式,全面提升专业能力,实现差异化经营,深耕价值链管理,推动产品结构调整,变革营销模式,以提高效率为标准,努力打造竞争优势和核心竞争力。

4. 保险资金运用将持续加强"两个服务"

一是从当前政策导向看。险资运用要更好地服务保险主业,更好地服务实体经济。保险业的本质属性决定,保障是根本功能,投资是辅助功能、衍生功能,险资运用是为了更好地发挥保险的风险保障功能。在经济转向高质量发展的阶段,党和国家对险资提出了新的更高要求,要服务国家重大战略、服务供给侧改革、服务脱贫攻坚战略、服务资本市场稳定。二是从险资配置原则看。保险资金是长期资金、是负债资金,其追求安全、稳定的特性,决定了保险资金运用会坚持长期投资、价值投资和多元化分散投资。因此,投资标的将继续坚持以固定收益类产品为主,股权等非固定收益类产品为辅;股权投资以财务投资为主、战略投资为辅;即使进行战略投资,也应当以参股为主。三是从险资配置结构看。在大类资产配置上,险资对银行存款、债券等固定收益类资产的配置需求回升,预计这种趋势将延续;对股票、证券投资基金等方向的配置将回归理性投资以及合理的配置比例;对另类资产的投资偏好将持续提升。在负债成本不断提升,传统投资领域不确定性持续增加,超额收益获取难度较大的环境下,发展长期资金优势,配置低流动性、高收益的另类资产获取流动性溢价,可能会成为保险资产配置的重要选择。

5. 保险科技创新将深刻改变保险业面貌

一是改变传统保险经营理念。金融科技对保险行业带来的最大影响是改变了传统的经营理念，真正建立了"以客户为中心"的经营理念。保险公司经营重点转向如何设计出符合不同场景和不同客户需求的个性化产品，全面提升客户体验，如何充分运用大数据、云计算、人工智能等工具实现资源的跨界整合等。二是提升保险社会风险管理能力。通过运用互联网、大数据、云计算、人工智能等科技手段，保险公司得以提升风险识别、定价和管理能力，进一步提升了保险业的风险覆盖范围和管理效率，使保障对象从健康人群扩展到高风险人群，使保障形式从事后的经济补偿向事前的风险预防和防灾减损延伸，促使保险业更好地发挥经济社会风险管理者的功能。三是拓展可保风险范围边界。一方面，互联网带来的新型商业模式和消费方式，可以派生出新的风险保障需求，同时还可以将保险期间和保费进一步细化、分散化以适应用户的个性化、碎片化需要。另一方面，保险科技突破了物理网点和营业时间的限制，降低了保险的经营成本和风险，保险公司可以根据不同的场景，为不同层次、不同需求的消费者量身定制保险产品，这有力扩大了普惠金融的服务范围。

主报告 02

2017 年中国保险业发展报告*

2017年，中国保险业在中国特色社会主义进入新时代的大背景下，坚持保险姓保，全面回归保障本源，服务实体经济发展和防范金融风险，由过去追求数量、规模快速增长的成长方式转向更加注重发展质量、更加严格管控风险的可持续增长模式，转型升级取得了初步成效。全年实现原保险保费收入36581.01亿元，同比增长18.16%，超过日本成为全球第二保险大国；保险业总资产达到167489.37亿元，同比增长10.8%。与此同时，在政策引导支持下，与国计民生联系密切的商业车险、养老保险、健康保险、农业保险等险种，将迎来更大发展机遇。2018年，为了推动保险业高质量发展，要着力提升监管效能，平稳推进寿险业转型，继续深化商车费率改革，夯实税优健康险发展的制度基础，推动税收递延商业养老保险的试点，通过科技赋能提升行业供给效率。

一、2017年保险业发展政策环境

2017年是保险业转型升级的关键一年，中国保监会坚持保险姓保、监管姓监，以"1+4"系列文件为抓手，切实抓好防风险、治乱象、服务实体经济等各项工作，大力推动保险业回归保障本源。

（一）颁布"1+4"系列文件

2017年4~5月，中国保监会先后颁布《关于进一步加强保险监管维护保险业稳定

---

* 本报告所引用数据，除特殊说明外，分别来自国家统计局官网（http://www.stats.gov.cn/）、中国银行保险监督管理委员会官网（www.cbrc.gov.cn）、中国保险行业协会行业统计数据等渠道。

健康发展的通知》《关于进一步加强保险业风险防控工作的通知》《关于强化保险监管打击违法违规行为整治市场乱象的通知》《关于保险业支持实体经济发展的指导意见》《关于弥补监管短板构建严密有效保险监管体系的通知》，简称"1+4"系列文件，确立了保险姓保回归本源的主基调。

在防范风险方面，监管部门着力化解存在重大风险隐患的重点公司的风险。中国保监会在把公司治理摆在重中之重的突出位置。发布《保险公司股权管理办法（征求意见稿）》，全面开展公司治理评估及其风险防范，并对少数存在重大风险隐患的重点公司开展专项检查。加强关联交易监管，规范公司股权质押行为。打击股东虚假注资、虚增资本等行为，稳妥有序清退违规股东股权。加强偿付能力风险分析监测，发布"偿二代"二期工程建设方案，设定风险预警指标，健全流动性风险监测体系，妥善处理满期给付和退保风险。加强信用保证保险风险处置，清理整治互联网金融市场，加快建设互联网金融风险防范长效机制。

在服务实体经济方面，中国保监会明确了保险业服务实体经济的总体要求和重点举措。一是推动保险业参与"一带一路"建设；二是推动保险业支持科技创新；三是推动保险业支持扶贫；四是推动推动保险业促进绿色发展；五是推动商业保险参与多层次社会保障体系建设；六是服务地方经济社会发展。坚持服务国家战略和实体经济的导向，充分发挥保险产品和保险资金的独特优势；坚持改革创新的理念，通过深化改革、支持创新、回归本源、突出主业等方式，适应实体经济发展的不同需求；坚持发挥市场在资源配置中的决定性作用，遵循依法合规和专业化、市场化运作，实现商业可持续性。

在治理乱象方面，中国保监会坚持从严整治、从快处理、从重问责，不断推进保险市场规范化运行。围绕治理失效、数据失真、投资失控等八大市场乱象，聚焦资金运用、数据真实性、农险承保理赔等14个重点领域，开展了"亮剑""三反""两两""安宁2017"等专项检查行动。年内，中国保监会系统共派出2754个检查组、10045人次，对2780家机构实施现场检查，共处罚机构720家次、人员1046人次；罚款1.5亿元，同比增长56.1%；责令停止接受新业务24家；撤销任职资格18人；行业禁入4人。[①]

在重塑保险监管方面，2017年，保险监管部门加快推进适应保险业发展的监管体系建设。一是以转观念重塑监管定位，促进行业回归本源。二是以补短板重塑监管能力，不断强化监管制度建设。三是以严处罚重塑监管氛围。2017年，中国保监会系统共处罚机构720家次、人员1046人次。其中，罚款1.5亿元，同比增长56.1%；责令停止接受新业务24家；撤销任职资格18人；行业禁入4人。四是以强机制重塑监管文化，夯实科学审慎监管的基础。

---

① 处罚情况来自2018年全国保险监管工作会议报告。

（二）颁布各分业务领域监管政策

1. 人身险方面监管政策

寿险领域，中国保监会于2017年5月颁布《关于规范人身保险公司产品开发设计行为的通知》。它明确叫停快速返还的万能、两全保险，并禁止以附加险形式设计销售万能险、投连险，该政策实质上是对理财型中短存续期产品的进一步遏制，旨在推动保险业特别是寿险业进一步回归保障本源。

商业养老保险的发展环境更加优化。2017年7月4日，国务院办公厅发布《关于加快发展商业养老保险的若干意见》，进一步优化了商业养老保险发展的政策环境。商业养老保险可以成为个人和家庭商业养老保障计划的主要承担者、企业发起的商业养老保障计划的重要提供者、社会养老保障市场化运作的积极参与者、养老服务业健康发展的有力促进者、金融安全和经济增长的稳定支持者。发展商业养老保险，有助于弥补养老保障总量的不足，改善养老金体系存在的结构失衡状况，缓解基本养老保险的可持续压力，健全多层次养老保障体系，促进养老服务业多层次多样化发展，应对人口老龄化趋势和就业形态新变化，进一步保障和改善民生，促进社会和谐稳定。《意见》提出推动"个人税收递延型商业养老保险试点"，通过税收递延政策激励个人和家庭资源投入的积极性。可以预期，在政策的支持下，未来商业养老保险将成为保险业重要的新业务增长点。

健康险领域，一是税优健康险试点政策全国推广。2017年7月1日起，财政部、国家税务总局和中国保监会将商业健康保险个人所得税试点政策推广到全国范围实施。在全国推广税优健康险，可以进一步促进商业健康保险的发展，发挥市场机制在构建新的医疗保障制度中的作用，应对疾病谱转变、老龄化加剧以及经济发展速度放缓等挑战，构建商业健康保险与社会医疗保险相互补充、相互配合、共同发展的医疗保障新模式，提高医疗保障体系的运行效率，对于控制医疗费用和提高医疗服务质量都具有积极的意义。二是中国保监会于11月颁布《健康保险管理办法（征求意见稿）》。该办法从健康险的经营管理、产品管理、销售管理、精算要求、健康管理服务与医保合作等方面防范健康险运营风险；进一步规范短期健康保险费率浮动范围，由过去的机构上报、监管审批转变为划定短期健康保险费率浮动范围不超过基准费率的30%；将"医疗意外保险"纳入保障范畴、长期险费率可调、杜绝理财化、犹豫期延长至15天、严禁挂钩基因检测等，切实保护消费者利益，将有力推动健康保险更加规范发展。

2. 财产险方面监管政策

车险领域，商车改革第二阶段全面启动。2017年6月，中国保监会发布《关于商业车险费率调整及管理等有关问题的通知》。改革主要内容包括：启动保障更全面的车损险条款、机动车出境保险条款、节假日限额翻倍条款等种类更丰富的示范条款;扩大公司自主费率调整系数的下浮空间,并在不同地区实行差异化浮动系数。将商业车险的"自主核保系数"和"自主渠道系数"分别由双85%下调,大部分地区下调至单75%或双75%。费改的主要目标是以市场化为导向,建立健全科学合理的商业车险条款费率管理制度,继续完善商业车险条款费率形成机制,逐步扩大保险公司商业车险费率厘定自主权,以便更有效地发挥市场配置资源的决定性作用。据统计,与改革前相比,商业车险车均保费下降16.7%,商业车险投保率上升8.6个百分点,商业三责险平均责任限额提升60%以上,车险承保盈利公司数量由改革前的5家增加到10家,实现承保利润73.9亿元;无赔款优待系数(NCD)奖优罚劣作用明显,出险率从改革前的41.2%下降到23.9%。

非车险领域,农业保险、巨灾保险、责任保险等相关制度不断完善。完成"粮食直补转保险间接补贴"重大政策储备研究,形成《三大粮食作物农业保险试点方案》,并被国务院批准。在13个粮食主产省200个产粮大县启动农业大灾保险试点,推进风险分散机制建设。开展"基本险+补充险+商业险"试点,总结"保险+期货"试点经验,出台《地震巨灾保险专项准备金管理办法》《安全生产责任保险实施办法》《环境污染强制责任保险管理办法》等。此外,终止非寿险投资型产品试点,引导行业进一步回归保障本源。

3. 销售、理赔、服务方面监管政策

针对销售误导,实施"双录"政策。7月10日,中国保监会发布《保险销售行为可回溯管理暂行办法》,11月1日起正式实施。该政策要求保险公司、保险中介机构以录音录像(简称"双录")等技术手段采集视听资料、电子数据的方式,记录和保存保险销售过程关键环节,实现销售行为可回放、重要信息可查询、问题责任可确认,旨在遏制销售误导,增强消费者在购买保险过程中的安全感、信任感。

针对消费者服务全流程,首次向社会公布保险公司服务评价结果。2017年11月,中国保监会首次向社会公布保险公司服务评价结果,涵盖2016年度保险公司服务的主要数据和信息,重点围绕消费者反映强烈的突出问题,按财产保险和人身保险分别设定电话呼入人工接通率、理赔获赔率、投诉率等8类定量指标,并在此基础上对重要服务创新和重大负面事件分别进行加减分。评价结果显示,此次参评的59家人身险公司中,A类有11家,B类35家,C类12家,D类1家;参评的58家财产险公司中,A类有10家,B类38家,C类10家。服务评价在很大程度上可以反映消费者的满意度,有利于引导保险公司提升服务质量,更好保护保险消费者权益。

4. 资金运用方面监管政策

中国保监会出台了一系列有针对性的政策,包括针对举牌问题,发布《关于进一

步加强保险资金股票投资监管有关事项的通知》，加强股票投资和举牌监管。针对境外投资问题，要求严格遵守国家境外投资有关政策，限制房地产、酒店、影城、娱乐业、体育俱乐部等投资，规范保险机构内保外贷业务，提高投资能力要求。研究拟订《保险资产负债管理监管办法》，制定能力评估和量化评估规则，按照扶优限劣的原则实施差别化监管，建立产品监管、资金运用监管和偿付能力监管协调联动的长效机制。针对合规风险、监管套利、利益输送、资产质量等问题，开展风险排查专项整治。加强对股权投资、不动产投资和金融产品投资的内控要求。与财政部联合发文，防范地方政府债务风险，严格规范保险资金参与地方政府债务。强化股权投资计划、保险私募基金等业务监管。建立股权投资信息报告系统，强化对保险机构、投资机构、中介机构的非现场监管，完善保险资金股权投资事后监管机制。严格落实去通道要求，通过研究修订委托投资办法，进一步明确委、受托人职责，禁止开展通道业务。

5. 对外开放方面监管政策

不断加快对外开放步伐，2017年4月，中国保监会发布通知拟对外资险企管理条例等4部规章进行修订；11月10日，国务院有关部门负责人透露，3年后将单个或多个外国投资者投资设立经营人身保险业务的保险公司的投资比例放宽至51%，5年后投资比例不受限制。

我国公布外资持股人身保险公司比例放开的时间表，这是保险业推动形成全面开放新格局的积极信号。未来，外资进入保险业的组织形式将更加灵活，大大增强了外资保险公司经营的灵活性与自由度。进一步扩大开放对于推动保险市场改革、促进保险市场竞争、提高市场效率以及保护消费者利益都具有积极的意义。

二、2017年保险业发展状况

（一）总体情况

1. 市场主体继续增加，但市场准入放缓

截至2017年底，我国保险市场共有保险机构221家，较2016年（207家）增加14家（见图1）。其中，有财产险公司85家，人身险公司86家，再保险公司11家，保险集团（控股）公司12家，保险资产管理公司24家，农村保险互助社3家。人身险公司中，专业养老险公司8家，较2016年增加1家；专业健康险公司6家，增加1家。首批3家相互保险社开业；自保公司4家（加上香港3家，共有7家央企设立自保公司），较2016年增加2家。随着对外开放程度的加深，外资保险业机构在华稳步发

展。截至2017年底，共有外资保险公司56家、资管子公司1家，其中外资保险公司包括财险公司22家、寿险公司28家、再保公司6家，另有外资保险代表处190家。

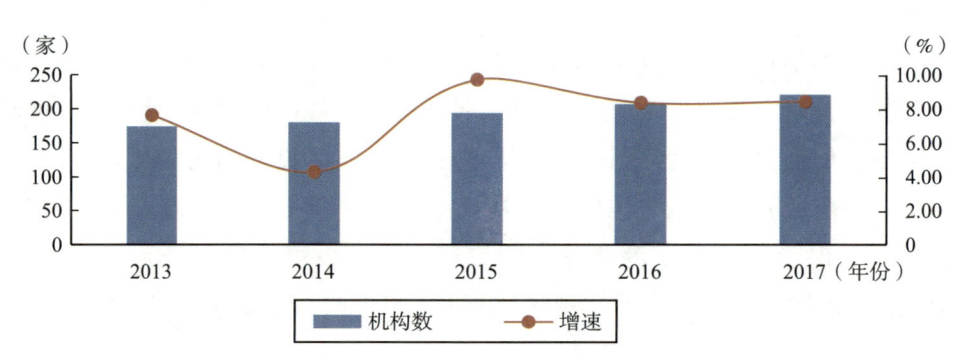

图1 2013~2017年我国保险公司数量及增速

资料来源：原中国保监会、Wind。

2017年，市场准入放缓。一是保险机构批筹数量减少。2017年全年共有6家保险公司获批筹建，包括融盛财产保险股份有限公司1家财产险公司和北京人寿保险股份有限公司、中国人民养老保险有限责任公司、海保人寿保险股份有限公司、国宝人寿保险股份有限公司和国富人寿保险股份有限公司5家人身险公司。批筹数量和增速均创近5年来最低（见图2）。

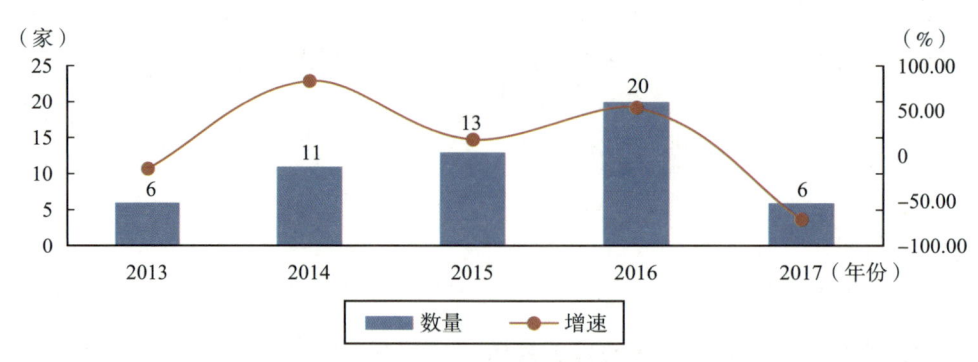

图2 2013~2017年保险公司批筹数量及增速

资料来源：原中国保监会、中国保险报。

二是保险中介机构获批数量也在放缓。根据中国保监会行政许可审批结果统计显示，2017年共38家保险专业中介机构获批，较上年减少32家。

2.保费收入和资产规模增速放缓

2017年,在回归保障、防风险等相关政策引导下,总保费和总资产增速双双回调。全年保费收入增速较上年有所放缓,但仍保持较快增长,走势逐季趋稳,实现了前高后稳的增长预期。全年实现原保险保费收入36581.01亿元,超过日本成为全球第二保险大国,同比增长18.16%,增速比上年回调9.34个百分点,也改变了5年来连年加速增长的势头。

2017年,保险业总资产达到167489.37亿元,同比增长10.8%,增速回调11.51个百分点(见图3)。其中,财产险公司总资产24996.77亿元,较年初增长5.28%;净资产5903.07亿元,较年初增加519.71亿元,增长9.65%。受负债增速下降的影响,财产险公司总资产增速同比下降23.20个百分点。人身险公司总资产132142.53亿元,较上年增长6.25%,与之前几年20%以上的增速相比有较大下滑。近年来,人身险公司资产占所有保险公司总资产的比例大体稳定在80%左右。

图3 2013~2017年原保费收入和行业资产规模情况

资料来源:原中国保监会。

其中,外资保险公司总资产1.03万亿元,同比增长13.33%;2017年全年原保险保费收入2140.06亿元,同比增长35.7%。外资保险公司在整个中国保险市场中的总资产份额和保费收入市场份额分别为6.71%和5.85%,未来还有较大的发展空间。[①]

3.保险深度和密度有所提升

2017年,保险深度为4.42%,比上年提高0.25个百分点;保险密度为2631.58元/人,比上年增加392.5元/人(见图4)。总体上延续了5年来稳步增长的态势。

---

① 外资保险机构相关数据来自原中国保监会官网。

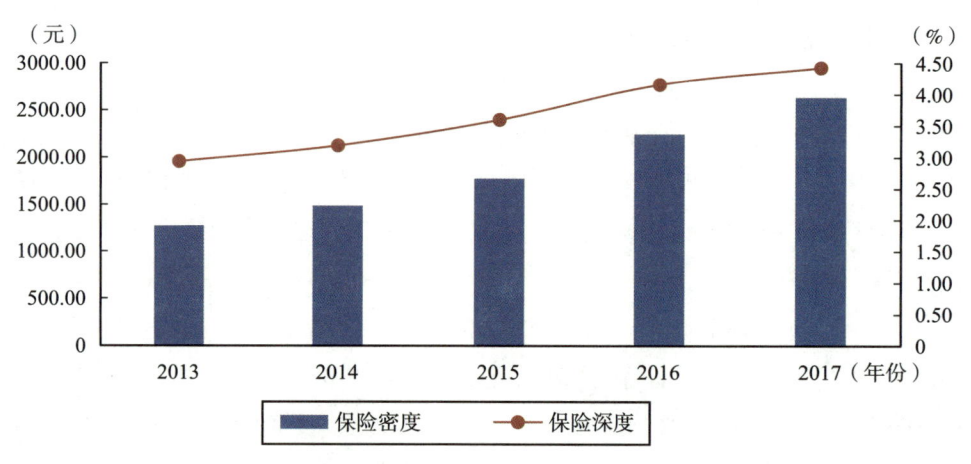

图 4　2013～2017 年中国保险密度和深度

资料来源：原中国保监会、Wind。

与国际比较，我国保险业发展水平虽然高于新兴市场平均水平，但仍较为有限，保险深度和保险密度不仅低于全球平均水平，更是低于主要发达经济体的平均水平（见表1），发展的空间和潜力很大。

表 1　保险业发展水平的国际比较

	保险深度（%）	保险密度（美元）
全球	6.3	638
发达市场	8	3505
新兴市场	3.2	149
新兴市场（除中国外）	2.6	97
经合组织	7.5	2757
G7	7.9	3665
欧元区	7.3	2528
欧盟	7.4	2383
欧盟15国	7.9	2911
北美自贸区	7.1	3049
东盟	3.4	136
中国（2017年数据）	4.42	407

注：除中国外，其他为 2016 年数据。

资料来源：Swiss Re. World Insurance in 2016：the China Growth Engine Steams Ahead，Sigma No.3，2017.

4. 承保人次和件数快速增加

2017 年人身险公司承保人次累计新增 52.56 亿人次，同比增长 10.98%；期末有效数为49.04亿人次,同比增长23.77%,期末有效数增速高于新增数增速。从承保件数来看,2017年保险业新增保单件数175亿件,同比增长84%。财产险公司签单数量164.69亿件,同比增长89.74%;人身险公司承保件数8.8亿件,同比增长17.89%;寿险本年累计新增保单1.11亿件,净增加0.73亿件。

5. 风险保障水平快速提高

2017年保险业共提供风险保障金额4154万亿元,同比增长75%,增速明显高于保费增长率(见图5)。财产险方面,共提供风险保额3030.41万亿元,同比增长136.22%。其中,机动车辆保险提供风险保额169.12万亿元,同比增长26.51%。农业保险提供风险保障2.79万亿元,同比增长29.24%。责任保险提供风险保障金额251.76万亿元,同比增长112.98%,人身险方面,寿险提供风险保额31.73万亿元,同比增长59.79%。健康险提供风险保额536.8万亿元,同比增长23.87%(见图6)。

图5 2013~2017年风险保额与增速

资料来源:原中国保监会。

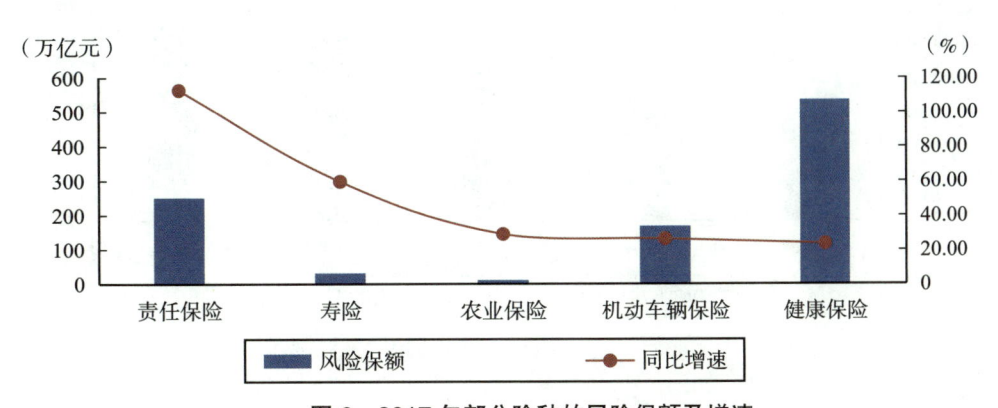

图6 2017年部分险种的风险保额及增速

资料来源:原中国保监会。

保险业提供的风险保额增速远高于保费增速，是市场主体业务转型、服务实体经济以及市场竞争等因素共同作用的结果。

第一，保障性弱的投资型业务减少。2017年，保险监管部门全面停止保险公司此前开展的非寿险投资业务，投资属性较强的万能险和投连险保费收入也大幅下降。在业务调整的过程中，保险公司加大转型力度，重点发展保障型业务，强调保险的风险保障作用，提升其保障额度，从而使得保险的保额增速高于保费增速。

第二，高频高保障低保费产品大幅增加。2017年，高频消费、高保障额度且低保费的保险产品快速发展，进一步推动了保额快速增长。保单件数增幅远大于保费增速，表明以互联网保险产品为代表的小额、碎片化的保险发展较快。这类保险件数多，提供的风险保障额度大，促进了风险保额的快速增长。

第三，市场竞争拉低费率水平。在财险领域，随着商业车险费改的推进，车均保费下降，但保额呈增长趋势，使得保额增速高于保费增速。同时，在非车财产险领域，由于竞争激烈，也呈现风险保额相对保费增速更快的趋势。

因此，在产品回归保障、服务实体经济的大趋势下，保额增速快于保费增速是必然结果。这表明保险业的保障性质体现得更为明显，业务转型效果较好。但对市场主体而言，在不断提高风险保障水平的同时，也应当防范经营风险，避免短期不理性的价格竞争，实现商业可持续发展。

6. 赔款和给付大幅回落

2017年，整个保险业赔款和给付支出共计11180.79亿元，同比增长6.35%，增速比上年回落14.85个百分点（见图7）。

图7 2013~2017年保险赔款及给付情况

资料来源：原中国保监会。

由图8可知，财产险业务赔款5087.45亿元，同比增长7.64%，增速比上年回落

5.04个百分点。其中，企业财产保险赔款支出225.51亿元，同比减少15.28%；机动车辆保险赔款支出3938.06亿元，同比增长7.95%；责任保险赔款支出201.45亿元，同比增长21.18%；货运保险赔款支出62.23亿元，同比增长12.58%；农业保险赔款支出334.49亿元，同比增长11.79%。寿险业务给付4574.89亿元，同比下降0.61%，增速比上年回落29.72个百分点；[①]意外险业务赔款223.69亿元，同比增长22.23%，增速比上年提升1.7个百分点；健康险业务赔款和给付1294.77亿元，同比增长29.38%，增速比上年回落1.79个百分点，但远高于同期健康险保费增速（8.58%）。据统计，5年来健康险赔款和给付从411.13亿元增长到1294.77亿元，年均增长33.22%；健康险赔付支出占我国卫生总费用[②]的比重从1.30%提升到2.51%。

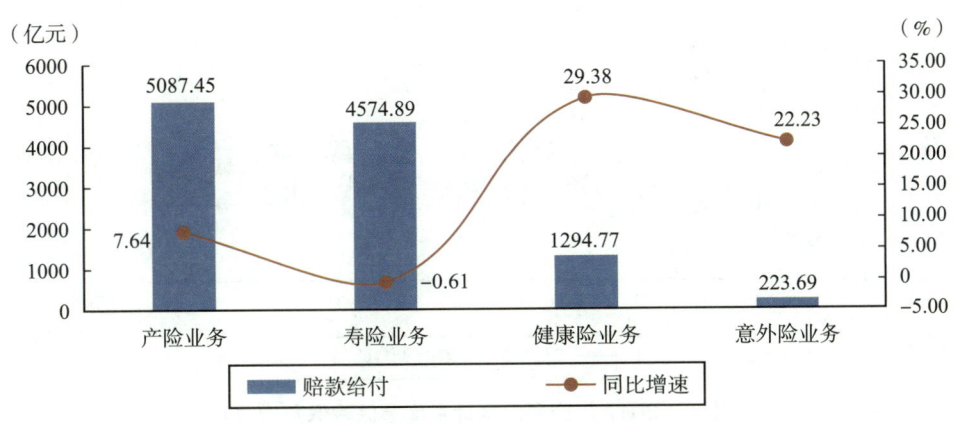

图8 2017年赔款及给付情况

资料来源：原中国保监会。

（二）业务结构

1. 产寿险增速分化

产寿险增速分化，业务格局出现变化。从2017年内各月来看，人身险各月累计原保险保费增速总体上呈逐渐下降态势，财产险各月累计原保险保费增速则稳中有升（见图9）；财产险单月保费收入总体平稳，人身险单月保费收入则呈现比较明显的周期性和阶段性（见图10）。

从2017年全年整体来看，如图11所示，财产险增速加快，全年实现原保险保费收入9834.66亿元，同比增长12.72%，增幅比上年加快3.6个百分点，在总的原保

---

① 由于2016年寿险业务迎来满期给付高峰，导致2017年给付金额呈现负增长。
② 根据国家卫生健康委员会官网公布数据，2013年全国卫生总费用预计达31661.5亿元，2017年预计达51598.8亿元。

险保费收入中占比为 26.88%。人身险业务增速有所回调，全年实现原保险保费收入 26746.35 亿元，同比增长 20.29%，较上年下降 16.22 个百分点，但仍拉动了行业发展，高于本年度行业平均增速 2.13 个百分点，在总的原保险保费收入中占比为 73.12%。

从近 5 年发展趋势来看。财产险业务原保险保费近 5 年平均增速为 12.17%，在总保费中占比从 36.07% 下降到 26.88%，总体呈显著下降态势。人身险业务原保险保费近 5 年平均增速为 29.79%，占总保费比重从 54.73% 提升到 73.12%，总体呈快速上升态势。但从 2017 年情况来看，财产险增速高于自身近 5 年平均水平，打破了过去 5 年逐年降速的态势；人身险增速则低于自身近 5 年平均水平，打破了过去 5 年逐年加速增长的态势。

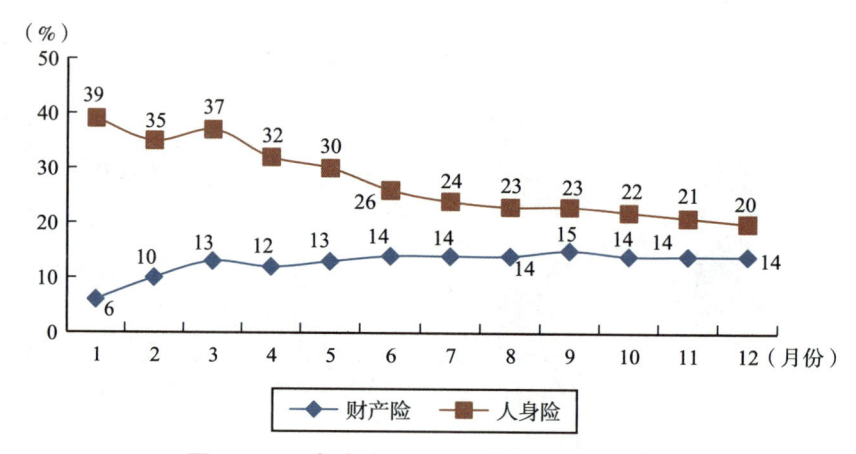

图 9　2017 年产寿险累计月度原保险保费增速对比

资料来源：原中国保监会。

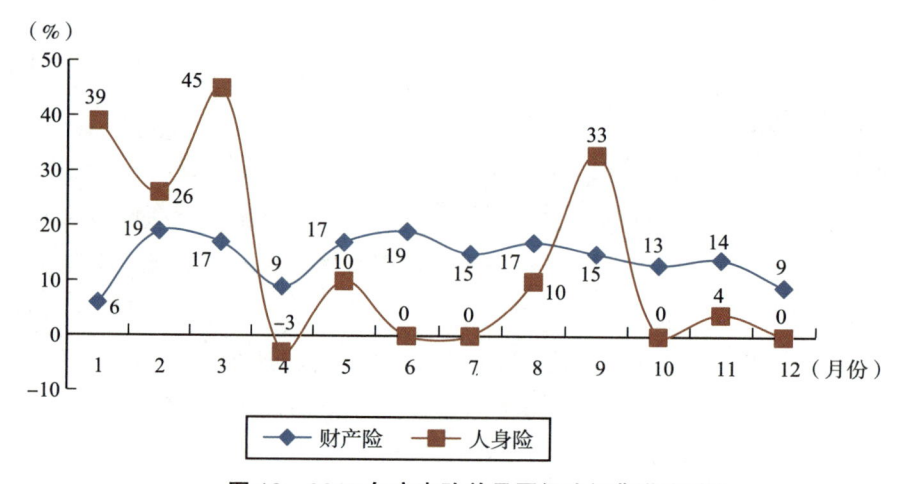

图 10　2017 年产寿险单月原保险保费增速对比

资料来源：原中国保监会。

图 11 2013~2017 年原保费收入分类情况

资料来源：原中国保监会。

2017年，人身险原保费收入增长速度大幅下滑的原因主要包括：一方面，由于监管导向的改变，大多数人身险公司都在转型，加大长期储蓄型业务、传统保障型与续期业务，大幅削减中短存续期及趸交业务。另一方面，受《关于进一步加强人身保险公司销售管理工作的通知》的影响，行业许多产品不满足新规要求，很多公司面临产品调整，也在很大程度上影响了保费收入的增长。

2017年，财产险业务原保险保费收入增幅回升的主要原因是宏观经济改善与积极的财政政策利好车险和非车险业务。

2. 财产险业务结构优化

2017年，在财产险保费收入中，非车险占比为28.65%（见图12），比上年提高2.41个百分点，长期以来车险在产险中"一险独大"的格局正在逐步得到优化。

一方面，商用车销售量增长，是车险市场增长的主要推动力。2017年，机动车辆保险原保险保费收入7521.07亿元，同比增长10.04%（见图13），占财产险业务的比例为76.48%，占财产险公司业务的比例为71.35%。车险的稳定增长奠定了财产险市场增长的基本格局。据中国汽车工业协会统计，2017年，全国汽车销量2887.89万辆，同比增长3.04%，增速比上年同期回落10.61个百分点。在乘用车低迷的情况下，伴随国家经济形势的好转，商用车的更新换代，商用车实现快速增长。全年商用车销量416.06万辆，同比增长13.95%，是车险市场增长的主要推动力。

另一方面，宏观经济改善促进非车险业务的发展。2017年，随着宏观经济趋稳和政策支持力度不断加大，非车险业务原保险保费收入3020.3亿元，同比增长24.21%，高于车险增速14.17个百分点。

其中，与宏观经济相关性较强的企财险、货运险结束负增长，原保险保费收入分别为392.10亿元和100.19亿元,同比增长分别为2.77%和17.25%。

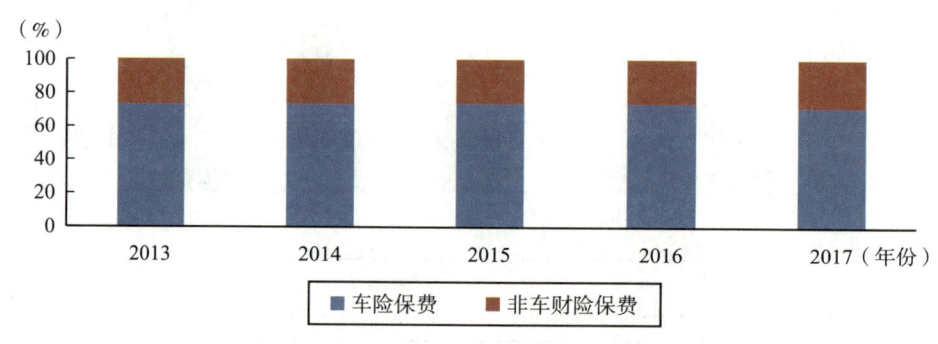

图12 2013~2017年车险占比变动情况

资料来源：原中国保监会、中国保险行业协会、Wind。

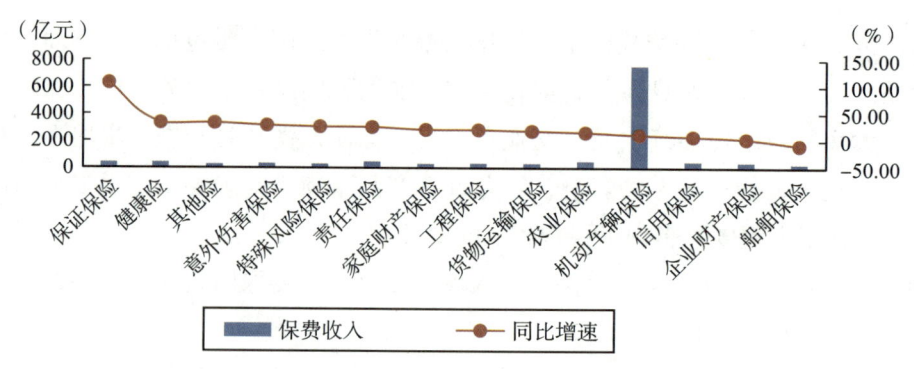

图13 2017年财产险公司各险种保费收入与增速

资料来源：原中国保监会、中国保险行业协会。

与国计民生密切相关的责任保险和农业保险业务继续保持较快的增长,原保险保费收入分别为451.27亿元和479.06亿元,同比增长分别为24.54%和14.69%,占财产险业务的比例分别提升至4.59%和4.87%。

新兴的保证保险原保险保费收入379.23亿元,同比增长105.96%,占财产险业务的比例提升至3.86%。

3. 人身险市场结构性变化显著

2017年,在原保险保费方面,中短存续期和万能型健康险增速大幅下滑。普通寿险业务实现原保险保费收入12936.48亿元,占人身险公司全部业务的49.68%,同比上升1.5个百分点。万能险业务减少,实现原保险保费收入111.90亿元,占人身险公司业务的0.43%,同比下降0.06个百分点。意外险实现原保险保费收入901.32亿元,同比增长20.19%。健康险业务实现原保险保费收入4389.46亿元,同比增长8.58%,增速大幅下降 59.12 个百分点，打破了自 2011 年以来的高增长态势。健康险保费增速的快速回落与保险行业回归保险保障本源、大力压缩中短存续期健康险及万能型健康险有关（见图14）。

图 14 2013~2017 年人身险各险种原保费收入及增速

资料来源：原中国保监会。

在规模保费方面，以万能险为主的投资型业务大幅收缩。截至 2017 年底，普通寿险业务规模保费占人身险公司规模保费收入比重为 47.2%，较 2016 年底上升 11.1 个百分点，占比第一；万能险保户储金及投资款 6362.78 亿元，同比（2016 年为 12799.13 亿元）负增长 50.29%，增速下滑 104.15 个百分点，在人身险公司规模保费比重为 19.95%，占比下降 16.9 个百分点，从占比第一下降为第三；分红险 31.05%，上升 7.3 个百分点（见图15）。

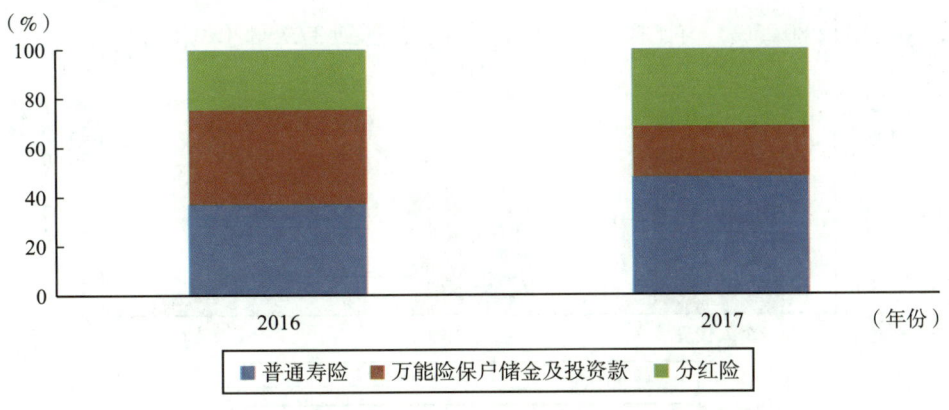

图 15 2016 年、2017 年人身险主要险种规模保费变化情况

资料来源：原中国保监会。

在新单缴费结构方面,期缴业务占比显著提升。新单原保险保费收入15355.12亿元,同比增长10.66%。其中,新单期缴业务实现原保险保费收入5772.17亿元,同比增长35.71%,占新单业务的37.59%,同比提升6.94个百分点。可见,随着监管政策的持续加强,以万能险产品为首的中短存续期产品受到严格限制,受此影响寿险公司纷纷调整保费结构,主要做法是提高保障型产品的原保费收入占比,压缩万能险与投连险等险种,拉长了承保端的久期,提高期缴占比,由趸缴业务向期缴业务转型,保费结构不断优化。

在渠道方面,个险渠道保持并强化了人身险销售主渠道的地位。业务的转型也带来了渠道结构的变化,突出表现是个人代理业务增长迅速,银邮代理业务增速下降。由于监管政策对投资理财型产品限制增强,与之联系较为紧密的银保、网电销渠道的发展也明显放缓,2017年银邮代理业务收入10584.02亿元,占人身险公司原保费收入比重为40.65%,同比下降3.50个百分点。与此同时,个人代理业务原保险保费收入13065.64亿元,占人身险公司业务总量的50.18%,同比上升4.00个百分点,作为人身险销售主渠道的作用更加明显。

4. 中介业务出现结构性调整

从渠道分布来看,一是代理渠道实现保费收入占比最高,经纪渠道增长较快。代理渠道实现保费收入31216.6亿元,同比增长21.5%,占中介渠道保费收入的比重高达97.2%,其中个人代理和银邮代理比重最大,个人代理人身险保费收入达13007亿元,银邮代理人身险保费收入达10568亿元;经纪渠道实现保费收入902.1亿元,同比增长33.8%(见图16、图17)。二是互联网渠道保费收入负增长,但互联网非车险业务大幅增长。互联网渠道实现保费收入1876.7亿元,同比负增长18.4%,其中人身险保费收入1383.2亿元,同比负增长23%,财产险保费收入493.5亿元,同比负增长1.75%。互联网人寿保险实现规模保费收入799.6亿元,占互联网人身险的比重为57.7%,依旧为互联网人身保险业务的主力险种,但在互联网人身保险总保费中的占比大幅下降;互联网车险保费收入307.19亿元,同比负增长23.00%,占比为62.25%,占比大幅下滑;互联网非车险保费收入186.30亿元,同比增长80.25%,占比提升17.18个百分点,达到37.75%(见图18)。

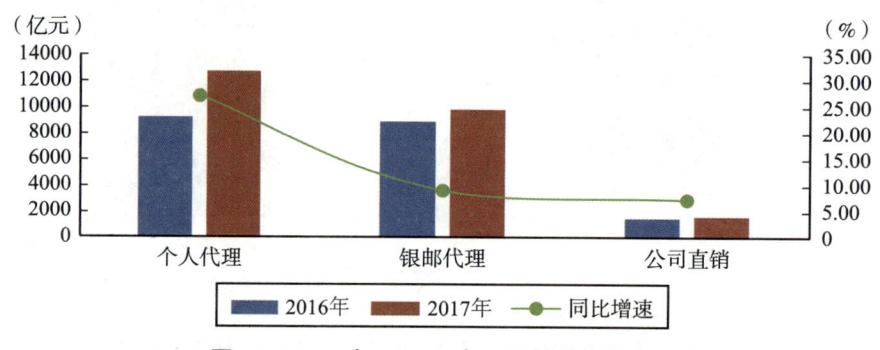

图16 2016年、2017年不同销售渠道变动情况

资料来源:原中国保监会、中国保险行业协会。

图 17　代理渠道和经纪渠道保费收入情况（2016 年、2017 年）

资料来源：中国保险行业协会。

图 18　互联网渠道保费收入情况（2013~2017 年）

资料来源：中国保险行业协会。

从险种分布来看，一是中介渠道人身险保费收入占比高，财产险增长较快。中介渠道实现人身险保费收入 24210 亿元，占人身险总保费的 90.5%，同比增加 0.7 个百分点；实现财产险保费收入 7908 亿元，占财产险总保费的 80.4%，同比增加 7.2 个百分点。中介渠道财产险保费收入同比增长 23.9%，近 5 年来首次超过人身险增速（21.2%）（见图 19）。二是从中介渠道人身险结构来看，寿险保费收入占比高且增速快。中介渠道实现寿险保费收入 20493 亿元，同比增长 24.2%，占整个中介渠道人身险保费收入的 84.7%，其中普通寿险占比最高，达到 50.4%。三是从中介渠道财产险结构来看，车险保费收入占比高，保证保险增长迅猛。中介渠道实现车险保费收入 6315 亿元，同比增长 22.7%，占整个中介渠道财产险保费收入的 79.9%；实现非车险保费收入 1593 亿元，同比增长 29%，其中保证保险增速最快，高达 115.3%。

图 19 中介渠道人身险和财产险保费收入情况（2013~2017 年）

资料来源：2013~2015 年数据来源于《中国保险年鉴》（2014~2016 年）；2016~2017 年数据来源于中国保险行业协会。

（三）市场格局[①]

1. 市场集中度提高

财产险市场集中度提高。2017 年，排名前 10 位的产险公司共实现保费收入 8995.23 亿元，市场份额占比 91.46%，较 2016 年同比上升 5.93 个百分点，市场集中度进一步提高，这可能与商车费改后产险市场竞争加剧有关。

人身险市场集中度明显提升。随着中国保监会强调保险回归保障本源，严格限制中短期存续业务，行业资产驱动负债的周期基本结束，中小险企借助中短期理财产品实现快速增长受到抑制，业务发展大幅下滑，而大型寿险公司依靠其传统渠道优势，市场份额明显提升，从而带来市场集中度的提高。2017 年，包括中国人寿、太保寿险、平安寿险、新华保险、泰康人寿和太平人寿在内的大型寿险公司市场份额出现回升。在"规模保费"口径下，这 6 家险企 2017 年市场份额合计为 50.57%，回升了 8.36 个百分点。以"原保费"口径计算，这 6 家险企 2017 年市场份额合计为 53.53%，同比提升接近 1 个百分点。

2. 区域发展不平衡

一方面，保险机构总部多分布于经济发达地区。截至 2017 年底，有 110 家产寿险公司注册地（总部）位于"北上广深"，占比为 64.33%。人身险公司中，有 32 家注册地在北京[②]，占比为 39.53%；另有 22 家位于上海，占比 25.58%；财产险公司中，北京、

[①] 本部分相关数据来自原中国保监会官网公布数据以及在此基础上进行计算得出。
[②] 北京市金融局官方网站（http://www.bjjrj.gov.cn/bxyjrjg/c58-a2517.html）显示有 31 家，加上国寿存续共计 32 家。

上海、广州、深圳分别吸引了16家、20家、3家、10家。①综合来看,保险公司总部倾向于在经济发展水平更高的地区"扎堆"。目前,全国各省(区、市)中仅青海省和内蒙古自治区尚无法人保险机构;海南、湖南、贵州三地尚无法人财险公司;云南、新疆、山西、宁夏、吉林、江西、河南、黑龙江、甘肃、安徽九地尚无法人寿险公司。

另一方面,保险业务在经济发达地区更加活跃。从东、中、西部三大地区来看,东部市场份额过半、中部增速显著领先、西部总体发展较慢(见图20)。2017年东部地区保费收入占比最高,达57%,高于中西部地区原保费收入之和,而西部地区保费收入仅为19%,可见各地区保险市场发展不均衡(见图21)。同时,中部地区保费收入增速达25.82%,分别高于东部地区10.43个百分点和西部地区7.83个百分点,增速显著领先。东部地区保险深度为4.42%,保险密度达3654.63元/人,约为中西部地区之和(见图22)。整体而言,全国各地区保险密度及保险深度仍呈现出由东部向中、西部地区递减态势。

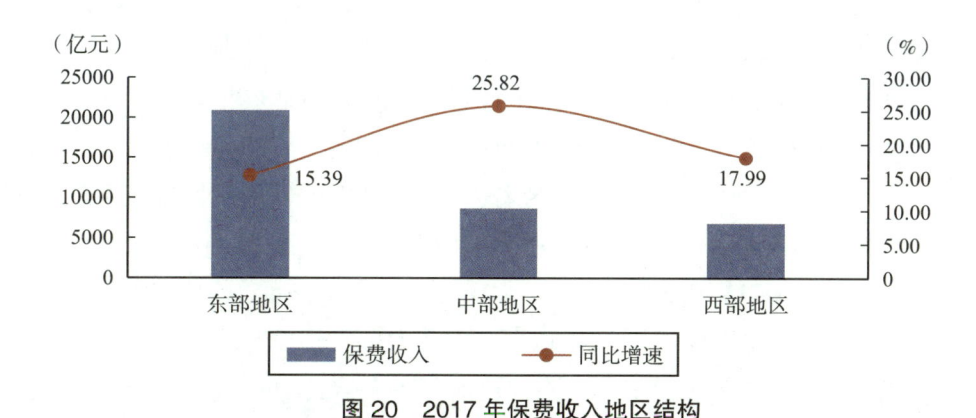

图20 2017年保费收入地区结构

资料来源:基于原中国保监会公布数据计算得出。

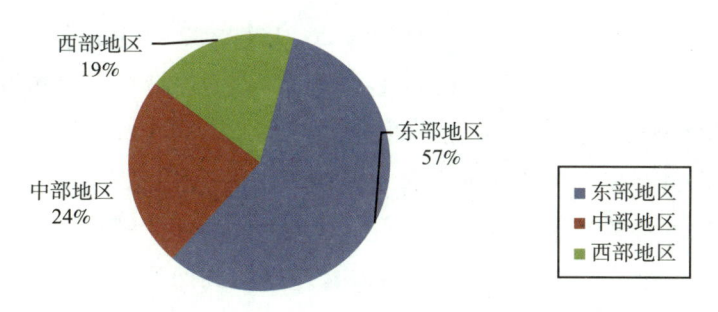

图21 不同地区保费占比

资料来源:基于原中国保监会公布数据计算得出。

---

① 信息来源于国家企业信用信息公示系统。

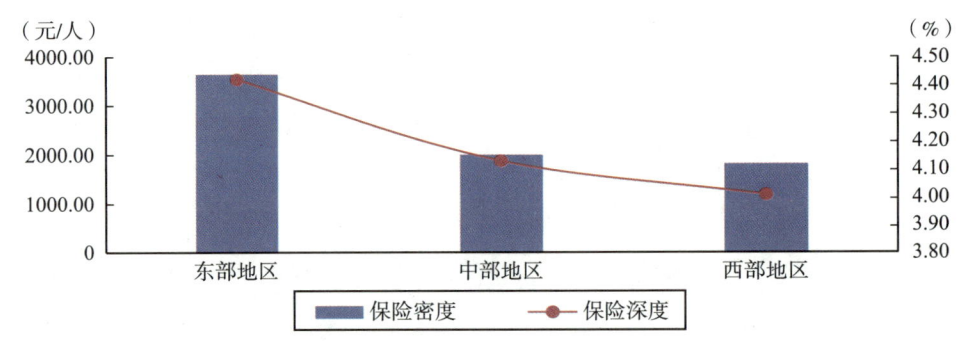

图 22 不同地区保险深度及密度比较

资料来源：基于原中国保监会公布数据计算得出。

从七个大区来看，华东市场份额超三成、华中增速显著领先。保费收入方面，华东地区保费收入份额最高，占比达35%，超过位居第二的华东地区及第三的华南地区保费收入之和。保费收入占比最低的是西北地区，仅占全国保费收入总额的6%，约为华东地区保费收入的1/6。从保费增速来看，增速最快的是华中地区（28%），显示出强劲发展势头。保险深度方面，七大区中排名前三的分别是东北地区、华北地区和华南地区，保险深度分别为5.15%、4.97%和4.39%；排名最后的为华中地区，保险深度仅为3.86%。保险密度则是经济相对较为发达的华北地区与华东地区排名靠前，分别为3243元/人及3148元/人，而排名最后的西南地区保险深度仅为1860元。

由图23可知，从36个行政区来看，在保费收入增速方面，除广东、北京、天津、上海外的其他地区同比增幅均在10%以上。在各省、直辖市、计划单列市中黑龙江、河南、江苏、湖北、安徽、西藏、湖南同比增幅较大，其增幅均超过25%，并且黑龙江增速最快，增幅高达35.87%（这主要得益于寿险业务的快速增长，黑龙江省2017年寿险业务原保费收入较上年增加54.56%）。值得注意的是，北京、天津、上海原保费增幅较上年大幅下降，分别减少23.69个、26.21个、32.13个百分点。这表明北京、天津、上海的保险市场在经历上年的高速增长后，处于回调期。市场份额方面，各省份市场份额与其经济发展水平呈现很强的正向关系，不同地域之间保险业发展存在不小的差距。由图24可知，保险深度方面，2017年全国平均的保险深度为4.42%，而31个省份中仅有12个省份高于全国平均水平，其余19个省份保险深度均低于4.42%，占比61.29%。其中，北京保险深度达到7.05%，基本达到保险发展成熟国家水平，而排名最后三位的西藏、广西和贵州其保险深度则分别为2.14%、2.77%和2.86%，发展相对落后，但这也说明这些地区的保险市场潜力较大。保险密度方面，2017年全国保险密度为2631.58元/人，只有北京、上海、广东、江苏、浙江、天津6地保险密度超过平均水平，排名最后的西藏其保险密度为846元/人，而北京保险密度达到9090元/人，

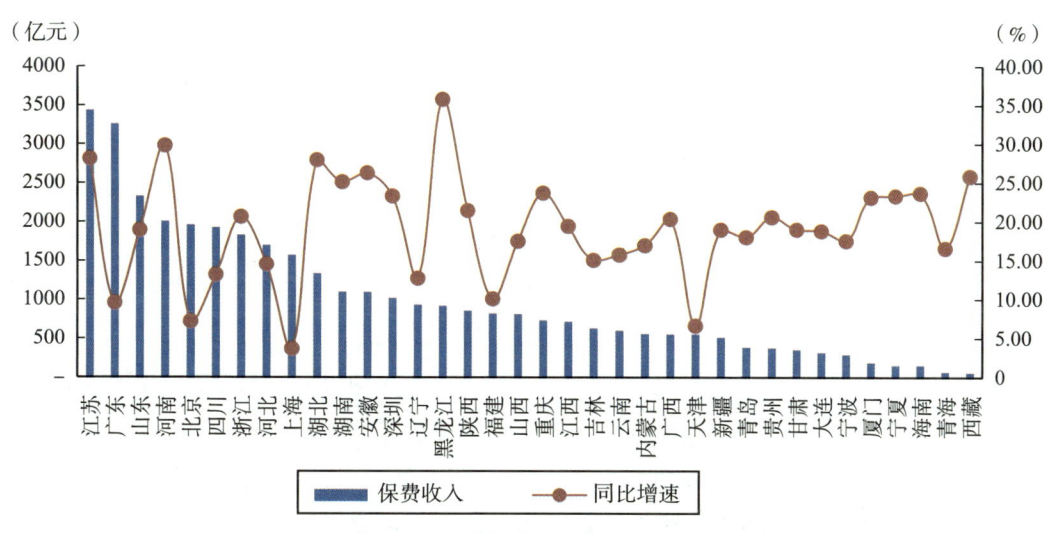

二者相差超过 10 倍，不同地域保险发展不平衡的问题依旧严重。

图 23　全国各地区保费收入及增长情况

资料来源：原中国保监会。

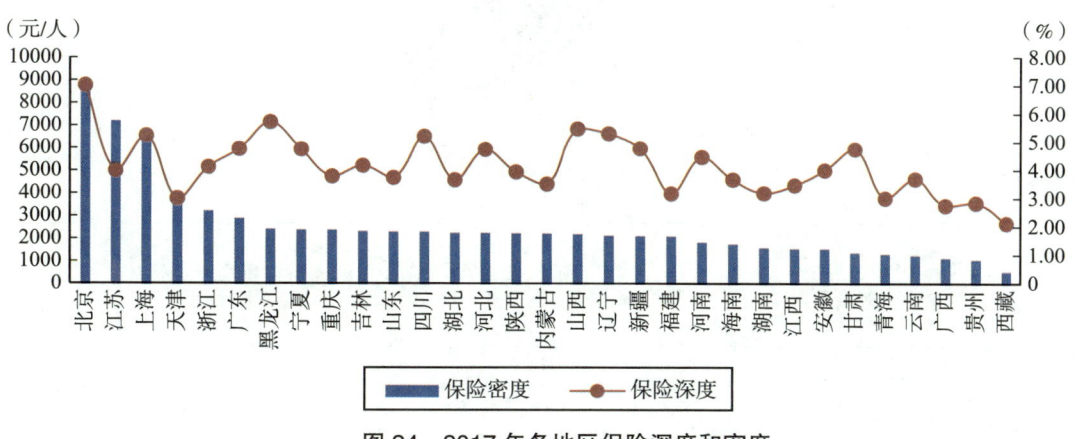

图 24　2017 年各地区保险深度和密度

资料来源：基于原中国保监会公布数据计算得出。

（四）资金运用

2017 年，保险公司资金运用余额 149206.21 亿元，较年初增长 11.42%。期限长、规模大、风险偏好低的保险资金通过多种方式参与实体经济投资，一方面拓宽了投资渠道，较好实现了保险资金的保值增值；另一方面也有力支持了实体经济发展。

1. 资产配置结构更趋合理

流动性资产比例大幅降低，定期存款占比持续下降，债券投资占比明显上升，另类投资占比持续上升。由图25可以看出，截至2017年12月末，银行存款19274.07亿元，较年初下降22.42%，占资金运用余额的比例为12.92%；债券51612.89亿元，较年初增长19.89%，占比34.59%；股票1.08万亿元，占比7.26%；证券投资基金0.75万亿元，占比5.04%；长期股权投资1.48万亿元，占比9.90%；保险资产管理产品0.86万亿元，占比5.74%；基设施投资计划1.27万亿元，占比8.51%；集合信托投资计划1.14万亿元，占比7.63%；商业银行理财产品0.23万亿元，占比1.55%；投资性房地产等其他投资0.65万亿元，占比4.36%。

图26显示，从近5年趋势来看，随着行业投资能力提升，变化幅度最大的是其他投资，占比从16.90%上升至40.19%，连续两年位居第一；债券占比此前逐年下降，2017年回升至34.59%，仅次于其他投资；银行存款占比逐年下降，从29.45%下降至12.92%，平均每年下降4.13个百分点；股票和证券投资基金在2105年之前占比呈上升态势，自2015年后逐渐下降，连年居于末位。

图25　2017年保险资金运用情况

资料来源：原中国保监会。

2. 投资收益稳步增加

2017年，保险资金实现投资收益8352.13亿元，同比增长18.12%。资金收益率5.77%，较2016年同期上升0.11个百分点。投资收益稳步增长，投资运作更加稳健审慎。其中，债券收益2086.98亿元，增长11.07%；股票收益1183.98亿元，增长355.46%。总体来看，2017年保险业资金运用收益率取得了很好的成绩，特别是股票收益方面，得益于A股市场整体向好的影响，增长较快。

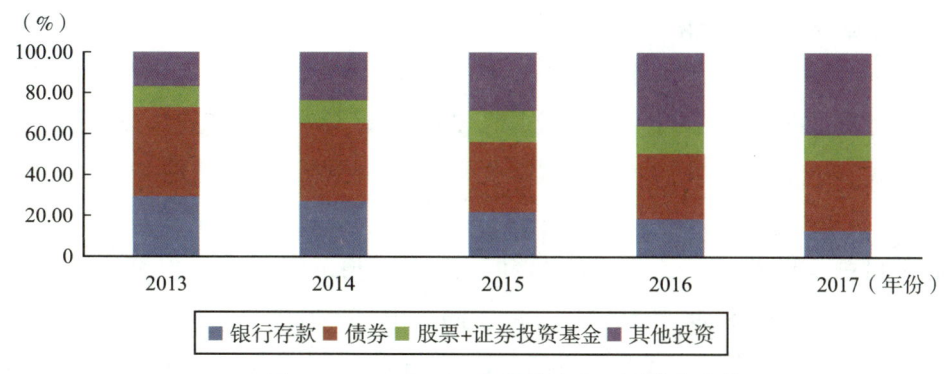

图 26　2013~2017 年保险资产配置结构变化

资料来源：原中国保监会。

3.服务实体经济取得了积极的效果

2017 年保险资金支持"一带一路"投资规模达 8568.26 亿元；支持长江经济带和京津冀协同发展战略投资规模分别达 3652.48 亿元和 1567.99 亿元；支持清洁能源、资源节约与污染防治等绿色产业规模达 6676.35 亿元。2017 年末，保险资金累计通过基础设施债权投资计划和股权投资计划等产品投资国家重大项目建设和民生工程 2.08 万亿元。保险资金积极参与降杠杆和债转股、混合所有制改革初见成效。

（五）财务状况[①]

1.偿付能力稳健

2017 年是"偿二代"正式实施的第二年。当年末，行业 169 家保险公司的综合偿付能力充足率为 251%，核心偿付能力充足率为 240%，显著高于 100% 和 50% 的达标线；实际资本 3.3 万亿元，较年初增加 4390 亿元；最低资本 1.3 万亿元，较年初增加 2075 亿元；综合偿付能力溢额 2 万亿元，较年初增加 2315 亿元。

2016 年第一季度至 2017 年第一季度，行业综合偿付能力充足率指标由 277% 下降至 255%，平均每季度下降 5.5 个百分点；中国保监会"1+4"系列文件出台后，2017 年第二季度至第四季度，该指标由 255% 下降至 251%，平均每季度下降 1.4 个百分点，降幅明显收窄。

2017 年的风险综合评级结果显示，A 类公司的占比逐渐提升，从第一季度的 55% 上升至第四季度的 63%；B 类公司的占比逐渐下降，从第一季度的 42% 下降至第四季度的 35%；C 类和 D 类公司由第一季度的 5 家下降至第四季度的 3 家。

[①] 本部分数据来源于原中国保监会、中国保险行业协会统计数据、各保险公司年度信息披露报告等。

2. 产寿险盈利水平分化

行业预计利润总额大幅增长，人身险占比过半，财产险占比不足 1/4。2017 年保险行业预计利润总额 2567.19 亿元，同比增长 29.72%。其中，财产险公司预计利润总额 639.57 亿元，占行业利润总额的 24.91%；人身险公司预计利润总额 1390.77 亿元，占行业利润总额的 54.17%。

净利润总体增长较好，人身险净利润高速增长，财产险承保利润大幅减少。2017 年保险行业净利润 1950.74 亿元，同比增长 20.91%。财产险公司净利润 446.44 亿元，同比负增长 2.64%，同期财产险净利润仅占全行业利润的 23.03%；其中财产险承保利润 27.84 亿元，同比负增长 42.21%。2017 年，财产险承保利润下降的根本原因是竞争激烈。一方面，受商车费改的影响，车险市场竞争激烈。2017 年 6 月启动二次费改，结合各地区的市场实际情况，差异化地进一步扩大了自主渠道系数和自主核保系数的下浮空间，让车险价格更低，让保险主体获得了更大的定价空间，价格竞争与费用竞争更加激烈。另一方面，由于行业的承保能力过剩，非车险业务竞争也异常激烈，经营难度较大，多数险种保费充足度不断下降，承保利润萎缩。

据中国保险行业协会 69 家人身险公司会员公布的年度信息显示，2017 年该 69 家人身险公司实现净利润 1137.83 亿元，较上年同期高 50.28%。利润大幅增长主要是资金运用取得较高收益，同期沪深 300 指数涨幅超过 20%。

三、当前保险业发展前瞻

党的十九大报告提出，中国特色社会主义进入新时代，我国社会主要矛盾已经转化为人民日益增长的美好生活需要和不平衡不充分的发展之间的矛盾。我国保险业也随之已经进入新时代，面临的主要矛盾已经演进为不平衡不充分的保险供给与人民群众日益迸发、不断升级的保险需求之间的矛盾。2018 年是全面贯彻党的十九大精神开局之年，是改革开放 40 周年。保险业面临着防范风险、服务实体经济、深化改革三大任务，在防范化解重大金融风险、完善体制机制、更好地服务实体经济、精准扶贫等方面仍有大量工作要做。

（一）监管效能将进一步提升

2018 年，我国金融监管架构发生重大变革，由"一行三会"金融分业监管架构转变为国务院金融稳定发展委员会协调下的"一行两会"新架构。监管架构变革对于保险业的发展具有重要的意义。一是更好地适应综合经营的实践。此前的分业监管不完全适应金融业务综合经营的现实，造成金融监管重叠和真空并存、监管标准不统一带来监管套利的可能以及不能满足全面监测和有效防控金融系统性风险的要求。合并银行、保险的分业监管体系可以整合监管资源，强化与证监会、外管局等部门的审慎监管协调，有效防控跨市场、跨行业、跨领域的交叉性金融风险，有助于适应金融综合经营态势。二是有助于明确监管目标。将原属于银监会和中国保监会的拟定银行业、保险业重要法律法规草案和审慎监管基本制度的职责划入人民银行，将使银行业、保险业重要法律法规更可能超越本行业的部门利益，有助于明确银行、保险监管目标，即主要立足于风险监控与消费者保护，而不是行业发展，有助于缓解此前存在的行业发展与风险控制、消费者保护之间的角色冲突。

（二）风险防控的强监管态势不减

当前行业风险总体可控，但防风险形势仍然严峻。保险业至少有8类风险需要关注，包括少数问题公司风险、公司治理失效风险、资金运用风险、流动性和利差损风险、互联网等新型保险业务风险、外部风险传递与冲击和群体性事件风险等。其中，公司治理问题成为监管和行业当前突出关注的风险，也是未来保险业防范风险的重点领域。监管部门将防范化解重大风险摆在突出位置，特别是把公司治理问题作为防范风险的重要抓手，预计新一年保险业风险防范力度将继续加大，公司治理问题将是防风险工作的重点聚焦领域。

（三）回归本源力度加大

保险回归保障本源是一个持续性过程，2018年这一趋势有望进一步加快。"1+4"系列文件、叫停非寿险投资型产品试点等政策出台时间均是在2017年4月之后，当年度"开门红"并未受到实质性影响，而政策从出台、落地、到发挥作用也有一个过程，因此政策效应主要是在2017年下半年以后开始显现。2018年将是2017年一系列严监管政策效应充分显现的第一个完整年。在这一大背景下，期缴和续期拉动态势将更加明显，资金运用将更加稳健审慎。与此同时，与国计民生联系密切的商业车险、养老保险、健康保险、农业保险等险种，受到新一轮商车改革启动、个人税延型商业养老保险试点出台等一系列政策红利带动，将在保险保障主业和服务实体经济方面迎来更大发展机遇。

（四）对外开放重大政策加快落实

改革开放以来，我国保险业对外开放的步伐不断加快，2017年以来更是取得新突破。2018年以来，相关政策利好进一步加速释放，在亚洲博鳌论坛2018年年会上，习近平主席发表重要讲话指出，2017年年底宣布的放宽银行、证券、保险行业外资股比限制的重大措施要确保落地，同时加快保险行业开放进程，放宽外资金融机构设立限制，扩大外资金融机构在华业务范围，拓宽中外金融市场合作领域。5月，中国银保监会相关负责人表示，将积极推动各项开放措施落地，确保放宽外资持股比例限制的重大措施落地，鼓励保险业机构引进境外专业投资者，在全国范围内取消外资保险机构设立前需开设2年代表处的要求，允许符合条件的境外投资者来华经营保险代理业务和保险公估业务。随着对外开放政策各项措施的落实，中国保险市场的结构将进一步优化。

四、当前保险业发展的政策建议

当前，为了推动保险业高质量发展，要平稳推进寿险业转型，继续深化行业改革，通过科技赋能提升行业供给效率。

（一）平稳推进寿险业转型

2017年以来，监管部门大力加强了对中短存续期产品的风险管控，有利于抑制部分市场主体的短期行为，彰显保险的保障功能，但也使部分寿险公司原来隐藏的现金流风险显性化。

为了平稳推进寿险业转型，要避免短期内保费收入大幅下滑，尽可能使续期保费的增量与趸交保费的减少量相匹配，实现转"大弯"，避免转"急弯"衍生出新的风险。为此，要把握好监管的力度以及行业转型的节奏，给公司留下结构调整的时间与空间。在此过程中，寿险公司要注意资产负债的匹配，避免高负债成本有可能造成利差损以及倒逼资产端激进投资。

（二）继续深化行业改革

一是继续推进商车费率市场化改革。

目前商车改革试点中存在的突出问题是综合赔付率与综合费用率此消彼长，费用仍然是主要的竞争手段。为了解决目前商车改革中的问题，实现费率市场化的改革目标，要进一步扩大自主渠道系数和自主核保系数的浮动空间，让保险市场主体获得更大的定价空间，同时通过价格改革倒逼保险主体降低经营成本，提高服务品质。

同时，要完善商车费改的配套改革，防范费率市场化可能带来的风险。首先，进一步完善偿付能力监管，为费率市场化改革提供条件。其次，强化信息披露，重建透明的车险市场。加强对信息公开性和透明度的监管，不仅可以降低保险公司的经营风险和交易成本，而且有助于投保人选择适合自己的保险公司和保险产品，从而降低由于信息不对称导致的经济损失。最后，提升保险市场主体在风险管控、产品定价等多方面的能力，为费率市场化提供技术保障。

二是夯实税优健康险发展的制度基础。

为了解决税优健康险发展中存在的突出问题，需要夯实税优健康险发展的制度基础。

首先，适当放松对产品设计的管制，促进竞争。目前税优健康险对产品设计作了很多的要求，有利于保护消费者利益，提升税优健康险对于被保险人的价值。但也带来了逆向选择与道德风险难以控制、交易成本较高等问题，在一定程度上弱化了对市场主体的经济激励。因此，建议适当放松产品管制，维护市场行动者的自由选择，通过竞争保护消费者利益，在市场竞争过程中实现"消费者主权"。

其次，提高免税额度，提升需求。目前税优健康险税前扣除的额度有限，节税效果不明显，难以实质性提升健康险的需求。为了更加充分地发挥市场机制在我国医疗保障体系中的作用，要大幅提高个人购买商业健康险的税前扣除的额度，以税收优惠杠杆激发需求，促进商业健康保险的发展。同时，要简化税收扣除的程序，方便实践中操作。

三是推动税收递延商业养老保险试点。

要在发展定位、完善税收优惠政策以及提高行业供给效率等方面推动税收递延型商业养老保险取得良好的试点效果。

首先，要明确商业养老保险的发展定位。要充分发挥市场机制在养老金体系中的作用，真正将商业养老保险作为我国养老金体系的"第三支柱"，以矫正养老金体系存在的结构性失衡。在养老金体系改革和政策调整中，要充分考虑商业养老保险作为第三支柱与基本养老保险之间的互动关系。要有效降低基本养老保险的缴费比例，减轻企业和居民的缴费负担，为商业养老保险的发展提供空间。

其次，完善税收优惠政策，提升商业养老保险需求。目前税收优惠的力度较为有限，新的个税改革则进一步降低了税收优惠的幅度。因此，要以个税改革为契机，完善试点政策，包括采取固定金额抵扣，提高税前抵扣标准；降低养老金领取阶段的税率，扩大覆盖面；纳入专项扣除项目，简化操作流程。

最后，提高商业养老保险的供给效率。市场主体要加强产品创新，满足与适应多样化的养老保障需求。同时，以市场化为导向，拓宽保险资金运用渠道，提高资产管理的能力和效率，增强商业养老保险的竞争力。

（三）通过科技赋能提升行业供给效率

以互联网、大数据、机器学习、神经网络、人工智能、云计算、区块链等为代表的新兴技术与保险业的结合日益深入，有效降低了传统保险市场的交易费用，用更低的成本把用户服务得更好。

行业要利用科技为保险价值链的各个环节赋能，改善保险公司的获取成本，优化行业的运营成本，提升保险供给的效率，能够有效地助推巨大潜在需求向现实需求的转化，从而重塑保险业生态。

分 报 告

分报告 01

财产险市场发展历史回顾、当前形势与未来展望*

改革开放 40 年来，我国财产险市场发展迅速。财产险业在为国民经济和社会发展提供有力保障和支持的同时，也实现了自身的快速发展。2017 年是财产险业发展极不平凡的一年。在行业规模再上新的台阶的同时，行业快速发展积累了诸多矛盾和问题，个别公司甚至暴露了重大风险。监管部门坚决贯彻落实党中央国务院的决策部署，及时发布和实施"1+4"系列文件，在防风险、治乱象、补短板和服务实体经济等方面采取了大量有力措施，推动财产保险行业稳步发展。

一、改革开放以来财产险市场发展历史回顾

1978 年改革开放以来，伴随我国经济社会的蓬勃发展，中国的财产保险业也翻开了崭新的历史篇章，在实现自身快速发展的同时，深度融入经济社会发展大局，持续深化改革、提高供给效率，为中国的改革开放事业、国民经济及社会民生发展提供了有力保障和支撑。回顾过去 40 年财险业的改革发展历程，大致经历了四个阶段。

（一）恢复发展期（1978~1994 年）

1978 年 12 月，党的十一届三中全会做出了实施改革开放的重大决策，为停办近 20 年的国内保险业复业创造了历史机遇。1979 年 2 月，中国人民银行全国分行行长会议提出恢复我国保险业务的决议，国务院批准《中国人民银行行长会议纪要》，做

---

* 本报告所引用数据，除特殊说明外，分别来自中国银行保险监督管理委员会官网（www.cbrc.gov.cn）、中国保险行业协会统计数据、相关财险公司年度报告以及行业交流或调研数据。

出"逐步恢复国内保险业务"的重大决策。同年11月,全国保险工作会议在北京召开,对恢复保险业作出具体部署。随后,中国人民保险总公司全面开展组建各地分支机构的工作,我国保险业进入恢复发展阶段。

伴随国内保险业务的恢复,我国保险市场也在稳步发展。1983年9月,国务院颁布实施《中华人民共和国财产保险合同条例》,这是新中国成立后第一部财产保险合同方面的法规,为财产保险业务发展提供了规范指引。1985年3月,国务院颁布《保险企业管理暂行条例》,为保险公司的成立创造了条件。随后,新疆生产建设兵团农牧业保险公司、太平洋保险公司、平安保险公司等保险主体相继组建设立。与此同时,中国财险市场对外开放也步入试点阶段。1992年、1994年,美国友邦保险有限公司、日本东京海上火灾保险公司分别在上海设立分公司,成为改革开放以来进入中国保险市场的第一批外资寿险和财险公司。市场主体的增加,丰富了保险市场的产品和服务供给,为保险业进一步改革发展奠定了基础。

(二)改革发展期(1995~2005年)

以1995年《中华人民共和国保险法》(以下简称《保险法》)颁布为标志,我国财产保险业进入了改革发展期。在这一时期,市场完成了产寿分业经营改革,保险监管体制加速构建完善,保险公司股份制改革加快,财险市场对外开放持续深化,市场化程度不断提高,市场竞争格局基本形成。

产寿险分业经营开启财险业发展新阶段。1995年6月,《保险法》经全国人大审议通过,以法律形式确立了产、寿险分业经营的原则,此后国内各保险公司陆续开始实施分业经营体制改革。1996年7月,中国人民保险公司改组为中国人民保险(集团)公司,下设中保财产保险有限公司、中保人寿保险有限公司、中保再保险公司,开始集团内部的分业经营和专业化运作。1999年,中保集团撤销,中保财险继承中国人民保险公司品牌,开始独立的专业化经营,后更名为中国人保控股公司,发起设立中国人保财险。到2002年底,原新疆建设兵团保险公司、平安保险公司、太平洋保险公司等主要保险公司先后完成了产、寿险分业经营体制改革。

建立专业化的保险监管体制。1998年11月,中国保险监督管理委员会正式成立,集中统一监督管理全国保险市场,标志着我国金融的分业和专业监管进入了实质性阶段,也意味着我国保险行业管理在经历了从人保到人行、从非银行司到保险司之后,终于成为一个独立和专门的行政管理部门,推动我国财险市场发展更加规范有序。

国有保险公司股份制改革加快推进。2002年,全国金融工作会议召开,提出了国有保险公司加快股份制改革步伐的具体要求,国有保险公司股份制改革进入了实质性阶段。2003年,中国人保、中国人寿、中国再保分别成功改制。同年11月6日,中国人保财险作为内地金融机构海外上市第一股——中国财险正式在港交所挂牌交易，拉开了内地金融业进军海外资本市场的序幕。

保险市场对外开放持续深化。2001年加入世贸组织以后，我国严格履行加入世贸组织关于保险业对外开放承诺，逐步放宽保险经营领域、业务范围、公司组织形式及法定分保要求等。2003年底，除有关法定保险业务外，向外资非寿险公司放开所有业务限制。2004年底，保险业率先结束入世过渡期，进入全面对外开放阶段。财险市场主体进一步扩容，一个充满竞争与活力的财险市场正加速形成。

（三）升级调整期（2006~2013年）

以2006年《国务院关于保险业改革发展的若干意见》（又称"国十条"）颁布实施为标志，我国财产保险业进入升级调整期。在这一时期，财险市场主体进一步扩容，产品和服务更加丰富，保险经济补偿、资金融通和社会管理功能充分发挥，财产保险对保障和支撑国家经济社会发展的重要性更加凸显。与此同时，面对保险需求的快速增长，财险市场竞争进一步加剧，保险监管力度加大，推动市场回归相对理性，开启新一轮发展与盈利周期。

"国十条"发布加速财险市场升级。2006年5月，国务院常务会议讨论并原则通过了《国务院关于保险业改革发展的若干意见》，这是中国保监会成立以来首份以国务院名义发布的有关保险业总体规划的专门文件，特别指出"保险具有经济补偿、资金融通和社会管理的功能，是市场经济条件下风险管理的基本手段，是金融体系和社会保障体系的重要组成部分，在社会主义和谐社会建设中具有重要作用。""国十条"明确了保险在经济社会发展中的定位，为保险业特别是财产保险业更好地融入经济社会发展全局、实现跨越式发展提供了理论依据和实践指引。

交强险实施助推财险市场快速发展。2006年，国务院颁布《机动车交通事故责任强制保险条例》，交强险成为我国首个由国家法律规定实行的强制保险制度，不仅推动了车险市场发展，更意味着保险在提高交通事故第三方赔偿和救治效率、化解社会纠纷等方面所发挥的积极作用得到中央和社会各界的充分认可，为财险行业整体发展赢得了良好的外部支持。

政策性农业保险开辟财险发展新空间。2007年，中央财政全面启动政策性农业保险试点。2012年11月，我国第一部专门针对农业保险的法规《农业保险条例》正式颁布，明确提出"政府引导，市场运作，自主自愿和协同推进"的原则，农业保险作为国家支农政策工具的重要地位得到确认，并迅速发展成为财险市场上的重要险种。

强监管与家庭自用车的快速增长推动财险市场有序健康发展。针对财险市场快速发展中存在的经营不规范问题，2008年8月中国保监会出台《关于进一步规范财产保险市场秩序工作方案》，以车险为抓手开展财险市场秩序整顿工作，财险市场秩序得到有效规范。与此同时，汽车销量爆发式增长带来车险需求迅速扩张。2009年我国汽车、乘用车销量双双突破1000万辆，跃居全球第一。家庭自用车的快速增长叠加强监管，共同推动市场进入一轮业务与盈利均快速增长的承保周期。2010年，财险行业实现承保盈利，综合成本率降至97.33%，这是自2006年以来财险行业的首次盈利。

（四）提质增效期（2014年至今）

以2014年《国务院关于加快发展现代保险服务业的若干意见》（又称"新国十条"）发布为标志，我国财产保险业进入提质增效期。在这一时期，财险市场化改革深化，服务领域不断扩展，新技术新模式快速涌现，跨界经营趋势凸显，海外业务拓展加快，防风险强监管成为新常态，财险市场发展质量和发展效率加快提升。

"新国十条"构筑财险行业发展新格局。 2014年8月，国务院发布了《关于加快发展现代保险服务业的若干意见》，明确提出到2020年，保险深度要达到5%，保险密度要达到3500元/人，基本建成保障全面、功能完善、安全稳健、诚信规范，具有较强服务能力、创新能力和国际竞争力，与我国经济社会发展需求相适应的现代保险服务业。与此同时，财险业服务现代化经济体系建设、国家治理现代化和人民美好生活需要的产品体系不断完善，服务能力持续增强，服务领域不断扩大，财险行业发展新格局加快构筑。

商车费改深化财险市场化改革。 2015年4月，商业车险费率改革在黑龙江、山东、广西、重庆、陕西和青岛6个地区率先启动试点，随后在全国范围内推开并逐步深化，市场化的商业车险费率形成机制加快建立，引导市场主体在服务、管理、品牌、价格等方面开展差异化竞争，激励车险消费者在获得更多优惠的同时，形成良好驾驶习惯，降低出险概率。

新技术新模式加快应用催生跨界经营。 大数据、人工智能、物联网、区块链等新技术加快应用，提升承保、理赔、客户服务等保险价值链各环节运营效率。拥有流量资源的互联网企业借助平台优势进入财险市场，传统财险企业积极布局互联网业务，财险市场新动能加快培育。

财险市场主体加快"走出去"步伐。 以人保财险为代表的财险企业积极开展国际业务，助推进出口贸易，加快拓展海外市场，保障海外中资企业利益，有力支撑"一带一路"建设和国家对外开放战略，中国财险业全球市场影响力持续扩大。

防风险、强监管成为财险市场监管新常态。 保险监管部门围绕守住不发生系统性风险底线，全面贯彻落实"保险业姓保、中国保监会姓监"工作要求，切实履行整顿市场秩序、防范化解风险、保护消费者权益等职责，加快推动财险行业回归保障本源，助力财险市场持续健康发展。

二、2017年财产险市场发展形势

2017年,在中国经济向高质量发展转型的大背景下,财险市场整体保持平稳较快发展,发展动能加快转变,财险业服务国家战略和经济社会发展大局能力不断增强,财险市场发展新格局加快构筑。尽管受新车销量增速放缓及商车险费率下调等不利因素影响,产险公司车险业务增速保持平稳;而得益于国内经济企稳和政策扶持等因素,非车险业务快速增长,推动了财产保险行业保费收入增速的回升,同时非车险保费在产险公司总保费收入中的占比相应提升。随着商业车险二次费改的推进,车险保费折扣力度加大,导致行业综合赔付率出现拐点,不同产险公司经营业绩持续分化,经营规模和风险管理水平对产险公司承保端的盈利能力发挥着关键作用。

(一)市场运行的基本情况

1. 风险保障水平快速提高

2017年,财险行业在服务经济社会发展方面取得新成果,为国民经济健康稳定发展保驾护航,在稳定企业生产和家庭应对意外事故方面发挥重要作用。

2017年,行业承担风险保额3030.41万亿元,同比增长136.22%。其中,农业保险覆盖了更多农作物产品,同时保障水平也得到显著提高。农业保险承保主要农作物21亿亩,约占全国播种面积的84.1%;参保农户2.13亿户次,同比增长4.6%;受益农户5388.3万户次,同比增长17.8%;提供风险保障2.79万亿元,同比增长29.2%。

商业车险的投保率较商车改革前上升8.6个百分点,商业三责险平均责任限额较改革前提升60%以上。

责任险的保险金额由2016年的118万亿元增长至2017年的252万亿元。保险行业在打好污染防治攻坚战上提高服务支持,环境污染责任保险为1.6万余家企业提供风险保障306亿元。2017年12月,国家安全监管总局、中国保监会、财政部联合印发《安全生产责任保险实施办法》的通知,推动保险业在促进安全生产,提高生产事故处理效率等方面发挥更大作用。

巨灾保险建设迈出新步伐。推动财政部出台《城乡居民住宅地震巨灾保险专项准备金管理办法》,制度建设取得新进展。巨灾保险覆盖面稳步扩大,2017年,出单数量合计244.18万笔,保费收入8401.48万元,保险金额1054.54亿元。巨灾保险实践探索不断推进,张家口成为全国首个政府全额出资、区域统保的城市,四川住宅地震保险逐步与全国并轨,保险覆盖面由原来4个市州拟增至18个市州。

2017年，首台（套）重大技术装备保险补偿机制试点为731个项目提供风险保障1359亿元，重点新材料首批次应用保险补偿机制试点为279家企业提供风险保障87.6亿元，科技保险为科技创新提供风险保障1.2万亿元。

2. 保费收入增速回升

由表1可以看出，2017年财险业原保费收入为10541.38亿元，首次突破万亿大关，较2016年增长13.76%，增速同比上升3.76个百分点，增长速度持续回升。其中车险保费7521.07亿元，较2016年同比增长10.04%，增速同比下降0.21个百分点。

非车险保费3020.31亿元，较2016年同比增长24.21%，增速同比上升14.89个百分点。其中，保证险在部分公司的带动下发展迅猛，增速超过100%；与个人保障密切相关的意外险、健康险、家财险增速均超过20%；受国家政策推动和企业投保意愿增强的影响，责任险同比增长24.54%，继续维持高速增长态势；农业保险在提标增品扩面的带动下，同比增长14.69%；与宏观经济保持密切关系的货运险、工程险也保持了两位数增速；企财险和信用险增速相对较缓。

表1　　　　　　　　2017年财险公司各险种保费收入增速及占比

险种	原保费收入（亿元）	同比增速（%）	占比（%）
机动车辆保险	7521.07	10.04	71.35
企业财产保险	392.10	2.77	3.72
家庭财产保险	62.94	20.70	0.60
工程保险	110.24	18.10	1.05
责任保险	451.27	24.54	4.28
信用保险	214.42	6.89	2.03
保证保险	379.23	105.96	3.60
船舶保险	47.97	-6.28	0.46
货运险	100.19	17.25	0.95
特殊风险保险	50.4	24.99	0.48
农业保险	479.06	14.69	4.54
意外险	312.66	26.23	2.97
健康险	394.06	34.04	3.74
其他险	25.77	21.68	0.24
合计	10541.38	13.76	100.00

3. 赔款支出稳步增加

2017年，财产险业务累计赔款支出5087.45亿元，同比增长7.64%。其中，企业财产保险赔款支出225.51亿元，同比减少15.28%；机动车辆保险赔款支出3938.06

亿元，同比增长 7.95%；责任保险赔款支出 201.45 亿元，同比增长 21.18%；货运保险赔款支出 62.23 亿元，同比增长 12.58%；农业保险赔款支出 334.49 亿元，同比增长 11.79%。

4. 保单件数快速增加

2017 年，财产险累计签单 1646861 万件，同比增长 89.74%。其中，企业财产保险签单 190 万件，同比增长 9.20%；机动车辆保险签单 39988 万件，同比增长 14.48%；责任保险签单 400100 万件，同比增长 201.09%；货运保险签单 370680 万件，同比增长 56.12%；农业保险签单 223 万件，同比增长 13.20%。

（二）市场竞争仍然激烈

2017 年，财产险市场经营主体略有增加。2017 年，财险市场共计有 85 家经营主体，其中中资公司 63 家，同比增加 4 家，分别是众惠相互、中远海自保、汇友建工和粤电自保；外资公司 22 家，同比无变化。

2017 年财险市场仍然延续激烈竞争态势，大公司具有较强竞争优势，中小公司普遍经营困难。

2017 年，规模最大的前三家公司的市场份额 CR3 同比微升，市场集中度进一步上升。CR5 和 CR10 的市场份额均出现微降，表明中小公司整体市场份额同比小幅提升（见表 2）。[①]

表 2　　2016 年、2017 年财险市场集中度　　单位：%

集中度指标	2016 年	2017 年
CR3	63.07	63.49
CR5	73.68	73.45
CR10	85.52	85.34

（三）区域发展存在差异

从保费规模看，广东、江苏、浙江位列前三名，均超过 600 亿元，而大连、厦门、海南、宁夏、青海和西藏保费规模均在 100 亿元以下。各省市自治区之间保费规模差距较大，规模最小的西藏仅为广东保费规模的 2.05%。

---

① 市场集中度是衡量产业竞争性的最常用指标，指规模最大的前 n 位企业的有关指标值 X（销售额、产量、资产额等）之和占整个市场 X 总值的比重。

从保费收入增速看，各区域、各省均保持正增长。其中，东部地区增速整体略慢，与中、西部存在较大差距。增速最快的省区为宁夏，增速达21.59%。

从业务占比看，东部地区保费占比较大，达56.04%，远高于中、西部区域市场。其中，广东占比最高，达8.37%。中、西部地区除四川外，其余省区占比均在5%以下，西藏占比最低，仅为0.17%（见表3）。

表3　　　　　　　　　　2017年各地区财产险业务发展情况

地区	财产险原保费收入（亿元）	同比增长（%）	增速排名	占比（%）	占比排名
一、东部	5511.64	11.83	—	56.04	—
北京	404.38	9.52	29	4.11	9
天津	141.57	10.99	24	1.44	27
河北	487.36	10.23	28	4.96	6
辽宁	238.01	7.33	35	2.42	15
大连	78.94	8.05	33	0.80	31
上海	428.61	15.48	14	4.36	8
江苏	814.00	10.98	25	8.28	2
浙江	621.83	9.22	30	6.32	3
宁波	138.93	9.21	31	1.41	28
福建	227.81	7.90	34	2.32	16
厦门	73.56	16.44	11	0.75	32
山东	586.37	12.69	18	5.96	4
青岛	107.78	1.71	36	1.10	30
广东	823.03	16.23	13	8.37	1
深圳	282.31	18.92	5	2.87	13
海南	57.14	20.04	3	0.58	33
二、中部	2165.30	16.29	—	22.02	—
山西	194.10	11.46	22	1.97	20
吉林	155.33	16.59	10	1.58	26
黑龙江	169.54	13.86	16	1.72	25
安徽	366.28	17.10	8	3.72	10
江西	213.74	16.39	12	2.17	18
河南	443.59	18.94	4	4.51	7
湖北	308.53	17.22	7	3.14	12
湖南	314.19	15.07	15	3.19	11

续表

地区	财产险原保费收入（亿元）	同比增长（%）	增速排名	占比（%）	占比排名
三、西部	2093.10	12.32	—	21.28	—
重庆	183.87	11.28	23	1.87	21
四川	496.36	8.56	32	5.05	5
贵州	179.26	17.05	9	1.82	23
云南	255.14	13.69	17	2.59	14
西藏	16.85	21.22	2	0.17	36
陕西	214.21	11.93	20	2.18	17
甘肃	112.31	11.63	21	1.14	29
青海	33.34	12.46	19	0.34	35
宁夏	56.04	21.59	1	0.57	34
新疆	169.91	10.77	26	1.73	24
内蒙古	179.83	10.51	27	1.83	22
广西	195.98	18.26	6	1.99	19
全国合计	9834.66	12.72	—	100.00	—

注：以上数据摘自原中国保监会网站，不含集团、总公司本级业务、意外险和健康险业务。

（四）产品结构出现分化

从产品结构看，机动车辆保险增速有所趋缓；非车险业务占比有所上升，占比28.65%，同比上升2.41个百分点，尤以农业保险、责任保险等与国计民生密切相关的业务发展较快。

机动车辆保险业务。2017年，机动车辆保险原保费收入7521.07亿元，同比增速10.04%，占财产险业务的比例为71.35%。2017年车险业务占比较前两年有所下降，保费增速也呈现连续下降趋势。这与汽车市场和商车费改的影响有关。根据中国汽车工业协会统计，2017年全国汽车产销分别是2901.54万辆和2887.89万辆，同比增长3.19%和3.04%，增速比上年同期回落11.27个和10.61个百分点。而商车费改政策实施以后，车险的单均保费下降，在一定程度上抑制了车险保费增速。

农业保险业务。2017年农业保险原保费收入479.06亿元，同比增速14.69%，占财产险业务的比例为4.54%，继2016年后再次位列第二大规模险种。2017年农业保险为2.13亿户次农户提供风险保障金额2.79万亿元，同比增长29.24%；支付赔款334.49亿元，增长11.79%，4737.14万户次贫困户和受灾农户受益，增长23.92%，农业保险充分发挥了保障民生的功能。

责任保险业务。2017年责任保险原保费收入451.27亿元，同比增速24.54%，占财产险业务比例为4.28%。因责任保险与经济发展、社会稳定、人民生活紧密相关,近3年保费增速及占比情况连续稳定上升,在安定社会秩序、促进社会文明进步方面的积极作用正逐步显现。

保证保险业务。2017年保证保险原保费收入379.23万元,同比增速105.96%,占财产险业务比例为3.60%,位列所有险种增速第一,对缓解小微企业融资难、融资贵问题具有重要意义。

(五)财务状况较为稳健

1. 资产增速下降

截至2017年底,产险公司总资产24996.77亿元,较年初增长5.28%;净资产5903.07亿元,较年初增加519.71亿元,增长9.65%。受负债增速下降的影响,产险公司总资产增速同比下降23.20个百分点。

2. 利润有所下降

2017年,财险公司共实现净利润449.16亿元,同比下降2.07%。同期,保险行业净利润1950.74亿元,同比增长20.91%。财险净利润占全行业利润的23.03%。财险行业中,经营业绩分化倾向较为凸显,平安财险与人保财险两大财险公司分别实现净利润197.09亿元和141.28亿元,共占财险行业净利润的75.33%。

2017年度,财险行业整体的承保利润率较低,仅为0.26%,承保利润24.07亿元。从各财险公司经营情况看,保费规模排名前三的财险公司承保业务质量较好,人保财险实现承保利润85.47亿元,太保产险实现承保利润11.44亿元,平安产险实现承保利润76.47亿元。

三、财产险市场在挑战中实现新发展

2017年,监管部门坚决贯彻落实党中央国务院的决策部署,在防风险、治乱象、补短板和服务实体经济等方面采取了大量有力措施。面对新的挑战,财险业在监管导向下,努力回归本源,规范市场行为,取得了较好成效。

(一)提高公司治理能力成为行业共识

公司治理是现代企业制度的核心,公司治理监管是保险监管的三大支柱之一。监管部门2017年开展了首次覆盖全行业保险法人机构公司治理现场评估,参加评估的53家财险公司综合得分显示财险公司治理水平有所改善和提升,但总体上还处于初级阶段，部分公司尚不规范，甚至公司治理失效。有的公司决策机制缺乏制衡，三会一层形同虚设。一些大股东通过各种手段绕开"三会一层"违规运作，凌驾于公司治理之上。有的公司内部股权斗争激烈，股东之间或者股东与管理层之间矛盾重重，严重影响公司正常经营。有的公司董事会成员基本不了解保险业发展规律和公司经营情况，无法起到对管理层的指导和约束作用。

公司治理不规范是行业诸多矛盾和问题的根源，直接导致了经营管理激进、公司内控薄弱、激励机制扭曲等问题。进一步健全财险公司法人治理结构既迫在眉睫又任重道远，一是要严格规范股权管理，坚持长期稳定、透明诚信和公平合理三条底线；二是要加强董事会建设，明确董事会职责定位，加强董事履职能力建设，建立健全各专门委员会；三是要明确监事会法定地位，优化结构，改进监督方式，做实监事会功能；四是要规范高管层履职，切实加强高管层履职约束，推进市场化选聘职业经理人制度建设。

（二）财险产品背离本源的现象得到初步扭转

保险产品的基本功能是保障，产品设计必须符合保险原理和功能定位。从产品设计看，有的产品创新偏离风险管理本源，片面突出产品的理财特性。从产品结构看，当前财产保险产品超过 15 万个，但大量的是同质化产品。市场主体依然集中在传统的车险领域，产品差异小，只能靠低价格、高费用、高投放来抢占市场，导致竞争不断加剧。

财险产品背离本源现象是由行业内外部各种因素长期交织影响形成的。2017 年 7 月，监管部门开展财险公司备案产品专项整治工作，通过全面梳理财险公司在售备案产品，从产品开发、准入、监管、退出全流程加强财产保险产品监管。一是抓好产品准入，从源头禁止不符合保险原理、偏离保险主业或者打着创新旗号损害保险消费者权益和行业声誉的产品进入市场。二是抓好产品使用监督检查，对违法违规的问题产品坚持强制退出，对情节严重的公司停止申报新产品。三是抓好产品标准化建设，宣传优秀保险产品，警示问题产品，发挥社会监督奖优罚劣作用。通过强化财险公司产品管理的主体责任、规范公司产品开发管理行为，财险产品背离本源现象得到初步扭转。

（三）财险市场竞争秩序有所好转

近年来，部分公司开展农业保险业务时涉及违规垫交保费、虚假承保、虚假理赔套取财政资金等问题，损害农民合法利益，破坏了农业保险市场经营秩序，也极大影响了国家惠农政策的落实。部分公司把商车险赔付率下降带来的改革红利异化成竞争的本钱，盲目抬高手续费争市场、抢份额，形成恶劣的羊群示范效应，导致车险费用水平居高不下，引发全社会对车险业务和产品"不道德"的质疑。

2017年监管部门把治理财险市场乱象作为工作重中之重，以农业保险和商车险为抓手，大力规范市场秩序。4月份，监管部门组织开展市场乱象集中整治行动，对问题突出的公司开展重点检查，发挥监管引导市场预期的功能作用。要求各保险机构从制度、机制和系统等方面加强违规套费行为的识别和管控，重点关注商业车险、农业保险等业务，对相关人员利用虚假发票、虚假业务、虚假人员等违规套取费用行为开展自查。通过严厉打击违法违规行为，农业保险、商车险等领域的市场秩序有所好转。

（四）行业经营数据失真情况仍然存在

经营数据的质量是行业发展的生命线。基础数据虚假、经营结果不真实已成为财险市场的顽疾。一是经营费用虚假。突出体现在车险领域，有的保险公司采取虚列费用、虚挂中介、虚假绩效、给予高额合同外利益等方式变相突破条款费率审批管理。二是承保理赔数据虚假。主要体现为农险等部分险种承保理赔信息不真实，部分保险标的信息和客户资料不完整不真实。三是偿付能力虚假。有的保险公司通过不实注资、调节准备金、人为调整利润等方式改变偿付能力计算基础数据，人为操纵偿付能力数据。四是资本信息虚假。一些保险公司利用保险资金自我注资、循环使用，或者通过非自有资金出资，或者通过增加股权层级来规避监管，导致监管政策难以落实到位。

行业经营数据失真包括资产不实、准备金不实等诸多方面。2017年5~6月，监管部门组织保险公司开展了偿付能力数据真实性自查工作，要求公司从资产、准备金、资本、风险综合评级和信息披露五个方面，进行偿付能力数据真实性自查。监管部门要求各公司通过完善偿付能力报告编制流程、健全内控制度体系等措施，对自查发现的问题进行了整改，从而有效提升了行业数据管理水平和数据质量。下半年监管还组织了偿付能力数据真实性现场检查工作，对自查阶段迟报、瞒报、不按规定报送报告的公司，视情节轻重将其作为现场检查的重点对象，对偿付能力数据不真实的公司、责任人和中介机构依法顶格惩处。

（五）外资财险公司面临新的竞争格局

我国加入WTO后，对金融业的限制逐渐取消，其中财险业是金融业中对外资开放最早，也是开放程度最高的领域。截至2017年底，我国共有外资财险公司23家，市场份额约2%，从2010年至今总体上处于经营亏损状态。总体来看，外资财险公司发展相对缓慢、份额占比仍然较小。究其原因，一是面临文化差异，难以实现本土化经营。有些外资公司在国内市场仍旧套用在母国的经营模式，没有切实可行的本土化经营策略和具体实施方式。二是产品设计方面的优势不明显。外资财险公司与国内保险公司产品趋于同质，差别化不明显，难以满足个性化需求。三是金融危机的影响仍不可忽视。一方面，中国国内面临出口增长缓慢、物价上涨等压力，使作为外资保险公司主要客户的外资企业受到较大影响；另一方面，外资保险公司境外股东的支持能力相对削弱。

根据国家对保险业进一步对外开放的有关政策安排，保险代理公司和保险公估公司牌照正式对外资开放，外资保险经纪公司扩大经营范围，在原先从事大型商业险经纪业务的基础上，可以为中小企业和个人提供保险经纪服务，而后者约占整个保险市场的八九成以上。随着中介机构的扩容，财险市场主体将更加多元丰富，外资财险公司将面临新的市场竞争格局。

四、财产险市场未来展望

（一）保险市场法规不断完善

2017年是保险行业"强监管"年，保险监管部门集中开展了防风险、治乱象、补短板和服务实体经济等工作，共计修订完善部门规章及规范性文件26件，涉及商车改革、保险资金运用、保险销售行为、保险产品管理等方面，通过制度完善，引导保险业稳定健康发展，引导行业回归保障，走良性发展之路。

1. 保险监管趋严，行业环境优化

2017年中国保监会制定下发了"1+4"系列文件，集中开展防风险、治乱象、补短板、服务实体经济等工作，切实维护保险业稳定健康发展，提升服务实体经济的效率和质量，取得了阶段性成效。从行业趋势看，保险行业监管环境趋严，引导行业走强化长期保障的良性发展之路。在全球经济复苏、中国经济稳中向好的背景下，国家层面利好政策叠加，监管制度日趋完善，行业环境的优化将推动保险行业良性发展。

2. 加强对市场主体的经营合规管理

随着市场主体的日益多元化，保险监管部门不断加强对市场主体的监管力度，规范保险市场主体行为。中国保监会于2017年6月发布了《关于进一步加强保险公司开业验收工作的通知》，从股东资质、入股资金来源、股权结构等方面加强保险公司开业验收工作，旨在从源头健全公司治理结构，有效防范经营风险。展望未来，保险监管部门会不断强化市场主体的经营合规管理。

3. 强化险资运用的政策指引，引导险资流向

2017年中国保监会发布了《保险公司股权管理办法（第二次征求意见稿）》以及《关于进一步加强保险资金股票投资监管有关事项的通知》等文件，旨在积极拓宽保险资金运用渠道，从制度层面规范险资投资行为，切实使险资发挥服务经济大局的职能。

4. 坚持"保险姓保"，强化保险产品监管

由中国保监会发布的《财产保险公司保险产品开发指引》规定了产品开发基本要求、命名规则、保险条款要求等相关事宜，规范财产保险公司产品开发过程，强化产品管控以促进产品质量提升与创新，保护消费者合法权益，促进优化市场环境，激发保险行业活力与创造力，更好发挥风险保障功能，服务经济社会发展全局。

（二）商业车险改革持续深化

商车费改以来，保险责任范围扩大、消费者保费支出降低、保险公司经营管理水平和从业人员能力素质得到提高、保险在促进道路交通安全和汽车产业发展方面的作用更加凸显。未来商车改革将持续深化，预计车险市场将产生以下变化：

1. 车险市场逐步从费用竞争转变为价格竞争，并最终走向产品和服务竞争

在费率浮动受限的情况下，各保险主体保险价格趋于一致，由于不同业务赔付率差异较大，保险公司只能通过费用参与市场竞争。随着自主定价试点的推开，行业从原本的费用竞争转向价格竞争，进而要求保险公司提供更贴近消费者需求的产品、更符合消费者要求的服务，行业竞争趋于产品和服务竞争。商车改革"放开前端，管住后端"，改变了原本行业惯用费用竞争和运营效率不高的经营现状，赋予了保险公司更多的自主竞争手段。

2. 专业化经营，部分保险公司退出车险竞争，专注于细分市场

商业车险改革对保险公司尤其是中小保险公司提出了更多挑战。保险公司的自主定价能力，产品创新能力，控制成本能力，服务能力，业务获取和业务留存能力，以及统筹风险与资本的能力等，都将成为未来车险竞争力的关键因素。专业化经营，是未来保险公司持续健康发展的基础。部分保险公司基于专业优势考虑，或将退出车险红海市场，专注于非车险细分市场业务，在细分市场获得成功。

3. 中介费用下降且差异缩小，中介呈现集中化趋势

商业车险改革的同时，中介市场的监管趋严、竞争的日趋激烈以及消费者需求的不断升级，过去采取的价格战、套取手续费等不良竞争手段已经不再适用。由于费率浮动放开，手续费将大幅下降，不同业务的手续费差异缩小，客户对于中介服务的需求更加强烈，部分不具备竞争力的中介主体将退出市场，中介主体将呈现专业化、份额集中化趋势。

4. 互联网保险主体兴起，线上化业务不断扩展

伴随移动互联网的迅猛发展，互联网保险公司、互联网中介公司层出不穷，保险公司直接在线上开售保险产品、发展线上渠道业务方兴未艾。互联网线上渠道有着精准洞悉产品需求、精准区分客户群体等方面的"先天优势"。此前，由于费率浮动受限，车险线上业务虽然有成本优势但不具有价格优势，导致发展受限。随着保险公司自主定价的推开，互联网保险主体、传统保险公司线上化业务将得到迅速扩展。

5. 需求多样化与汽车新业态，推动车险产品多样化

伴随着商业车险费率改革，监管和行业协会一方面推动示范条款修订、制定工作，建立多层次的示范条款体系；另一方面完善创新条款评估机制，特别是在自主定价试点地区，鼓励创新产品研发与使用。新能源汽车、无人驾驶技术等新技术兴起，网约车、共享汽车等新业态涌现，客户对车险产品的需求日益多样化、精细化，对保险行业产品的保障内容和形式等提出了更高的要求，也要求各保险公司加快产品多样化和产品创新的步伐，满足市场需求，适应未来车险市场竞争的需要。

（三）偿付能力风险管理不断加强

当前保险行业正发生深刻变革，与之匹配的全面风险管理体系建设也在加快推进。偿付能力监管体系逐步由规模导向向风险导向转变，监管方式实现由定量监管向定性与定量并重转变，促使保险公司逐渐向风险与价值并重的精细化经营模式转型。

1. 全面推进"偿二代"二期工程建设

"偿二代"二期工程将要求保险公司持续改善内部偿付能力管理框架、优化偿付能力数据报送机制与流程以及优化偿付能力数据基础环境与系统等，以保证公司资本真实性和数据真实性。二期工程还将对保险公司开展的承保业务、投资业务涉及的风险因子进行全面检视并总体上调，从严从实加强资本约束。

2. 险种结构调整造成行业偿付能力下降

伴随我国经济发展步入新阶段，财产保险公司经营的险种结构将出现较为明显的调整，以责任险为代表的非车业务发展势头较快，车险行业相对增速放缓或将使保险公司偿付能力承压。保险公司业务结构的调整将带来风险因子的提升，预计未来行业的偿付能力水平大概率出现趋势性下降。

3. "偿二代"促进主体风险管理能力提升

"偿二代"的推行实施促进各经营主体转型升级，要求各主体密切关注市场风险、信用风险、流动性风险，同时，立足于监管规则的要求，匹配自身管理需求，制定可落地、可执行的管理方案，提升风险管理能力与资金使用效率，实现资产配置的优化。未来

监管部门将建立多维度、宽领域、立体的全面偿付能力风险监测体系，完善数据采集、校验和分析模块，持续推进偿付能力风险管理要求与评估(SARMRA)和风险综合评级(IRR)工作，不断提升行业风险监测与识别、防范与化解的能力，提高行业整体偿付能力水平。

（四）保险科技发展迅速

近年来，保险科技逐步进入高速发展阶段，以保险科技为根本驱动力的新兴力量正改变着行业发展格局。保险业通过与科技的深度融合，促进保险业务模式数字化转型，不断开发个性化的保险产品，进一步提升客户体验；保险比价平台、场景化营销方式等为客户提供更个性的选择与直观的体验。技术的进步降低了保险产品的创新成本，并在产品设计、承保定价、分销渠道、风控管理、技术系统、理赔服务等环节发挥效能。

1. 数字驱动经营

未来保险公司将向数字化转型，以数字驱动经营。大数据、人工智能、区块链作为保险科技运用的三大技术，能有效匹配保险供需端，为保险业带来颠覆性改变。运用大数据技术构建全方位客户数字画像，优化数字化营销、核保定价、客户服务。人工智能以智能客服、智能顾问、图像定损为主，提升服务效率，为客户带来更好的体验。区块链技术以其去中心化、不可篡改、去信任、安全性等特点，有效解决信息不对称问题，有助于实现数据共享，以缩短时间提升业务效率。

2. 以客户为中心，推动业务精细化与自动化

随着人们的保险意识逐渐增加，保险的供给侧改革迫在眉睫，科技引领保险已成为趋势。人工智能、区块链、大数据、云计算等技术赋能保险，让保险变得更有温度也更高效，以客户为中心的新业务模式，有效推动业务精细化与自动化。在产品开发阶段，保险科技的运用使产品设计更加定制化、场景化，定价精准化；承保定价环节，保险科技将实现针对不同人群精准定价、自动核保、实时监控动态调整定价策略；风控管理环节，随着财产险客户对风险服务要求的提升，无人机、卫星遥感等科技成果的运用，也将使保险经营者为客户提供更加有针对性、更加个性化的服务；理赔服务环节，图数据库、大数据、算法等技术实现欺诈检测优化及理赔过程透明化。

（五）服务实体经济能力将不断提升

习近平总书记在2017年全国金融工作会议中强调金融要将服务实体经济作为出发点和落脚点。党的十九大报告也指出，"建设现代化经济体系，必须把发展经济的着力点放在实体经济上",要"深化金融体制改革,增强金融服务实体经济能力"。保险作为社会的减震器与稳定器,需着力提升服务实体经济的能力与质量,未来将在引导资金脱虚向实助力脱贫攻坚、服务农业、提高风险保障、服务小微企业等领域发挥重大作用。

1. 服务农业现代化,助力脱贫攻坚

未来保险行业将积极探索脱贫攻坚、精准扶贫的路径方式,服务农业现代化,为农户、涉农企业等主体提供更高层次高水准的风险保障,实现由保障基本风险转向防范巨灾风险、发展特色产品转型,助力农村、农民达成脱贫致富目标。同时,保险业积极发挥其自身风险管理优势,通过保险"增信"作用帮助小微企业解决贷款难、融资难等问题,降低企业融资成本。

2. 服务实体经济,支持国家重大战略

保险资金以其投资期限长、稳定性高的独特优势,成为服务保险实体经济,支持国家战略的重要力量。未来保险业将围绕供给侧结构性改革,积极响应国家号召,引导险资流向国家重大基础设施建设、民生工程与国家重大战略中,助力脱虚向实,积极以股权计划、债权计划、资产支持等形式的直接投资,支持振兴实体经济,优化资源配置。

3. 服务社会治理,发挥减震器与稳定器功能

保险在巨灾、重大基础设施与民生工程等领域不断探索推出高质量的保险产品服务,为社会管理织就严密的风险保障网。在保险服务社会治理领域,各地持续推进环境污染责任险、安全生产责任险、巨灾保险等保险保障,保险公司还通过对被保险人进行安全风险排查、事故前风险管控等手段,防范重大灾害、事故于未然。

分报告 02

人身险市场发展历史回顾、当前形势与未来展望[*]

改革开放40年来，我国人身险行业经历了持续多年的高速增长，成为世界第二人寿险市场，占全球市场份额12%；完成了人身险费率市场化改革，培育了一批有一定实力和竞争力的保险企业，服务社会经济的能力明显增强。与此同时，行业在高速发展过程中也积累了诸多矛盾和问题。2017年，人身险行业经历了深刻的调整。一方面，在"保险姓保"的指导方针下，人身险公司普遍以回归本源为发展主线，大力发展保障型产品，加大服务实体经济、承担社会责任的力度；另一方面，人身险公司在产品开发、风控、公司治理和科技应用等方面也进一步努力，以高质量、高效率发展为目标探索转型。放眼未来，人身险行业将着力从高速增长走向高质量发展，行业增长虽然或有所放缓，但人身险公司应抓住这个契机，扎实推进转型与改革，做好防风险、调结构工作，立足国家战略，积极助力经济社会发展的重点领域和薄

---

[*] 本报告所引用数据，除特殊说明外，来自国家统计局官网（http://www.stats.gov.cn/）、中国银行保险监督管理委员会官网（http://www.cbrc.gov.cn/）、Wind、国家卫生健康委员会官网（http://www.nhc.gov.cn/）、《2017年我国卫生健康事业发展统计公报》（国家卫生健康委员会，2018年6月12日）、《2017年全国各类自然灾害共造成1.4亿人次受灾881人死亡》（人民网，2018年2月1日）、《2017年全国法定传染病疫情概况》（国家疾病预防控制局，2018年2月26日）、国家癌症中心发布的最新癌症数据（2018年2月）、《2017年保险业发展稳中向好　行业加快回归本源服务能力明显提升》（中国保险监督管理委员会，2018年1月22日）、中国保险行业协会统计数据、《2017年世界保险业：发展稳健，成熟寿险市场拖累增长》（瑞士再保险，2018年第3期sigma研究报告）、美国劳工局（U.S.Bureau of Labor Statistics）官网（https://www.bls.gov）、美国统计局（Census Bureau）官网（https://www.census.gov）、日本生命保险协会官网（http://www.seiho.or.jp/）、日本总务省统计局官网（http://www.stat.go.jp/index.html）、香港保险业监管局官网（https://www.ia.org.hk/sc/index.html）、香港政府统计处官网（https://www.censtatd.gov.hk/home.html）、《我国60岁及以上老年人口数量达2.41亿占总人口17.3%》（环球网，2018年2月27日）、《2017年4季度全国社会服务统计数据》（民政部，2018年3月13日）、《中华人民共和国2017年国民经济和社会发展统计公报》（国家统计局，2018年2月28日）、《925张罚单过亿罚没款 2017成保险最严监管年》（央广网，2017年12月30日）。

弱环节，发挥保险长期稳健风险管理和保障功能，努力成为经济"减震器"和社会"稳定器"。

一、改革开放以来人身险市场发展历史回顾

中国保险业从改革开放恢复经营以来，已经历了40个年头，其中人身险于1982年恢复已有36年。回顾过去的发展历程，主要可分为五个阶段。

（一）恢复发展，初试啼声（1982~1992年）

我国的保险业务从1958年开始停办，直到改革开放才逐步恢复。1979年2月中国人民银行在全国分行行长会议上提出恢复我国保险业务的决议，国务院批准《中国人民银行行长会议纪要》，做出逐步恢复国内保险业务的重大决策。

1979年11月，全国保险会议北京举行，对恢复保险业进行了具体部署。经国务院批准，中国人民保险公司于从1980年开始恢复经营财产险业务；1982年人身险业务恢复。

1985年3月国务院颁布了《保险企业管理暂行条例》，随后新疆生产建设兵团农牧业保险公司（中华联合财产保险公司的前身，1985年成立）、中国太平洋保险公司（1986年成立）、平安保险公司（1988年成立）等保险公司相继成立。

刚恢复发展时期，保险公司销售的人身险产品仅包括简易人身保险、养老金保险和意外伤害保险，保险责任简单且保额低。销售渠道主要是团体保险，需要保险公司员工去各个企事业单位进行展业。

由于当时居民收入水平低以及对保险认知水平差，这一时期的中国保险业初试啼声，仍处于萌芽状态，整个行业规模小、经营主体少、业务单一，且经营管理水平较低。

（二）外资入华，个代兴起（1992~1999年）

1992年，美国友邦保险作为首家入华的外资保险公司，进入中国市场。友邦带来的个人代理人营销模式，改变了国内寿险行业的销售模式，也导致寿险业产品发生了巨大的变化。

1995年，《中华人民共和国保险法》（下称《保险法》）颁布，标志着我国保险业进入规范发展阶段。《保险法》为规范保险市场提供了有力的法律依据，也为发展我国保险市场创造了良好的法律环境。《保险法》出台后，中国人民银行相继制定了《保险代理人暂行规定》（1996年）、《保险管理暂行规定（试行）》

（1996年）等一系列保险业法律法规，法制建设不断健全。1998年中国保险监督管理委员会成立，负责统一监督管理全国保险市场，以维护保险业的合法、稳健运行。

在市场体系建设方面，1996年，中国人民保险公司完成体制改革，成立中国人民保险（集团）公司，下设中保财产保险有限公司、中保人寿保险有限公司和中保再保险有限公司。随后，大批分业经营的保险公司相继成立，保险经纪公司、保险资产管理公司和再保险公司也陆续成立，保险市场经营主体不断增加，丰富了国内保险市场。

值得一提的是，我国在1993~1995年经历了严重的通货膨胀，通胀率一度超过20%。当时银行存款利率大起大落：曾一度升至10%以上，随后又回落至2%以下。当时保险行业定价主要参考银行存款利率，在利率快速回落的过程中，最终形成了寿险业巨额利差损。

当时的产品以两全产品、保障型产品为主，与恢复期相比，保额提高，期限拉长，甚至出现了终身寿险产品。个人代理人成为主要的销售渠道，这一时期居民生活水平开始大幅提高，客户群体也从单位为主变为个人为主。

（三）统一定价，市场探索（1999~2013年）

1999年6月，刚刚成立不久的中国保险监督管理委员会发布了《人身险产品定价管理办法》，规定所有产品的定价利率不得超过2.50%。产品定价利率从8%、9%，降至2.50%，整个行业一夜间变成无产品可卖。

各家公司都积极寻找解决办法，陆续引入理财型产品，起初是投连险，然后是万能险，最后是分红险。这些产品在1999~2000年陆续推向市场。

2001年中国加入世界贸易组织，保险业的对外开放也进入了新的阶段。保险业在中国金融业的对外开放中一直处于领头羊的位置，为其他金融子行业的对外开放探索了很多成功经验。

该阶段也是保险公司积极推动股改上市的时期。2003年中国保监会开启偿付能力监管（又称"偿一代"）之后，各家保险公司均面临偿付能力不足的问题。中国人保、中国人寿和中国再保险先后实施股改重组，中国人保和中国人寿在2003年完成海外上市，中国平安则于次年完成上市。通过股改上市，保险公司初步建立了相对规范的公司治理架构。

2006年，《国务院关于保险业改革发展的若干意见》颁布，业内称为保险业"国十条"。国十条明确了保险业的定位，突出其社会稳定功能，并为保险业的投资打开了大门。

这一时期市场上销售的主要是理财型保险产品。伴随着1999年、2000年两年股市整体上行，投连险的发展迅猛。然而2001年下半年股市急转直下，跌幅超过20%，引发投连账户出现亏损，进而出现了投连风波。同样的一幕在2007~2008年重演，2007年的牛市导致理财型保险大卖，而2008年的股灾则带来投连险、分红险引发的群体性事件。

2009年新会计准则实施，分红险保费全额计入，而万能险和投连险保费只能计入保障部分，这推动了随后几年分红险的长足发展。

这一时期，银保渠道发展成为主要的销售渠道。而客户还是以个人客户为主，银行高净值客户也成为保险公司的重要客户。银保渠道在发展过程中也存在一些问题，比如过分激励等，导致出现误导性销售的现象。因此，中国银行业监督管理委员会（以下简称银监会）2010年底出台《关于进一步加强商业银行代理保险业务合规销售与风险管理的通知》，大力整治银保业务。2011年3月，银监会、中国保监会又联合发布《商业银行代理保险业务监管指引》规范银保业务。至此寿险行业进入调整期。

2011~2013年，人身险行业进入调整期，原保费收入的年均复合增速仅为1.2%，其中2011年出现负增长。个险代理人规模也出现了明显下降。主要原因包括：一是险企投资收益率降低，银行五年期定期存款利率大幅高于当时保险公司的分红水平和万能结算利率，保险产品吸引力下降；二是银行理财产品规模快速增长，抢占市场。

（四）放开前端，管住后端（2013~2017年）

2013年开始，中国保监会启动了"放开前端、管住后端"的三大市场化改革：一是人身险费率市场化定价机制改革（2013年传统险定价放开、2015年万能险和分红险先后放开）；二是保险资金运用放开市场化改革（2012年险资运用放开新政13条）；三是准入退出机制改革，有效激发了市场主体活力。2014年8月国务院发布《关于加快发展现代保险服务业的若干意见》（"新国十条"），提出到2020年保险深度达到5%，保险密度达到3500元/人。

2013年开始的人身险费率市场化改革，普通型人身保险费率定价权交给市场，不再执行2.5%的利率上限。改革成效在2014年开门红期间得到体现，各家公司不约而同推出高现金、高回报产品，加上万能险和投连险的发展，最终形成了中短存续期产品为主的时代。保险行业则迎来规模的爆发，尤其是一些中小保险公司，依靠理财型产品迅速做大规模。

这一时期银保渠道仍是主要的销售渠道，客户以银行高净值客户为主。费率市场化环境下，部分公司的定价比较激进。以资产驱动负债型为主要模式的保险公司在这一时期获得长足发展。然而，改革也伴随着一定的风险，后端管控存在的时滞性，也让保险市场繁荣的背后埋下了短期负债与长期资产错配的隐患，由此产生潜在现金流风险。

这一阶段，保险代理人数量大幅上升，以大险企为代表的保险公司充分享受代理人红利，实现了保费收入的稳步增长。

受制于多种因素，中国保监会"管住后端"的设想并未完全实现，保险机构的市场化退出机制仍不健全，一定程度上成为保险业行为激进的原因。2015年底开始A股掀起险资举牌潮，多家保险公司举牌上市公司，其中最受关注的是万科股权之争。举牌潮的背景是之前万能险的爆发式增长，很多保险公司将万能险作为快速提升保费规模、抢占市场份额的利器。"万能险+股权投资"的资产驱动负债模式从根本上催生了举牌潮[1]。

中国保监会对此高度重视，2015年12月宣布对保险公司资产配置风险进行排查，2016年3月发文规范中短存续期产品，2016年5月开始对数家公司开展万能险专项检查，并先后叫停几家公司的互联网保险业务。在一系列严格的监管措施下，万能险无序发展的态势得到遏制。

（五）重拳整治，回归本源（2017年至今）

2017年5月，中国保监会发布《关于规范人身保险公司产品开发设计行为的通知》，这是当年人身险领域最重要的一项政策。该通知要求万能险不得以附加险的形式存在，年金、两全产品前五年不得进行现金返还，这些规定对人身险行业所销售的产品构成了较大影响。分红型年金保险附加万能险转化为分红型年金保险+万能险双主险模式，[2]而年金、两全产品的现金返还则后置到第五年之后。该通知通过对年金给付时间和金额的限制推动产品短期投资属性向长期储蓄属性转变，而负债久期的拉长有利于避免短钱长投等不匹配现象。该通知有利于进一步遏制中短存续期产品，弱化保险产品投资属性，强化"保险姓保"，推动行业回归本源。寿险行业的发展重点再次回到保障型产品。

---

[1] 险资举牌上市公司可以应用长期股权投资—权益法进行核算，通过举牌高ROE上市公司显著提高投资收益，同时又不受股价波动和分红的影响。而长期股权投资的权益价格风险因子显著低于上市股票，因此举牌后的投资能够减少消耗资本，有利于提升保险公司的偿付能力。

[2] 《关于规范人身保险公司产品开发设计行为的通知》生效前，年金产品附加万能险是寿险市场的主流产品。投保人通过主险的年金产品享受保障，而每年获得的生存金自动进入附加的万能账户获得投资收益。"快速返还+二次成长"是这类产品的主要卖点。

目前几乎所有人身险公司均在大力推进健康险等保障型产品的销售,保障型业务占比不断提升。此外,个税递延型商业养老保险试点已实施,将有可能成为人身险保费的另一个长期增长点。

2016 年人身险销售渠道仍是银保与个人代理不相上下的局面,两者共同贡献约 90% 的保费。但在中短存续期产品受控的情况下,个人代理渠道的占比在 2017 年超过了 50%,而银保渠道的占比有所收缩。银保渠道主要销售理财型产品,而个人代理渠道则兼顾保障型和理财型产品。

对于保险公司来说,个人代理渠道与银保渠道相比有巨大的优势。一是保险公司对个人代理渠道的控制力要远高于银保渠道;二是个人代理渠道的新业务价值要更高。

过去几年保险公司充分受益于代理人红利,然而 2017 年保险代理人数量突破 800 万,占总人口的比例已经达到 0.58%,参考发达国家和地区的经验,并考虑到劳动人口占总人口比例下降的趋势,我国保险代理人规模继续增加的空间有限。

"人海战术"的可持续性面临考验,借力科技等手段提高人力效率以及提升留存率等措施方是长远之计。此外,随着代理人数量的增加,销售误导风险也不容忽视,加强培训管理的重要性更加凸显。

二、2017 年人身险市场发展形势[①]

2017 年对于中国保险业而言是充满挑战的一年,行业面临强监管、防风险、治乱象、补短板、服务实体经济等大环境。尽管如此,保险市场发展仍然稳中向好,产品保障功能凸显,资金运用收益稳步增长,保险科技广泛应用,行业风险防范能力持续增强。

(一)保费增长整体放缓

1. 规模保费近年来首次呈负增长

2017 年中国保险行业在监管整治下面临调整。受此影响,人身险市场规模保费收入[②]近年来首次负增长,合计达到 3.31 万亿元,同比减少 5.49%;趋势上与 2016 年及以前年度比较呈现出了明显的差异(见图 1)。

[①] 本节所引用的保险行业相关数据分别来自中国银保监会和中国保险行业协会,两者口径略有不同:中国银保监会的数据涵盖了 85 家人身险公司;中国保险行业协会的数据为截至 2018 年 1 月 24 日 73 家会员公司报送的数据。详情已在相关数据图表下方注明。

[②] 本报告中所指的保费收入也包含了两种口径,即:规模保费收入和原保险保费收入。规模保费除了原保险保费收入外,还包括保户投资款新增交费和投连险独立账户新增交费。所有金额除特别说明外,货币单位均为人民币元。

（万亿元）　　　　　　　　　　　　　　　　（%）

图1　2013~2017年人身险规模保费收入及增长情况

资料来源：中国银保监会和普华永道研究。

以原保费口径比较，2017年原保费收入合计2.67万亿元，同比仍有20.29%的增长，但增速较2016年放缓，且增长趋势也出现逆转（见图2）。

图2　2013~2017年人身险原保费收入及增长情况

资料来源：中国银保监会和普华永道研究。

2. 发达地区市场原保费增长乏力

按原保费口径比较的地区增长趋势①显示，除了集团和总公司本级（表1列示为

---

① 本报告中涉及的地区分类参照国家统计局的常规分类（不含港澳台），华东地区包括：上海、江苏、浙江、安徽、福建、江西、山东；中南地区包括：河南、湖北、湖南、广东、广西、海南；华北地区包括：北京、天津、河北、山西、内蒙古；西南地区包括：重庆、四川、贵州、云南、西藏；东北地区包括：辽宁、吉林、黑龙江；西北地区包括：陕西、甘肃、青海、宁夏、新疆；下同。按地区公开披露的数据只有原保费口径。

"其他")之外，2017年增长最快的是西北地区，其次是东北、华东和中南地区，这些地区的增速均在20%以上；西南和华北的增速相对较慢，但也都达到了两位数（见表1）。

表1　2017年全国各地区人身险原保费收入及增长率

地区	原保费规模（亿元）	同比增速（%）
华东	9209.60	22.62
中南	7086.78	21.18
华北	4239.20	12.29
西南	2581.68	18.83
东北	2206.65	23.87
西北	1418.43	24.01
其他*	4.00	63.56
合计	26746.35	20.29

注：*其他指集团、总公司本级。

资料来源：中国银保监会和普华永道研究。

按地区占比分析，华东仍然是原保费收入占比最大的地区（34.43%），其次是中南地区（26.50%）和华北地区，三者合计已相当于全国3/4以上的原保费收入。占比最小的是东北和西北，不过这两个地区的增速也最快，表明它们有很大的市场潜力（见图3）。

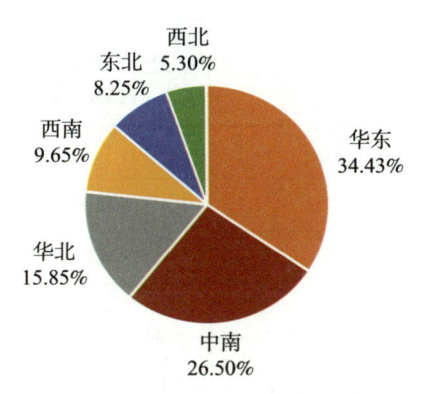

图3　2017年各地区人身险原保费收入占比情况

资料来源：中国银保监会和普华永道研究。

分省比较，江苏是 2017 年原保费收入占比最大的省份，比重接近 10%；排名第二至第五位的依次是广东、山东、河南、北京。前三名的原保费收入占比相当于全国的 1/4，前五名的占比相当于全国的 37.34%。原保费收入占比最小的四个省分别是宁夏、海南、青海和西藏（见表 2）。

表 2　　2017 年分省人身险原保费收入及占全国比重排名

排名	省份	原保费规模（亿元）	占全国比重（%）
1	江苏	2635.52	9.85
2	广东	2451.82	9.17
3	山东	1754.70	6.56
4	河南	1576.47	5.89
5	北京	1568.77	5.87
6	四川	1443.03	5.40
7	河北	1227.09	4.59
8	浙江	1222.53	4.57
9	上海	1158.49	4.33
10	湖北	1038.24	3.88
11	湖南	796.00	2.98
12	黑龙江	761.87	2.85
13	深圳	747.44	2.79
14	安徽	740.88	2.77
15	辽宁	707.68	2.65
16	陕西	654.48	2.45
17	山西	629.82	2.35
18	福建	603.93	2.26
19	重庆	560.88	2.10
20	江西	513.82	1.92
21	吉林	486.30	1.82
22	天津	423.44	1.58
23	内蒙古	390.08	1.46

续表

排名	省份	原保费规模（亿元）	占全国比重（%）
24	广西	369.12	1.38
25	云南	358.14	1.34
26	新疆	353.87	1.32
27	青岛	288.94	1.08
28	甘肃	254.06	0.95
29	大连	250.79	0.94
30	贵州	208.47	0.78
31	宁波	164.02	0.61
32	厦门	126.77	0.47
33	宁夏	109.17	0.41
34	海南	107.69	0.40
35	青海	46.84	0.18
36	西藏	11.16	0.04

资料来源：中国银保监会和普华永道研究。

比较各地区的原保费收入增长趋势可见，全国大部分地区经历了5年的快速增长后，在2017年的增速都出现下滑。但东北地区的表现与全国有所不同，其增速在2015年、2016年已开始下降，2017年与2016年的增速基本持平（见图4）。

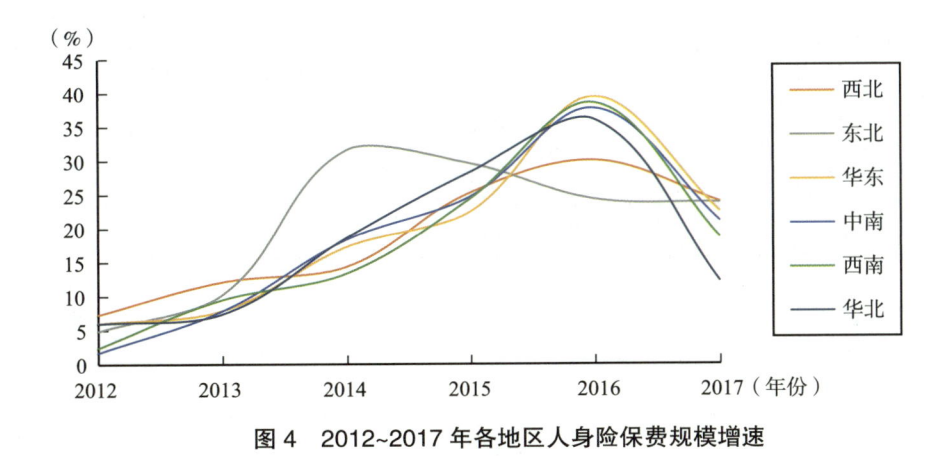

图4 2012~2017年各地区人身险保费规模增速

资料来源：中国银保监会和普华永道研究。

按增速比较，2017年原保费收入增长最快的是黑龙江，增速超过了40%；排名第二至第五位的分别是江苏、西藏、河南和湖北，增速也都超过了30%（见表3）。

值得一提的是，2017年江苏和河南不仅原保费收入规模较大，增速也名列前茅。另外，经济相对较发达、原保费占比较多的省市，如广东、北京、天津和上海，增速却只有个位数，尤其是上海的增长几乎陷入停滞。

表3　　2017年分省人身险原保费增长率全国排名

排名	省份	原保费同比增长率（%）
1	黑龙江	41.97
2	江苏	34.68
3	西藏	33.72
4	河南	33.35
5	湖北	31.66
6	安徽	31.52
7	湖南	29.76
8	重庆	28.53
9	浙江	27.62
10	厦门	27.51
11	宁波	25.84
12	海南	25.80
13	青岛	25.66
14	深圳	25.19
15	陕西	25.06
16	宁夏	24.34
17	贵州	23.99
18	新疆	23.51
19	大连	22.78
20	甘肃	22.71
21	广西	21.64

续表

排名	省份	原保费同比增长率（%）
22	山东	21.35
23	江西	20.88
24	内蒙古	20.34
25	青海	19.85
26	山西	19.65
27	云南	17.45
28	河北	16.52
29	四川	15.00
30	辽宁	14.77
31	吉林	14.72
32	福建	11.04
33	广东	7.63
34	北京	6.74
35	天津	5.35
36	上海	0.03

资料来源：中国银保监会和普华永道研究。

（二）赔付支出增长放缓

2017年，中国人身险行业的原保险赔付支出合计6093亿元，同比增加5.30%，增速比2016年及以前年度明显放缓（见图5）。赔付支出包括赔款支出、死伤医疗给付、满期给付和年金给付。

分险种比较，意外险和健康险的赔付支出同比持续增加，增速分别为22.23%和29.38%，赔付额达224亿元和1295亿元；寿险的赔付支出有所减少，降至4575亿元，同比减少0.61%（见图6）。

（三）市场格局稳中趋变

1. 中资仍占据市场主导，多家公司新开业

2017年中国人身险市场维持活跃的竞争格局，共有57家中资和28家外资企业，数量上占比为67%和33%。从规模保费收入来看，整体市场仍由中资机构主导，市场份额超过了94%，外资的规模保费市场份额只有不到6%（见图7）。

图5 2012～2017年人身险赔付支出情况

资料来源：中国银保监会和普华永道研究。

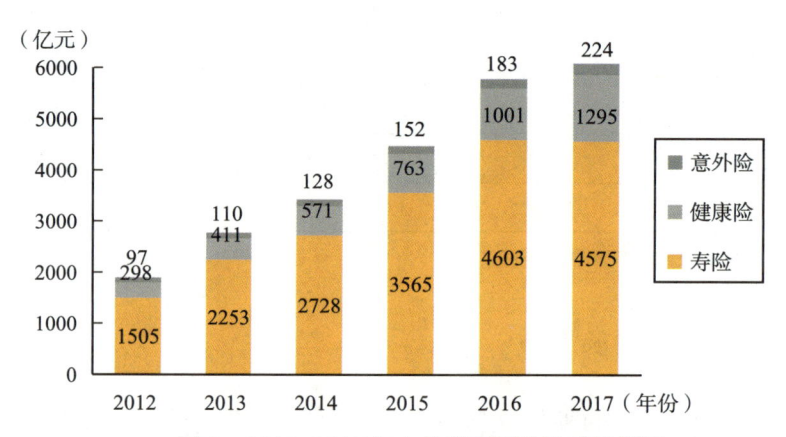

图6 2012~2017年人身险不同险种赔付情况

资料来源：中国银保监会和普华永道研究。

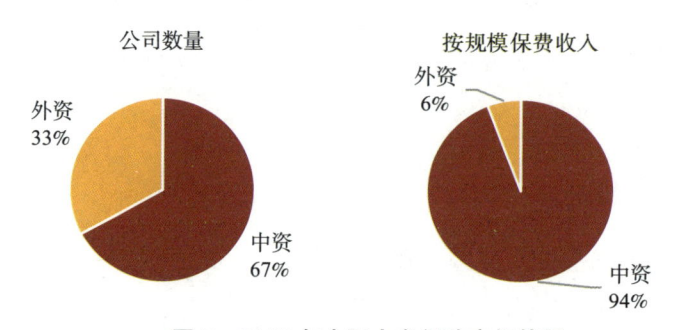

图7 2017年中国人身保险市场格局

资料来源：中国银保监会和普华永道研究。

2017年共有8家人身险公司新开业，是近几年来新公司进入市场较多的一年。这些新竞争者均为中资企业，分别是横琴人寿、信美人寿、华贵人寿、招商仁和人寿、和泰人寿、复星联合健康、爱心人寿和人保养老。

2. 行业集中度稳中有降，前十大主体市场份额持续减少

按市场集中度分析，2017年中国人身险市场前三大（CR3）、前五大（CR5）和前十大（CR10）市场主体的规模保费市场份额分别为40%、51%和71%（见图8）。

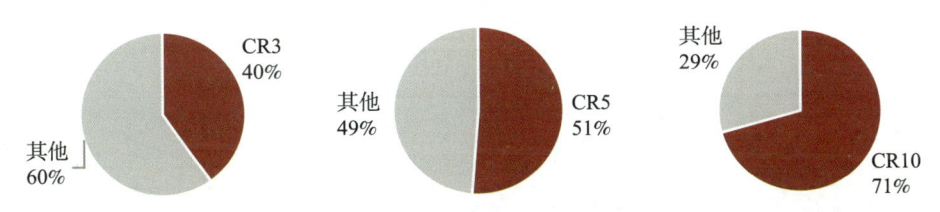

图8 2017年人身险行业集中度分析

资料来源：中国银保监会和普华永道研究。

与过去比较，中国人身险行业的集中度整体呈稳中有降的趋势。近五年来前三大和前五大主体的市场份额维持平稳，前十大的市场份额下降较明显，从80%下降至71%。但近几年在严监管和行业回归本源、结构调整、科技创新的环境下，资金、人才和客户资源向大型集团集中，大公司的市场份额回升明显（见图9）。

3. 行业龙头维持领先地位，后来居上者份额及排名上升显著

按个别公司比较，中国人寿（国寿股份）是市场份额最大的人身险公司，2017年的规模保费收入市场份额超过18%，其次是平安人寿。两者的份额已占了整个市场接近1/3，其余各家公司的份额均只有个位数（见表4）。

图9 2013~2017年中国人身险市场集中度情况

资料来源：中国银保监会和普华永道研究。

表4　　　　　　　　2017年前十大人身险公司规模保费收入及市场份额

排名	公司名称	规模保费收入（亿元）	市场份额（%）
1	国寿股份	5892.97	18.19
2	平安人寿	4677.13	14.43
3	安邦人寿	2430.30	7.50
4	太保寿险	1862.04	5.75
5	泰康人寿	1752.93	5.41
6	太平人寿	1625.06	5.02
7	新华保险	1185.64	3.66
8	人保寿险	1174.23	3.62
9	华夏人寿	1167.90	3.60
10	富德生命人寿	1142.88	3.53
	合计	22911.08	71.71

资料来源：中国银保监会和普华永道研究。

分析历史数据，中国人寿与平安人寿一直是规模保费市场份额排名前两位的公司，其中中国人寿的份额持续下降，从2013年的24.07%降至2017年的18.19%，降幅接近6个百分点；平安人寿的份额却相对平稳，同期降幅约1.3个百分点（见表5）。

排名3~10位的公司，名次和市场份额也出现了一定的变化。其中上升最明显的是安邦人寿，份额从2013年的0.68%升至2017年的7.50%，名次上从2013年的第24位，跃升至2017年的第三位；华夏人寿的份额也由2013年的2.63%升至2017年的5.41%，排名从第九上升四位至第五。市场份额下滑较明显的是新华保险和人保寿险，从2013年的第三和第五，跌至2017年的第九和第十。

（四）业务结构持续调整

1. 寿险、意外险增长平稳，严监管下健康险回归本源

按原保费收入的险种比较，2017年寿险仍然是人身险行业最大的业务，占比超过80%；其次是健康险，占比超过16%；意外险占比只有不到4%。与往年比较，寿险的占比总体下降，健康险的占比持续上升，尽管该趋势在2017年有所变化（见图10）。

表5　前十大人身险公司规模保费市场份额历年变化

单位：%

排名	公司名称	2013年	公司名称	2014年	公司名称	2015年	公司名称	2016年	公司名称	2017年
1	国寿股份	24.07	国寿股份	21.09	国寿股份	16.85	国寿股份	17.28	国寿股份	18.19
2	平安人寿	15.73	平安人寿	14.93	平安人寿	12.24	平安人寿	10.68	平安人寿	14.43
3	新华保险	8.11	新华保险	6.59	富德生命人寿	6.83	安邦人寿	9.58	安邦人寿	7.50
4	太保寿险	6.97	太保寿险	6.10	华夏人寿	6.50	华夏人寿	5.31	太保寿险	5.75
5	人保寿险	6.20	泰康人寿	5.45	太保寿险	4.76	富德生命人寿	4.94	华夏人寿	5.41
6	泰康人寿	5.55	人保寿险	4.82	新华保险	4.74	和谐健康	4.48	泰康人寿	5.02
7	华夏人寿	5.04	华夏人寿	4.17	泰康人寿	4.18	太保寿险	4.34	太平人寿	3.66
8	富德生命人寿	3.72	富德生命人寿	4.11	人保寿险	3.95	泰康人寿	3.62	富德生命人寿	3.62
9	太平人寿	2.63	太平人寿	3.96	安邦人寿	3.93	新华保险	3.39	人保寿险	3.60
10	华夏人寿	1.64	安邦人寿	3.66	太平人寿	3.44	人保寿险	3.38	新华保险	3.53
合计		79.66		74.90		67.43		66.99		70.71

资料来源：中国银保监会和普华永道研究。

图 10　2013~2017 年人身险市场各险种原保费收入

资料来源：中国银保监会和普华永道研究。

2017 年，寿险原保费收入 2.15 万亿元，同比增长 23%，增速较 2016 年放缓，结束了增速持续加快的趋势（见图 11）。

2017 年各险种的原保费收入占比变化趋势与过去有所不同，主要是因为健康险的增速骤降，从 2016 年的 68% 急跌至约 9%；意外险的增速略有加快，但总体较平稳（见图 12、表 6）。

图 11　2013~2017 年寿险原保费收入及增长率

资料来源：中国银保监会和普华永道研究。

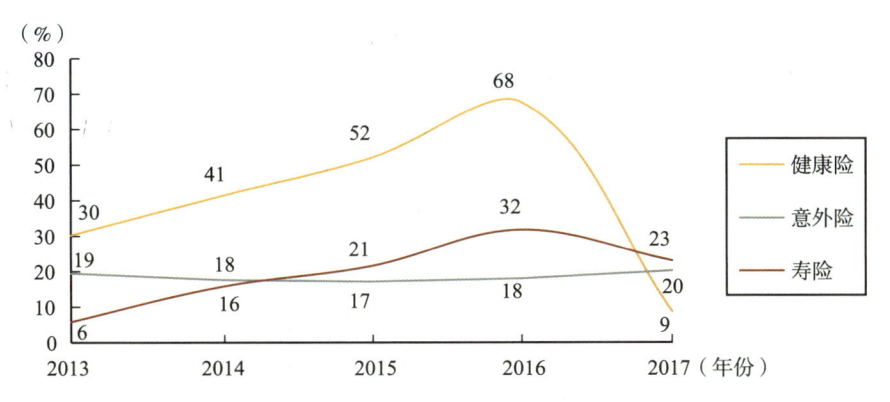

图 12　2013~2017 年人身险市场各险种原保费增长情况

资料来源：中国银保监会和普华永道研究。

表 6　　　　　　　　2017 年人身险规模及增速变化——按险种分类

寿险产品	原保费规模（亿元）	同比增速（%）
寿险	21455.57	23.01
意外险	901.32	20.19
健康险	4389.46	8.58

资料来源：中国银保监会和普华永道研究。

健康险在经历了 2012~2016 年的快速增长期后，在 2017 年增速急速回落至个位数，原保费收入 4389 亿元（见图 13）。

图 13　2013~2017 年健康险原保费收入及增长率

资料来源：中国银保监会和普华永道研究。

99

健康险原保费在 2017 年增长大幅下滑，主要是当年 5 月中国保监会下发《关于规范人身保险公司产品开发设计行为的通知》后，一些公司开始大幅度削减中短存续期健康险及万能型健康险。2012 年开始，由于人身险费率市场化改革以及险资投资渠道拓宽，一些健康险公司热衷于销售兼具储蓄理财功能的中短存续期健康险产品，导致健康险保费收入呈现爆发性增长。

若将上述中短存续期健康险及万能型健康险的影响剔除（例如，剔除过去几年和谐健康保险的保费收入），2017 年健康险原保费收入增长仍有近 36%，与 2016 年同期相比虽有所下滑，但总体保持平稳（见图 14、图 15、表 7）。可见 2017 年是健康险去芜存菁、回归本源的一年。

图 14　2013~2017 年健康险原保费收入及增长率（经调整*）

注：* 调整主要涉及将和谐健康保险的保费收入剔除。
资料来源：中国银保监会和普华永道研究。

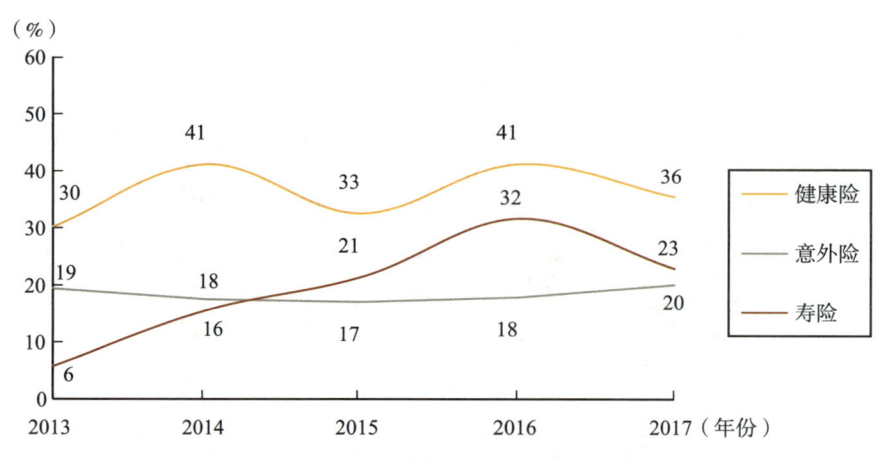

图 15　2013~2017 人身险各险种原保费增长情况（经调整*）

注：* 调整主要涉及将和谐健康保险的保费收入剔除。
资料来源：中国银保监会和普华永道研究。

表7　　　　　　　　　　2017年人身险原保费规模及增速变化（经调整）

寿险产品	原保费规模（亿元）	同比增速（%）
寿险	21455.57	23.01
意外险	901.32	20.19
健康险	4028.60	35.54

资料来源：中国银保监会和普华永道研究。

同样地，将调整前后的健康险占原保费收入的比例作一比较可见，未调整的原保费占比在2015年和2016年迅速上升，至2017年则略有下降，从13.06%回落至12%；而经调整的原保费占比的上升趋势稳健且持续（见图16）。这表明剔除了偏离"保险姓保"的因素后，健康险行业始终保持良好的增长势头，且有望取得进一步发展。

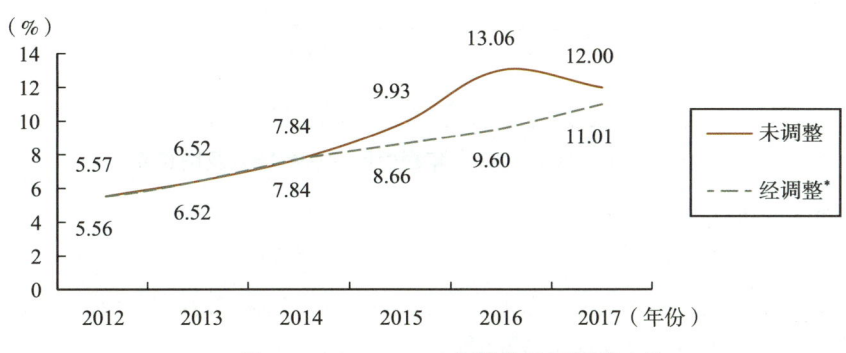

图16　2012~2017年健康险原保费占比

注：*调整主要涉及将和谐健康保险的保费收入剔除。
资料来源：中国银保监会和普华永道研究。

然而，比较健康险赔付与全国卫生总费用的比例可见，尽管近年来该比例一直有所上升，但占比仍然较低，2017年只有2.51%（见图17），这也说明健康险行业为消费者提供医疗保障方面仍有很大的发展空间。

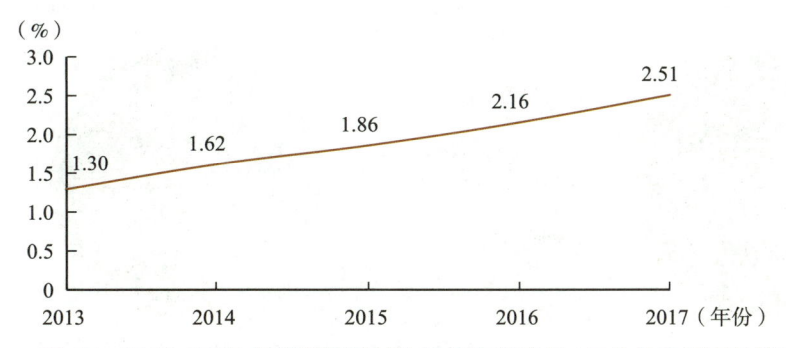

图17　2013~2017年健康险赔付比重健康险赔付/卫生总费用变化情况

资料来源：中国银保监会和普华永道研究。

与寿险和健康险不同的是，意外险近年来表现平稳，自2012年起原保费收入增速一直稳定在15%~20%。2017年原保费收入规模达901亿元，同比增加20.19%（见图18）。

图18　2013~2017年意外险原保费收入及增长率

资料来源：中国银保监会和普华永道研究。

与其他险种比较，意外险的业务规模相对偏小。未来随着居民保险意识的提升和消费升级，该类险种的增长仍有广阔的前景。

2. 新单保费占比略有下降，期交保费占比提升

2017年，新单保费占总保费收入的比例为57.41%，续期保费占比为42.59%，与2016年比较变化明显。其中新单保费的业务占比较2016年下降，续期保费占比上升。新单保费中，趸缴业务占比下降，期缴占比上升（见图19）。

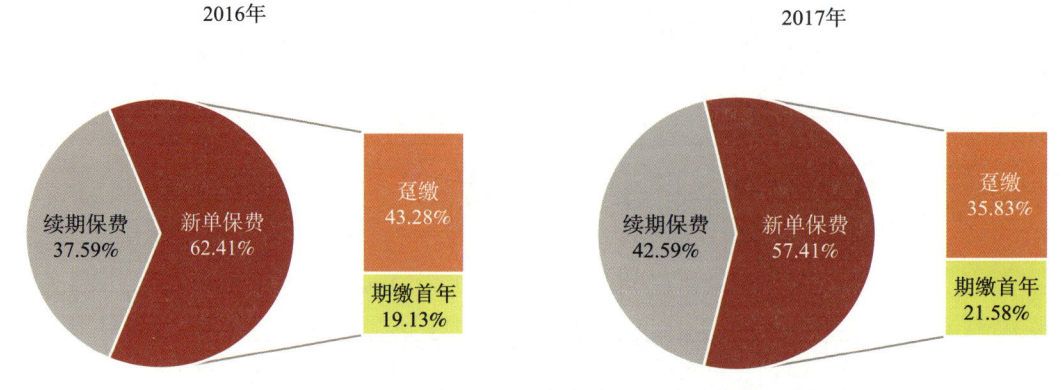

图19　2016年、2017年人身险新单保费收入占比

资料来源：中国银保监会和普华永道研究。

2017年人身险公司的新单原保费收入合计1.54万亿元,同比增长10.66%。其中,趸缴保费的收入同比减少0.41%,期缴保费首年的业务仍实现35.71%的增长(见表8)。

表8　　　　　　　　　　　人身险2017年新业务规模及增速

人身险产品	原保费规模（万亿元）	同比增速（%）
趸缴	0.80	-0.41
期缴首年	0.58	35.71
新单保费合计	1.54	10.66

资料来源：中国银保监会和普华永道研究。

按新业务占比分析,寿险领域2017年的原保费新单合计达1.22万亿元,同比增加15.31%,占寿险的原保费收入的比例较2016年略有下降,但基本维持平稳在60%左右(见图20、表9)。新单保费中,趸缴业务的占比略有下降,期缴首年略有上升。

2016年　　　　　　　　　　　　　　　2017年

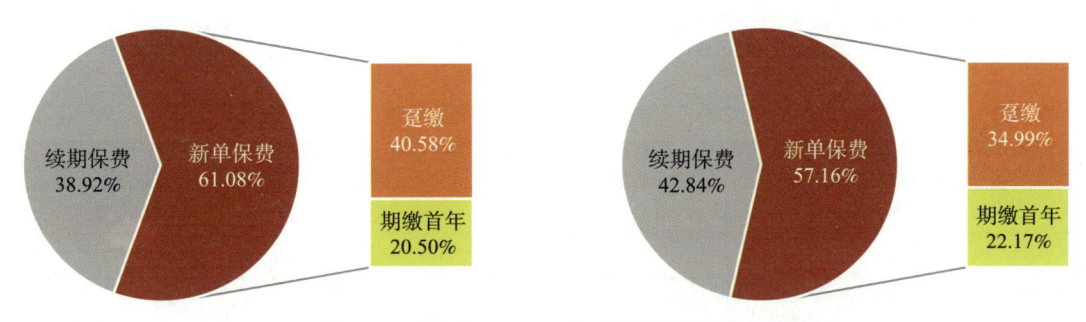

续期保费 38.92%　新单保费 61.08%　趸缴 40.58%　期缴首年 20.50%

续期保费 42.84%　新单保费 57.16%　趸缴 34.99%　期缴首年 22.17%

图20　2016年、2017年寿险新单保费占比变化

资料来源：中国保险行业协会和普华永道研究。

表9　　　　　　　　　　　寿险2017年新业务规模及增速

寿险产品	原保费规模（万亿元）	同比增速（%）
趸缴	0.75	6.24
期缴首年	0.47	33.26
新单保费合计	1.22	15.31

资料来源：中国保险行业协会和普华永道研究。

3. 万能险等投资型业务大幅收缩，普通寿险、分红险占比回升

寿险产品中，2017年原保费收入占比最大的是普通寿险，超过60%；其次是分红寿险，占比约39%；万能险和投资相连保险的占比合计不到1%（见图21）。

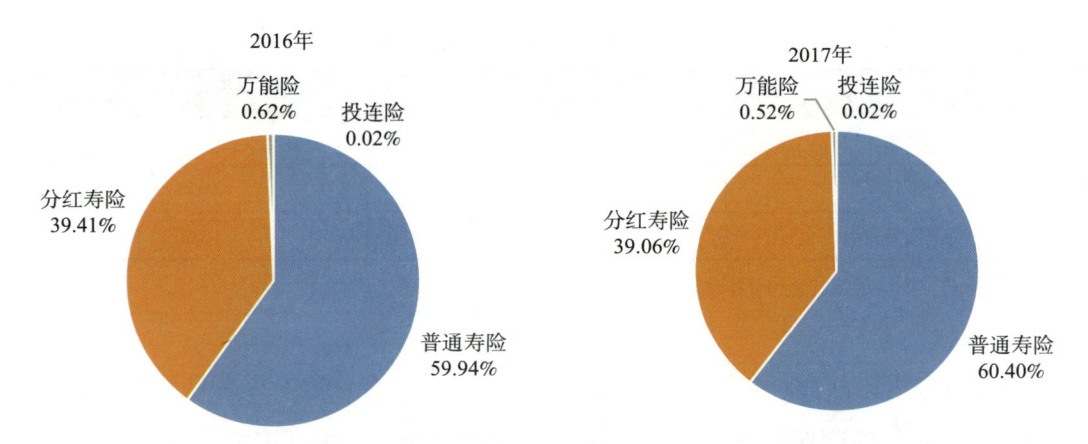

图21　2016年、2017年寿险产品原保费收入结构变化

资料来源：中国保险行业协会和普华永道研究。

普通寿险和分红寿险不仅占比较高，也是增长较快的两类产品，增速均超过20%；万能险和投资相连保险的增速均只有个位数（见表10）。

表10　　　　　　　　　　2017年寿险产品保费规模及增速

寿险产品	原保费规模（亿元）	同比增速（%）
普通寿险	12914.75	24.17
分红寿险	8350.53	22.11
万能险	111.66	3.45
投连险	3.89	1.50

资料来源：中国保险行业协会和普华永道研究。

按中国银保监会披露的规模保费的口径分析，2017年普通寿险业务规模保费占比47.20%，较2016年底上升11.1个百分点；万能险占比19.95%，下降16.9个百分点；分红险占比31.05%，上升7.3个百分点；投连险占比1.80%，下降1.5个百分点（见图22）。可见在"保险姓保"和严监管的环境下，人身险公司普遍调整业务结构，以万能险为主的投资型业务大幅收缩，回归本源的努力初显成效。

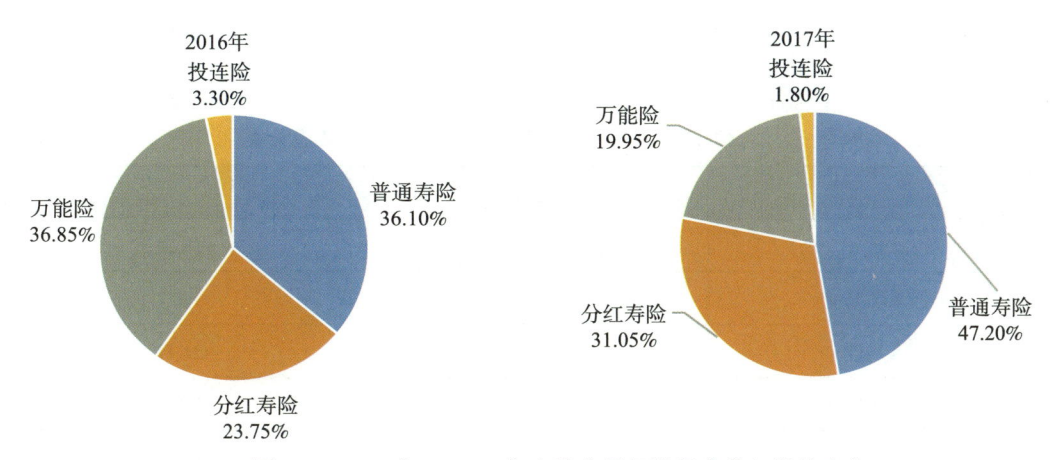

分报告02 人身险市场发展历史回顾、当前形势与未来展望

2016年
- 投连险 3.30%
- 万能险 36.85%
- 普通寿险 36.10%
- 分红寿险 23.75%

2017年
- 投连险 1.80%
- 万能险 19.95%
- 普通寿险 47.20%
- 分红寿险 31.05%

图22　2016年、2017年寿险产品规模保费收入结构变化

资料来源：中国银保监会和普华永道研究。

（五）渠道结构进一步优化

2017年，个人代理、银邮仍是主要销售渠道，代理人数量快速增长。个人代理是原保费收入最大的来源，占比超过一半，其次是银行邮政代理渠道。两者加在一起贡献了90%以上的保费（见图23）。

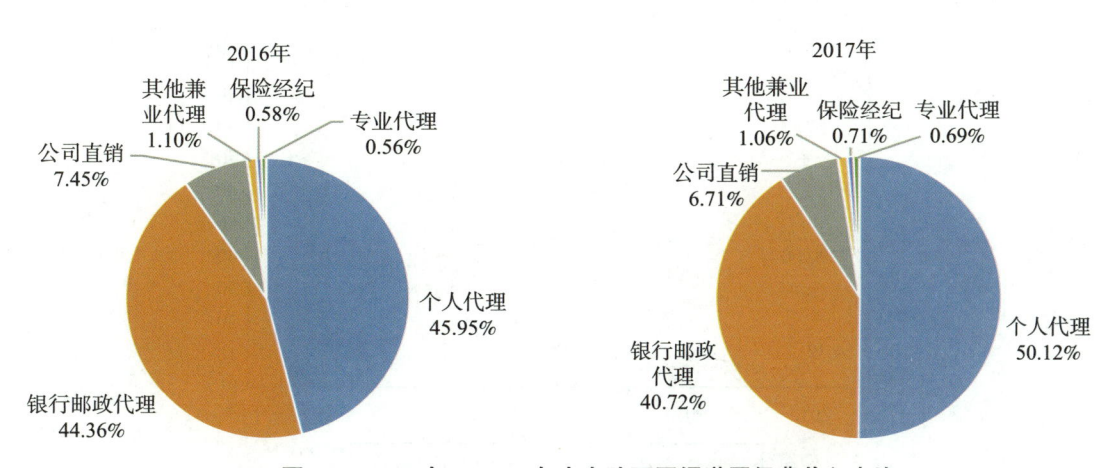

2016年
- 其他兼业代理 1.10%
- 保险经纪 0.58%
- 专业代理 0.56%
- 公司直销 7.45%
- 个人代理 45.95%
- 银行邮政代理 44.36%

2017年
- 其他兼业代理 1.06%
- 保险经纪 0.71%
- 专业代理 0.69%
- 公司直销 6.71%
- 个人代理 50.12%
- 银行邮政代理 40.72%

图23　2016年、2017年人身险不同渠道原保费收入占比

资料来源：中国保险行业协会和普华永道研究。

不过，两个渠道各自的占比在过去一年发生了显著的变化：2016年各占45%左右，2017年个人代理渠道占比上升，银行邮政代理渠道占比下降。这主要是因为个人代理渠道的保费在2017年实现了30%以上的增长，而银行邮政代理渠道的增速只有10%左右。同时，2017年保险专业代理和保险经纪渠道的保费占比虽然较低，但增长却较为迅速（见表11）。

表11 2017年人身险保费规模及增速——按渠道分类

渠道	原保费规模（亿元）	同比增速（%）
专业代理	179.12	48.24
保险经纪	183.91	47.11
个人代理	13006.52	31.11
其他兼业代理	274.09	15.08
银行邮政代理	10566.80	10.35
公司直销	1741.56	8.30

资料来源：中国保险行业协会和普华永道研究。

保险公司代理人数持续快速增长。截至2017年底，保险代理人数量达806.94万人，较年初增加149.66万人，增幅22.77%（见图24）。保费收入持续增长和居民日益增长的保障需求，促使越来越多的人投身保险行业。

图24 2013~2017年保险代理人数量及增长情况

资料来源：中国银保监会和普华永道研究。

（六）财务状况维持稳健

1. 总资产增速放缓

2017年人身险公司总资产13.21万亿元，较上年增长6.25%，与之前几年20%以上的增速相比有较大下滑（见图25）。

图25　2013~2017年人身险公司总资产及增速

资料来源：中国银保监会和普华永道研究。

人身险公司资产占所有保险公司总资产的比例大体稳定在80%左右（见图26）。

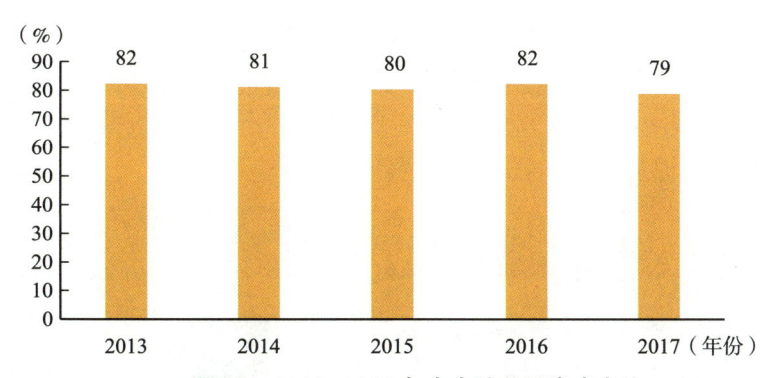

图26　2013~2017年人身险公司资产占比

资料来源：中国银保监会和普华永道研究。

2. 净资产稳定增长

剔除延迟披露的安邦人寿、安邦养老、和谐健康和华汇人寿四家公司，中国保险行业协会69家人身险会员公司（以下称"69家人身险公司"[1]）的净资产总计为1.08万亿元，较2016年增加12.33%（见图27）。

---

[1] 69家公司的数据来源于其年度信息披露。

(万亿元)

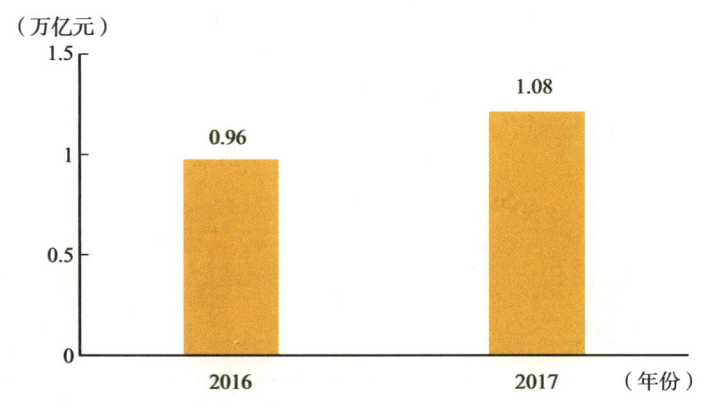

图 27 2016 年、2017 年人身险公司所有者权益

3. 盈利状况改善

中国保监会披露 2017 年保险业预计利润 2567.19 亿元，同比增长 29.72%；其中人身险公司利润 1390.77 亿元，占行业利润的 54%。69 家人身险公司实现净利润 1137.83 亿元，较上年同期高 50.28%（见图 28）。

2017 年利润大幅增长主要是资金运用取得较高收益，同期沪深 300 指数涨幅超过 20%。

2017 年，69 家人身险公司中 49 家公司实现盈利，20 家公司亏损，而 2016 年盈利与亏损的公司分别为 47 家和 22 家（见图 29）。

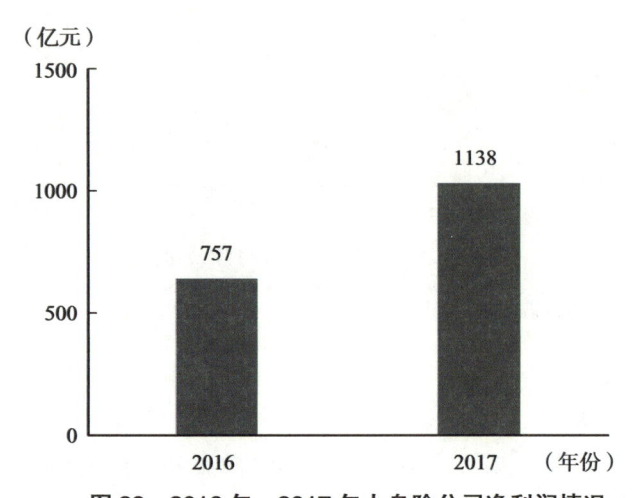

(亿元)

图 28 2016 年、2017 年人身险公司净利润情况

资料来源：保险公司年报和普华永道研究。

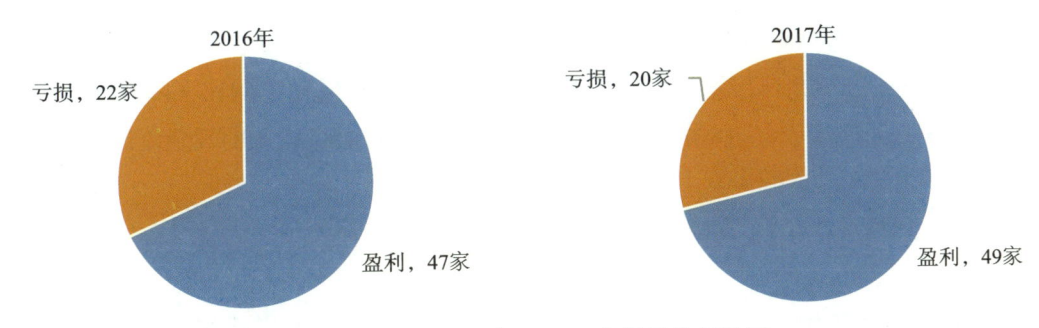

图 29 2016 年、2017 年盈亏公司比重

资料来源：保险公司年报和普华永道研究。

中国人寿与平安人寿两大巨头合计盈利超过 670 亿元，占据了行业盈利的半壁江山。两家公司的净利润增速也分别高达 67% 和 42%。

4. 投资收益稳步提高

中国银保监会的数据显示，截至 2017 年底，保险资金运用余额 14.92 万亿元，较 2017 年初增加 11.42%。其中固定收益类余额占比 47.51%，股票和证券投资基金占比 12.3%，长期股权投资占比 9.9%。

2017 年保险资金运用收益 8352.13 亿元，同比增长 18.12%；投资收益率 5.77%，较 2016 年提高 0.11 个百分点。其中股票投资收益同比大增 355.46% 至 1183.98 亿元。69 家人身险公司共获得投资收益 5657.89 亿元，较上年增长 20.66%。

5. 费用支出增加较快

69 家人身险公司手续费及佣金支出总计约 3093 亿元，较上年同期增加 36.26%；业务及管理费总计约 2312 亿元，较上年同期增加 13.27%（见图 30）。

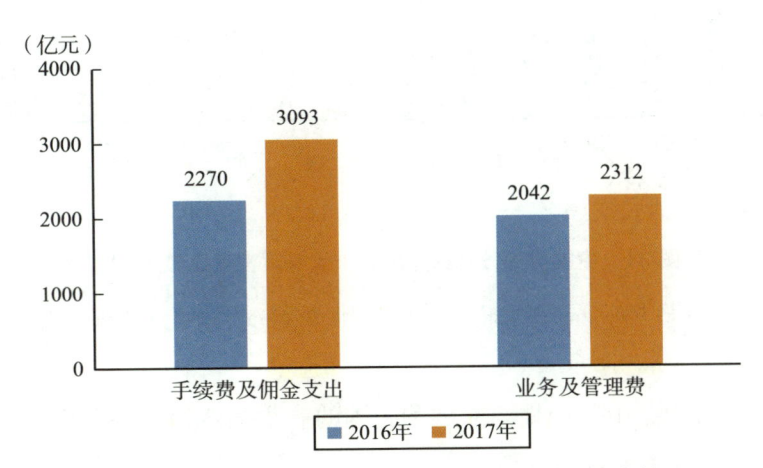

图 30 2016 年、2017 年人身险公司费用支出情况

资料来源：保险公司年报和普华永道研究。

6. 现金流净额大幅下降

69家人身险公司合计经营活动现金流净额为7395.49亿元，同比下降22.46%。其中51家公司实现净流入，18家公司为净流出，部分公司面临较大的现金流压力。

三、人身险市场面临的挑战

2017年人身险行业在持续平稳发展的同时，也存在一些突出的问题。这些问题涵盖了市场、产品、消费者保护、治理和科技等方面，对于整个行业而言，是挑战也是机遇。

（一）渗透率较低，市场有待进一步开拓

截至2017年末，我国人身险市场的深度与密度虽然持续上升，但是距离世界和发达国家和地区还有很大的距离。根据瑞士再保险sigma年度报告《世界保险业》的分析[①]，2017年中国内地（不含港澳台地区）整体保险深度和密度全球排名分别为36位和46位。按其口径，中国内地的人身险深度和密度尚未达到世界平均水平。

横向比较，无论是欧美发达国家还是部分亚洲近邻，人身险密度和深度都高于中国内地，且差异明显。以人身险密度为例，中国内地只有欧洲的约1/4、美国的约1/8、日本的约1/10；与中国香港和台湾地区的差异更是多达几十倍（见图31）。

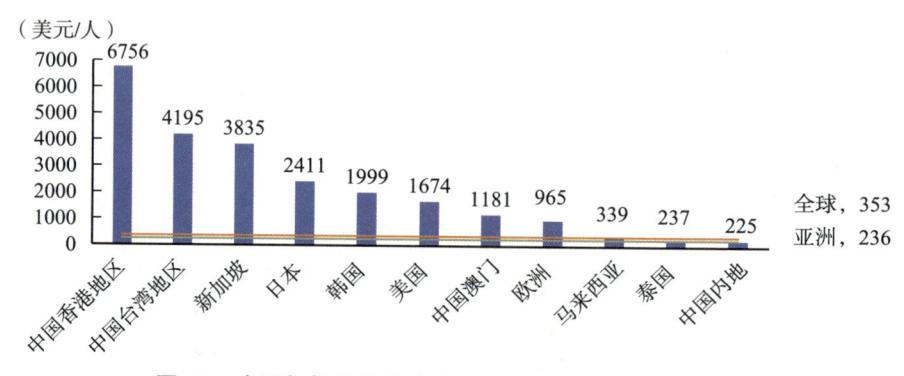

图31 中国与部分国家（地区）人身险密度比较（2017年）

资料来源：2018年第3期sigma研究报告：《2017年世界保险业：发展稳健、成熟寿险市场拖累增长》。

人身险深度方面，中国内地与欧洲和美国的差距虽然相对并不算大，但与我国香港和台湾地区，以及新加坡、韩国、日本等国家的差异仍然显著（见图32）。

---

① 2018年第3期sigma研究报告：《2017年世界保险业：发展稳健、成熟寿险市场拖累增长》。

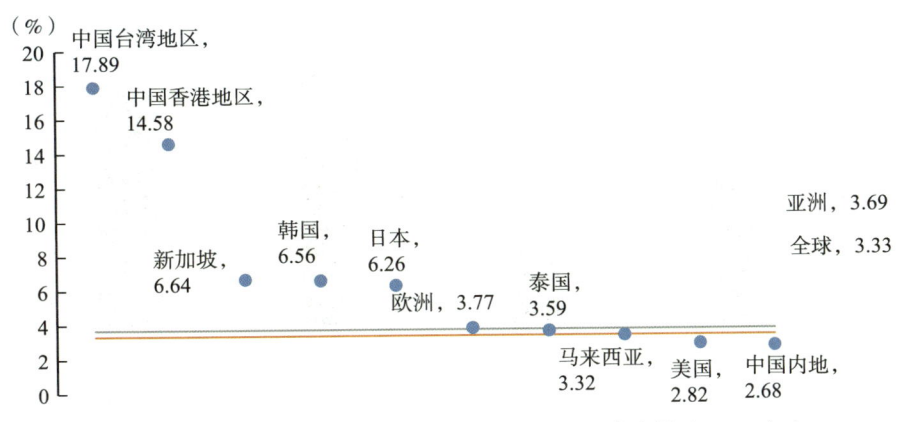

图 32 中国与部分国家（地区）人身险深度比较（2017年）

资料来源：2018 年第 3 期 sigma 研究报告：《2017 年世界保险业：发展稳健、成熟寿险市场拖累增长》。

人身险市场的深度与密度偏低，也表明了该行业的市场潜力和增长空间依然较大，随着中国经济的持续增长、居民收入增加和财富保障意识的增强，未来人身险相关业务仍可继续快速增长。

人身险市场的广阔空间，为下一步深化改革提供了充足的动力。随着市场化机制的完善，竞争格局将发生变革，优胜劣汰机制发挥作用，使"差而不倒"和"乱而不倒"的企业退出市场，有能力经营保险业务的机构通过专业化经营，拓展保险产品的各个细分市场，为市场增添活力。

（二）营销员队伍规模继续增加的空间有限，专业素质有待提升

近年来，保险公司营销员数量持续快速增长。截至 2017 年年底，保险营销员数达 806.94 万人，一年增加了近 150 万人。

保险营销员的快速增长，对于人身险业务的发展起了重要的推动作用。对于保险公司来说，个人代理渠道与银保渠道相比有巨大的优势。一是保险公司对个人代理渠道的控制力要远高于银保渠道，二是个人代理渠道的新业务价值要更高。

然而，鉴于我国 2017 年保险代理人数量占总人口的比例已经达到 0.58%，参考发达国家和地区的经验，并考虑到劳动人口占总人口比例下降的趋势，保险代理人规模继续增加的空间有限（见图 33）。因此，人身险行业依赖代理人数量扩张的销售模式将面临转型，借力科技等手段改善销售效率以及提升留存率方是长远之计。

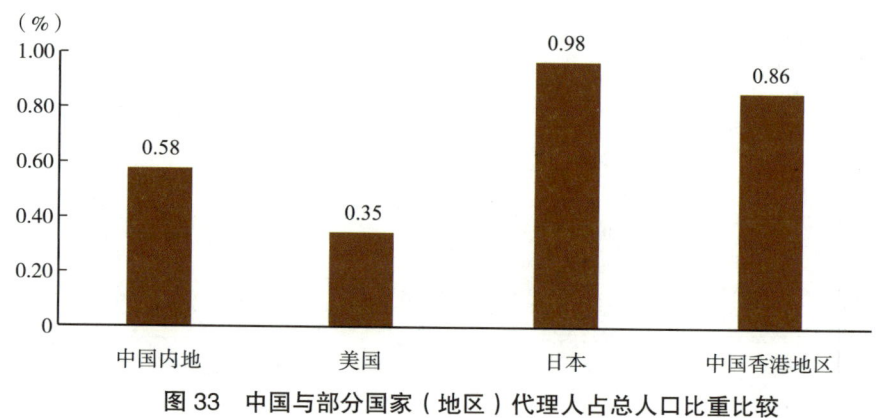

图 33　中国与部分国家（地区）代理人占总人口比重比较

资料来源：中国银保监会、统计局、BLS、Census Bureau、LIAJ、Statistics of Japan、香港保险业监管局、香港政府统计处和普华永道研究。

另外，保险营销员快速增长也带来部分营销员群体良莠不齐的问题。营销员素质参差不齐，对于不同险种的条款、产品的认知水平存在较大的差异，加上产品销售过程中的激励机制不合理，导致部分营销员难以根据消费者的需求销售合适的产品组合，而且倾向于销售手续费较高的产品，带来销售误导的风险。

因此，在改善销售效率的同时，人身险公司应该注重营销员素质的提升，例如鼓励他们转型升级，使其成为更加全面的理财顾问。同时，人身险企业应该完善销售激励机制。例如，将续期佣金平滑至更长给付年度，或增加服务佣金项目，提高营销员长期服务的理念；另外，设置鼓励有效保单的奖金激励，并考核营销员为客户提供的售后服务，并将其与薪酬挂钩。

（三）服务提升与消费者预期之间的矛盾有待调和

服务提升与消费者预期的满足，是一对持续的矛盾，这种矛盾主要通过消费者对行业的投诉体现出来。根据中国保监会发布的数据[①]显示，2017 年保险消费投诉数量同比增长 19.89%，其中大部分投诉均涉及保险合同纠纷；涉及人身险公司的保险合同纠纷投诉达 4.23 万件，占比 46.53%。

人身险的投诉主要集中在销售纠纷，主要问题在于夸大保险责任或收益、隐瞒保险期限和不按期交费的后果、隐瞒解约损失和满期给付年限、虚假宣传等问题。投诉涉及的第二大事项为理赔，第三为退保（见图 34）。

---

① 资料来源：《原中国保监会关于 2017 年度保险消费投诉情况的通报》。

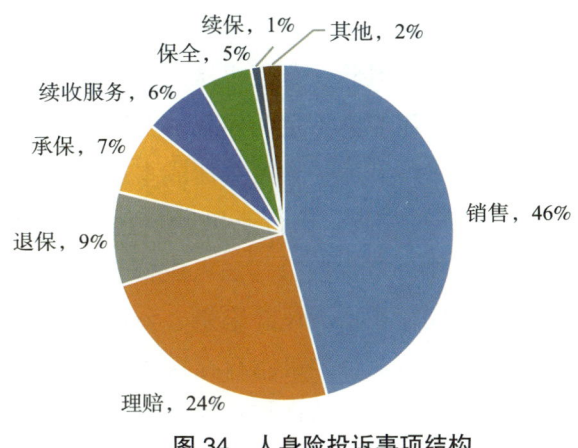

图 34　人身险投诉事项结构

资料来源：中国银保监会和普华永道研究。

2017年保险业加强监管，保护消费者权益是其中一项重要内容。中国保监会于3月17日印发《2017年保险消费者权益保护工作要点》。5月15日，印发《关于2017年继续开展打击损害保险消费者合法权益行为"亮剑行动"的通知》，治理因营销失信、数据失真等市场乱象造成的损害保险消费者合法权益的行为。5月19日印发《关于进一步加强人身保险公司销售管理工作的通知》，治理销售误导行为。

2018年，中国银保监会相关工作要点包括：强化保险公司维护消费者权益的主体责任、督促保险公司切实提高和改进保险服务质量、规范保险消费投诉处理工作、加大对损害保险消费者合法权益行为的检查与曝光力度、加强保险消费者权益保护基础建设等五个方面。人身险公司应当积极配合监管部门，完成上述工作，以防范保险行业的声誉风险，为行业的健康、可持续发展做出贡献。

确保消费者的利益至上，是保险业长期健康发展的基石，也是保险公司建立品牌信誉、赢得客户信任的重要一环。因此人身险公司要加强产品管理、改善服务质量、加强营销和服务人员的培训，努力提高保险产品的"亲民度"。同时，人身险公司也要建立制度化的消费者保障机制，在产品销售、理赔、退保等各方面强化以客户为中心的服务理念，减少纠纷的产生。

调和服务提升与消费者预期之间的矛盾，需要多方共同努力。保险公司需要发挥消费者保护的主体责任，规范自身经营行为、提高产品和客户服务质量；监管部门也要落实消费者保护的监督；消费者对于保险产品的认知也需要加强。

（四）公司治理、风控与合规、资金运用等能力建设有待提高

近几年来，个别人身险公司通过虚假资本大肆扩张、举牌冲击实体经济，这些违

规运用资金的举动，使保险资金面临"脱实向虚"的风险。这些现象背后反映的一方面是人身保险公司治理失效、漠视风险、合规机制缺位等问题，另一方面也是人身险公司资产负债管理能力、资金运用能力不足的体现。个别中小公司选择相对激进的经营策略，偏短期的理财型产品大行其道，导致负债成本迅速提升，倒逼其资产端提高风险偏好，偏离了"保险姓保"的初衷，给行业和实体经济带来了一定的风险。

2017年中国保监会对全部中外资保险公司法人机构开展公司治理现场评估，总结出四大突出问题，包括股东股权存在重大风险隐患、公司治理有效性"先天不足、后天失调"、关联交易风险突出、内部管控机制存在缺失。事后中国保监会连续下发多份监管函，要求保险公司严格执行公司治理相关规则制度，公司治理监管从柔性引导向刚性约束转变，并将根据评估结果分类别采取监管措施。

为了规范保险资金运用行为，防范保险资金运用风险，中国保监会于2018年1月28日发布《保险资金运用管理办法》，自2018年4月1日起实施；为防范保险业资产负债错配风险，提升保险公司资产负债管理能力，中国保监会于2018年2月28日印发《保险资产负债管理监管规则（1—5号）》。

上述监管行动和新规的推出，为促进人身险公司规范经营、加强资产负债管理和防范风险提供了坚实基础。但除了监管的推动，人身险公司自身也需要落实公司治理、内控、风险合规等机制，加强资金产负债管理能力和资金运用的自我约束。

（五）对新技术开发和利用需要加强

近几年来科技的发展对保险行业产生了深远的影响。大数据、人工智能、移动互联网等新技术的运用，使消费者更加注重客户体验，对保险产品和服务的要求越来越高，同时也在一定程度上改变了人身保险业传统的接触客户方式，并催生出了一些新的商业模式。

目前互联网渠道销售的保险产品主要为基于线上场景、简单标准化的低件均保费产品，如退货运费险、保证保险、意外险和责任险等，相对复杂、长期且高价格的寿险并没有受到太大的冲击，但这不代表人身险公司就不需要加强新技术的开发和应用。

保险科技的发展，将对提高人身险公司的服务能力与扩展业务空间等发挥积极的作用。例如，保险业借助新技术，可以更好地整合产业链的上下游，构建以保险服务为基础服务、构建围绕消费者相关需求的服务闭环，为养老、健康等产业发展提供更多的支持。

此外，这些新科技也将给人身险公司的组织架构和管理流程带来变革，全面提高管理、投资、风控等领域的效率。因此，人身险公司仍需要加强新技术的开发和应用，从资金、人才、组织架构等方面，加大对科技创新的投入，主动运用科技推动保险产品、服务、经营、管理等改革和业务创新，以适应未来的发展格局。

（六）人身险产品的供给侧改革有待加快

进入新时代，保险业的主要矛盾转化为不平衡不充分的保险供给与人民群众日益迸发、不断升级的保险需求之间的矛盾，体现在人身险领域，一方面是中短存续期业务比例虽已明显下降，但是还有相当一部分公司趸缴业务和短期储蓄型业务占比较高，给群众提供的保障程度较低；另一方面是在满足保障"生、老、病、死、残"等五大需求上存在较大的缺口，内部发展也不平衡。

人身险行业的产品同质化程度也相当严重。一方面，保险产品种类单一，很难满足消费者在同一类场景中的不同保障需求；另一方面，一款新的保险产品推出后，会有其他保险公司复制。在此情况下，各保险公司在争取客户方面更多的是靠费率，而不是靠其产品特色或差异化服务，费率的价格战又直接导致保障类保险产品盈利空间的不断挤压。

以上问题，意味着加快推进人身险产品的供给侧改革已成为当务之急。人身险起源于风险保障，也是行业的核心价值所在，因此在改革过程中，首先要坚持"保险姓保"，始终坚持风险保障加长期储蓄的根本定位。其次，人身险的供给侧改革也要大力鼓励产品差异化，以扩大有效供给为重点，优化产品结构。

随着经济发展、财富增长、生活水平提高以及人口老龄化，居民的医疗、护理、养老支出增加，将使他们对长期护理险、养老险、健康险的需求上升。人身险产品的供给侧改革应把握消费者生活中的这些切身需求，提供具有针对性、高质量的产品和服务。目前个税递延型商业养老保险试点已实施，将有望成为人身险的另一个长期增长点。

在大力发展商业健康保险的同时，人身险行业的供给侧改革也可以发挥其资金量大、期限长等特点，加强与上下游的合作，通过鼓励投资、并购、参股医疗机构，强化健康管理；鼓励医疗保险和养老保险的融合，解决老年人的医养问题，延伸健康和养老产业链，为消费者提供"一站式"的全套解决方案和服务。

四、人身险市场未来展望

中国的保险行业经过改革开放近40年的发展，其中人身险行业自从1982年恢复经营至今已有36年，这个过程中经历了不同的发展阶段，业务从简单到复杂，产品从保障到理财，面临的挑战与机遇也反映了不同时代的特点和需要。站在新的起点展望未来，人身险行业的发展前景依然广阔，人口结构、经济与社会发展、国家政策、科技进步、产业融合和规范经营等因素均将助力行业持续增长。

（一）把握高质量发展元年的契机，扎实推进转型与改革

面对严监管、业务结构转型的环境，保险业将回归本源、转向高质量发展，人身险公司借助这个契机，扎实推进转型与改革，继续做好防风险、调结构的工作，立足国家战略，积极助力经济社会发展的重点领域和薄弱环节，发挥保险长期稳健风险管理和保障功能，努力成为经济"减震器"和社会"稳定器"，不断增强服务经济社会发展的能力。

（二）深刻认识人口老龄化带来的需求、挑战与机遇

我国改革开放 40 年来的人口结构发生了巨大的转变。自从 1999 年 60 岁及以上老年人口占人口总数达到 10%、开始进入老龄化社会以来，该趋势越来越明显。截至 2017 年底，我国 60 岁及以上老年人口达 2.41 亿人，占总人口 17.30%；据全国老龄工作委员会预测，到 2050 年前后，我国老年人口数将达到峰值 4.87 亿人，占总人口 34.9%[1]。出生率下降、平均预期寿命上升和计划生育政策等因素，都导致了人口结构正在加速老龄化。

伴随着老龄化社会而来的，是医疗和养老的需求与支出增加。统计数据显示，2017 年全国医疗卫生机构门诊和住院量、医院次均门诊费用、人均住院费用、医院次均门诊药费、医院人均住院药费等同比均持续上升[2]；与此同时，2017 年的养老机构和设施总数同比也在增加[3]。这些需求的上升，无疑为保障型产品的发展提供了巨大的增长空间。

例如，老年人口的持续增多，将使得长期护理成为社会刚需，以此为基础的长期护理险有望蓬勃发展。然而，长期护理保险制度在我国才刚起步，于 2016 年才开始试点，因此迫切需要进一步加强制度设计和实践探索。在这个过程中要充分借鉴海外经验，尤其是欧美国家的最佳实践，以便主动管理该类产品的长期运营风险和定价风险。

2016 年，全国 15 个城市和两个重点省份启动长期护理保险制度试点，探索以社会互助共济方式筹集资金。经过两年探索，目前长期护理险已等多个省市的非试点区域展开，取得了阶段性成效。预计我国未来的长期护理险将是保险公司与地方政府共同合作、共担风险的运营模式。

---

[1] 来源于环球网 2018 年 2 月 27 日的报道：《我国 60 岁及以上老年人口数量达 2.41 亿 占总人口 17.3%》。
[2] 来源于国家卫生健康委员会发布的《2017 年我国卫生健康事业发展统计公报》，2018 年 6 月 12 日。
[3] 来源于民政部发布的《2017 年 4 季度全国社会服务统计数据》，2018 年 3 月 13 日。

（三）经济增长、财富积累和消费升级，期待高质量、多元化产品服务

中国 2017 年国内生产总值（GDP）超过 82 万亿元人民币，同比增长 6.90%；人均 GDP 接近 6 万元人民币，以美元计价超过 8800 美元，已经进入了上中等收入国家的行列；全年居民人均可支配收入 2.6 万元，扣除价格因素实际增长 7.30%[①]。

近年来我国经济发展进入"新常态"，在未来一段时期将继续保持适度的增长，这将促进人均 GDP 和居民可支配收入的增长，以及家庭财富的积累。伴随着中等收入群体的扩大，居民消费升级，生老病死、衣食住行、体育文娱等各个领域的保险服务将成为保障人民群众美好生活的必需品，人身险行业在着力解决不平衡不充分的保险供给与人民群众日益进发、不断升级的保险需求之间的矛盾的同时，也将迎来巨大的发展机遇。

除了保障之外，保险产品作为一种财富管理工具，其财富分配、财富转移和财富传承等方面的功能，也将成为中产阶级、富裕群体的"刚需"。

（四）深度市场化改革与扩大开放的政策红利释放，有助于激发行业活力

近年来保险行业正在推行市场化改革，包括保险产品定价、资金运用和准入退出机制等方面。自从 2017 年年底，一系列扩大金融业对外开放的重大措施陆续发布，其中提到保险的措施包括：放宽人身险公司外资持股比例、放开外资经营保险代理业务和保险公估业务、放开外资保险经纪公司经营的范围、年底前取消外资保险公司设立前需开设两年代表处的要求。

这些深度改革与开放的措施，均旨在为保险行业创建更加市场化的投资和经营环境，赋予消费者更多的选择。面临新一轮开放，外资保险机构很有可能进一步探索中国市场、加大投入，同时促进外资与本土保险机构的合作。无论是中资还是外资人身险公司，都将从中收获新一轮政策的红利。

（五）税收递延养老保险等新型业务，为行业持续发展奠定坚实基础

近年来，我国的养老保险体系正在效仿发达国家建立"三大支柱"：第一支柱是基本养老保险；第二支柱是企业年金与职业年金；第三支柱是包括个人商业保险在内的各类养老储蓄。实行个人税收递延型商业养老保险，意味着税收优惠从第一、第二支柱扩大至第三支柱。

为促进税延养老保险试点持续健康发展，中国银保监会与相关部委已于 2018 年上

---

① 来源于国家统计局发布的《中华人民共和国 2017 年国民经济和社会发展统计公报》，2018 年 2 月 28 日。

半年陆续发布了《关于开展个人税收递延型商业养老保险试点的通知》《个人税收递延型商业养老保险产品开发指引》《个人税收递延型商业养老保险业务管理暂行办法》等系列政策文件，稳步推进税延养老保险试点业务健康发展。

《管理办法》明确了保险公司开展税延养老保险业务的经营要求，同时规定相关产品将采取审批制，保险公司应依据指引和示范条款开发产品并报监管部门审批，获得批准的产品才能上市销售；要求税延养老保险产品以"收益稳健、长期锁定、终身领取、精算平衡"为设计原则，帮助参保人有效抵御投资风险和长寿风险。

预计养老保险业务在一系列政策的指引下，将有助于更好地服务老龄化社会的相关养老保障需求。该类产品长期、稳健的特点，也为我国保险行业的可持续发展打下坚实的基础。

（六）"大健康"等产业的融合有望取得新突破

掌握海量数据、核心技术与资金的人身险公司，正在以自建、参股、战略合作、并购等方式进入医疗服务和健康管理领域，具体包括线上医疗咨询、线下医院诊所、智能硬件、养老社区等多种形式。中国保监会2017年第四季度发布的《健康保险管理办法》的修订征求意见稿，也鼓励保险公司可将健康保险产品与健康管理服务相结合，提供健康风险评估和干预，提供疾病预防、健康体检、健康咨询、健康维护、慢性病管理、养生保健等服务，降低健康风险，减少疾病损失。

预计未来这种"保险+医疗"的"大健康"模式将持续，并在科技的助力下取得新突破：保险将越来越与健康风险管理、预防医疗融为一体，消费者也将因此获得成本更低、更高质量的健康服务。

（七）全面增强科技对行业效率提升的认知，有助于强化未来的竞争力

科技正在深刻地改变人类社会。中国近年来在科技推动商业创新方面取得了全球瞩目的成就，诞生了一批优秀的创新企业，其中也不乏保险科技公司。大数据、人工智能、云计算、移动互联网等新技术的运用，对于保险行业不仅仅是渠道上的变革，也正在改变人身险行业的服务提供方式和人身险公司的经营模式。

未来人身险行业需要进一步加强对科技的认知，将其作为提高风控效率、投资效率和管理效率的工具。例如，鉴于保险服务风险标的业务属性，保险科技在风控方面大有可为，将对现有风控体系再造。未来一家保险公司的核心竞争力将在很大程度上体现为风控的能力。例如，科技进步提高了疾病诊断水平，这对于未来的保障型产品如何管理相应保险风险提出了新的考验。

（八）公司治理、风控与合规文化建设，助力行业规范经营

2017年是保险业"重拳出击"整治市场乱象的一年。数据显示，年内中国保监会已公布37张监管函，较2016年多1倍；另据不完全统计，2017年中国保监会和各地保监局总共开出了925张罚单，罚没金额超过1亿元，也较2016年的7836万元明显增加[①]。整治的领域涵盖了公司治理、股权结构、产品设计、资金运用等。

通过本轮集中整治，行业正在回归"保险姓保"，人身险企业提供的产品也在回归保障的本源。随着人身险公司落实整改，完善公司治理、风控与合规机制，同时加强合规文化的建设，未来行业的经营将更趋规范。

---

① 来源于央广网2017年12月30日的报道《925张罚单过亿罚没款 2017成保险最严监管年》。

分报告 03

保险中介市场发展历史回顾、当前形势与未来展望[*]

改革开放 40 年来，我国保险中介市场经历了快速发展，逐步形成多元化市场格局。2017 年，在"严监管"态势下，保险中介市场依然保持较快发展，且快于行业整体增速，占总保费收入的比重也增加了 2.6 个百分点。互联网保险则出现了近年以来的首次负增长，互联网人身险业务和财产险业务分别负增长 23% 和 1.75%。2018 年，监管将强化制度建设，加大从严监管力度。伴随互联网科技巨头、拥有独特资源禀赋的央企、民营实业巨头、风险投资基金等诸多业内外人才和资本的涌入，以及保险业新一轮对外开放，保险中介的价值正在不断被发现和重估。未来，保险中介行业大有可期。

一、改革开放以来保险中介市场发展历史回顾

保险中介是保险行业不断专业化和精细化的结果，是保险市场发展到一定阶段的产物。我国保险中介市场是在改革开放后兴起的，经历了从无到有、从小到大、从单一到多元的发展过程。从保险代理到经纪公估，从线下营销到互联网保险，保险中介的发展推动了保险市场的变革。

---

[*] 本报告所引用数据，除特殊说明外，分别来自中国银行保险监督管理委员会官网（www.cbrc.gov.cn）、《中国保险年鉴（2014）》（中国保险监督管理委员会，中国保险年鉴社 2014 年版）、《中国保险年鉴（2015）》（中国保险监督管理委员会，中国保险年鉴社 2015 年版）、《中国保险年鉴（2016）》（中国保险监督管理委员会，中国保险年鉴社 2016 年版）、中国保险行业协会统计数据、《中国保险行业及中介模式发展分析报告（2018）》（徐晓华、蒋铭著，中国金融出版社 2018 年版）。

（一）中介机制初创阶段（1979~1991年）

1979~1986年，我国保险市场只有原中国人民保险公司一家主体，国内虽没有专门的保险中介机构，但是以行业代理和农村代办为特色的兼业代理方式在团体保险尤其是短期险种以及财产保险中的货运险和车险等方面都具有很重要的地位。之后，新疆兵团保险、平安保险、太平洋保险相继成立，逐步采取兼业代理形式与人保公司竞争。

（二）保险代理人兴起阶段（1992~1995年）

1992年，友邦保险的成立意味着我国保险市场对外开放正式起步。由于外资保险公司不能像中资保险公司一样直接对接企事业单位，于是友邦保险把个险营销体制带到了国内，由保险公司招募营销员，进行培训，面向个人销售人身保险。从此，我国保险市场上出现了一个新的群体——保险代理人，1995年出台的《保险法》对其进行了明确规定。保险代理人制度深刻地改变了我国保险的经营模式，带动保险业的迅猛发展。保险代理人渠道也成为我国寿险营销的主要渠道之一。

（三）专业化发展阶段（1996~1999年）

自1996年12月起，我国开始对保险代理人实行资格考试、执证上岗的管理制度。1997年，保险监管部门为规范保险代理人的行为，制定了《保险代理人管理条例（试行）》，从法律上明确了保险代理人的性质、地位及职能，从而为规范保险代理人的发展提供了法律保障。1999年，国民、国泰、合盟等多家专业的保险代理机构相继成立，保险代理人进入多种形式共同发展的阶段。

经营主体的不断增多使国内保险市场竞争日益激烈，为保险经纪人提供了发展的舞台。1998年，中国人民银行颁布的《保险经纪人管理规定（试行）》首次明确了保险经纪人的性质和地位。次年5月，保险经纪人考试开始举行。这些都意味着我国保险经纪人市场越来越规范。

在这个时期，中国保险行业协会和中国保险监督管理委员会相继成立，为中国保险中介的发展奠定了基础。

（四）快速发展阶段（2000~2008年）

2000年，我国银行、邮政和保险公司的合作进入快车道。2004年，银保渠道以24%的占比首次超过了团险渠道，成为我国第二大保险营销渠道。随后多家保险公司纷纷跟进，历经2001年、2005年扩容潮，银行与保险公司的合作进入"蜜月期"，"个险+银保"式的双渠道发展模式也在慢慢形成。虽然银保政策不断变化，甚至一段时间银保渠道受到种种限制，但是由于各家公司持续看好银保渠道，使得银保渠道保费在2008年超过个险渠道保费，成为第一大保险销售渠道。

2000年，江泰保险经纪有限公司、上海东大保险经纪有限责任公司、长城保险经纪有限公司成为首批获得中国保监会批准开业的保险经纪机构，标志着我国保险经纪业务正式起步。2007年，美国达信（北京）保险经纪公司获准开业，标志着保险经纪市场对外开放。

我国保险公估起步较晚，而且制度先行。在《保险公估人管理规定（试行）》颁布的次年，方中公估、弘正达公估等5家公估机构才获批成立。2004年，英国罗便士保险公估公司进入中国，保险公估市场开始对外开放。

从2006年开始，在中国保监会的支持和推动下，中国保险行业协会借鉴国外保险经纪业和公估业专业人才培养机制的经验和做法，启动建立中国保险经纪师、保险公估师制度。经过专家小组对申请人的专业知识考核与专业能力评估进行综合审查和社会公示后，于2008年5月首批发展了50名中国保险经纪师和48名中国保险公估师。

（五）健全发展阶段（2009年至今）

中国保监会从2009年开始了一系列针对保险中介市场的整治工作，保险中介监管制度不断完善，不断调整保险中介市场准入政策，逐步提高了保险中介准入门槛。《关于加快发展现代保险服务业的若干意见》和《关于深化保险中介市场改革的意见》都专门对保险中介行业发展提出了要求。2018年，中国银保监会印发多个文件，进一步扩大保险中介市场改革开放格局，允许外资来华经营保险中介业务。

2013年之后，互联网保险开始兴起，保险公司利用官网、第三方电子商务平台以及保险中介公司的网上平台来销售保单，BATJ等互联网巨头公司也相继布局保险中介行业。

二、2017年保险中介市场发展形势

2017年，随着保险市场主体的增多与竞争的加剧，越来越多的保险公司更加专注于产品设计、精算、资金运用及客户服务等核心功能，而倾向于将产品销售、估损理赔等职能委托给专业中介机构来完成。行业产销分离的趋势初见端倪，促进了中介市场的发展。

（一）主体数量增加较快

1. 专业中介机构增加较快

截至2017年底，我国共有保险专业中介机构2605家，包括5家保险中介集团公司，225家全国性保险专业代理机构，1549家区域性保险专业代理机构，490家保险经纪机构，336家保险公估机构。

2017年，保险监管机构共批复了32家保险中介公司，包括11家保险代理公司，20家保险经纪公司，1家保险公估公司（见表1）。从股东结构来看，一是保险公司和保险中介公司发起成立中介机构，包括恒邦财险、安心财险、国寿财险、大地保险、华海财险等；二是互联网巨头公司也加入保险中介阵营，比如腾讯和阿里巴巴分别成立微民保险代理公司和杭州保进保险代理公司。从注册资本来看，合计注册资本23亿元，其中，杭州联恒保险公估公司注册资本最高，为5亿元，微民保险代理公司注册资本为2亿元。

表1　　　　　　　　　　　2017年全年获批的保险中介牌照

批复时间	公司名称	全部股东	注册资本（万元人民币）
2017.12.29	路航保险经纪	重庆新路航船务	5000
2017.12.29	国旭保险经纪	东旭集团	5000
2017.12.22	广东合祥保险经纪	广州匠心投资控股	5000
2017.12.23	海腾保险代理	芜湖市建投公司	5000
2017.12.13	湖南交水建保险经纪	湖南交通水利建设集团	5000
2017.12.13	烽火台保险经纪	安徽烽火台卫星监控科技	5000
2017.10.25	太平保险经纪	太平电子商务	5000
2017.10.16	大地保险代理	大地财险	5000
2017.10.16	华西保险经纪	四川华西金融控股	5000
2017.09.28	微民保险代理	腾讯、富邦财险 国开博裕二期（上海）	20000
2017.09.11	北京安鹏保险经纪	北汽集团、国寿财险	5000
2017.09.06	日立保险代理（中国）	日立保险服务（香港）	5000
2017.09.01	北京大树保险经纪	拉卡拉网络技术	5000
2017.08.28	唯诚保险经纪	沙县恒荣置业司	5000
2017.08.15	星恒保险代理	复星	5000

续表

批复时间	公司名称	全部股东	注册资本（万元人民币）
2017.07.26	杭州保进保险代理	蚂蚁金服	5000
2017.07.26	北京农信保险经纪	大北农	5000
2017.07.19	东润保险经纪	重庆硕润石化、黄望、杨柳青	5000
2017.07.04	北京证通保险代理	证通股份	5000
2017.07.04	深圳市丰收保险经纪	深圳市康达尔集团	5000
2017.06.27	国新汇通保险经纪	国新控股、中汇国际保险经纪	5000
2017.06.15	中建英大保险经纪	中建资本控股 英大长安保险经纪	5000
2017.05.12	祁安保险经纪	新明集团 浙江天茂园林工程	5000
2017.03.30	华海沣泰保险代理	华海财险	10000
2017.03.29	中车汇融保险经纪	中车资本控股 中汇国际保险经纪	5000
2017.03.14	银建保险经纪	北京银建投资公司	5000
2017.02.16	中领天盛保险代理	成都飞泉泵业 成都棠湖泊林城房地产开发	5000
2017.02.16	华夏恒邦保险代理	恒邦财险	10000
2017.01.26	杭州联恒保险公估	李委芳	50000
2017.01.26	安心致远保险代理	安心财险	5000
2017.01.26	华夏信达保险经纪	龙仕文化产业集团 周于翔、赵丽、童爱英	5000
2017.01.22	新奥保险经纪	新奥集团、恩纽诚服	5000
合计			30000

资料来源：中国银保监会官网。

2. 兼业代理机构保持稳定

截至 2017 年末，全国共有兼业代理机构网点 22 万余家，其中，金融类近 19 万家，非金融类 3 万余家。

3. 营销员数量增加迅速

自从 2015 年保险代理人资格考试取消后，保险营销员人数激增，年均增速 30.9%。截至 2017 年末，全国保险营销员人数首次超过 800 万，达到 806.9 万人，同比增长 22.77%（见图 1）。其中，财险公司营销员约 115 万人，人身险公司营销员约 691 万人，大致是财险公司营销员的 6 倍。A 股四大上市公司营销员合计 463.3 万人，占行业营销员总数的57.4%，其中中国人寿202.5万人，中国平安138.6万人，中国太保87.4万人，新华保险34.8万人。

图1 保险营销员数量及增速（2013~2017年）

资料来源：中国银保监会。

（二）中介渠道保费收入增长平稳

2017年，全国保险公司累计实现保费收入3.66万亿元，同比增长18.2%；保险中介渠道实现保费收入3.2万亿元，同比增长21.8%，占总保费收入的87.8%，同比增加2.6个百分点（见图2）。

图2 行业保费收入和中介渠道保费收入情况（2013~2017年）

资料来源：2013~2015年数据来源于《中国保险年鉴》（2014~2016年）；2016~2017年行业保费收入数据来源于中国银保监会官网；2016~2017年中介渠道保费收入数据来源于中国保险行业协会。

(三）中介渠道财产险增长迅速

2017 年，全国财产险保费收入 9835 亿元，同比增长 12.7%；保险中介渠道实现财产险保费收入 7908 亿元，同比增长 23.9%，占全国财产险总保费的 80.4%，同比增加 7.2 个百分点（见图 3）。

图 3 行业财产险保费收入和中介渠道财产险保费收入情况（2013~2017 年）

资料来源：2013~2015 年数据来源于《中国保险年鉴》（2014~2016）；2016~2017 年行业财产险保费收入数据来源于中国银保监会官网；2016~2017 年中介渠道财产险保费收入数据来源于中国保险行业协会。

从渠道来看，代理渠道占据绝对优势。2017 年财产险代理业务保费收入 7190 亿元，占比 90.9%，同比减少 0.5 个百分点；经纪业务收入保费收入 718.2 亿元，占比 9.1%（见图 4）。

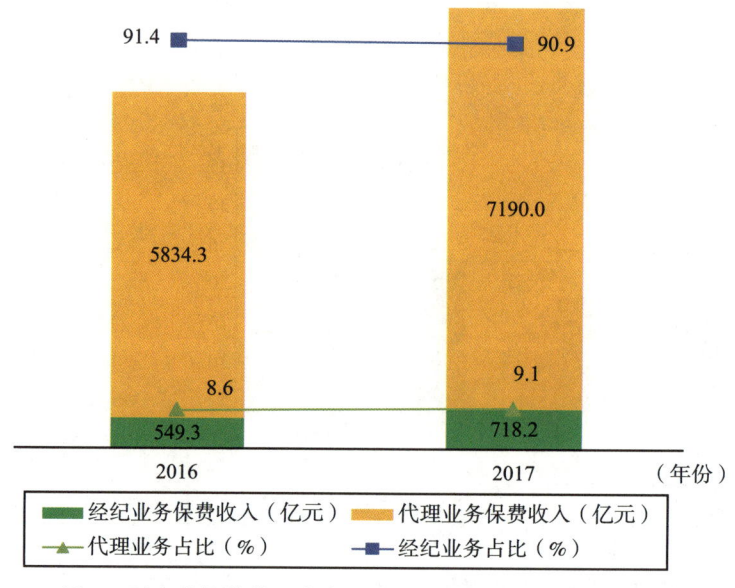

图 4 财产险保费收入中介渠道分布情况（2016 年、2017 年）

资料来源：中国保险行业协会。

从险种来看，车险保费收入占据绝对优势，这与整个财产险结构一致。2017年，通过中介渠道实现车险保费收入6315亿元，同比增长22.7%，占整个中介渠道财产险保费收入的79.9%（见图5）；通过中介渠道实现非车险保费收入1593亿元，同比增长29%，其中保证保险增速最快，高达115.3%（见图6）。

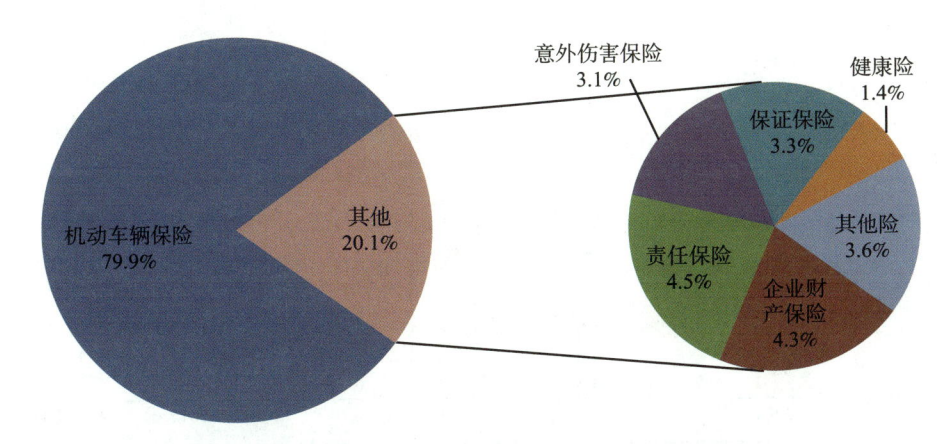

图5 2017年中介渠道实现财产险保费收入构成情况

资料来源：中国保险行业协会。

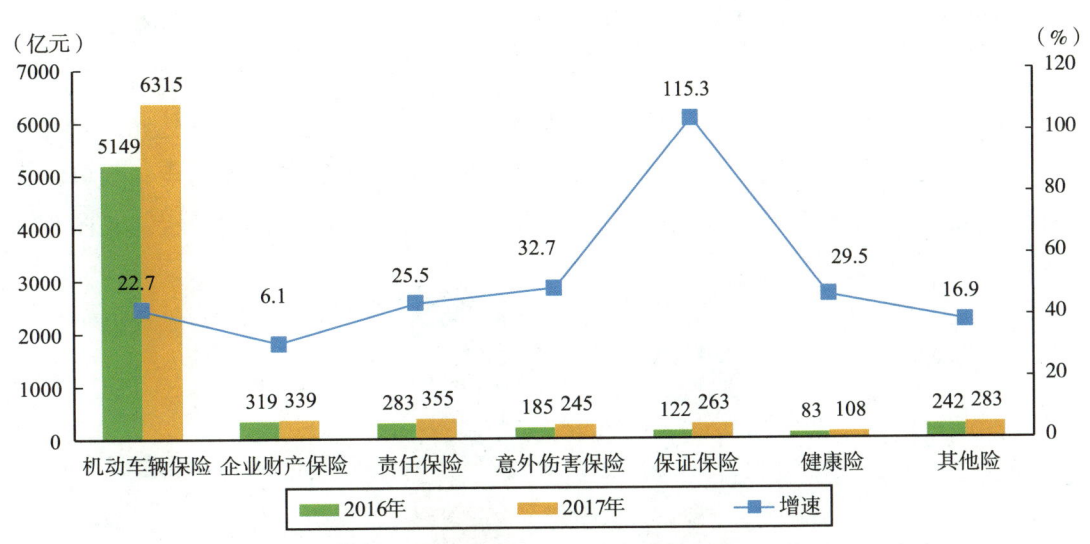

图6 中介渠道财产险保费收入险种分布情况（2016年、2017年）

注：其他险包括健康险、工程保险、货物运输保险、船舶保险、家庭财产保险、特殊风险保险、信用保险、农业保险、其他险。

资料来源：中国保险行业协会。

(四)中介渠道人身险增长平稳,结构优化

2017年,全国人身险保费收入26746亿元,同比增长20.3%;保险中介渠道实现人身险保费收入24210亿元,同比增长21.2%,占全国人身险总保费的90.5%,同比增加0.7个百分点(见图7)。

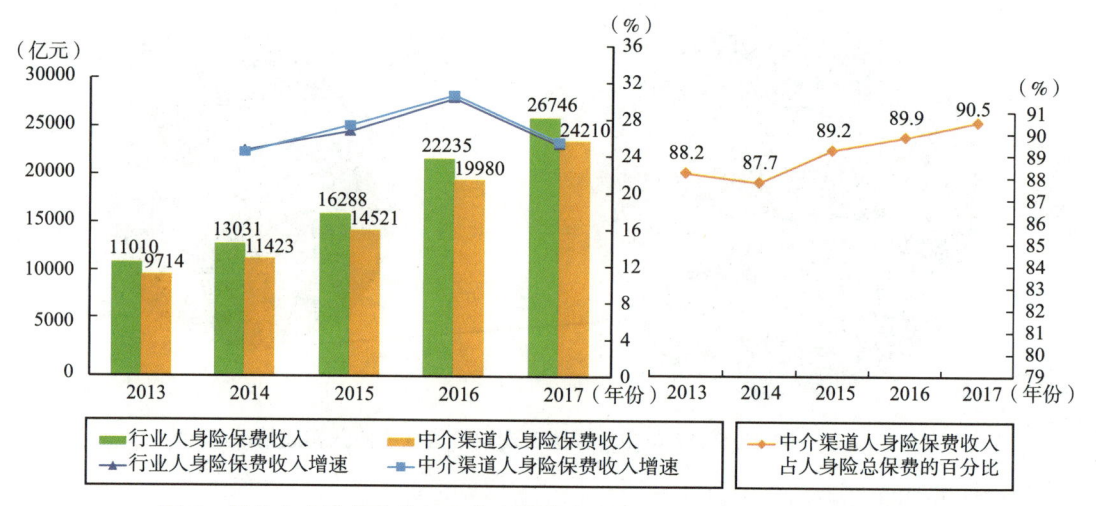

图7 行业人身险保费收入和中介渠道人身险保费收入情况(2013~2017年)

资料来源:2013~2015年数据来源于《中国保险年鉴》(2014~2016);2016~2017年行业人身险保费收入数据来源于中国银保监会官网;2016~2017年中介渠道人身险保费收入数据来源于中国保险行业协会。

2017年,中介渠道人身险续期拉动比较明显。续期保费收入10936亿元,同比增长37%,占整个中介渠道人身险保费收入的45.2%,同比增长5.2个百分点;新单保费13275亿元,同比增长10.6%,其中趸交保费7773亿元,同比减少2个百分点(见图8)。

图8 中介渠道人身险续期保费收入和新单保费收入情况(2016年、2017年)

资料来源:中国保险行业协会。

分报告 03　保险中介市场发展历史回顾、当前形势与未来展望

分渠道来看，个人代理比重最大，专业代理和保险经纪业务增速最快。个人代理和银邮代理占比高达 97.4%，其中个人代理人身险保费收入 13007 亿元，较上一年增长 31.1%，银邮代理人身险保费收入 10567 亿元，较上一年增长 10.4%（见图 9）。通过专业保险中介机构（专业代理和保险经纪业务）实现人身险保费收入 363 亿元，其中专业代理人身险保费收入 179 亿元，同比增长 48.2%；通过保险经纪机构实现人身险保费收入 184 亿元，同比增长 47.1%（见图 10）。

图 9　人身险保费收入中介渠道分布情况（2016 年、2017 年）

资料来源：中国保险行业协会。

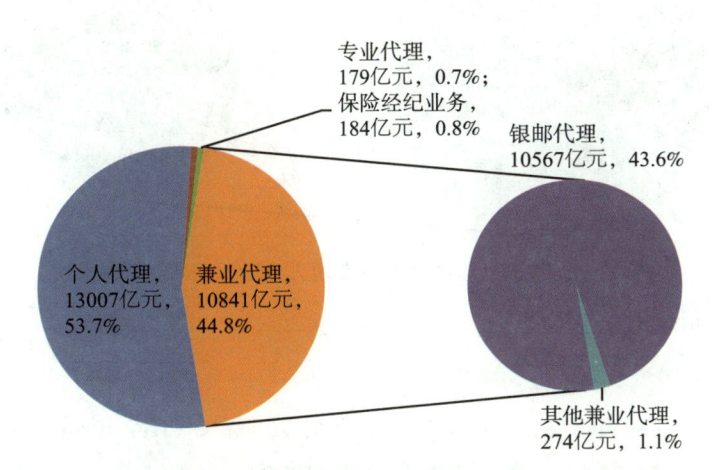

图 10　2017 年中介渠道人身险保费收入结构情况

注：第一个数字代表各中介渠道人身险保费收入数额，单位为亿元；第二个数字代表各中介渠道人身险保费收入占比。

资料来源：中国保险行业协会。

129

由图 11、图 12 可知，从险种来看，寿险保费收入占据绝对优势。2017 年，通过中介渠道实现寿险保费收入 20493 亿元，同比增长 24.2%，占整个中介渠道人身险保费收入的 84.7%，其中普通寿险占比最高，达到 50.4%。通过中介渠道实现意外伤害险保费收入 473 亿元，同比增长 25.6%，实现健康险保费收入 3244 亿元，同比增长 4.4%。

图 11　中介渠道人身险保费收入险种分布情况（2016 年、2017 年）

资料来源：中国保险行业协会。

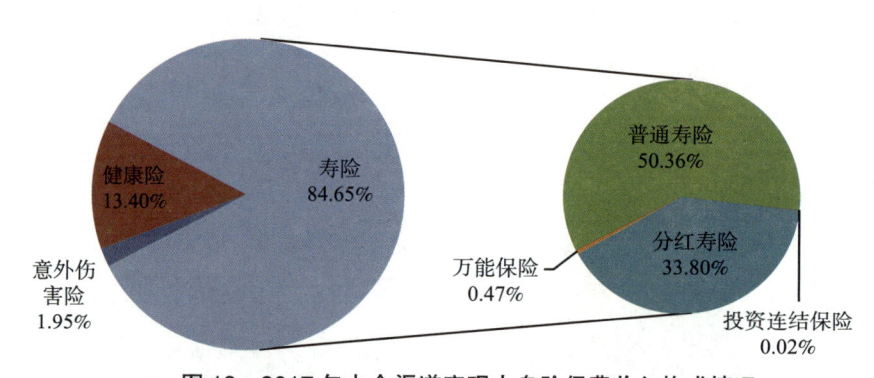

图 12　2017 年中介渠道实现人身险保费收入构成情况

资料来源：中国保险行业协会。

由图 13、图 14 可知，从承保人次和承保件数来看，2017 年通过中介渠道实现人身险新增承保人次 31.13 亿人次，其中个人代理新增 15.88 亿人次，占比为 51%，占比最高，其他兼业代理新增 10.54 亿人次，占比为 33.9%。通过中介渠道承保人身险 7.19 亿件，个人代理渠道承保件数最多，为 2.88 亿件，其次是兼业代理渠道承保 2.2 亿件。

整个中介渠道实现件均保费1846.7元，比公司直销渠道高1495.1元，其中银邮代理渠道实现件均保费最高，达到32467.1元，其次是个人代理渠道，件均保费1481.3元，其他兼业代理渠道件均保费最低。

图13 2017年中介渠道实现人身险承保人次和承保件数情况

资料来源：中国保险行业协会。

图14 2017年各渠道实现人身险件均保费情况

资料来源：中国保险行业协会。

由图15可知，从保险金额来看，2017年通过中介渠道承保人身险保险金额419.7万亿元，其中个人代理渠道承保保险金额最高，为155.5万亿元，银邮代理渠道承保保险金额最低，为10.3万亿元。从件均保险金额来看，专业代理渠道件均保险金额最高，为98.2万元，与其承保大量意外伤害保险息息相关；银邮代理渠道和其他兼业代理渠道件均保险金额最低，与其承保较大比例寿险有关。

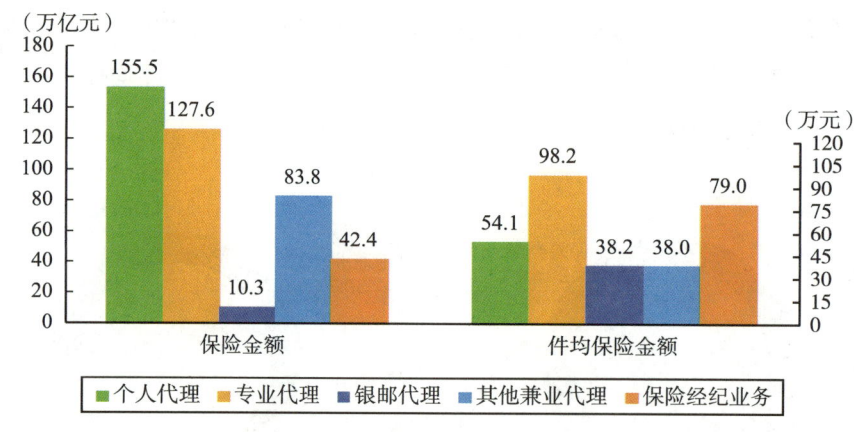

图 15　2017年中介渠道承保人身险保险金额情况

资料来源：中国保险行业协会。

（五）互联网保险增速下滑，结构调整明显

2017年，"防风险，严监管"成为保险行业鲜明主题，互联网保险公司调整经营理念，更新经营手段，积极通过调整产品结构、防控金融风险、加强后端运营服务来提质增效，助推保险科技强势崛起，互联网保险进入新时代。

1. 互联网保险市场主体增加，市场规模下滑

市场主体：2017年，开展互联网保险业务的保险公司共计131家，其中经营互联网财产险业务的保险公司增加了10家，达到70家；经营互联网人身险业务的保险公司与上年相同，为61家。

市场规模：由图16可知，2017年，累计互联网保险保费收入1876.7亿元，同比负增长18.4%，其中，人身险保费收入1383.2亿元，同比负增长23%，占比73.7%；财产险保费收入493.5亿元，同比负增长1.8%，占比26.3%。

图 16　2013~2017年互联网保费收入情况

资料来源：中国保险行业协会。

2. 产寿险市场集中度出现分化

互联网财产险市场集中度显著下降。 2017年，互联网财产保险保费收入为493.5亿元，CR8（指8个最大的企业占有该市场的份额）约为71%，相比2015年、2016年分别下降22.9个百分点、11.2个百分点。互联网财产保险保费收入位居前三名的公司分别是平安产险、众安在线和人保财险，三家公司合计保费收入为248.5亿元，CR3约为50%（见图17），与2015年和2016年相比，下降约30%和17%。

互联网人身险市场集中度变化不大。 2017年，互联网人身保险保费收入为1383.2亿元，CR8约为86%（见图17），同比下降3.3个百分点；保费规模位居前三位的为建信人寿、工银安盛和国华人寿，累计保费收入为767.7亿元，CR3约为55%，相比2016年增长约2个百分点。

专业互联网保险公司市场占有率快速提升。 目前，我国共有四家专业互联网保险公司（众安在线、泰康在线、易安保险和安心保险），四家公司2017年实现保费收入合计93.6亿元，占整个互联网财产保险保费收入的19%，同比增长10.2%；四家公司累计签发61.8张保单，占总体签单量的48%。

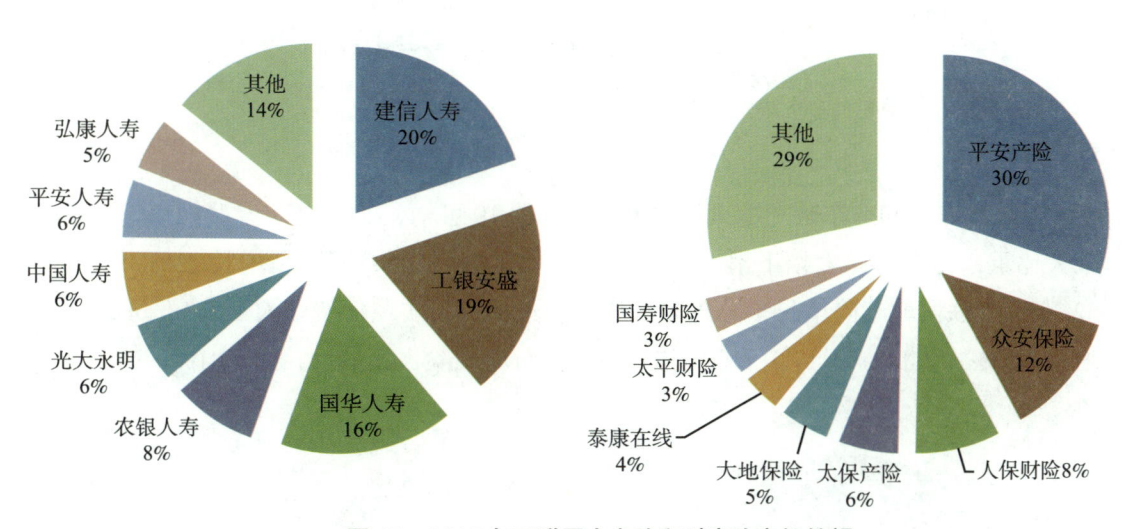

图17 2017年互联网人身险和财产险市场份额

资料来源：中国保险行业协会。

3. 互联网保险产品结构调整明显

互联网人寿保险占比大幅下降，互联网年金保险成为第二大险种。 由图18可知，2017年，互联网人寿保险在互联网人身保险业务中仍旧占据半壁江山，实现保费收入799.6亿元，比重为57.7%，占比大幅下降。具体来看，两全保险占比最大，为23.1%，万能保险退居第二，占比为11.7%；互联网年金保险成为第二大互联网人身保险险种，实现保费收入为461.4亿元，比重为33.4%；互联网意外健康险保费收入占比仍然较小，共实现保费收入122.2亿元，比重为8.9%。其中，互联网健康保险占比约为4.3%，互联网意外伤害保险占比约为4.6%。

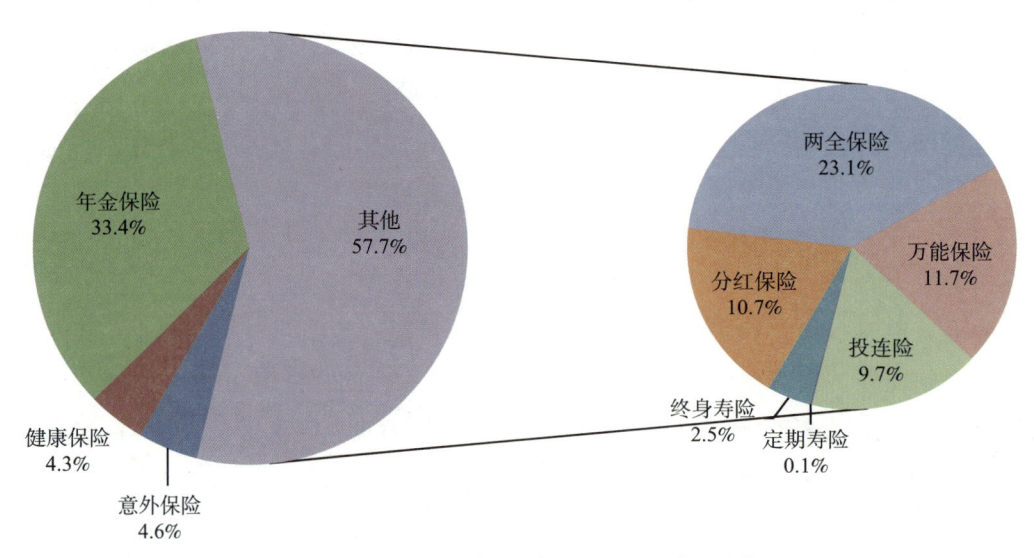

图18　2017年互联网人身保险产品结构

资料来源：中国保险行业协会。

互联网车险和非车险"冰火两重天"。由图19可知，2017年，互联网车险仍然占最大比重，但是占比大幅下滑，实现保费收入307.2亿元，同比负增长23%，占比为62.3%。互联网非车险增长十分迅猛，比重快速提升，实现保费收入186.3亿元，同比增长80.3%，占比提升17.2个百分点，其中意外健康险占比最大，为18.1%。

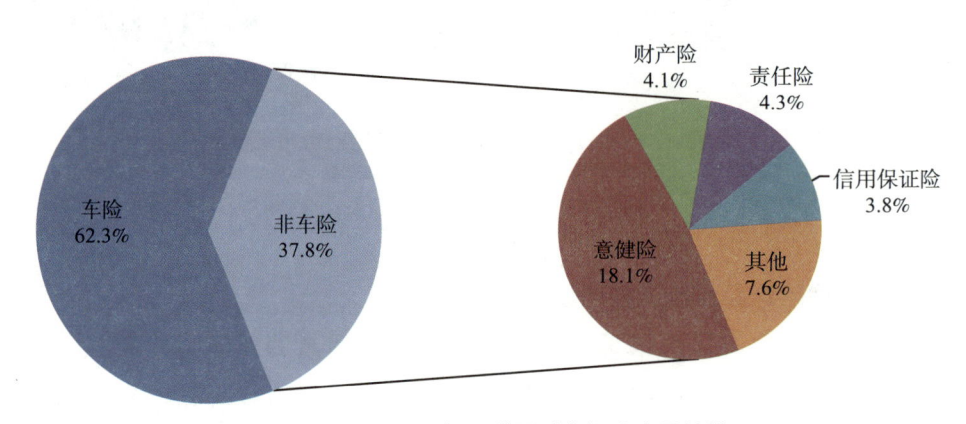

图19　2017年互联网财产保险产品结构

资料来源：中国保险行业协会。

4. 互联网保险渠道结构变化明显

2017年全年通过第三方渠道实现规模保费1447.4亿元，占互联网保险保费的77.9%，同比减少2.4个百分点。2017年全年通过官网所实现的规模保费为409.9亿元，占互联网保险保费的比重增至22.1%。

互联网人身险：第三方渠道为主、自建官网为辅。由图20可知，从实现保费收入来看，第三方渠道占绝对优势，但官网渠道增速很快。具体来看，通过第三方渠道实现保费收入1229.8亿元，比重为88.91%，同比减少6.3%；通过官网实现保费收入153.4亿元，同比大幅增长77.3个百分点，比重11.09%，首次突破10%。

图20　互联网人身保险各渠道保费收入情况

资料来源：中国保险行业协会。

从承保件数来看，第三方渠道是主力渠道，但是下降明显。具体来看，通过第三方渠道承保2.4亿件，占总量的67.2%，较上年大幅减少；通过官网承保1.1亿件，占比为32.8%，同比提升26.9个百分点。

综上所述，目前互联网人身保险市场仍然以第三方渠道为主、以自建官网为辅，但是第三方渠道在保费收入和承保件数上都有较大幅度的下滑，保险公司官网渠道则在迅猛增长。

互联网财产险：自营网络平台和第三方平台齐头并进。由图21可知，2017年，互联网财产险市场通过第三方渠道实现保费收入217.6亿元，同比增长73.1%，占比为45.9%；通过自营网络平台实现保费收入256.5亿元，同比下降29.3%，占比为54.1%，其中移动端增长迅猛，超过PC端，成为主力渠道。具体来看，通过移动端（移动 App、移动 WAP 和微信等方式）实现保费收入 184.6 亿元，同比大幅增长 117.3%，而通过 PC 端（主要指 PC 官网）实现保费收入 71.9 亿元，同比负增长 40.8%。

图 21　互联网人财产保险各渠道保费收入情况

注：自营网络平台包括 PC 官网、移动 App、移动 WAP 和微信；第三方渠道包括保险专业中介机构的平台和第三方网络平台。

资料来源：中国保险行业协会。

综上所述，互联网财产险自营网络平台和第三方平台齐头并进，呈现出公司移动端业务和第三方业务占比逐步增加、PC 官网业务占比逐步缩减的平稳趋势，且第三方业务占比高于公司移动端业务占比，高于 PC 官网业务占比的特点。

三、存在问题与对策建议

多年来，我国保险中介市场尽管发展很快，但仍然存在一些不规范的地方，制约了中介市场的高质量发展。

（一）存在的主要问题

1. 监管方面的问题

（1）后端监管机制建设相对滞后。保险中介监管前端放的较多较快，而后端监管机制建设相对滞后，主要表现为：第一，保险专业中介机构准入实行"先照后证"，在实施过程中存在一些机构以"保险代理""保险经纪""保险公估"等字样进行工商登记注册,但出于各种原因,未及时申领相关保险中介业务许可证,从而使得办照不领证、无证经营等问题屡见不鲜。第二,审批制转为报告制后,保险专业中介机构大量增设分支机构,管理松散、人员不足、空壳现象等问题随之暴露。第三,取消保险销售从业人员资格管理后,保险公司增员迅猛,但也带来人员素质降低等问题,不仅影响保险行业的社会声誉,更影响了保险发挥作用的机制及效果。

(2)监管定位不够准确。保险中介监管定位多集中在保险公司身上,却忽略了保险中介自身的问题和风险的监管。保险监管机构重管机构,轻管行为,仅仅靠管审批管许可,只管机构出生时是否符合标准,对机构的成长过程和阶段监管不力,未对中介机构进行阶段性的评估和测评,未对中介机构形成全方位、全过程的约束力,造成中介市场出现一些不规范的行为。

(3)监管手段和方法落实不到位。从全国保险中介市场监管来看,简政放权力度不断加大,监管职能逐步转变,但牌照管理混乱,发放牌照之后的全程监督和检查有待加强。此外,中介监管部门之间缺乏监管手段的互通有无,各保监局例行检查不到位,有些需要深入调研、取证的工作效果不好,非现场检查不够细致。存在监管惰性,发现问题不敢及时纠正和暴露,责任推诿现象时有发生,导致出现了问题无法真正得到解决。

2. 市场方面的问题

(1)保险中介行业协会发展缓慢。保险中介行业协会是行业自律组织,能够促使保险中介市场在公平竞争、规范经营的环境下发展。但是目前保险中介行业协会发展缓慢,地位比较模糊,仅有重庆、湖南、湖北、山东、浙江、江苏、深圳7个地方设立了区域性的保险中介行业协会,而全国性的中国保险中介行业协会尚在筹备中。

(2)保险中介信用评级制度缺失。我国保险中介市场的突出问题,一是保险中介联合被保险人进行骗保;二是有些代理人违规地将低风险客户的保费截留;三是某些公估公司受到利益驱使收取委托方的贿赂,使最后的评估结果有失公平;四是保险代理人脱落率非常高,很多保险代理人在入司一年内就会跳槽。这些问题致使社会对保险中介行业的信任度普遍不高,这不仅严重损害了形象,而且使新的保险中介机构不愿进入此行业。因此,我国亟须建立一个公平有效的保险中介信用评级制度。

(3)应对互联网冲击不力。大数据、云计算、互联网、物联网等新技术的兴起和发展对保险行业产生了强烈的冲击,对当前粗放型的人海战术经营模式产生了较大影响。但是，保险中介市场尚未找到很好的措施来应对"去中介化"的冲击。

3. 行业主体方面的问题

（1）行业主体发展失衡。具体表现为个人代理和兼业代理（主要指银邮代理和车商代理）占据主导地位，专业中介机构发展缓慢。以人身保险市场为例，2017年个人代理和银邮代理保费收入合计23573.3亿元，比重超过97%，其余渠道仅占3%，专业代理机构和经纪机构实现保费收入约为2%（见表2）。专业中介机构在保险中介市场中的缺位，导致整个行业的专业服务能力不足，影响行业的健康发展。

表2　　　　人身保险中介各渠道保费收入占比（2016年、2017年）

渠道	2016年		2017年	
	保费收入（亿元）	占比（%）	保费收入（亿元）	占比（%）
个人代理	9920.22	49.65	13006.52	53.72
专业代理	120.83	0.60	179.12	0.74
银邮代理	9575.46	47.93	10566.80	43.65
其他兼业代理	238.17	1.19	274.09	1.13
经纪业务	125.02	0.63	183.91	0.76

资料来源：中国保险行业协会。

（2）保险中介业务违法违规行为较多。2018年前8个月，保险监管机构对228家保险中介机构进行了行政处罚，处罚理由共计359个。从这些处罚理由可以看出，有60家机构因编制虚假资料受到处罚，占比为1/6，其他的违规行为包括未按规定向监管部门报告公司有关变更事项和未按照规定缴存保证金或者投保职业责任保险等（见图22）。

（3）缺乏创新，销售方式同质化。在从事财产险业务的保险中介机构中，大约75%的财产险业务集中在车险业务上，对于一些潜力大、市场份额较低的其他险种较少涉及，根本原因是缺乏创新性，很难真正为客户提供多样化、个性化的保险中介服务。

（4）缺少专业人才，服务特色不明显。保险专业中介机构成立时间相对较短，实际运作经验积累不足，专业服务特色尚不明显，尚没有形成一支专业能力很强的从业队伍。此外，保险中介机构经营管理型、高技术型人才匮乏，具有较高的实践经验和从业技能的人才短缺，从而影响了保险中介专业化优势的发挥，导致销售方式拘泥于传统模式未能有效更新换代。

图22 保险中介机构被处罚理由（2018年1~8月）

处罚理由	数量
编制虚假资料	60
未按规定向监管部门报告公司有关变更事项	46
未按照规定缴存保证金或者投保职业责任保险	35
临时负责人任职时间超过3个月	27
未制作规范的客户告知书或未在开展业务时向客户出示	26
利用业务便利为其他机构或者个人牟取不正当利益	26
委托未取得执业证书或未通过执业登记的人员从事业务	24
未按规定管理业务档案	21
欺骗投保人、被保险人或者受益人	17
聘任不具有任职资格的管理人员	15
保险费回扣	14
未按规定对公司人员进行执业登记并发放执业证书	13
其他	35

注：编制虚假资料包括业务数据不真实，客户电话号码不真实，虚列费用等；未按规定向监管部门报告公司有关变更事项包括设立、变更或注销营业场所（分支机构），机构名称变更，股权变更，主要股东变更，公司章程变更等；欺骗投保人、被保险人或者受益人包括隐瞒与保险合同有关的重要情况；未向投保人表明银行驻点人员真实身份等；其他包括未开立独立的代收保险费账户或客户资金专用账户，超出核准的业务范围、经营区域从事业务活动，妨碍或拒绝依法监督检查，与非法从事保险业务的单位或个人发生业务往来等。

资料来源：根据中国银保监会官网——行政处罚资料进行整理。

（5）长期经营意识薄弱，行为短期化。一方面，作为保险中介营销主渠道之一的保险营销人员流动性普遍较高，对行业和公司的忠诚度较低；另一方面，大多数专业中介机构与保险公司的合作仅仅停留在业务代理层面，层次较浅，很少有深层次的战略合作。

（二）对策建议

针对上述问题，从监管部门、保险中介市场和保险中介主体三个方面提出建议。

1. 加大监管力度

加大保险中介市场清理整顿力度，严格查处违法违规行为，营造公平有序的市场环境。保险中介监管重在管市场行为，贴近市场、快速反应非常关键，属地监管是基本分工原则，银保监局务必"守土有责、守土尽责"，要做到既抓监管顶层设计，又抓制度落地执行。

2. 营造公平竞争的市场环境

（1）充分发挥保险中介行业协会的作用。大力发展保险中介行业协会，使保险中介机构能够通过自律组织在内部实施有效的自我约束、自我规范。同时，积极利用多渠道如利用电视、电台及网络的宣传，制作保险公益宣传片普及保险相关知识，提高人们的风险防范意识，向群众宣传保险中介积极的形象，提高社会对保险中介的接纳程度。

（2）加快建设保险中介信用评级制度。通过市场公开的信用评级，那些违规操作、信用不佳的信用中介机构能直观地看到自身与高信用级别公司的差距，促进其自身进行规范。加强全国性的保险中介信用评级机制建设，有利于提高行业透明度，降低交易成本，从而有利于实现国内市场的资源优化。

（3）积极推动新技术在保险中介中的应用。积极推动云计算、大数据、人工智能等新技术在保险中介中的应用。建立保险中介行业数据库，为精准营销提供数据支持；设立保险中介科技应用奖，营造创新发展的氛围。

3. 增强保险中介主体的综合实力

（1）打造品牌，培养长期战略关系。树立保险中介品牌意识是保险中介长远发展的重要步骤。提升专业化服务水平和能力，形成品牌优势，不仅能够加强社会公众对保险中介的信赖程度，增强中介机构和客户间的黏度和信任度，还能构建健康发展、双方和谐互利的良性生态中介圈。中介机构和保险公司培育长期互利共赢的战略关系，有助于两者协同发挥作用、各司其职。两者的合作可以通过保险公司出资设立保险专属代理公司，探索在市场拓展、业务管理、人员培训、广告宣传、理赔服务等进行全面合作，努力实现信息系统对接，建立高效的业务处理流程和信息交流机制等。通过找准合作切入点、拓展合作层次和领域，形成更多的利益结合点，稳固合作关系，实现共赢，优化保险产业服务机制。

（2）加强内控机制，提高风险管理水平。内控机制和风险管理机制是一个企业或机构防范风险的最后一道也是最关键的一道闸门，内控机制设计得合理、全面、有效，便能在机构各层级人员之间形成一道约束线，使得各级员工均能按章办事，有序高效。此外，要加强外部审计的检查力度，外审和内审相结合，确保业务数据和报表的真实完整；建立和完善公司的法人治理机构，在人事、培训、薪酬等方面采取更为灵活的机制，创新管理手段，加强对决策者和管理者的监督和制约作用。保险中介机构不仅应当重视业务和营销管理，还要制定一套严格的执业、品行规范将保险中介职业水准规范化、制度化。

（3）发挥自身优势，打造科技型保险。相比互联网巨头，专业保险中介在保险理念、专业服务能力上有先发优势，其所欠缺的是用大数据、人工智能、用户画像等互联网技术手段来实现客户需求的精准分析，实现客户细分和风险控制，改善客户体验。

保险中介应充分发挥自身专业性优势，汲取市场竞争者的先进经验，合理利用并建设属于自己的互联网平台，不断实现"科技＋保险"的运作新模式。

一是要发挥自身优势，提升服务能力。尽管互联网大大降低了信息获取难度，却没有降低保险产品相关知识本身的复杂程度。安永公司进行的一项全球调查研究结果表明，投保人在购买人寿保险以及养老年金等寿险产品时，更依赖于专家咨询而非仅仅通过互联网检索。相比于完全的线上投保，消费者可能会更依赖于线上了解、线下咨询购买的模式，特别是以寿险为主的其他保险产品仍然无法做到完全的网络化流程。同时，互联网所提供的大量信息从另一个角度会增加投保人的信息搜集时间，部分投保人更倾向于通过保险中介公司专家咨询的手段以节省购买时间。因此，保险中介公司应利用其在保险产品专业领域的技术优势，从传统保险中介的线下销售职能逐步向复杂产品的线下咨询职能转变，在复杂保险产品领域为投保人提供价值更高的投保建议。

二是渠道整合，发展线上业务。事实上，互联网与保险中介机构之间并不存在着明确的渠道界限，保险中介公司要与互联网渠道进行整合，形成有力的互补。不同渠道之间的有效整合可以进一步改善消费者体验，提高消费者对保险产品的忠诚度。互联网有助于推动保险中介自身业务的发展，线上、视频咨询方式同样可以拓宽保险中介机构的咨询服务覆盖面。保险中介公司应尽快完善其中介线上业务平台，简化线上业务服务流程，提升在互联网保险领域的渠道竞争力。

三是积极运用大数据等现代技术，提高保险创新能力。保险中介公司相比于一般保险公司，在数据来源方面具有天然的优势，凭借大范围的客户群体，保险中介公司可以获得不同领域、不同公司、不同客户群体的行为数据。同时，保险中介机构拥有与客户直接接触的前台销售人员储备，可以更方便地拿到最真实的客户端数据。今后保险中介公司不应仅仅局限在为保险公司提供产品销售服务，应更加注重在保险产品销售后的客户信息收集、反馈以及分析工作，进而为保险公司提供关于其保险产品的改进与创新建议。通过为保险公司与投保人提供高品质的咨询服务，提高保险中介公司在保险市场中的竞争力。

四、保险中介市场未来展望

随着保险中介市场主体不断丰富、经营模式不断多样，保险中介的价值正不断显现。未来，随着保险科技的不断发展，保险中介行业将迈上更高的台阶。

（一）市场主体将不断丰富

在外资保险加快进入和互联网巨头进军保险中介行业的背景下，保险中介市场主体将不断丰富。

1. 外资保险中介机构组织形式将更加灵活

截至 2017 年底，我国共有 13 家外资保险中介机构，包括 6 家保险经纪公司、5 家保险代理公司和 2 家保险公估公司。2018 年，监管机构出台一系列有关保险中介对外开放的政策，允许外资来华经营保险代理、保险经纪和保险公估业务。可以预见的是，保险中介机构中外资持股比例也将逐步放开，这意味着外资在我国可以以多种组织形式经营保险中介业务，合资公司、独资子公司都是未来的方向，同时也将增强外资保险中介机构的经营灵活性和自由度。

2. 互联网巨头公司发力保险中介市场

2017 年以来，百度、阿里、腾讯、京东四大互联网公司齐聚保险中介领域，"互联网+保险+中介"成为行业内新的浪潮，催化着保险中介市场持续升温。互联网公司积极参与保险业务，很大程度上是将庞大的后台数据进行再开发，实现增量服务与已有服务的融合。未来，互联网巨头公司将在深入挖掘其拥有的大数据资源基础上，和保险公司合作开发个性化、定制化的保险产品，精准匹配用户需求，增加有效保险供给，同时通过互联网技术提升保全、理赔服务质量，提高用户满意度。

（二）经营模式将更加多样化

2017 年，全国保险中介监管工作会议中提到要鼓励再保险经纪公司、车险公估公司等专业性机构以及管理型总代理（Managing General Agent，MGA）模式的创新发展。今后我国保险中介市场将逐步形成多层次化的市场结构，经营模式更加多样，业务领域更加专业。

MGA 在欧美已有超过一百年的历史，通过接受保险公司的委托，替保险公司销售保险、承保业务，保险中介公司可以凭借其强大的业务与资源整合能力，以及广泛的分销渠道，在某些特定的风险领域承保，拓宽风险管理范围，同时保险中介公司也可以扮演起保险人的角色，在细分业务领域，为市场提供小众、新型、个性化保险产品。

中国引进 MGA 的意义十分巨大，这不仅有助于增加保险业承保量，扩大承保能力，而且有助于保险中介机构接触更优质的市场，为保险公司提供更低成本的业务，进而实现保险中介与保险公司的双赢。目前国内 MGA 的发展迅速，不少地区及领域已经具有了 MGA 的雏形。将 MGA 作为一种全新的业务模式引入中国，可以推动保险行业价值链重构和集约化发展，助推供给侧结构性改革，促进管理模式创新和细分业务领域发展，有利于中小保险公司建立差异化的商业模式。只要控制这一过程的风险，确保保险中介公司不管理投保人资金，MGA 模式拥有着许多不可替代的优势，将会成为国内保险中介转型发展的重要方向。

（三）兼并重组将加速

1. 集团化发展趋势明显

集团化发展是保险中介市场发展到一定阶段的必然产物。集团化可以实现资源在集团内共享，发挥协同优势和品牌优势，可以为客户提供更加全面的保险服务，提升客户忠诚度。目前，保险中介集团化发展趋势明显，保险中介机构发起设立或者兼并其他保险中介机构。未来，这种趋势仍将延续，我国保险中介市场将逐步出现更多大型保险中介集团公司。

2. 登陆资本市场的机构将不断增多

到2017年底，我国有29家保险中介公司挂牌新三板，包括19家保险代理公司、6家保险经纪公司和4家保险公估公司，2017年新增11家保险中介公司挂牌新三板[①]。保险中介公司挂牌新三板有利于拓宽融资渠道，完善公司治理结构，引导公司规范运行。未来，将有更多优秀的保险中介公司登陆资本市场。

（四）产销分离是大势所趋

保险代理人模式对我国保险市场的迅猛发展起到十分重要的推动作用，但同时也存在很多弊端，比如脱落率高、忠诚度低、流动性大等。在当前纷繁复杂的产品面前，消费者急需站在中立立场的独立第三方机构帮助其解决信息不对称问题。保险产销分离是保险业分工深化的必然产物。产销分离要求不同主体承担保险产品生产、销售的不同环节，协同发展，比如保险公司负责设计产品、核保核赔、资金运用等环节，保险代理人在保险公司或保险代理公司的委托授权下销售保险产品，保险经纪公司负责售前、售后的服务工作，保险公估公司负责理赔环节中的查勘、估损、理算等工作。走产销分离的道路，是保险行业精细化分工的必然结果，符合保险公司、保险中介、保险营销人员多方利益，将会使保险业加快形成以客户需求为导向的发展模式。

（五）进一步加强风险管控

1. 进一步规范市场秩序

2018年年初全国保险监管工作会议要求保险中介市场、互联网保险市场开展专项

---

① 这11家公司分别为北京华谊保险销售股份有限公司、世纪保险经纪股份有限公司、诚安达保险销售服务股份有限公司、天津安泰保险代理股份有限公司、广州市汇中保险公估股份有限公司、广东德晟保险经纪股份有限公司、广东创悦保险代理股份有限公司、深圳市一正保险公估股份有限公司、湖南中联保险经纪股份有限公司、江苏东吴保险经纪股份有限公司和山东润生保险代理股份有限公司。

检查，整顿市场乱象，这表明严监管态势仍将持续，同时也表明监管机构对保险中介市场、互联网保险市场秩序规范化的重视。

2. 进一步管控市场风险

随着中国保险中介市场规模的逐步扩大，一些新的市场风险逐步涌现出来，比如一部分保险中介公司为了扩大机构规模，在盲目扩张的过程中忽略了风险的管控，一味追求分支机构及销售人员的数量，无形中增加了公司经营风险。未来保险中介市场将从专业机构出资人、保险中介法人、保险中介从业人员三个方面加强风险控制。确保保险中介出资资本属于合法自有资金而非负债，避免保险中介机构成为向保险市场传递外部风险的渠道。将检查、追责、处罚等一系列行动的终端放在保险中介法人上面，营造守规守法的健康市场环境。加强对保险中介从业人员的培训，提高其防范风险的意识。

（六）科技继续赋能保险中介

随着互联网科技日趋成熟，科技将继续赋能保险中介，使保险中介的领域更加细分，服务更加专业，产品更加精准。

1. 领域更加细分

手续费的高低通常是传统保险中介机构在选择合作保险公司时的最重要的因素之一。而在互联网时代，与保险中介机构竞争的不仅仅是同行，还有个人代理人、兼业代理、保险公司电网销等多个渠道，明确卖什么、卖给谁、怎么卖是保险中介机构突破重围的生存之道。比如，有的公司瞄准体育行业，借助互联网、体育与保险等资源的开发与整合，为体育产业从业者、体育爱好者提供可定制的互联网保险产品，包括滑翔伞、钓鱼、滑雪等相对冷门的运动项目。未来，保险中介市场上会出现更多深耕于特定领域、在特定领域大有作为的小而美的公司。

2. 服务更加专业

通过互联网技术，资源的整合协调将变得相对容易，这为保险中介机构服务升级提供了契机。比如有的公司已经开始通过整合医院、保险公司、基因检测服务等多种机构，实现保险产品与医院信息实时交互的目标，客户能够享受更加便捷、专业的保险服务。

3. 产品更加精准

通过互联网技术，保险公司和保险中介机构更容易捕捉到消费者的需求，设计更适合消费者的产品，同时借助大数据、人工智能等技术实现精准营销。

分报告 04

保险资金运用历史回顾、当前形势与未来展望[*]

2017年，中国保监会继续贯彻落实党中央、国务院决策部署，从治乱象、防风险、补短板和服务实体经济四个方面积极部署，推动保险资金运用规范化发展，并取得积极进展。至2017年底，保险资金运用余额达14.92万亿元，资金运用结构更加合理。由于其具有长久期，资金量大的特征，保险资金已经逐步成为支持国家战略发展和服务实体经济的重要资金来源。得益于改革的持续深化、资产配置的多元和投资管理能力的提高，近5年保险资金平均收益率维持在5%~6%区间内，改变了过去随股市起伏而大幅波动的情况。2017年，在全球流动性收缩，国内降杠杆的背景下，保险资金坚持价值投资的理念，把握住了股票市场的投资机会，投资收益稳步增长，全年收益为5.77%，投资运作也更加谨慎稳健。

一、改革开放以来保险资金运用历史回顾

在过去近40年中，我国保险行业发展迅猛，资金运用的业务范围不断拓宽，保险资产管理经历了从传统的银行存款、债券向股票、基金，再向另类投资品种的逐步转变。从我国保险业开始起步至今，保险资金运用发展大致可分为五个阶段：颁布保险法之前的艰难探索阶段、有法可依的规范发展阶段、快速发展阶段、监管市场化改革阶段以及"保险资金姓保"与优化转型阶段。

---

[*] 本报告所引用数据，除特殊说明外，分别来自中国银行保险监督管理委员会官网（www.cbrc.gov.cn），中国保险资产管理业协会（http://www.iamac.org.cn/），人力资源与社会保障部官网（http://www.mohrss.gov.cn/），《新常态下中国保险资金运用研究》（陈文辉著，中国金融出版社2016年版），《大资管：变革与重构——2018年金融产品年度报告》（华宝证券研究创新部著）。中国保险行业协会统计数据。以及各保险公司公开材料、行业交流，以及外部数据库支持。

（一）颁布保险法之前的艰难探索阶段（改革开放至 1995 年《中华人民共和国保险法》颁布）

改革开放之前至改革开放初期，我国资本市场刚刚起步，计划经济体制的影响广泛，保险资金属于国家财政资金，按规定需全部存入银行，运用范围单一，且利息需全部上缴国库。

1984~1995 年，随着改革开放的深入，市场经济逐步形成，国家对于保险资金的运用给予了一定程度的放宽，但是却出现了"过度"投资的无序现象。1988~1989 年经济过热，大量保险资金涌向房地产、有价证券、信托甚至民间借贷资金，市场混乱无序，积累了大量的不良资产，保险公司出现了经营性困难。

（二）有法可依的规范发展阶段（1995~2003 年）

1995 年《保险法》颁布，保险资金运用得到规范，市场逐渐向健康有序的方向转变。《保险法》在 1999 年进行了一定的调整，允许保险资金进入同业拆借市场、投资证券、投资基金、投资企业债券和商业银行大额协议存款，进一步拓宽了保险资金的投资范围。这个阶段积累了不少重要的经验和教训，也为保险资金管理的多元化、专业化、规范化奠定了基础。

（三）快速发展阶段（2003~2012 年）

2003~2012 年，保险行业形成了新的发展格局，建立了集中化、专业化、规范化的保险资金运用体制，投资渠道大幅拓宽：2003 年为了促进保险资金运用管理体制改革，中国保监会推动成立了我国第一家保险资产管理公司，同年，中国保监会设立了保险资金运用监管部。2004 年，中国保监会进一步允许保险资金投资于银行次级定期债务、银行次级债券和可转换公司债；2005 年，中国保监会发出通知，允许保险资金在一定比例内可直接投资股票市场；2009 年，为进一步规范和拓宽保险资金的运用渠道，中国保监会连续发布五个有关调整保险资金投资渠道的新方案，在债券投资、基础设施投资、股票投资与未上市股权的投资领域保险资金获得了新的突破。

（四）监管市场化改革阶段（2012~2017 年）

在这一时期，以"新国十条""十三项新政"等新政策出台为标志，保险资金的投资范围与比例进一步拓宽，资产配置的空间和弹性不断扩大，打破了行业壁垒，实现了与银行、信托、证券等金融平台的同台竞技，保险资金覆盖了从公募领域到私募领域，从传统产品到另类工具，从境内市场到境外市场，从实体经济到虚拟经济的广阔领域，实现全面拓展。保险机构投资者在这一阶段成为金融业中投资领域最广阔的金融机构之一。同时，这个期间内，中国保监会于2013年发布了《中国第二代偿付能力监管制度体系整体框架》，确定了定量资本要求、定性监管要求和市场约束机制等偿付能力监管三支柱框架体系；并于2015年印发了17项偿付能力监管规则以及保险业过渡期内试运行的方案，我国保险业正式进入实施第二代偿付能力监管制度的过渡期。

（五）"保险资金姓保"与优化转型阶段（2017年至今）

2017年行业着力推动保险资金服务国家战略和实体经济。一是引导保险资金服务国家战略。印发《关于保险业支持实体经济发展的指导意见》，促进保险业持续向振兴实体经济发力、聚力。截至2017年末，保险资金通过基础设施债权投资计划和股权投资计划投资国家重大项目建设和民生工程2.08万亿元。其中，服务"一带一路"投资达8568.26亿元，服务长江经济带和京津冀协同发展分别投资3652.48亿元和1567.99亿元。二是推进"支农支小"融资试点。发挥保险资金优势，将"支农支小"融资业务试点规模由50亿元增加至250亿元。三是开辟绿色通道。对于投向国家重大战略、重大工程的债权投资计划，实施优先注册、加快注册，将注册时长由平均5.84个工作日缩短至2.64个工作日。四是支持保险资金参与深港通业务试点。明确监管政策，允许保险资金参与深港通业务试点。

二、2017年保险资金运用情况

2017年中国保监会以"1+4"系列文件为总抓手，着力治乱象并及时弥补风险漏洞与制度短板，把防风险摆在突出位置，保持从严从紧监管态势，引导资金运用健康发展。

（一）保险资金运用出现结构调整

1. 资产和资金运用余额增长趋缓

2017年保险行业总资产规模持续扩张，达16.75万亿元，相比年初增长10.80%（见图1），与2016年相比增速大幅放缓。其中，产险公司总资产24996.77亿元，较年初增长5.28%；寿险公司总资产132143.53亿元，较年初增长6.25%；再保险公司总资产3149.87亿元，较年初增长14.07%；资产管理公司总资产规模达到491.45亿元，增速为15.28%。2017年保险资金运用余额14.92万亿元，较2017年初增长11.42%（见图2）。

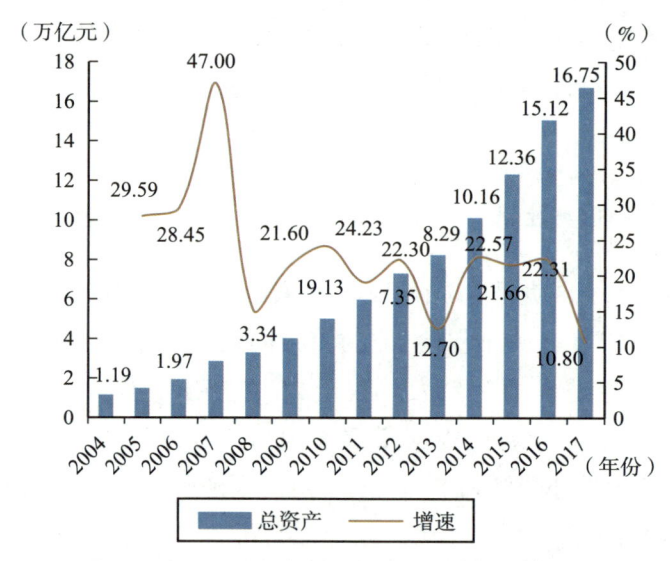

图1 2004~2017年保险行业总资产规模情况和增速

资料来源：原中国保监会网站，华宝证券研究创新部。

图2 保险资金运用余额变动情况

资料来源：原中国保监会网站，华宝证券研究创新部。

2. 另类投资在大类资产中的占比继续提高

资产配置中，银行存款1.93万亿元，占同期资金运用余额的12.92%，较2016年下降22.42%；债券5.166万亿元，占比34.59%，较2016年增长19.89%；股票1.08万亿元，占比7.26%；证券投资基金0.75万亿元，占比5.04%；长期股权投资1.48万亿元，占比9.90%；保险资产管理产品0.86万亿元，占比5.74%；基础设施投资计划1.27万亿元，占比8.51%；集合信托投资计划1.14万亿元，占比7.63%；商业银行理财产品0.23万亿元，占比1.55%；投资性房地产等其他投资0.65万亿元，占比4.36%（见图3、图4）。此外，2017年末，保险资金境外投资余额接近700亿美元，占行业总资产比例小于3%。总体来看，保险资金运用中另类投资占比继续提高，原因在于：一是债券市场在2017年表现较差，对于持有至到期策略的保险资金来说具有配置价值，从而占比有所提高，但是前期配置的债券资产2017年承受了一定的估值压力，因此，固定收益类余额占比较年初有所下降。二是另类投资与保险资金长久期，资金体量大的特征较为匹配。中国保险资产管理业协会的数据显示，2017年注册的基础设施债权投资计划平均期限为7.3年，不动产债权投资计划平均期限5.36年。三是另类投资中最主要的是基础设施建设和支持实体经济发展的债权、股权，不动产计划等项目，符合保险资金支持实体经济的基本原则和趋势。四是在"偿二代"下，另类投资的风险因子低，对应最低资本要求低，故受青睐。相比于前两年，2017年转向另类投资的资金主要来自银行存款而非债券投资。在权益投资方面，自中国保监会允许保险资金通过沪港通通道南下参与港股通后，2017年，共有50余家保险机构和20余家保险资产管理公司在香港市场开展投资业务，以港股通为主要方向，占比7成以上。

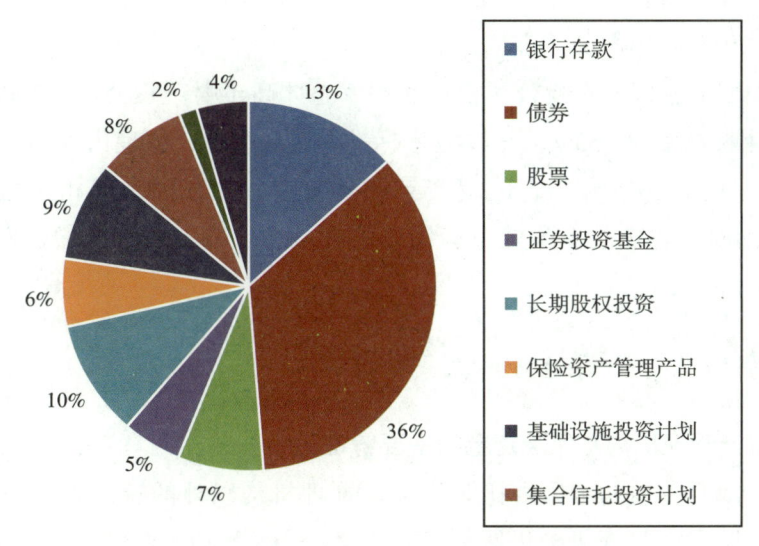

图3 2017年保险资金运用结构

资料来源：中国保监会，华宝证券研究创新部。

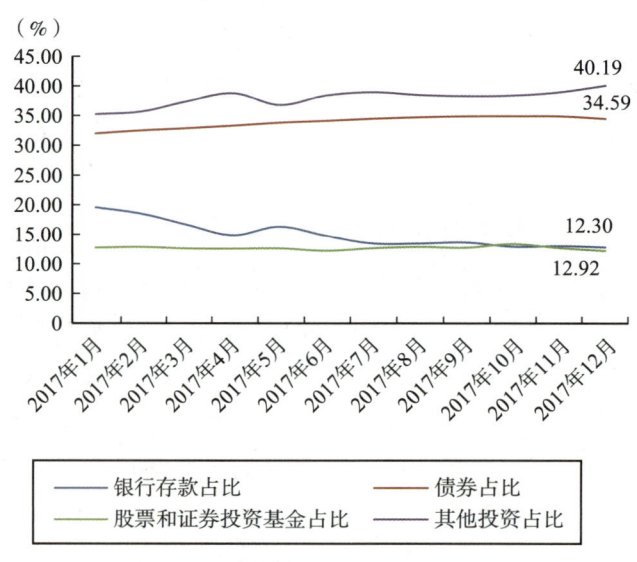

图4 2017年保险资金资产配置情况

资料来源：原中国保监会，华宝证券研究创新部。

3. 投资收益稳步增长

2017年保险资金运用收益8352.13亿元，同比增长18.12%；投资收益率为5.77%（见图5），较2016年提高0.11个百分点。投资收益稳步增长，尤其是股票投资收益猛增，达到1183.98亿元，同比增长355.46%。

近年来保险资金收益率稳定在5%以上，与另类投资占比逐年提高有较大关系。2017年在中国保险资产管理业协会实施注册的债权投资计划平均投资收益率为5.78%，相比2016年下降15个基点。

从机构类型上看，人身险公司投资收益率整体高于财产险公司。2008~2017年，保险资金累计收益率为163%，年收益率标准差为1.68%，体现出保险资金投资收益稳定的特征。2004~2017年，保险资产年复合增速为22.58%，而相比之下保费复合增速仅为17.90%，稳定的保险资金运用投资收益为保险业资产的增长发挥了重要的作用。

（二）保险资管公司运行情况

1. 保险资产管理机构是保险资金的主要管理人

2012年开始保险机构可以委托保险资产管理机构以外的资产管理机构进行管理和投资，但保险资产管理机构仍然是保险资金的主要管理人。目前保险资产管理机构24家，专业型保险资产管理机构9家，保险资产管理子公司8家（见表1）。截至

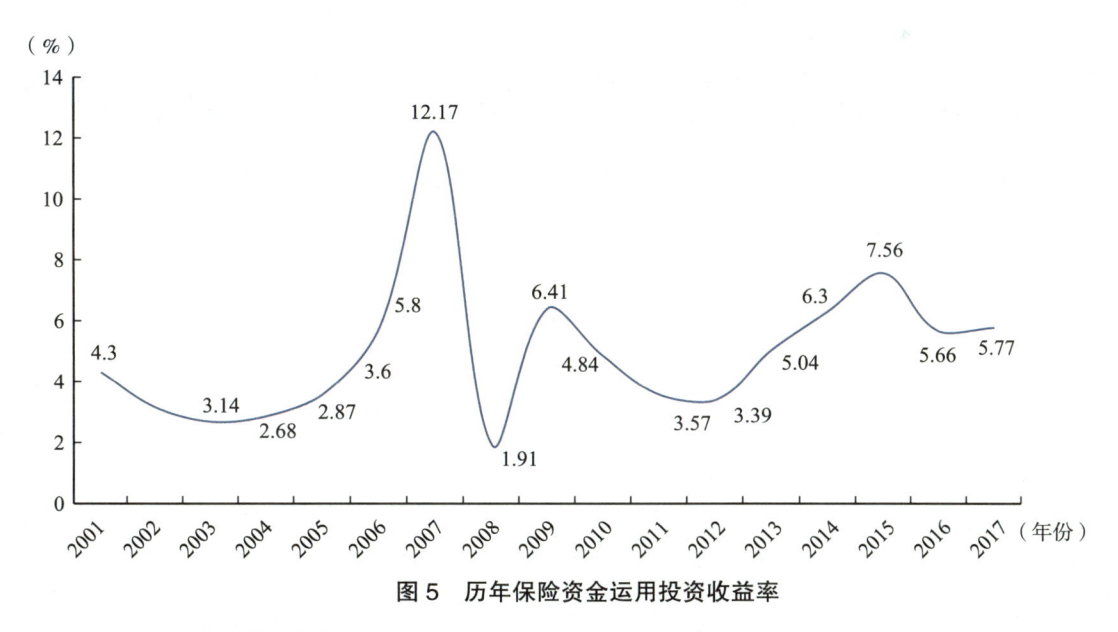

图 5　历年保险资金运用投资收益率

资料来源：华宝证券研究创新部。

2018年5月保险资产管理公司总资产476.91亿元。2017年底32家（23+9）保险资产管理机构资产管理规模约为15.29万亿元，其中受托管理的保险资金11.8万亿元，相比2016年增长11.44%，占其管理规模的77%，占保险资金运用余额的79%。保险资产管理能力主要包括股票投资能力、无担保债券投资能力、股权投资能力、不动产投资能力、基础设施投资计划产品创新能力、不动产投资计划产品创新能力和衍生品运用能力，其中，股债投资能力、基础设施和不动产产品创新能力是保险资产管理机构较为集中持牌的领域。

表1　保险资产管理机构名单

序号	保险资产管理机构	序号	专业型保险资产管理机构	序号	保险资产管理子公司
1	中意资产管理有限责任公司	1	国寿投资控股有限公司	1	北京泰康投资管理有限公司
2	新华资产管理股份有限公司	2	平安不动产有限公司	2	国寿不动产投资管理有限公司
3	中国人寿资产管理有限公司	3	平安养老保险股份有限公司	3	国寿财富管理有限公司
4	华安财保资产管理有限责任公司	4	人保投资控股有限公司	4	国寿资本投资有限公司
5	华泰资产管理有限公司	5	人保资本投资管理有限公司	5	华泰宝利投资管理有限公司
6	安邦资产管理有限责任公司	6	太平投资控股有限公司	6	平安创赢资本管理有限公司

续表

序号	保险资产管理机构	序号	专业型保险资产管理机构	序号	保险资产管理子公司
7	中英益利资产管理股份有限公司	7	友邦保险有限公司上海分公司	7	人保远望产业投资管理有限公司
8	太平资产管理有限公司	8	长江养老保险股份有限公司	8	中再资本管理有限责任公司
9	阳光资产管理股份有限公司	9	中保投资有限责任公司		
10	中再资产管理股份有限公司				
11	泰康资产管理有限责任公司				
12	平安资产管理有限责任公司				
13	生命保险资产管理有限公司				
14	中国人保资产管理有限公司				
15	光大永明资产管理股份有限公司				
16	民生通惠资产管理有限公司				
17	太平洋资产管理有限责任公司				
18	合众资产管理股份有限公司				
19	华夏久盈资产管理有限责任公司				
20	长城财富资产管理股份有限公司				
21	英大保险资产管理有限公司				
22	建信保险资产管理有限公司				
23	百年保险资产管理有限责任公司				
24	永诚保险资产管理有限责任公司				

资料来源：华宝证券研究创新部、中国保险资产管理业协会。

2. 保险资产管理公司的主要业务类型

保险资产管理公司主要从事投行和资产管理两大业务板块，涉及的业务主要有十大方面：投连险管理服务、保险资产管理计划、企业年金服务、养老保障、公募业务、私募股权基金、基础设施不动产债权计划、增值平台服务、公募业务以及第三方保险资产管理服务（见图6）。截至2017年底，32家保险资产管理机构的第三方管理规模为5.06万亿元，占资管机构资产管理规模的34.38%，同比增长24.02%，其中业外资金2.65万亿元，占比19%。

投行业务板块
- 基础设施及不动产债券计划、股权计划
- 资产支持计划
- 私募股权基金
- 增值平台业务

资产管理业务板块
- 保险资产管理计划
- 企业年金业务
- 养老保障
- 公募业务
- 第三方保险资产管理业务
- 投连险管理

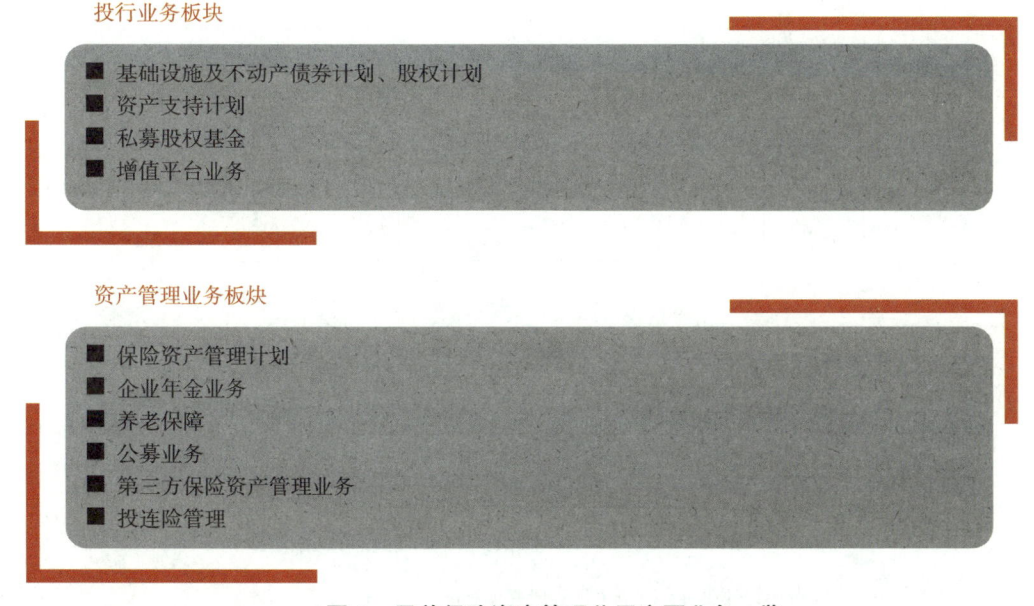

图6 目前保险资产管理公司主要业务一览

资料来源：华宝证券研究创新部。

根据中国保险资产管理业协会调研数据，半数资产管理机构第三方业务规模占比超过50%，第三方业务以保险资管产品和专户管理模式为主，其中保险资产管理产品占比53.56%，第三方专户占比41.30%，投资顾问业务4.15%，公募基金业务（仅事业部）占比0.99%（见图7）。2017年末，保险资产管理产品期末净额为2.71万亿元，其中，组合类保险资产管理产品规模占比为48%，债券投资计划规模占比40%，股权投资计划规模占8%，资产支持计划规模占4%。与2017年末保险资金运用余额配置相比，保险资管机构在保险资管产品方面配置较高，在长期股权投资和投资性房地产领域配置相对较低（见图8）。

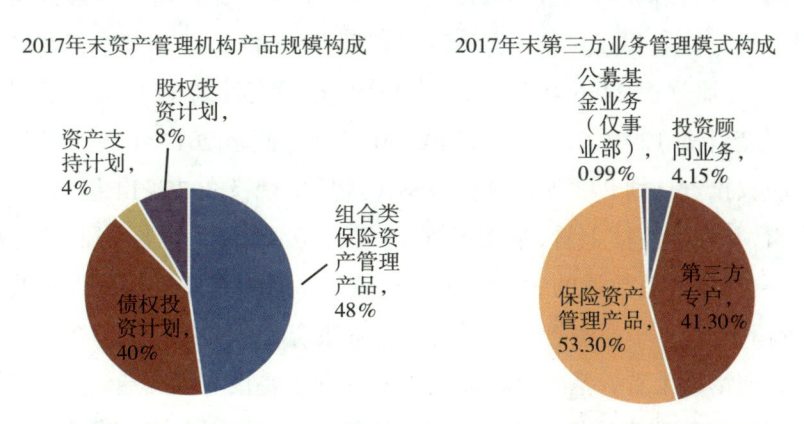

图7 保险资产管理机构产品规模构成及第三方业务管理模式构成

资料来源：中国保险资产管理业协会，华宝证券研究创新部。

153

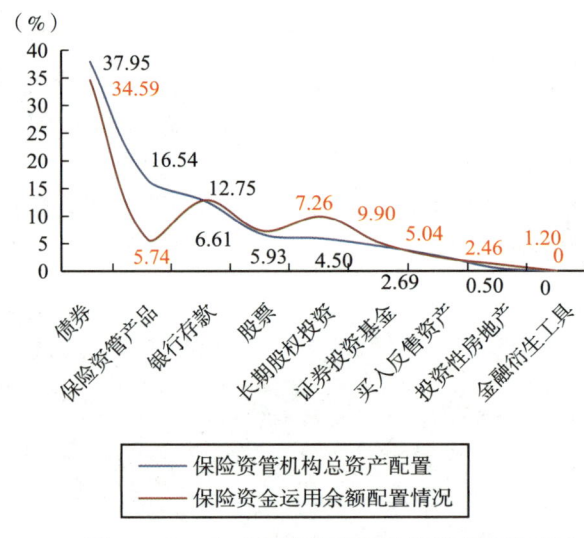

图 8　2017 年末保险资产行业总资产配置情况

资料来源：中国保险资产管理业协会，华宝证券研究创新部。

3. 保险资产管理公司的主要产品

基础设施债权计划及不动产计划：基础设施债权项目具有投资期限长、收益率较高、筹资额大等特点，符合保险资金的特性，且多由保险机构自主发行，是保险行业投行化牌照下的新型业务载体，近年来其作为非标资产的代表，保险资金对其配置比例持续提升。目前，债权投资计划期限以 5~10 年为主，投资收益率相对稳定，平均收益率在 6% 左右，比较适合长久期的保险资产配置，但对担保和增信也有较高的要求。大型保险机构一般多要求项目资产的评级达到 AAA 级，且有大型金融机构或大型央企国企、政府机关提供担保，以此保证到期能够收回债权资金，项目的供给存在制约性。

中国保险资产管理业协会数据显示，2017 年，24 家保险资产管理公司注册债权投资计划和股权投资计划共 216 项，合计注册规模 5075.47 亿元。其中，基础设施债权投资计划 81 项，注册规模 2466.45 亿元；不动产债权投资计划 123 项，注册规模 2113.52 亿元；股权投资计划 12 项，注册规模 495.50 亿元。截至 2017 年底，保险业累计发起设立债权、股权投资计划 843 项，合计备案（注册）规模 20754.14 亿元。

具体来看，从注册主体上看，平安资管、太平洋资管、长江养老注册的产品数量最多，超过 20 个，合计超过总数量的 30%，第二梯队的包括中意资管、光大永明资管、合众资管、中英益利资管、华泰资管、太平资管、泰康资管，全年注册的数量均超过 10 例。

从行业投向情况上看，基础设施债权投资计划主要投资于交通、能源领域。其中，长江养老、平安资管、中意资管在基础设施债权计划的配置力度最强，比较典型的是投资于交通行业的产品，例如，长江养老、平安资产、太平资产分别发行基础设施债权投资计划参与四川铁投基础设施建设（高速公路建设、路网建设等内容），光大永明资产和中意资产分别发行了光大永明—长沙地铁四号线基础设施债权投资计划和中意—武汉地铁轨道交通债权投资计划。另外，安邦资管曾发行"安邦—甘肃省交通运输厅债权计划"，以存量债务置换方式投资于甘肃高速公路和二级公路，为西部地区基础设施建设提供支持。不动产债权投资计划项目的投资对象则主要是商业不动产和棚户区改造等。相比之下，投资于商业不动产的债权投资计划的占比更高，除平安不动产专注于不动产类类资产项目外，商业不动产债权计划发行数量比较多的保险资产管理公司主要有太平洋资管、新华资管、中意资管。此外，超过1/3的资产管理公司参与了棚户区建设改造项目，如中英益利发行的海尔地产棚户区改造债券投资计划、长江养老发行的武汉地产棚户区改造债权计划、太平资产发行的湖州棚户区改造不动产债权投资计划、合众资产发行的岳阳旧城棚改债权投资计划、光大永明发行的电建地产武汉棚改债权计划。

从区域上看，2017年注册产品覆盖的区域分布范围继续扩展，从项目所在地域的数量上看，天津、北京、武汉、长沙以及四川地区的项目较多。

股权投资计划：保险资金以股权方式进行项目投资，除可提供资金外，还可行使相关的权利，对项目的发展和决策产生影响，从而监督项目正常运营，投资的模式包括直接股权投资与间接股权投资。2017年中国保险资产管理业协会注册的股权投资计划11项，如表2所示。

表2　　　　　　　　　　　2017年保险资管注册的股权投资计划

时间	注册编号	公司	项目名称
2017.01.16	0417006	华夏久盈资产管理有限责任公司	华夏久盈—远洋地产股权投资计划
2017.02.04	0417010	人保资本投资管理有限公司	人保资本—四川能投清洁能源产业基金股权投资计划
2017.02.21	0417013	阳光资产管理股份有限公司	阳光—江西省旅股权投资计划文件材料齐全
2017.02.27	0417019	中英益利资产管理股份有限公司	中英益利—东方优选基金股权投资计划
2017.03.17	0417027	人保资本投资管理有限公司	人保资本—歌斐PE二级市场基金股权投资计划
2017.04.11	0417040	中国人保资产管理有限公司	人保资产—神州优车股权投资计划
2017.04.19	0417043	人保资本投资管理有限公司	人保资本—衡阳城市发展基金项目股权投资计划
2017.05.09	0417055	平安资产管理有限责任公司	平安—浙港海洋基金股权投资计划
2017.05.17	0417060	长江养老保险股份有限公司	长江养老—合肥产投发展基金股权投资计划
2017.06.14	0417072	新华资产管理股份有限公司	新华—城市旧改一期股权投资计划
2017.12.28	0417213	合众资产管理股份有限公司	合众—信中利混合股权投资基金股权投资计划

资料来源：中国保险资产管理业协会、华宝证券研究创新部。

根据不完全统计，2017年各保险资金认购股权投资计划热度较高，其中，合计认购金额最多的显然是中国人保，其子公司人保财险和人保人寿2017年投资于股权计划的金额分别为87.3亿元和56亿元，共计出资143.3亿元，占2017年认购股权投资计划全部金额的59.4%。

从项目数量看，人保财险认购6项股权投资计划，包括中国信达股权投资基金股权投资计划、前海母基金股权投资计划、苏州科技创新股权投资计划、神州优车股权投资计划等；人保人寿认购3项股权投资计划，包括与人保财险共同认购了广东粤东西北振兴发展产业投资基金项目股权投资计划。太平人寿认购了4项股权投资计划，包括青海产投供给侧改革产业基金股权投资计划、上海建工股权投资计划等。君康人寿、太保人寿分别认购了2项股权投资计划，中英人寿、阳光人寿以及泰康人寿也均在2017年选择认购股权投资计划进行资金配置。

从认购资金数量来看，2017年认购金额最大的为人保财险认购的中国信达股权投资基金股权投资计划，认购金额为55亿元；其次为人保人寿，出资45亿元认购人保资产发起设立的国开金融重点城镇化项目股权投资计划；此外，认购金额超过20亿元的还有人保财险24亿认购神州优车股权投资计划与华夏人寿出资30亿元认购远洋地产复权投资计划（见表3）。

表3　　　　　　　　2017年保险公司认购股权投资计划情况

保险机构	认购项目	出资金额（亿元）
人保财险	人保资产——中国信达股权投资基金股权投资计划	55
人保财险	人保资产——前海母基金股权投资计划	1
人保财险	广东（人保）粤东西北振兴发展产业投资基金项目股权投资计划	2.33
人保财险	人保资本——苏州科技创新股权投资计划	4
人保财险	人保资产——广垦农业小贷公司股权投资计划	0.97
人保财险	人保资产——神州优车股权投资计划	24
人保人寿	人保资本——四川能投清洁能源产业基金股权投资计划	10
人保人寿	人保资产——国开金融重点城镇化项目股权投资计划	45
人保人寿	广东（人保）粤东西北振兴发展产业投资基金项目股权投资计划	0.97
太平人寿	太平——青海产投供给侧改革产业基金股权投资计划	8.5
太平人寿	中保投叁号（深圳）股权投资专项基金合伙企业	9.99
太平人寿	太平——上海建工股权投资计划	0.65
太平人寿	太平——青海产投供给侧改革产业基金股权投资计划	6.5
华夏人寿	华夏久盈——远洋地产股权投资计划	30

续表

保险机构	认购项目	出资金额（亿元）
中英人寿	东方优选基金股权投资计划	7
君康人寿	陆家嘴信托——新华商1号股权投资集合资金信托计划	0.99
君康人寿	陆家嘴信托——新华商2号股权投资集合资金信托计划	5
阳光人寿	阳光——江西省旅股权投资计划	6.5
太保人寿	长江养老——供销集团股权投资计划	10
太保人寿	长江养老——合肥产投发展基金股权投资计划	5
泰康人寿	泰康——山东高速城镇化基金基础设施股权投资计划	8
合计		241.4

资料来源：华宝证券研究创新部，各保险公司官网整理。

资产支持计划：保险资产支持计划是由保险资产管理公司作为管理人，向投资人发售标准化产品份额，募集资金，由托管机构担任资产托管人，投资于缺乏流动性但具有可预测现金流的资产或资产组合（基础资产），并以该基础资产产生的现金流作为还款支持。2017年保险体系发行的资产证券化产品的基础资产更青睐于租赁资产，9家保险资产管理公司发行了资产支持计划（见表4），其中基础资产为融资租赁的占比为2/3。目前我国的融资租赁公司主要有三类：原银监会监管的金融租赁公司、商务部监管的内资融资租赁公司、外商融资租赁公司。金融租赁公司属于金融机构，可以进入银行间市场进行同业拆借，而融资租赁公司属于非金融机构，依据当前的监管要求，融资租赁企业的风险资产不得超过净资产总额的10倍。通过发行ABS，实现资产出表能够有效地满足其优化资产负债表，释放新增业务空间的需求。

表4　　2017年保险资管行业主要证券化项目

发起设立方	项目名称	批复/成立时间
华泰资管	华泰资产——易鑫一期（融资租赁）资产支持计划	2017-3-29
平安资管	平安——普惠小贷资产支持计划	2017-4-18
国寿投资控股	国寿投资——国药租赁一期资产支持计划	2017-5-12
长江养老	长江养老——长安石门电力资产支持计划	2017-5-27
平安资产	平安——平安租赁资产支持计划（一期）	2017-7-4
民生通惠	民生通惠——平安租赁1号资产支持计划	2017-7-28

续表

发起设立方	项目名称	批复/成立时间
中英益利	中英益利——国正小贷资产支持计划（二期）	2017-8-28
光大永明	光大永明——永赢长江经济带金融租赁资产支持计划	2017-11-1
太平洋资管	太平洋——立根融资租赁资产支持计划	2017-12-26

资料来源：原中国保监会，华宝证券研究创新部。

组合类保险资产管理产品：根据大智慧数据终端统计，保险资产管理机构发行资产管理产品1272只，披露2017年全年收益的共计503只，包括股票类、货币类、基金类、混合类、指数类、债券类。

具体来看，2017年4家资产管理公司（泰康资管、阳光资管、太平洋资管以及平安资管）发行了15只股票型保险资产管理产品，平均收益为22.07%，其中，收益最高的是泰康资产管理公司发行的泰康资产积极配置投资产品，全年收益45.3%。太平洋资产管理公司发行的产品数量最多，6只账户中有5只收益超过20%。

布局量化类保险资产管理产品的机构主要有太平资产、平安资产、太平洋资产、光大永明资产、华泰资管、阳光资管等，其中，太平资管量化产品线布局主要是主动管理方向，而华泰资管布局侧重于量化对冲策略方向。据财汇数据，当前有10只量化类保险资产管理产品提供了2017年收益数据，其中量化对冲策略的产品有3只，可比公募基金量化对冲产品2017年收益率中位数为2.67%。

指数型保险资管产品共有7只，包括1只指数增强品种，2只沪深300指数型品种（同期沪深300指数收益率为21.78%），1只中证500指数品种（同期中证500指数下跌–0.2%），2只债券指数品种以及1只跟踪恒生指数（2017年恒生指数收益率为35.99%）的资产管理产品。

根据大智慧数据终端统计，债券型保险资管产品共有14只，发行数量最多的是太平洋资产管理，收益最高的是光大永明资产光大聚宝2号集合资产管理产品，2017年总收益为7.03%。该产品成立于2016年11月24日，投资范围包括银行存款、股票（不含新三板股票）、债券、非金融企业债务融资工具、证券投资基金、股指期货等。光大永明聚宝系列资产管理产品已经发行了2只产品，聚宝1号产品属于权益类产品，聚宝2号为固定收益类产品。

基金型（即FOF型）保险资管产品共有4只，收益最高的是太平洋卓越财富优选50基金型产品，产品以优选基金为主要投资策略，2017年全年收益为26.89%，跑赢沪深300，也超越了股票类保险资产管理产品平均22%的年度收益。已公布2017年收益的4只产品分别属于太平洋资管和平安资管，此外，生命资管、华泰资管和人保资管也分别发行了 FOF 类资管产品。

混合型保险资管产品共有 62 只,民生通惠和太平洋资管发行的此类型产品数量最多。从收益角度看,太平资产的太平之星安心 8 号资管产品全年收益 44.18%,位列榜首。民生通惠旗下 3 只产品 2017 年收益超过 20%,位列第二梯队。

(三)养老保险公司运行情况

1. 养老保险公司基本情况分析

截至 2017 年底,我国共有 9 家专业的养老保险服务机构,分别是平安养老、太平养老、长江养老、中国人寿养老、泰康养老、安邦养老、建信养老、新华养老、中国人民养老。其中建信养老是市场上第一家专业养老金管理机构,主要监管主体是原银监会。养老保险公司的主要业务包括企业、职业年金业务、养老金管理、养老保险等业务内容。

2. 企业年金管理收益情况

目前,市场上企业年金基金受托人 11 家,账户管理人 18 个,企业年金基金托管机构 10 家,企业年金投资管理机构 21 家。保险机构所持有的牌照,从规模情况看,中国人寿养老、平安养老以及泰康养老在受托资产金额、账户数量以及管理组合金额上都遥遥领先(见表 5)。

表 5　　　　　　　目前保险机构企业年金牌照分布情况

企业年金牌照	保险机构								全行业合计
受托人受托资产金额（亿元）	平安养老	太平养老	长江养老	中国人寿养老	泰康养老	建信养老			
	1885.31	601.92	630.75	2549.94	298.92	486.48			7932.57
账户管理人组合企业/个人账户数(个/万个)	平安养老	太平养老	长江养老	中国人寿养老	泰康养老	新华人寿	建信养老		
	734/30.25	7/0.2683	6510/90.918	8601/162.13	439/14.28	20/0.1529	2662/147.67		78943/2328.61
投资管理人组合资产金额（亿元）	平安养老	太平养老	长江养老	中国人寿养老	泰康资产管理	华泰资产管理	人保资产管理	建信养老金管理公司	
	1751.28	753.5	646.7	1373.87	1716.18	121.54	181.98	61.6	11983.76

2013 年人社部、中国保监会、证监会、银监会联合发布《关于企业年金养老金产品有关问题的通知》,明确了养老金产品是指由企业年金基金投资管理人发行的,面

向企业年金定向销售的企业年金基金标准投资组合。2017年末企业年金养老金产品已备案549个，实际运作268个，期末资产净值3502.44亿元，2017年全年投资收益率5.44%，成立以来至2017年末累计收益14.49%（见表6）。其中，受益于股票型产品2017年获得18.42%的收益，权益类资产产品2017年整体平均收益为12.40%。

表6　　2017年度企业养老金产品情况

资产类型	产品类型	产品数（个）已备案	产品数（个）实际运作	期末资产净值（万元）	2018年一季度投资收益率（%）	2017年以来投资收益率（%）	成立以来累积投资收益率（%）
权益类资产	股票型	133	79	2351654.20	-2.89	18.42	26.76
	股权型	6	2	671195.96	1.31	5.81	18.62
	优先股型	11	3	400123.06	2.01	4.04	11.47
	股票专项型	7	3	297693.36	-0.84	5.66	17.31
	小计	157	87	3720666.58	-1.47	12.40	22.46
固定收益类资产	混合型	117	55	7917473.63	0.89	5.39	20.56
	固定收益型 普通	87	61	7745788.07	1.44	2.87	11.20
	固定收益型 存款	17	5	2961726.30	1.19	5.01	3.55
	固定收益型 债券	18	7	1639324.46	1.26	2.96	8.88
	固定收益型 债券基金	4	—	—	—	—	—
	固定收益型 商业银行理财产品	7	2	538229.27	0.26	4.66	4.37
	固定收益型 信托产品	57	23	4765603.33	1.43	5.76	15.65
	固定收益型 债权计划	33	9	1971891.11	1.40	5.80	22.13
	固定收益型 特定资产管理计划	14	1	10196.96	1.88	6.85	19.50
	固定收益型 保险产品	2	1	341523.14	1.18	4.86	5.52
	固定收益型 其他	—	—	—	—	—	—
	小计	239	109	19974282.64	1.36	4.22	11.07
	小计	356	164	27891756.27	1.23	4.63	13.53
流动性资产	货币型	36	17	3412016.49	1.29	4.05	12.72
其他投资资产	其他型	—	—	—	—	—	—
合计		549	268	35024439.34	0.95	5.44	14.49

资料来源：人力资源和社会保障部，华宝证券研究创新部。

发行养老金产品的主体共有20家。其中，公募基金管理公司12家，保险类公司共计8家，包括平安养老、泰康资管、太平养老、长江养老、国寿养老、华泰资管、人保资产、建信养老。从正在运行的产品数量上看，平安养老数量最多，其次是泰康资管。各类别产品收益水平较高的产品如表7所示。

表7　　　　　　　　　　　部分养老金产品收益情况分析

	产品名称	期末资产净值（万元）	2017年年度投资收益率（%）	管理人
股票型产品	平安安赢股票型养老金产品	105150.69	58.51	平安资管
	平安股票优选1号股票型养老金产品	37980.64	49.16	平安资管
	平安安跃股票型养老金产品	115628.69	38.03	平安资管
	人保资产汇悦股票型养老金产品	28776.13	31.93	人保资产
股权型产品	长江养老中国石化定向股权型养老金产品	565892.04	5.84	长江养老
	泰康资产聚能股权型养老金产品1期	25118.51	5.18	泰康资管
优先股型	泰康资产聚丰优先股型养老金产品4期	54834.13	5.90	泰康资管
混合型	平安安享混合型养老金产品	201035.95	8.36	平安资管
	人保资产灵动添利混合型养老金产品	147740.62	8.06	人保资产
	平安多元策略混合型养老金产品	269396.94	6.64	平安资管
	建信养老金稳健增值混合型养老金产品	476469.43	6.25	建信养老
固定收益型	华泰优稳固定收益型养老金产品	1001.71	5.29	华泰资管
	华泰优信固定收益型养老金产品	1001.70	5.26	华泰资管
	长江金色如意固定收益型养老金产品	64932.27	4.48	长江养老
债券型	太平养老金溢安债券型养老金产品	52412.96	4.93	太平养老
	国寿养老红盛债券型养老金产品	207534.35	3.99	国寿养老
信托型	泰康资产丰裕信托产品型养老金产品2期	15036.34	7.23	泰康资管
	泰康资产丰裕信托产品型养老金产品1期	45369.83	7.06	泰康资管
	泰康资产丰裕信托产品型养老金产品3期	12022.31	6.23	泰康资管
债权计划型	泰康资产稳健回报基础设施债权计划型养老金产品3期	41087.17	7.03	泰康资管
	泰康资产稳健回报基础设施债权计划型养老金产品2期	19041.36	6.72	泰康资管
	泰康资产稳健回报基础设施债权计划型养老金产品7期	17033.83	6.62	泰康资管
	泰康资产稳健回报基础设施债权计划型养老金产品9期	15047.51	6.60	泰康资管
商业银行理财型	平安稳定收益商业银行理财产品型养老金产品2期	369562.15	4.81	平安资管

续表

	产品名称	期末资产净值（万元）	2017年年度投资收益率（%）	管理人
存款类养老金产品	泰康资产稳盈增利存款型养老金产品3期	4257.06	6.06	泰康资管
保险产品型	国寿养老质优安泰保险产品型养老金产品1期	91849.36	5.14	国寿养老
货币型	长江金色年华货币型养老金产品	120569.01	4.38	长江养老
	太平养老金溢利货币型养老金产品	374174.44	4.25	太平养老
	国寿养老现金增利货币型养老金产品	335950.37	4.24	国寿养老

资料来源：人力资源和社会保障部，华宝证券研究创新部。

三、保险资金运用发展成绩与存在问题

（一）发展成绩

1."偿二代"框架建立，二期建设稳步推进

国际金融危机后，我国保险行业面临的外部环境与保险市场状况发生了很大的变化，为应对这一变化，维护保险业稳定发展，中国保监会于2012年开始推进"偿二代"建设，并于2016年正式实施。"偿二代"偿付能力监管体系由核心偿付能力充足率、综合偿付能力充足率、风险综合评级三个有机联系的指标构成，构建了"定量监管＋定性监管"的新框架。"偿二代"下，保险机构投资决策与评价体系更加全面，形成了"以资本、风险和价值为核心的多维度体系"。不同于"偿一代"的规模导向，"偿二代"以风险为导向，提供了科学的风险识别与检测工具，督促保险公司在追求规模、收益的同时，必须均衡考虑风险和资本成本，引导保险公司持续提升风险管理水平，保障保险资金运用安全，建立相应的投资决策模型，合理进行资产配置，促进行业的可持续发展。"偿二代"的相关系数矩阵促使保险公司资产配置尽量分散，对于不能穿透的金融资产赋予更高的风险因子，关注保险资金期限匹配，为保险资金资产负债管理工作推进奠定基础。2016年，"偿二代"全面实施以来，取得了显著成效。2017年，为提升保险业风险管理和风险抵御能力，中国保监会启动了"偿二代"二期工程建设，明确了"偿二代"二期工程建设的指导思想、总体目标、具体任务、时间安排和工作机制等内容。2017年年末，行业综合偿付能力充足率251%，核心偿付能力充足率为240%，显著高于100%和50%的达标线。风险综合评级结果整体上移，A类公司占比提升至63%。

2. 资产负债监管制度建立，促进保险主业健康发展

近些年，面对复杂的利率环境和日益激烈的市场竞争，保险资金投资收益波动加大，与负债成本刚性的矛盾日益突出，保险业资产负债匹配难度增加，个别保险公司缺乏有效治理，激进经营、激进投资的策略加大了自身以及行业整体经营风险。在这样的背景下，中国保监会高度重视资产负债管理监管，专门成立了保险资产负债匹配监管委员会，推进资产负债管理体系建设工作。2018年，中国保监会充分借鉴国际金融监管和"偿二代"监管的理念、框架和方法，搭建了保险资产负债管理监管体系：区分财产险公司和人身险公司，分别制定能力评估规则和量化评估规则，从长期经济价值、中期盈利能力、短期流动性和偿付能力底线等多个维度，综合评估资产负债匹配状况和管理能力，依据评估结果实施差异化监管，建立产品监管、资金运用监管和偿付能力监管协调联动的长效机制。良好的资产负债管理是保险业可持续发展的基石，也是支持保险业在日益复杂的风险环境中保持持续健康发展、防范系统性风险的重要保障，资产负债管理监管对于促进保险业健康发展具有非常重要的意义。

首先，有利于回归保险本源，发挥长期稳健的风险管理和保障功能。通过推动保险公司建立有效的资产负债管理组织体系，充分运用资产负债管理技术，实现资产端与负债端的协调联动，有利于行业树立稳健审慎的风险文化，提升行业专业能力和服务水平，有利于强化"保险业姓保"，推动行业发挥长期稳健风险管理和保障功能，在此基础上延伸保险业价值链，更好地满足人民群众和实体经济多样化的保险需求。

其次，有利于引导保险资金"脱虚向实"，推进保险资金服务实体经济。强化资产负债管理监管，有助于推动公司加强精细化管理，促使资金供需在期限结构上更加匹配，对于资产负债匹配状况好且资产负债管理能力强的公司，适当给予资金运用创新试点、产品试点等鼓励政策，有助于引导保险资金发挥长期稳定的优势，为国家重大战略和实体经济发展提供有力支持。

最后，有利于弥补监管短板，主动防范化解金融风险。保险资产负债管理监管通过定性与定量相结合，综合评估与差异化监管相结合，前瞻性地掌握公司的期限错配风险、利差损风险、流动性风险等情况，逐步建立产品监管、资金运用监管、偿付能力监管协调联动的长效机制，有利于及时有效识别和化解风险，维护经济金融安全。

3. 规范保险资金运用，行业乱象整治效果明显

2013年以来，资产管理行业迎来大资管时代，商业银行理财产品蓬勃发展，刚兑产品盛行，为了提升市场份额，个别保险公司提供远高于资金成本的具有"刚兑"特质和"理财"属性的保险产品。在保险行业内部，随着保险公司数量的提升，行业内竞争也在不断加剧，承保成本提升导致亏损局面可能性大为增加。部分机构采用高杠杆、高风险的方式运作,倒逼保险资金"短钱长配"与"风险错配",带来了较大的流动性风险隐患。个别中小保险公司,大量短期资金投向了收益高、流动性低、期限长的资产,负债端成本上升,增加了保险机构的经营风险。针对上述问题,2015年,中国保监会发布《关于加强保险公司资产配置审慎性监管有关事项的通知》促进保险公司稳健经营,加强资产负债协调管理,防范错配风险和流动性风险,2016年,中国保监会出台《关于规范中短存续期人身保险产品有关事项的通知》,从负债端遏制高杠杆行为,2017年,中国保监会继续加强监管,发布《关于进一步加强保险资金股票投资监管有关事项的通知》,加强境外投资监管、开展风险排查专项整治等工作,引导保险机构审慎投资,有效遏制了部分投资乱象。

4. 险资服务实体经济卓有成效

随着我国经济体制改革的深入,保险资金充分发挥其长期限、体量大等特点,在支持实体经济、维护金融市场稳定等方面均提供了有力的资金支持。继2012年保险资金运用新政推出,中国保监会发布一系列政策引导保险资金参与实体经济建设,如《保险资金间接投资基础设施项目管理办法》(2016年7月)、《中国保监会关于债权投资计划投资重大工程有关事项的通知》(2017年5月)等,保险资金充分利用政策红利,参与投资医疗机构与公立医院改革,积极发展企业财产保险、工程保险等,为实体经济稳定运行提供风险保障;积极参与PPP项目与实体经济的重大工程建设,支持"一带一路"倡议与国家区域发展战略;加强巨灾保险基础建设,建立起与国家脱贫攻坚相适应的保险服务机制。目前,保险业在构筑实体经济风险保障体系、为供给侧结构性改革提供资金支持等方面均取得了显著成效。

(二)存在问题

尽管近年来我国保险行业发展迅猛并取得了良好的成绩,但相对于发达国家保险市场而言,我国保险业起步较晚,基础薄弱,在保险资金的运用方面仍然存在些许问题。

1. 投资收益率不高,投资范围有待扩宽

尽管近年来保险资金投资渠道不断放宽,保险资金运用工具有了更多的选择,保险资金的投资渠道相对来说仍然有扩充的需求,如商品类资产尚未纳入可投范围,金融衍生品的投资受到的限制较多,境外投资额度有限。因此,在风险可控的前提下,应当允许适度扩大可投资产的投资范围。此外,由于我国资本市场发展时间有限,多层次资本市场体系仍在建设中,真实的信用风险市场定价机制尚未建立,国内外经济金融市场环境复杂多变,保险资金运用经验积累不足,高端人才准备有限,给保险资金境内外投资带来了一定难度,导致保险资金投资收益有限。

2. 投资业绩内部考核短期化

保险资金负债久期长，投资运作中应当以追求绝对收益为主要考核目标，但是在保险公司内部，考核周期多以年度为周期，导致投资实施过程往往更看重短期赚钱效应，加大了保险资金收益的波动性。特别是一些负债成本较高的保险公司，为覆盖资金成本，设置了较高的收益目标，倒逼保险资金以承担更大风险进行投资，与保险资金坚持长期价值投资、安全至上的投资理念相违背。此外，目前，保险行业普遍存在"长钱短配"的现象，如人身险公司，负债平均久期 11.18 年，资产久期为 5.24 年，缺口 5.9 年，这种不匹配的资金来源和资金运用方式影响保险资金运用的使用效率，适度提升长期资产的配置能够改善保险资金的投资收益。

3. 激励机制市场化程度有限，人才流失严重

保险公司作为知识、技术、智力密集型企业，其发展和业务、技术、管理、制度创新等方面都需要人才的推动。而由于保险业具有很强的实践性，在经营过程中存在着看重短期绩效而忽视长期发展、重视市场份额而忽视经营效益、重规模而轻财务稳定、重数量而轻品质等问题，使得保险行业从业人员素质普遍偏低。这类问题随着近年来保险业蓬勃发展愈发凸显，对高素质人才的需求业迅速增加，甚至远远超过保险人才的培养速度。同时，我国保险行业目前缺乏具备市场竞争力的激励机制，部分公司采取"一刀切"的考核标准，忽略了不同岗位职责与需求的不同，在保险资金运用部门，也缺乏具备市场竞争力的激励机制，人才培训和人才个人发展的建设不足，导致人才流失严重等现象。

四、保险资金运用未来展望

（一）险资运用的发展机遇

1. 负债端：保费收入稳定，负债端环境优化

2014 年，国务院发布的《关于加快发展现代保险服务业的若干意见》中，提出保险业 2020 年的发展目标是保险深度达 5%，保险密度达 3500 元。截止到 2017 年年末，我国保险深度为 4.4%，保险密度为 2632 元（按 2017 年年末汇率计算为 405 美元），与国务院的目标仍有一定的差距。随着人均收入水平的不断提升，对于保险产品的认知程度的提升，对于疾病风险的管理意识的增强，保险产品的需求攀升，近几年，保费收入持续保持两位数增长。但相比全球水平看，我国人均保费水平较低，保费深度和保费密度尚未达到全球平均，我国保险市场仍具有巨大的发展空间，而稳定的保费收入是保险资金运用的基础和前提。

2017年10月开始实施的《中国保监会关于规范人身保险公司产品开发设计行为的通知》规定：年金保险要以长期年金为主，5年内不得返还，而且每年给付比例不得超过所缴保费的20%；万能险不能以附加险的形式出现。受此规定影响，保费收入出现了明显的下滑，但长期看，保险产品坚持保险姓保的基本原则，摒弃前期靠高收益率盲目扩张的乱象，有助于降低保险负债成本与保险公司经营风险，有助于提供稳定的保险运用资金。

2018年4月，"一行两会"发布《关于规范金融机构资产管理业务的指导意见》，引导银行理财产品从预期收益型品种转向净值化路线，庞大体量的"刚性兑付"理财产品的结束，将在很大程度上改变财富管理产品的表现方式。保险公司在设计保单时，需要参考市场利率水平、投资者期望水平、生命表和死亡率、给付方式、经营情况等重要因素，依据审慎原则确定保单定价利率。20世纪90年代以来，中国保监会一直在推动保险定价利率市场化的进程。但是，由于银行理财产品长期保持刚性兑付的利率水平，市场真实利率未能充分反映。为了能够提供更具有吸引力的保险产品，在财富管理市场获得更大的市场份额，储蓄型保险产品具备刚性属性。由于保险合同属于表内资产，《关于规范金融机构资产管理业务的指导意见》推动了利率市场化进程，将有助于提升保险产品的市场吸引力。

2. 资产端：参与重大战略，把握低估值资产配置机会

把握经济增长新旧动能转化中的投资机会。中国经济结构面临深度调整，传统产业转型升级，经济增长方式正在由要素驱动向创新驱动转变，制造业向中高端迈进，第三产业对经济的贡献超过第二产业，新兴服务业（教育、卫生、信息、娱乐、科研等）产值增速超过10%，显著高于GDP增速。在三大需求中，消费对于GDP的贡献已经超过了投资。在城镇化水平逐步提高，居民收入显著增加、消费习惯变化等多重因素的带动下，代表未来发展方向的产业面临前所未有的机遇，大消费行业和现代服务业将成为中国经济的重要支柱。受益于技术创新、信息化、智能化的高端制造业也将迎来发展机遇，在经济新旧动能切换的背景下，符合政策导向和经济转型方向的产业、行业将保持稳步增长甚至快速增长，而这些行业中的优质企业具备重大投资价值，保险机构可以抓住经济结构转型的机遇，采用稳健的投资策略，通过股权或者债权的方式配置，分享新经济优质企业成长过程中的投资红利。就股票市场而言，当前A股估值水平回到历史较低水平，并且行业集中度逐步向龙头企业集中，这些企业的抗风险能力较强，体现出配置价值，保险资金应坚持稳健的投资风格，选择经营业绩好，具有稳定现金股利支付的股票，降低高杠杆、高风险股票和板块的配置比例，规避高质押比企业、股东或者相关关联方高杠杆运行的企业等。

参与国家战略与民生，获取战略性股权资产。2017年，中国保监会出台《关于保险业支持实体经济发展的指导意见》和《关于保险业服务"一带一路"建设的指导意见》，充分鼓励保险资金进入实体经济和国家战略布局方向中，具体措施包括：将保险资金可参与的实体经济的维度划分为支持供给侧结构性改革，"一带一路"建设，支持国家区域经济发展战略，支持军民融合发展和中国制造以及参与PPP项目和重大工程建设，并且鼓励保险资产管理机构发起设立去产能并购重组基金，发起债转股实施机构以及专项债转股基金，开展市场化债转股业务；通过股权、债权、股债结合、基金等形式为"一带一路"框架内的经贸合作和互联互通提供投融资支持；通过专项基金计划参与到自贸区建设和雄安新区建设等重大战略发展项目；发起设立支持制造业创新发展、兼并重组和转型升级的债权计划、股权计划和股权投资基金等金融产品，更好服务中国制造业发展。此外，对于保险资金参与PPP项目，倡导放宽信用增级要求和担保主体范围，扩大免增信融资主体数量，定位于对宏观经济和区域经济具有带动作用的重点项目和工程，为保险资金参与国家战略提供有力支持。保险资金长期持有事关国计民生的战略性股权资产，可以获取相对较稳定的预期回报，同时风险波动较低。

合理配置低估值优质资产。资管新规后，商业银行理财资金需要由刚兑向净值化转化，表内外资产在腾挪的过程中，导致信用债利率水平抬升，信用环境出现恶化。一方面，保险资金对于债券资产的配置主要以持有至到期为主，利率水平的整体抬升，有助于保险资金获得更高的收益率水平；另一方面，由于一些过去通过同业负债、非标等当前监管思路下严重受限或不当的方式加杠杆与扩张，并需要持续滚动融资维持当前现金流的机构，将无法通过以往的负债方式进行融资，在流动性压力下则需要被动抛售手里的高流动性优质资产来达到监管要求。被动抛售的优质资产具备配置价值，保险资金久期长，风险识别和管控能力建设相对成熟，可以抓住投资机会，以相对较低的价格进行投资。

（二）险资运用发展方向展望

1. 坚持支持服务实体经济高质量发展

保险资金具有长期限、体量大等特点，对于支持实体经济具有重要意义。保险机构可以通过基础设施投资计划、不动产投资计划、集合信托计划、项目资产支持计划以及资产管理产品等工具对接实体经济，领域包括但不限于参与城市建设、支持区域经济带发展（京津冀协调发展、长江经济带发展）、中石油一二线西部管道、支持供给侧结构性改革、参与国企混合所有制改革、脱贫攻坚等国家战略、军民融合等国家重点布局的实体经济。同时，保险资金运用应当优化资产配置结构，提升布局于金融、能源、资源、养老实体、医疗机构、汽车服务、现代农业、商贸流通等关乎国运民生领域内企业的长期股权投资比例。目前，保险资金在服务和支持实体经济层面还面临一些问题，如非 PPP 类基础设施投资范围受限，非标资产缺乏有效的流通市场等，随着保险业基础设施建设的不断推进，保险业支持实体经济发展的效率将进一步提升。

2. 重视资产负债管理，丰富战略和战术配置策略

在保险行业快速发展的过程中，各保险公司资产负债管理模式出现差异。随着中短存续期保险产品规模数量双降，以负债驱动的资产配置模式弊端凸显。未来，保险资金运用应该重视资产负债能力，在期限、成本和现金流等方面实现资产和负债的有效匹配，同时，注重大类资产配置，充分发挥资产配置在不同经济金融周期中风险分散的作用。保险资金负债面临刚性成本约束，且期限在 7 年以上的寿险资金占比超过 70%，而大类资产配置是管理长期资金、获得稳定收益的重要方式。相应地，保险公司应该不断提高资产负债精细化管理水平，实现资产负债联动，实现资产端和负债端在收益、风险、期限上的动态匹配和均衡，结合"偿二代"监管规则的要求，实现业务和资本的有效联动。值得关注的是，在资产负债有效匹配的管理模式下，资产端和负债端的决策根据双方信息不断做出调整，是一个动态调整过程，涉及众多环节，需要部门间紧密合作。因此，需要投资、精算、销售、财务、风控等相关部门紧密合作，形成多点联动的投资决策体系和沟通机制。在战术层面，保险资金投资运作范围将进一步放开，如商品资产、金融衍生品等，以丰富保险资金投资战术策略、提高投资效率、分散和对冲配置风险。

3. 优化人才激励机制和考核机制，重视人才队伍建设

经过 20 年的发展，保险机构逐步搭建了人才培养体系和人才储备，但是随着大资管时代的到来，其他资产管理机构，特别是基金行业实现了更具竞争力的人才激励机制，对保险行业人才储备形成冲击；2012 年"国十条"放开保险资金可投范围，保险机构对专业人才的需求大幅提升，特别是对另类投资（含基础设施债权计划、不动产债权计划）、股权投资计划等不具备可交易市场的、定价复杂、风险识别困难的资产的投研人员需求明显提升。人才是所有金融机构的核心资产。未来，保险公司需要通过设计合理的机理和竞争机制，为人才提供有竞争力的待遇水平，提升行业整体人员素质。同时，结合保险资金久期长的特点，摒弃看重短期业绩的考核机制，重视对于所投资产稳健型的考核，基于风险管理的前提进行投资收益考核。此外，对于保险机构投资能力和人才梯队建设薄弱的领域，如国内市场普遍缺乏的具有丰富国际资产配置和投资经验的人才，保险机构应当提供具备国际竞争力的待遇和激励机制，重视人才的引入和培养机制的建设。

4. 加强风险控制体系建设

2015 年 9 月，中国保监会发布《保险资金运用内部控制指引》，对投资决策控制、交易行为控制等多个方面进行规范，禁止不正当关联交易、利益输送和内部人控制现象。

当前经济结构正在经历转型，新老动能的转换既孕育着较多的投资机会，也将产生结构性风险。特别是近些年降杠杆、严监管，风险管理尤为重要。未来，保险资金运用应当重视风险识别、风险监控和风险管理。为此，要设置符合自身发展战略的风险管理目标，建立风险管理组织架构、制定风险管理策略，优化风险的识别、计量、监测、控制体系，规范风险管理流程，充分运用压力测试、风险限额等工具和方法。同时，应当将保险产品设计、定价、核保、理赔等风险与资金运用的投资风险、资产负债匹配风险等综合考虑，从而搭建全面的动态风险管理体系。

专题报告

专题报告 01

2017 年中国保险发展指数报告[*]

摘要

中国保险发展指数由中国保险行业协会 2015 年起开始编制，现已连续发布四年。该指数综合、直观地反映了 2010 年以来，我国保险业发展水平及其对经济社会发展的贡献。

中国保险指标体系框架以"新国十条"2020 年发展目标作为政策理论依据，遵循科学性、代表性、导向性和可操作性原则建立。指标体系分成三个层次：第一个层次是总指数，反映我国保险业总体发展情况；第二个层次是四个分指数，反映我国保险业在基础实力、服务能力、创新能力和国际竞争力领域的发展情况；第三个层次是 27 个评价指标，反映各领域具体发展情况。

2017 年，中国保险发展指数总指数在上年较高基数的基础上仍然保持上升趋势，达到 115.8（以 2010 年为 100），比上年提高 1 个点。分领域看，基础实力分指数、服务能力分指数和国际竞争力分指数均高于总指数，分别高出 0.6 个、0.5 个和 2.4 个点。

党的十八大以来，我国保险业砥砺前行，中国保险发展指数年均提高 2.32 个点。保险市场在创新、协调、绿色、开放、共享五大方面均有所成就。

一、宏观经济为保险业发展营造良好环境

2017 年，各地区各部门全面贯彻落实党中央、国务院决策部署，坚持稳中求进工作总基调，国民经济稳中向好、好于预期，经济活力、动力和潜力不断释放，稳定性、

---

[*] 本报告所引用数据，除特殊说明外，分别来自中国人民银行（http://www.pbc.gov.cn）、中国银行保险监督管理委员会官网（www.cbrc.gov.cn）、国家统计局官网（http://www.stats.gov.cn）、《中国保险年鉴》（中国保险监督管理委员会，中国保险年鉴社）。

协调性和可持续性明显增强，实现了平稳健康发展。初步核算，全年国内生产总值82.71万亿元，按可比价格计算，比上年增长6.9%，其中：第三产业增加值427032亿元，增长8.0%，金融业增长4.5%。

经济结构加快调整： 一方面生产高端带动。工业生产增长加快，全年规模以上工业增加值比上年实际增长6.6%，增速比上年加快0.6个百分点，其中高技术产业和装备制造业增加值分别比上年增长13.4%和11.3%；服务业保持较快发展，全年服务业生产指数比上年增长8.2%，增速比上年加快0.1个百分点，其中战略性新兴服务业、生产性服务业、科技服务业营业收入同比分别增长18.0%、15.0%和15.1%。

另一方面需求逐步升级。一是投资结构不断优化，全年固定资产投资631684亿元，比上年增长7.2%，增速比上年回落0.9个百分点，其中高技术制造业、装备制造业投资比上年分别增长17.0%和8.6%。二是消费升级态势明显，全年社会消费品零售总额366262亿元，比上年增长10.2%，增速比上年回落0.2个百分点，其中消费升级类商品通讯器材、体育娱乐用品及化妆品类商品分别增长11.7%、15.6%和13.5%。三是贸易结构继续优化，全年进出口总额277921亿元，比上年增长14.2%，扭转了连续两年下降的局面，其中机电产品出口增长12.1%，占出口总额的58.4%，比上年提高0.7个百分点。

民生保障继续改善： 一是居民消费价格涨势温和。全年居民消费价格比上年上涨1.6%，涨幅比上年回落0.4个百分点，其中医疗保健上涨6.0%，居住上涨2.6%，教育文化和娱乐上涨2.4%。二是居民收入增长加快。全年全国居民人均可支配收入25974元，比上年实际增长7.3%，比上年加快1.0个百分点，其中城镇居民人均可支配收入实际增长6.5%；农村居民人均可支配收入实际增长7.3%。三是居民就业持续向好。全年城镇新增就业人数超过1300万，12月城镇调查失业率低于5%。

货币信贷合理增长： 货币供应量，12月末，广义货币（M2）余额167.68万亿元，同比增长8.2%；狭义货币（M1）余额54.38万亿元，同比增长11.8%，增速比上年低9.6个百分点；流通中货币（M0）余额7.06万亿元，同比增长3.4%。借贷款情况，12月末，人民币贷款余额120.13万亿元，同比增长12.7%，增速比上年低0.8个百分点；全年人民币贷款增加13.53万亿元，同比多增8782亿元。人民币存款余额164.1万亿元，同比增长9%，增速比上年低2个百分点；全年人民币存款增加13.51万亿元，同比少增1.36万亿元。

二、2017年中国保险发展指数保持提升态势

（一）指标体系简介

中国保险发展指数由中国保险行业协会2015年起开始编制，现已连续发布4年。

该指数综合、直观地反映了2010年以来，我国保险业发展水平及其对经济社会发展的贡献；力求服务经济社会发展大局，促进保险行业发展，增强公众保险意识，并为相关部门制定政策提供参考依据。

中国保险指标体系框架以"新国十条"2020年发展目标作为政策理论依据，即"到2020年，基本建成保障全面、功能完善、安全稳健、诚信规范，具有较强服务能力、创新能力和国际竞争力，与我国经济社会发展需求相适应的现代保险服务业，努力由保险大国向保险强国转变"，并遵循科学性、代表性、导向性和可操作性原则建立。

指标体系分成三个层次：第一个层次是总指数，反映我国保险业总体发展情况；第二个层次是四个分指数，反映我国保险业在基础实力、服务能力、创新能力和国际竞争力领域的发展情况；第三个层次是27个评价指标，反映各领域具体发展情况（见图1）。

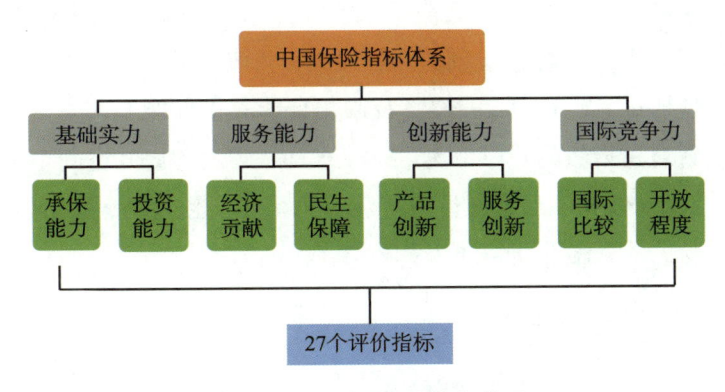

图1 中国保险指标体系

（二）指数总体走势

总指数呈现稳步提升态势。测算结果显示，2017年中国保险发展指数为115.8（以2010年为100），比上年提高1个点。

总指数在上年较高基数的基础上仍然保持上升趋势。党的十八大以来，保险业保持快速发展，保险产品日益丰富，保险服务普惠性增强，各项改革有序推进，中国保险发展总指数每年均实现不同程度的提高，其中，2015年提升幅度最大，为3.5个点。2017年，保险业积极服务于供给侧结构性改革，规模增速逐步回稳，结构调整力度加大，风险防控效果明显。分领域看，基础实力分指数、服务能力分指数和国际竞争力分指数高于总指数，分别高出0.6个、0.5个和2.4个点，同上年相比，以上三项分指数实现稳步提升，提升幅度分别为1.5个、1个和2.4个点（见图2）。

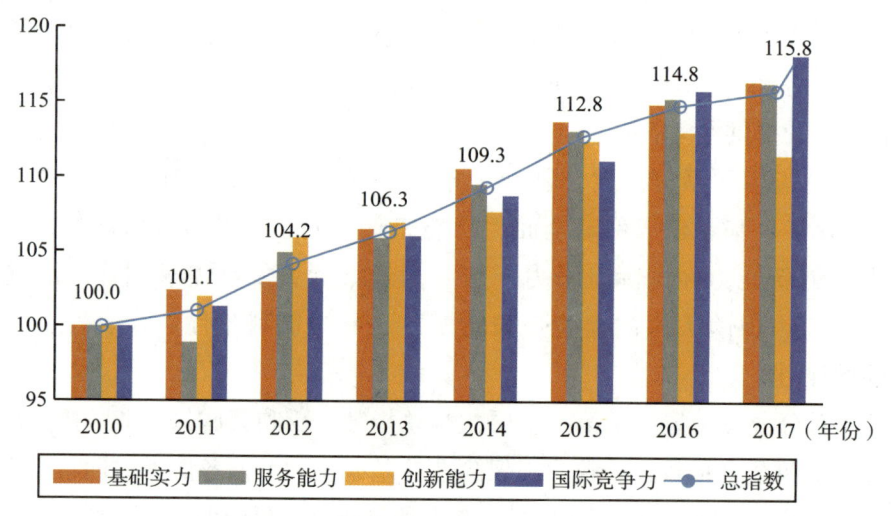

图 2　中国保险发展指数（2010~2017 年）

国际竞争力分指数对总指数的贡献最大。2017 年，得益于我国保险业国际地位的稳步提升，国际竞争力指数对总指数的贡献最大，贡献率达到 51.4%。基础能力指数对总指数的贡献率位居第二，达到 49.6%，反映出保险在承保能力和投资能力上的稳步提升。服务能力指数对总指数的贡献率为 33.0%，具有较大的提升空间。创新能力指数对总指数的贡献率为 -33.0%，互联网保险等新兴力量自身创造价值的能力有待进一步提升，新技术与保险的深入融合仍需不断探索。

（三）分指数运行特点

1. 保险基础实力继续增强

2017 年，基础实力分指数为 116.4，高于总指数 0.6 个点，比上年提高 1.5 个点（见图 3）。

图 3　基础实力分指数（2010~2017 年）

承保规模总体趋稳。2017年,保险业在重保障、防风险相关政策引导下,全年保费收入规模继续扩大,增速虽较上年有所放缓,但仍保持了较快增长,走势逐季趋稳,实现了前高后稳的增长预期。全行业实现原保险保费收入3.66万亿元,同比增长18.16%,增幅比上年回落9.34个百分点;分业务看,财产险原保险保费收入9834.66亿元,同比增长12.72%,增幅比上年加快3.6个百分点,业务增速加快;人身险原保险保费收入26746.35亿元,同比增长20.29%,高于行业增速2.13个百分点,虽增速有所回调,但仍拉动行业发展。

年末总资产达到16.75万亿元,较年初增长10.80%,增幅比上年回落11.51个百分点。

保障本质进一步体现。从财产险公司看,非车险业务比重上升。车险业务增速平稳,全年实现原保险保费收入7521.07亿元,同比增长10.04%;非车险业务服务范围扩大,增势强劲,全年非车险业务实现原保险保费收入3020.31亿元,同比增长24.21%,占比为28.65%,比上年提高2.41个百分点。

从人身险公司看,保障型险种比重上升。普通寿险业务增加,各公司认真贯彻中国保监会出台的回归保障的相关政策,积极调整业务结构,增加保障型产品供给,全年普通寿险业务实现原保险保费收入12936.48亿元,占人身险公司全部业务的49.68%,同比上升1.5个百分点;万能险业务减少,实现原保险保费收入111.90亿元,占人身险公司业务的0.43%,同比下降0.06个百分点。其中,中型公司转型效果突出,全年实现普通寿险原保险保费收入5881.93亿元,占比为61.86%,同比上升4.4个百分点。

保险业提供风险保障金额4154万亿元,同比增长75%,高于上年36.91个百分点,高于原保险保费收入增速56.84个百分点,保额增速明显快于业务增速。

投资收益有所提升。2017年,在"去杠杆"的大背景下,债券收益率有所上升,股票市场有所上涨,各大保险公司进一步优化资产负债匹配,调整资产配置比例,资金运用效果较好。保险公司资金运用余额149206.21亿元,比年初增长11.42%;资金运用收益8352.13亿元,同比增长18.12%,资金运用平均收益率为5.77%,比上年提升0.11个百分点。

企业效益有所改善。受投资收益较好等因素影响,企业利润大幅增长,扭转了上年下降的局面,全年实现利润总额2567.19亿元,同比增长29.72%,增幅高于保费收入增速。其中,产险公司利润总额639.57亿元,比上年增长11.13%;寿险公司利润总额1390.77亿元,比上年增长25.91%。

2. 保险服务能力明显扩大

2017年,服务能力分指数为116.3,高于总指数0.5个点,比上年提高1个点(见

图4）。

图4 服务能力分指数（2010~2017年）

服务经济作用凸显。 保险业为国民经济发展保驾护航发挥了积极作用，2017年保险赔付贡献度为13.52‰，保险业对推动国民经济增长，完善金融资源配置做出了贡献，年末保险业总资产与银行业总资产之比为1:15.1，比上年提高了0.3个百分点；保险业为提高社会经济效率付出了努力，2017年保险业劳均保费为309.52万元，比上年增加33.88万元。

保障民生成果突出。 保险业充分发挥了稳定社会就业的作用，截至2017年底，保险系统职工人数118.18万人，同比增加5.86万人。保险公司营销员队伍持续快速增长，保险营销员数量达806.94万人，一年时间增员149.66万人，增长22.77%。参与了社会保障，一方面，健康险持续高速增长，2017年健康险赔付与国家财政支出中医疗费用支出之比为8.87%，比上年提高1.26个百分点，提高幅度明显大于前几年；另一方面，商业保险深入参与国家养老服务体系建设的步伐加快，2017年商业养老密度为1543元/人，比上年提高282元/人。

3. 保险创新能力有待进一步挖掘

2017年，创新能力分指数为111.5，低于总指数4.3个点，比上年下降1.5个点（见图5）。

产品创新贴近需求。 保险产品围绕国计民生、服务脱贫攻坚。农业保险发展良好，2017年农业保险原保险保费收入为479.06亿元，占产险业务的比重为4.87%，同比上升0.08个百分点，农业保险为2.13亿户次农户提供风险保障金额2.79万亿元，同比增长29.24%；支付赔款334.49亿元，增长11.79%；4737.14万户次贫困户和受灾农户受益，增长23.92%。责任保险加快发展，责任险451.27万亿元，同比增长24.54%，增速比上年提高4.45个百分点，责任险占产险比重为4.87%，同比上升0.08个百分点。环境

图5 创新能力分指数（2010~2017年）

责任险等责任险在参与治理体系建设方面发挥了积极作用；另外，运费险等基于互联网场景产生的责任险在推动互联网经济方面作用明显。

技术创新注重保障。移动互联网、人工智能和云计算等新技术在保险业的应用不断加深，2017年70%的产险公司和80%的人身险公司开展了互联网保险业务。互联网保险正从规模扩张向产品优化转变，财产险业务中车险一险独大的局面有所改观，非车险占比由上年的20.6%提高到2017年的37.8%；人身险业务中万能险、投连险等投资性保险由上年的65.5%降至21.4%，逐步回归保障本质。

4. 保险国际竞争力显著提升

2017年，国际竞争力分指数为118.2，高于总指数2.4个点，比上年提高2.4个点。该领域连续两年指数提升幅度最大（见图6）。

图6 国际竞争力分指数（2010~2017年）

引领全球保费增长。按美元计算，2017年我国实现保费收入5414.46亿美元，占全球保费的11.07%，比上年提高了1.22个百分点。保费总量由世界第三升至世界第二，仅次于美国。保费收入增幅为 18.16%，大大高于全球 4.0% 的平均水平，是带动全球保费收入增长的主要力量。

国际影响有所扩大。随着我国改革开放的不断深入，保险企业逐步融入世界经济，国际影响力进一步提升。2017 年保险深度为 4.4%，比全球平均水平低 1.7 个百分点，差距比上年缩小 0.4 个百分点；保险密度为 384 美元/人，比全球平均水平低 250 美元/人，差距比上年缩小 51 美元/人。我国进入《财富》世界 500 强的保险企业逐年增多，从 2003 年度中国人寿保险首家入选，到 2017 年度 8 家上榜；中国平安保险 2016 年、2017 年连续两年进入世界 50 强，我国保险业在全球经济中的地位显著提升，表明保险企业的世界影响力不断扩大。

三、党的十八大以来我国保险业砥砺前行

党的十八大确立的创新、协调、绿色、开放、共享的发展理念，为现代保险服务业发展进一步明确了方向。近年来，在五大发展理念引领下，保险业深入贯彻《国务院关于加快发展现代保险服务业的若干意见》，积极转变发展方式，不断激发市场活力，进一步提升服务经济社会发展的能力，努力向保险强国目标迈进。从保险指数看，2017 年中国保险发展指数比 2012 年提高了 11.6 个点，年均提高 2.32 个点，是提升幅度较快的时期。从保险市场看，在五大方面均有所成就。

（一）创新发展重塑保险新业态

从创新投入看，人员素质有所提高。2017 年末，保险机构中本科及本科以上人员占比为 28.7%，中国精算师数量达到 657 人，比 2012 年增长 2.6 倍。高素质、精专业人才的增多，为行业应用新技术、研发新险种创造了条件。

参与创新实践的机构也在增多。多数经营主体增加创新投入尝试互联网保险，开展互联网保险业务的公司数量由 2011 年的 28 家增加到 2017 年的 131 家，占全部保险公司家数的比重由 2011 年的 19.7% 提高到 2017 年的 77.1%。

从创新产出看，新产品大量涌现。随着大数据、云计算、人工智能等先进技术的广泛应用，新产品开发步伐加快，更好地服务于民生改善和社会经济发展，如 2017 年新报备的寿险产品为 3296 个，比 2012 年增长 50.8%；2017 年末有效寿险产品达 23920 个，比 2012 年增长 1.4 倍。

互联网保险渗透率有所提高、结构有所优化。互联网保险保费收入占总保费收入的比重，由 2011 年的 0.2% 提高到 2017 年的 5.1%。互联网保险业务拓宽，结构优化。从财产险公司互联网业务看，车险一险独大的局面有所改观。车险互联网保费占比由 2014 年

的 95.81% 下降到 2017 年的 62.25%，非车险互联网保费占比由 2014 年的 4.19% 提高到 2017 年的 37.75%。非车险业务中，互联网健康险、互联网意外险发展迅猛，意外健康险占比由 2014 年的 1.6% 提高到 2017 年的 18.1%；财产险占比由 2014 年的 2.59% 提高到 2017 年的 4.08%；此外责任险、信用保证险、退货运费险等均快速发展（见图 7）。

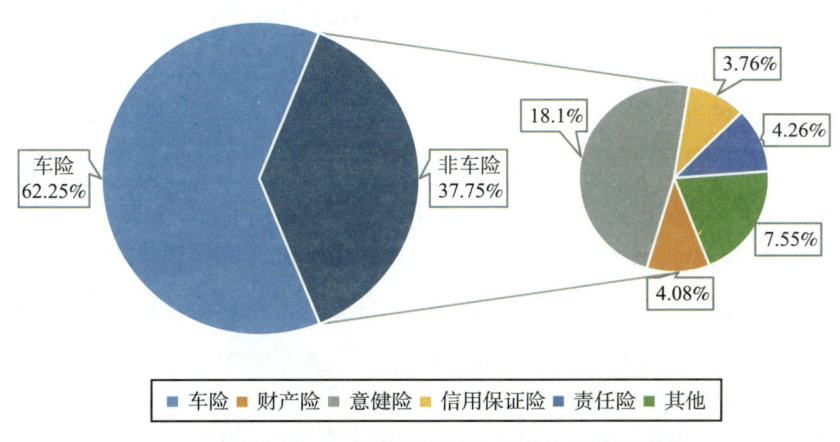

图 7 2017 年互联网财产保险主要险种结构

从人身险公司互联网业务看，保障型险种占比增大。寿险作为互联网业务的主力险种，在结构调整中占比有所下降，由 2014 年的 93.4% 下降到 2017 年的 57.8%，万能险、投连险等理财型险种下降幅度较大，万能险占比由 2014 年的 57.9% 下降到 2017 年的 9.7%，投连险占比由 2014 年的 16.1% 下降到 2017 年的 11.7%。与此同时，年金险发展势头良好，2017 年占比达到 33.4%；健康险发展迅速，占比由 2014 年的 1.3% 提高到 2017 年的 4.3%；意外险占比虽有小幅下降，但发展潜力仍然很大（见图 8）。

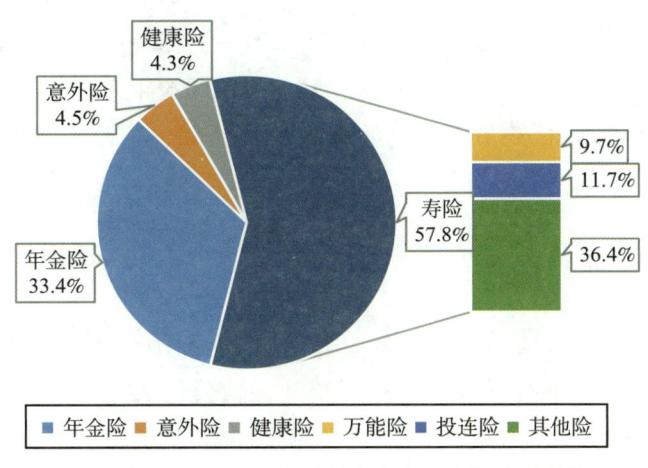

图 8 2017 年互联网人身保险主要险种结构

（二）协调发展构建保险新格局

（1）金融资金结构有所优化。保险业的快速发展，为完善金融资源配置发挥了重要作用。从总资产结构看，2017年保险业总资产占银行业总资产比重为6.6%，比2012年提高了1.1个百分点，为降低金融体系风险作出了贡献。保险资金以长期投资的独特优势，为"一带一路"建设、京津冀协同发展和长江经济带发展等重大战略项目提供了资金支持。

（2）区域险种结构各有偏重。由于各地区所处经济发展阶段不同，所以险种需求分布也有所不同。东部地区总体保障需求大，健康险、意外险尤为明显，2017年东部地区保费收入占全国59.18%，比2012年提高1.36个百分点；其中健康险、意外险保费收入全国占比分别为61.71%和59.86%。中部地区寿险业务需求大，中部地区保费收入占全国21.46%，其中寿险全国占比为22.75%。西部地区产险业务需求大，西部地区保费收入占全国19.36%，其中产险全国占比为22.14%。

（三）绿色发展践行保险新理念

（1）保险为绿色发展服务。积极探索发展生态环境领域的保险业务，相关部门完善责任保险相关政策，涉及环境污染、食品安全等领域，2017年责任保险保费收入451.27亿元，占财产险公司保费收入的比重为4.15%，比2012年提高0.8个百分点。

（2）强化自身可持续发展基础。近年来，随着保险规模的快速扩张，业务结构也在优化，发展方式加快转变。企业经营状况有所改善，2017年保险公司净资产18845.05亿元，相当于总资产的11.3%，比2012年提高0.5个百分点。企业预期逐步向好，从中国非制造业商务活动指数看，2013年12月、2014年12月保险业商务活动指数均高于50%临界点；2015年12月、2016年12月、2017年12月保险业商务活动指数更是位于55.0%以上的较高景气区间，保险业稳定发展的基础得到加强。

（四）开放发展拓宽保险新视角

"引进来"增加了市场活力。截至2017年末，有16个国家和地区的境外保险公司在我国设立57家外资保险公司，其中，财产保险公司22家、人身保险公司28家、再保险公司6家、资管公司1家。市场份额逐步增多，2017年外资保险公司实现保费收入2140.05亿元，占全国保费收入的5.85%，比2012年提高2.35个百分点，为我国保险业改革发展增加了活力。其先进的营销理念也带动了国内小微公司的迅速成长（见图9）。

图9　外资保险公司发展情况（2010~2017年）

"走出去"拓宽了发展空间。截至2017年，有12家中资公司在境外设立了38家保险营业机构，比2014年末增加了6家。其中，6家寿险公司、14家产险公司、11家资产管理公司、5家中介机构、2家控股公司。近年来，更多保险资金投入国家重大战略项目建设，2017年，保险资金支持"一带一路"倡议投资8568.26亿元。截至2017年12月底，累计发起设立债权投资计划和股权投资计划843项，合计备案（注册）规模20754.14亿元。

（五）共享发展提升保险新境界

（1）更多保险惠及百姓。为了满足人们日益增长的保障之需，国家出台了一系列税收优惠政策，与消费者密切相关的健康险、养老险业务成倍增长。2017年健康险原保险保费收入4389.46亿元，比2012年增长5.1倍，占全行业保费收入的12.0%，比2012年提高6.4个百分点；截至2017年底，大病保险覆盖城乡居民超过10亿人，比2014年增加3亿人。年金缴费10044.14亿元，与寿险原保险保费收入之比为51.95∶100，大大高于2012年的7.43∶100（见图10）。

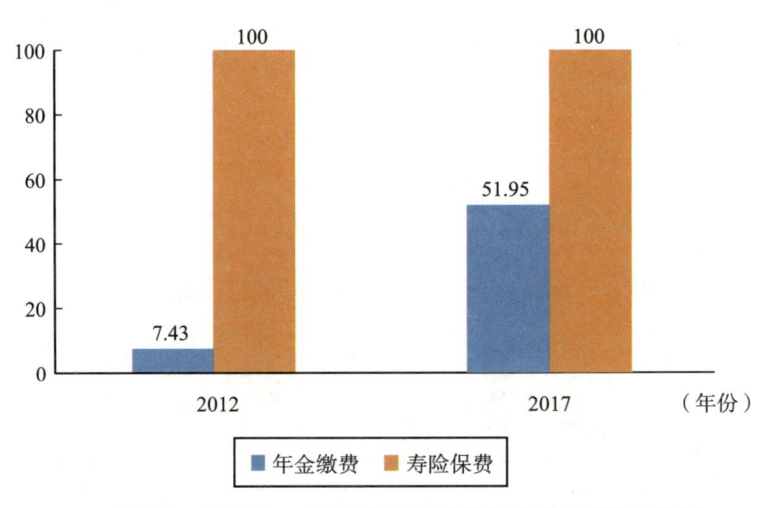

图10 2012年、2017年年金缴费与寿险保费比例变化

（2）保障范围不断扩大。保险业为经济社会提供风险保障，党的十八大以来，保险赔付达4.85万亿元，年均增长18.8%。保险业在各种灾害事故中履行责任，助力保障改善民生，2017年保险公司赔款与给付10512.89亿元，比2012年增长1.4倍。其中，产险业务赔款5087.45亿元，比2012年增长80.6%；寿险业务给付4574.89亿元，增长2.0倍；健康险业务赔款和给付1294.77亿元，增长3.3倍；意外险业务赔款223.69亿元，增长1.3倍。

附录：

指数测算方法

（一）标准值的选取

标准值的选取一般有两种方式：一是以目标值为标准值；二是以基期值为标准值。保险业评价指标中，除"新国十条"明确了2020年，保险深度达到5%，保险密度达到3500元/人外，其他指标没有可供参考的目标值（或全球平均、业内最佳值）。为了充分反映保险业发展轨迹，我们采用了第二种方式，即将基期值作为标准值。

（二）指标权重的确定

权重的设定采用德尔菲法，权重如表1所示。

表 1　　　　　　　　　　　　　中国保险发展指数权重

一级领域	二级领域	权重	三级指标
中国保险发展指数	基础实力	α=30%	原保费收入
			再保险保费收入
			净资产
			保险深度
			保险密度
			资金收益率
			资金运用余额
	服务能力	β=30%	保险业增加值占GDP比重
			纳税额
			保险业总资产占金融业总资产比重
			赔付贡献度
			劳均保费
			保险业从业人员占比
			健康险赔付与医疗费用支出之比
			商业养老深度
	创新能力	γ=20%	中国精算师数量
			新产品量
			巨灾险、农险、责任险、信用险占比
			年金托管资产
			保费网销比例
			亿元保费投诉率
	国际竞争力	δ=20%	中国保险深度与全球平均水平之比
			中国保险密度与全球平均水平之比
			中国保费全球占比
			外资保险公司数量
			境外上市的中资公司数量
			保险服务贸易出口额

（三）评价值的计算

评价值计算主要采用定基标准化法。该方法将指标实际值与标准值相除，得到的评价值与实际值序列走势完全一致，能充分反映各指标实际数值得出的评价结果。测算中针对时期类指标、时点类指标、比重比率类指标、正指标、逆指标等不同性质指标进行必要的分类修正。

（四）指数的合成

中国保险发展指数分指数由领域内各指标的评价值加权汇总得到，总指数由各领域分指数加权汇总合成。

专题报告 02

中国养老金第三支柱研究*

摘 要

当前,为缓解人口老龄化趋势下的财务危机,建设多层次养老保障体系,合理构建政府、用人单位和个人三方责任分担机制,增强养老金体系可持续性,是世界养老金制度改革的最大共识。从世界范围看,养老金基于风险保障的目的和属性,一直是商业保险的主要服务领域,而且在诸多发达国家已成为国民经济的主要产业,以及保险服务实体经济的重要方式。我国政府前期更注重第一支柱基本养老保险的改革,第二支柱年金制度、团体养老保险制度在改革中逐步建立并有所发展,第三支柱税优养老金制度经过行业多年呼吁已开始启动。发展养老金第三支柱,使其成为国民退休收入结构的重要组成部分,有助于纠正中国养老金体系的结构性失衡。当前中国养老金第三支柱发展面临的挑战是,如何寻找到符合中国国情、具有中国特色、适合中国现实发展阶段,又充分汲取国外经验教训、避免走弯路的发展模式。

---

* 本报告所引用数据,除特殊说明外,分别来自《中国统计年鉴(2016)》、OECD: Pensions at a glance 2015、OECD(2015), Pensions at a Glance 2015: OECD and G20 indicators, OECD Publishing, Paris.、德国国家统计局官网(https://www.destatis.de/EN/)、强制性公积金计划管理局官网(http://www.mpfa.org.hk/sch/mpf_system/milestones/index.jsp)、世界银行(1996)、世界银行(2006)、郑秉文(2015)、《养老保险制度改革与发展研究》(华龄出版社2014年版)、《中国养老保险基金支付缺口及应对策略》(对外经济贸易大学出版社2016年版)、《保险支持以房养老研究》(中国金融出版社2014年版)、李闪闪(2011)、董克用和张栋(2017)、赵新华和徐永青(2006)、魏龙(2016)、《看日本如何应对老龄化》(新华社、新京报,2015年11月)、《老龄化严重,日本负担不起了》(观察者网,2015年8月)、段家喜(2016)、段家喜(2017)、段家喜(2017)、段家喜(2017)、段家喜(2017)、段家喜(2017)、《2017年中国人口老龄化现状分析、老龄化带来的问题及应对措施》(http://www.chyxx.com/industry/)、德国养老金数据由 Baillie Gifford 提供。

本报告以建设开放、可持续的养老金第三支柱为研究目标，以新时代中国发展养老金第三支柱的背景、现实意义为基础，全面分析美国、英国、德国等8个国家和地区养老金体系及第三支柱发展情况，厘清商业养老保险、年金、养老金，以及三大支柱之间的关系和边界，明确商业保险在养老金体系中的功能和定位，提出建设中国养老金第三支柱的关键问题、框架模式和政策建议。

本报告既有政策环境的研究综述，也有市场机构的运营总结；既有中国国情的深入剖析，也有国际经验的翔实介绍，是国内首次对养老金第三支柱做出的较为全面的研究，在博采众长、兼收并蓄的基础上因地制宜，提出适合中国发展养老金第三支柱的特色模式。2017年国务院办公厅发布的《关于加快发展商业养老保险的若干意见》（以下简称《意见》）提出"支持符合条件的商业保险机构积极参与个人税收递延型商业养老保险试点"，2018年5月在上海市、福建省（含厦门市）和苏州工业园区正式启动试点工作。本报告系统阐述养老金第三支柱优先保险保障的功能，主要观点符合国家优先鼓励税延养老保险试点的政策导向，其框架模式设计对个人税收递延型商业养老保险试点及后续扩面的研究探索具有较强的实践意义和参考价值。

一、建设中国特色养老金第三支柱的关键问题

养老金第三支柱领域的研究已经形成诸多共识，但分歧依然存在，如税优政策的顶层设计，给予什么样的税优政策及多大力度的税优政策；建立什么样的第三支柱市场框架；个人养老金的属性以及不同金融机构应当担任什么角色；应如何发挥作用；如何加强养老金市场的监管；不同监管部门应当扮演什么角色；如何扩大个人养老金覆盖面，以及如何借力个人养老金的发展来助推完善整个养老金体系；等等。这都是建设中国特色养老金第三支柱的关键问题。

（一）税优方式问题

税收优惠政策支持是税优个人养老金的主要标志，也是促进其快速发展的重要引擎。这在理论和实践上均得到证实或认可。从理论来看，给予税收优惠，会直接改变参与主体的成本收益函数，相比较个人可支配储蓄，享受税收优惠政策的养老金储蓄可以获得更高的税后回报，进而影响参与主体的投资决策，从而促进个人养老金市场的发展，使得市场均衡量要远大于没有税优政策情况下的市场均衡量，并最终达到"建立形成长钱机制、提升养老金储蓄率"等目的。

税优政策属于个人养老金顶层设计的问题，采取什么样的税优政策将直接影响未

来市场的发展方向与发展空间。2018年4月，财政部、国家税务总局、人力资源社会保障部、中国银行保险监督管理委员会、中国证券监督管理委员会联合下发《关于开展个人税收递延型商业养老保险试点的通知》，规定自2018年5月1日起，在上海市、福建省（含厦门市）和苏州工业园区实施个人税收递延型商业养老保险试点。试点地区个人通过商业养老资金账户购买符合规定的商业养老保险产品的支出，允许在一定标准内税前扣除。计入个人商业养老资金账户的投资收益，暂不征收个人所得税。个人领取商业养老金时，再按规定征收个人所得税。此文已明确先进行递延纳税试点，是否需要在此基础上推出直接补贴政策，以惠及更广大人民群众，需要进一步研究、讨论和解决。

个人养老金的税收政策涉及缴费、投资和领取三个环节，并依不同环节是否享受税优政策，细分为EET、TET、ETE、ETT、TTE、EEE、TTT和TEE等八种形式[①]。考虑到消费者的"短视行为"，大部分国家将税优政策放在缴费环节，并普遍对投资环节免税，而在领取环节合并纳税，即所谓的EET模式。就税优方式来看，在规定缴费限额的基础上，有直接补贴和税收递延缴纳两种：前者是指直接给予参保人群以一定额度的奖励或补贴，如德国政府对参加里斯特养老金计划的人每年给予154欧元的基础补贴（已婚夫妇为每年308欧元）和185欧元的子女补贴（此为2008年前出生的子女，2008年以后出生的子女则为每年300欧元）；后者是指允许消费者在税前缴纳保费，有的国家将这一部分税收直接减免，有的则将应征收的税款延迟到参保人退休时征收，如美国的IRA（即个人退休账户）规定，个人在税前向账户缴费，账户资产的增值部分无须缴纳投资收益税，而在领取时缴纳个人所得税。

无论直接补贴还是递延纳税，于财政而言本质上是一致的，都是对民众购买个人养老金的行为征负项税，以此激励其购买。但其作用效果不同，递延纳税对于高收入群体有较好的激励作用，中低收入群体可能因收入不到起征点而无法享受；直接补贴更多向中低收入群体倾斜，操作简便，有利于让更多的人群享受政策福利，具有可控性更强、可获得感更高等特点，更有利于提升制度的公平性和覆盖面。

（二）替代率问题

衡量个人养老金在退休人员基本生活保障中所发挥作用的，主要有两项指标：一是收入替代率，即个人养老金提供的退休收入占退休前收入的比重。各国私人养老金的毛替代率不一，德国、新西兰、比利时、加拿大、英国、爱尔兰、美国等7个发达国家养老金（包括公共养老金和私人养老金）的总替代率平均为58.94%，私人养老金

[①] E表示免税、T表示征税；EET表示在缴费、投资环节免税，而在领取环节征税；依此类推其他形式的含义。

替代率平均为23.03%，占1/3强；有的国家低如新西兰为12.4%，有的国家高如美国为33.6%。个人养老金属于私人养老金，则替代率更低些。二是个人养老金提供的退休收入占其退休总收入的比重，即多少退休收入来自个人养老金，多少来自公共养老金。这两项指标均与一国的养老金制度的顶层设计、税收制度、养老金制度发展历史等因素有关。有的国家强调政府的责任和公共养老金的作用，则个人养老金的作用和替代率就相对低些；有的国家更市场化，则个人养老金的作用和替代率就高些；即使在私人养老金占主导作用的国家中，模式也不尽相同，有的以职业年金为主（如澳大利亚），有的则以个人养老金为主。

个人养老金收入替代率主要由税优的力度决定。税优力度大，个人缴费相应会多些，将来的替代率就会高些；反之则低。税优的力度既取决于养老金体系的改革方向（特别是对三支柱结构的规划），又取决于个人养老金目标替代率的设定，更取决于财政的可负担性。

（三）参与率问题

参与率是个人养老金发挥作用的客户基础，参与率不高是个人养老金发展滞后的主要表现之一。各国个人养老金参与率差异较大，如新西兰高达72.9%，而葡萄牙只有4%。影响个人养老金参与率的因素很多，从各国经验来看，可以通过建立"自动加入"机制、促进支柱之间对接等措施来提高个人养老金的参与率或覆盖面。

"自动加入"（Auto Enrollment）机制是指员工在入职时就被默认自动加入个人养老金制度，如果希望"不加入"，则需专门提出申请或中止缴费。"自动加入"形成"自动缴费机制"，克服部分人的"惰性"，进而增加养老储蓄。这一措施在美英等国都有较好的应用和实践[①]。自动缴费机制比税收补贴对增加养老储蓄的效果明显，其原因在于大部分人具有某种惰性，加之部分国家申报税收优惠程序比较复杂，如果政府让个人主动选择加入养老金第三支柱、开设养老储蓄账户或申请税收减免等事项，大部分人可能不会参加；反之如果政府让个人主动选择是否退出已经开设好的账户，大部分人不会选择退出。依此，建立个人养老金自动加入和自动缴费机制可有效提升参与率。

"支柱之间的对接"是指第一、第二、第三支柱个人账户之间养老储蓄资金的流动，主要是指第一支柱向第二、第三支柱，以及第二支柱向第三支柱的资金流动，即第三支柱可接受或承接第一、第二支柱个人账户的资金转账，第二支柱可以接受或承接第

---

① 美国的统计表明，年龄20~29岁的员工对没有引入自动加入机制的401（K）计划参与率仅为30%，而对引入自动加入机制的401（K）计划参与率达到77%。根据美国斯坦福大学经济学教授Raj Chetty的研究结果，"税收补贴政策主要影响那些高收入、金融知识丰富、最不需要政府干预养老规划的少部分人群；而自动缴费机制会增加大部分人的养老储蓄。"

一支柱个人账户的资金转账。这也是发达国家比较成功的做法,如美国 IRA(个人退休账户)并非纯粹的第三支柱,而是第二、第三支柱的混合体,接受了大量 401K 计划的资金转账,2012 年传统 IRA 转账流入资产 3000 多亿元,而个人缴费的资产不足 15 亿元。英国则允许符合一定条件的参保人通过"协议退出"的方式从第一支柱退出,转移到第二支柱。

(四)属性问题

属性问题实质上是发展方向问题,是要发展一个"强调养老风险保障属性"的第三支柱,还是要发展一个"强调投资属性"的第三支柱?这是制度设计时需要结合经济社会发展和养老金体系改革方向来考量的事项。

养老金是指退休人员从退休开始直至死亡期间(或确定期间),连续定期被支付的资金[①]。从这个定义来看,养老金为退休人员在其退休后直到死亡(或确定期间)提供了收入保障,其实是终身年金(或定期年金)的一个典型例子。养老金有两个基本目的,即确保个人一生的平滑消费,以及针对长寿风险进行对冲和保障;而在养老金领取之前,有大量的资金沉淀且需要投资管理。由此显见,养老金(包括个人养老金)具有"养老风险保障"和"投资"的双重属性。在第三支柱制度设计时,应根据经济社会和资本市场发展成熟程度、养老金体系的结构和发展方向,以及金融结构稳定优化的方向等情况,确定在不同时期、不同阶段应当强调何种属性,并以此支持不同行业在其中发挥不同的作用。

从国际情况看,欧美主要国家均认可个人养老金的金融属性(特别是投资环节的金融属性),认为养老资金进入投资环节后,与其他资金性质基本类似,属于金融产品,均应接受金融监管机构的监管。但英国、德国等欧洲国家更注重个人养老金的"养老风险保障"属性,将个人养老金纳入保险监管的框架,甚至法律规定只由商业保险机构经营个人养老金;而美国、加拿大等美洲国家则更注重个人养老金与资本市场之间的联系,注重个人养老金的"投资属性",甚至将其纳入证券监管的框架之中。

---

① 值得关注的是,养老金计划其自身的可持续性也面临风险,主要有以下八类:(1)替换率风险,即积累阶段缴费不足会导致养老金在人们退休后不能维持退休前的生活水平;(2)投资风险,即投资效益不佳导致退休基金不足;(3)利率风险,即退休时的低利率导致退休年金减少;(4)长寿风险,即个人寿命将会超过他们的退休储蓄可以负担年限;(5)通胀风险,即通货膨胀将会降低退休储蓄的购买力;(6)政治风险,即政府在法律方面的明显改变对养老金计划的缴费或收益产生不利影响;(7)可转移性风险,即当个人变换工作时累积的养老金收益不能完全转移;(8)雇主破产风险,即雇主破产导致养老金计划产生赤字。(Bodie,1990;Diamond,1997)

（五）经营模式问题

从国际情况来看，税优个人养老金的经营模式主要有两种：一是"产品化"模式，税优政策直接与产品关联。即政策规定，参保人可以自行购买不同经办机构提供的"合格产品"并享受相应的税优政策。这一模式的优点是有利于不同经办机构的自由竞争，但其缺点是管理分散，易出现同一参保人购买多家经办机构的多个产品、不同经办机构之间信息不畅通等问题，由此带来管理上的困难。这主要适用于税收管理比较先进的国家。二是"账户+产品化"模式，税优政策直接与账户关联。即政策要求经办机构为参保人开立超级账户（通常是唯一的），并在账户层面享受税优政策，允许参保人自行选择配置经监管部门批准后的、不同经办机构提供的"合格产品"。超级账户与税收管理系统对接，并具有基础信息、税收、资金、产品配置等管理功能。这一模式的优点是便于综合管理、防止税收漏损，比较适合于税收管理欠发达的国家。

（六）监管问题

监管高效是风险有效防范的前提。养老金管理的是老百姓的"养命钱"，安全稳健是第一位的。税优个人养老金市场是多金融机构参与的市场，在分业经营、分业监管的框架下，必然涉及多头监管。建立透明、有效、协同的税优个人养老金监管框架，成为制度设计者需要思考的问题。

个人养老金的监管主要包括税收监管和运营行为监管两方面内容，主要涉及金融监管部门和税务部门。税收监管通常由税务部门实施，主要是为了保障税收政策的正确执行，防止税收优惠政策被滥用，造成税收的不当损失。运营行为监管通常由金融监管部门实施，主要是为了保护参保人的利益、保障市场健康发展、防范金融风险。

二、建设中国养老金第三支柱的总体框架

从全球情况来看，税优个人养老金是第三支柱的核心，具有税收激励、完全积累、市场经办、个人自主、双峰监管等特征，大致可以划分为保障模式和投资模式两种类型。前者以德国为代表，强调养老金对于投资风险和长寿风险的保障属性，认为投资是手段和工具，起辅助作用，制度设计上突出发挥保险业的主导作用；后者以美国为代表，强调养老金资产的管理与增值，制度设计上突出发挥基金业、资产管理业的主导作用，在领取阶段强调年金化领取和保险业的作用。

基于经济社会发展阶段、人口状况以及养老金体系结构等因素以及发展第三支柱的初心，中国养老金第三支柱应当选择保障模式，突出强调养老金"长寿风险保障+长期储蓄"的本质属性。中国养老金第三支柱的总体框架如图1所示，个人自行或通过其用人单位，经由具备经营资格的金融机构建立"以养老为目的"的补充养老金计划；计划具有唯一性，并通过中国保险信息管理平台与税务系统对接，以便实现税务监管；金融机构提供不同类型的金融产品并配置于计划之中，无论在积累期还是在领取期，均强调保险保障属性，同时发挥基金等投资管理机构的作用。

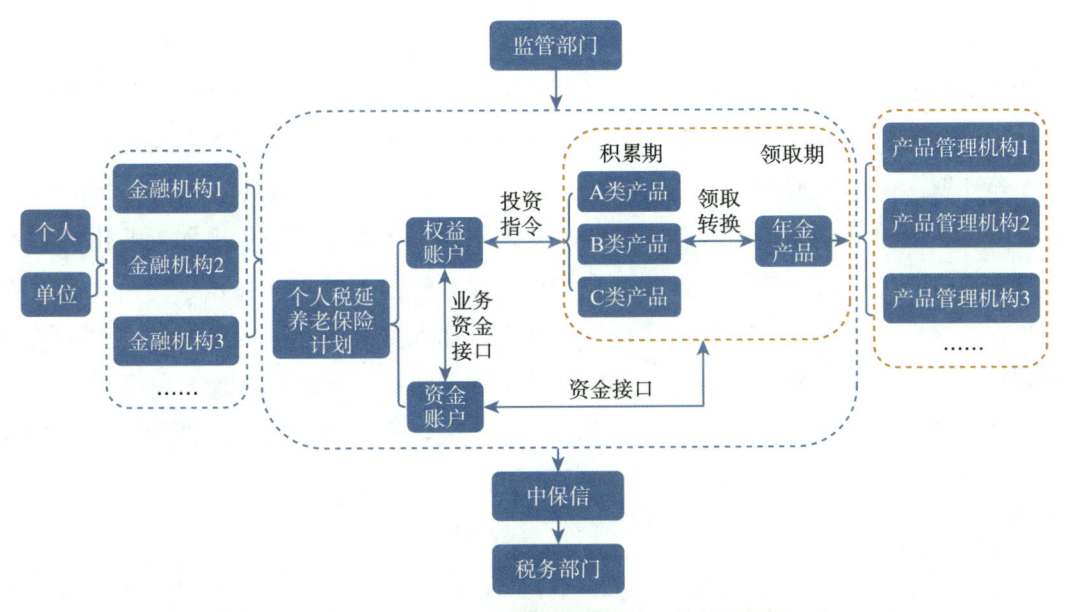

图1 中国养老金第三支柱的总体框架设想

（一）兼容开放

《意见》已经明确保险业先行试点养老金第三支柱，让资本实力雄厚、专业能力突出、经营诚信规范的保险机构先行试点。这也是各国通行的做法。从国际经验来看，有些国家（如德国、英国等）保险业在养老金第三支柱中发挥主导作用，甚至在早期只允许保险业开展此类业务，然后再逐步开放到银行、基金、资产管理等行业。中国建设养老金第三支柱，如何发挥好后发优势，突出保险业核心作用的同时兼容其他金融机构参与，是制度设计时需要考虑的问题。上述制度框架具有兼容开放的特色，各金融机构可以在同一平台上共同参与并竞争。税收优惠政策落地到参保人，具体体现在个人税优养老金计划上，各金融机构经其监管部门核准经办资格，可以从销售（计划设立）、投资顾问（产品推荐及配置）以及产品（合格产品提供及投资管理）等领域参与市场竞争。与此同时，这一制度框架还具有统一平台的特点，即各金融机构为参保人建立的养老金计划，统一通过中国保险信息管理平台与税务系统对接，既可保持计划的同一性，又便于税务监管和金融行为监管。

（二）灵活多样

在上述制度框架下，养老金计划可配置多样化的产品，实现保障和投资双重目的。例如，在积累期，产品类型包括收益确定型、收益保底型、收益浮动型三种类型，投保人可在计划下，根据法律法规规定和自身情况，选择适合自己的资产配置策略。如无自行选择配置，投保人可参与计划下的默认产品配置，不受投保人受教育程度和专业能力的限制。由于产品类型丰富，经办的金融机构可根据自身的优势，研发不同的产品（试点期均为养老保险产品，放开后可为各种不同的金融产品）参与个人税延养老保险计划，丰富计划下可选择的标的产品；同时，也可促使金融机构专注于产品研发、资产管理、财富规划等，提升整体的资产管理水平，为投保人提供更加专业化、多元化的服务。总体而言，计划应具备安全性高、保障性强等特点。在积累期，收益确定型和收益保底型产品在保证最低收益的基础上，加入身故及全残保障责任，体现保险保障功能；收益浮动型产品则通过其稳健策略和灵活性，让投保人能充分享受资本市场发展带来的红利；在领取期，则应要求一定比例转换为年金产品，以保障投保人的长寿风险，提高老年生活质量。

（三）平台增信

从世界范围内第三支柱发展的情况来看，大部分国家第三支柱的参保群体往往比较有限。在中国，作为第二支柱的企业年金制度已经发展10年，而目前的参保人数依然不足城镇职工基本养老保险参保人数的10%。如何提升公众对制度的信心，以及如何设计简洁的框架、提供强有力的财政配套支持，是制度设计的重点。借助具有政府背景的公众平台，不仅可以提升效率和控制风险，还可以起到增信的作用，提升制度的公信力，以最终提高参与率。在上述框架下，计划下设的权益账户与资金账户可分离，权益账户由中国保险信息管理平台记录，登记投保人缴费、投资明细及领取情况；投保人通过关联银行账户实现缴费前和领取后的资金管理；经缴费、投资收益及赎回等形式产生的资金，全部汇入资金总归集账户。银行账户变更，只需在权益账户中进行变更即可，不会导致总归集账户的变更；领取时，只需根据权益账户记录的当前个人银行账户，将总归集账户下资金划拨到当前个人银行账户即可。中国保险信息管理平台是推动商业养老保险税收递延政策真正落地的基础设施，是行业层面搭建的功能强大的统一信息平台,在此平台下可实现对投保人身份校验、税延产品登记、个人账户信息查询,也需要与税务信息系统有效对接,实现投保人纳税抵扣、税务稽查等功能;同时,平台又是个人税延养老保险信息的集中数据库,可为今后的研究、决策以及完善政策提供数据支持。投保人只需登录个人税延养老保险信息系统,即可完成计划下的缴费、投保、查询、领取等功能,对个人来讲操作方便,也便于推行计划的电子化和无纸化,节省运营成本。

三、建设中国养老金第三支柱的主要考虑

发展一个"强调养老风险保障属性"的第三支柱,还是发展一个"强调投资属性"的第三支柱,这是养老金第三支柱制度设计的关键问题。发展模式的选择决定了未来市场发展的方向,也决定了不同金融机构在市场的作用,或者说涉及未来的利益格局,由此成为各方的关注焦点。影响养老金第三支柱发展模式选择的因素有很多,包括经济社会发展状况、现有的养老金体系架构等。基于以下因素,建议中国应当选择"突出保险保障作用兼顾投资"的第三支柱模式,即保障模式。

(一)发展第三支柱的目的是提升养老保障能力与水平

在作出选择或设计之前,首先需要厘清或铭记建设第三支柱的初心或根本目标。当前,中国基本养老保险已经完成"扩面"任务,制度上已经实现"全覆盖",但随着人口老龄化不断加剧、制度赡养率不断提高,加上转轨成本的未负担以及统账混管等问题,基本养老保险制度可持续性不断受到质疑;第二支柱覆盖面过低且日渐固化,无力担负起"提升更广大群众养老保障"的历史使命。给予第三支柱税收优惠政策,发展以商业养老保险为主体的第三支柱,其根本目的在于:用税收政策鼓励人们自主建立养老金计划,为退休生活积累一笔长期安全的养老资产储备,以缓解公共养老金替代率水平逐年下降和养老金缺口等问题,使得更广大的人民群众能够过上美好的退休生活。投资只是手段,而不是根本目的。选择投资模式,会将第三支柱引入歧途。

发展保障模式的养老金第三支柱,突出商业保险在第三支柱中的主导地位,既可以有效实现商业保险在养老保障体系中的两个基本定位:一是基本养老保险的有力补充;二是国家养老储备金的重要来源和组成部分,也可以有效扶持或引领弱小的商业保险稳定健康发展,进而平衡和优化金融结构,实现中国金融的稳定健康发展。

(二)第三支柱属于市场范畴

依据发起或管理主体的不同,世界银行将养老金体系划分为三大支柱:第一支柱

为强制、由政府管理的 DB 型（待遇确定型）现收现付制，即公共养老金，其目的和功能主要是收入再分配，特别是发挥代际再分配的功能；第二支柱是由用人单位（包括企业和政府雇主）发起、由市场管理的 DC 型（缴费确定型）完全积累制（早期以 DB 为主、当前以 DC 为主），主要目的是养老储蓄；第三支柱为个人购买、市场管理的自愿性养老储蓄，是前两个支柱的补充，主要目的是提供补充养老保障。多支柱的制度设计有助于形成政府、用人单位和个人共同分担养老责任的机制，能够更好地适应养老保障各目标人群的需求并实现养老金制度的多重目标（如收入再分配、储蓄和保险等）。从国际情况来看，各个国家均认可个人养老金的金融属性，认可个人养老金属于市场范畴，政府责任通常仅限于提供税收优惠激励以及实施监管。通常而言，负责劳动资源管理的政府部门主导管理公共养老金，并从计划的公平性和非歧视性等角度，参与第二支柱的监管（通常也仅限于计划，而不涉足计划建立后的监管）。绝大部分国家养老金第三支柱的监管由金融监管机构和税务部门负责，前者负责市场行为监管，后者负责税务监管。但由于金融监管体系及养老金第三支柱发展模式的不同，各国具体负责养老金第三支柱监管的部门有所不同。

（三）相比较于美国而言，中国更应向德国学习建设第三支柱的经验

养老金制度是一个国家建立和发展现代化社会经济体系的重要组成部分。设计和推行合理的养老金制度，设定国家、雇主和个人在养老金储备中的责、权、利，必须充分考虑国家治理模式、金融体系特征、民众财富管理传统、社会老龄化状态、养老金储备的当前结构等因素。选择什么样的模式，决定未来的发展方向和空间。德国和美国是当前全球养老金第三支柱两大发展模式或道路的典型代表，前者强调保险保障属性，后者强调投资属性。

基于以下几方面，中国更应向德国学习：一是从国家治理模式来看。德国的国家治理模式推崇制衡与协商并重，鼓励政府、社会组织与民众之间的责任共担，与美国所崇尚的绝对自由放任、绝对三权分立与制衡有着巨大差异。中国传统文化和当代社会形态中的和为贵、家国情怀、协商式民主等价值观，与德国的国家治理模式具有相通之处。二是从金融体系特征来看。德国是典型的银行主导的金融体系，美国是资本市场主导的金融体系，2000 年德国银行储蓄存款及向私人部门贷款额占 GDP 的比例为 213.2%，美国该比例为 87.2%；德国证券市场资本总额占 GDP 的比例为 66.8%，美国该比例则为 154.9%。中国的金融体系与德国相类似，2016 年底银行业资产占金融业总资产的比例为 85%，处于绝对主导地位，其次是信托业的 7% 和保险业的 5%，证券业和基金业仅为 2%。三是从民众财富管理传统来看。欧洲国家的民众普遍有着偏好储蓄的传统，德国尤其为甚，根据 OECD2016 年家庭储蓄的统计数据（32 个国家），2013

年德国的储蓄率为 9.14%（排第 6 位），美国民众的储蓄率长期偏低，仅为 4.92%（排第 17 位）。中国民众的储蓄意识较强，为 38.46%（排第 1 位）。可见，中国与德国的民众在财富管理上具有更为接近的行为特征。四是从人口老龄化状态来看。考察截至 2016 年底 60 岁以上老年人口占比指标，德国达到了 27.4%，显著高于美国同期的 21%。虽然中国同期为 16.7%，似乎好于美国，但从过去 10 年的上升幅度来看，中国在这个指标上年均上升 0.51 个百分点，大大高于美国的 0.38 个百分点。而且，中国发达地区的占比和增速都更高，以上海为例，同期该指标已经高达 31.6%，过去 10 年年均上升 1.08 个百分点。因此，中国人口老龄化的严峻程度更加接近于德国，而非美国。五是从养老金储备的结构来看。德国养老金制度早在 1889 年就开始建立，第一支柱长期占据主要地位，占比为 85%，第二支柱作用较小，第三支柱起步较晚，直到 2001 年才开始建立。相较而言，美国养老金制度具有更为均衡的结构性特征，一、二、三支柱之间的比例关系为 11%、59.1%、29.9%。中国的养老金储备显然更加接近德国的特征，第一支柱占比为主，达到 85%，第二支柱仅为 15%，第三支柱刚刚开始启动。

四、建设中国养老金第三支柱的政策建议

为了更好发挥"后发优势"，少走弯路，尽快建设"覆盖更广大人民群众"的养老金第三支柱，在借鉴国际经验的基础上，提出以下几点政策建议：

（一）税优政策应走向普惠

建议采取比较简明的个人养老金税优方式，主要有两项：一是直接补贴中低收入人群，具体额度可视财政及参保状况逐年确定；二是实行 EET，允许个人在一定额度内税前列支个人养老金缴费，并在投资环节免税，而在领取环节则合并其他收入缴税。

与此同时，进一步考虑税优力度问题。中国制定养老金第三支柱税优政策时，应当给予多大的税优力度，这方面不宜直接照搬国际经验，必须立足于中国国情。当前中国已经出台第二支柱的缴纳比例和税收政策，"企业缴费每年不超过本企业职工工资总额的 8%，企业和职工个人缴费合计不超过本企业职工工资总额的 12%"[①]。根据国家有关税收政策规定，"单位根据国家有关政策规定的办法和标准，为在本单

[①] 《企业年金试行办法》规定"企业缴费每年不超过本企业上年度职工工资总额的 1/12。企业和职工个人缴费合计一般不超过本企业上年度职工工资总额的 1/6。" 2017 年 12 月 18 日发布、2018 年 2 月 1 日起实施的《企业年金办法》规定"企业缴费每年不超过本企业职工工资总额的 8%，企业和职工个人缴费合计不超过本企业职工工资总额的 12%。"修订后的比例与职业年金的缴费比例相一致。《机关事业单位职业年金办法》规定"单位缴纳职业年金费用的比例为本单位工资总额的 8%，个人缴费比例为本人缴费工资的 4%"。

位任职或者受雇的全体职工缴付的企业年金或职业年金（以下统称年金）单位缴费部分，在计入个人账户时，个人暂不缴纳个人所得税"，"个人根据国家有关政策规定缴付的年金个人缴费部分，在不超过本人缴费工资计税基数的4%标准内的部分，暂从个人当期的应纳税所得额中扣除[1]"。为此，建议个人养老金的税优力度确定为12%，即"个人购买个人养老金的缴费，在不超过本缴费工资计税基数的12%标准内的部分，暂从个人当期的应纳税所得额中扣除[2]"。这样在理论上第三支柱与第二支柱达到相同的替代率，以进一步提升个人在养老保障方面的责任[3]。同时视情规定并调整个人缴费的最高限额。

（二）有效提升参与率

一是引入"自动加入"机制。对于中国目前的税收征缴和管理方式来说，由用人单位（同时也是代扣个人所得税单位）代理员工办理加入第三支柱的相关手续，将会大大有利于制度的推广和市场的开拓，有利于参与率的提升。二是打通第一、第二、第三支柱之间资金流动的渠道。中国公共养老金采取统账结合的模式，已经建立了个人账户；企业年金（职业年金）也有个人账户，将来第三支柱也会设立个人账户。三者之间存在功能重叠，甚至市场竞争。应该建立以下制度，以促进三者之间的对接，提升第三支柱的适用性和参与率：（1）允许符合一定条件的参保人将第一支柱中的个人账户直接转移至第二支柱或第三支柱，并实现市场化投资管理；（2）允许离职人员将其企业年金（职业年金）归属个人的资金转移到其第三支柱；（3）对于所在单位未建立企业年金的，允许将企业年金中给予个人的税收政策转移叠加到个人养老金。

（三）突出风险保障和长期储蓄功能

个人税延型商业养老保险计划应当遵循"收益稳健、长期锁定、终身领取、精算平衡"的设计原则，满足投保人对养老资金安全性、收益性和长期性的管理要求。要通过相关政策和制度设计来实现这一目的，主要措施包括：一是保险业先行先试。养老金关系国计民生，也是保险业的战略性增长点，是保险业服务实体经济和民生的重要领域。

---

[1] 《国家税务总局关于企业年金职业年金个人所得税有关问题的通知规定》规定。但职业年金采取强制方式建立，并规定："单位按本单位工资总额的8%缴费，个人按本人缴费工资的4%缴费。"
[2] 若实施直接财政补贴政策，则可依此估算。
[3] 2018年4月财政部、税务总局、人力资源社会保障部、中国银行保险监督管理委员会、证监会联合下发《关于开展个人税收递延型商业养老保险试点的通知》，规定"取得工资薪金、连续性劳务报酬所得的个人，其缴纳的保费准予在申报扣除当月计算应纳税所得额时予以限额据实扣除，扣除限额按照当月工资薪金、连续性劳务报酬收入的6%和1000元孰低办法确定。取得个体工商户生产经营所得、对企事业单位的承包承租经营所得的个体工商户业主、个人独资企业投资者、合伙企业自然人合伙人和承包承租经营者，其缴纳的保费准予在申报扣除当年计算应纳税所得额时予以限额据实扣除，扣除限额按照不超过当年应税收入的6%和12000元孰低办法确定。"

保险业是养老金的先行者、主力军和多面手，具有独特的专业优势，可以有效满足群众的养老保障需求，可以全方位、多角度服务养老金体系建设。支持保险业先行先试养老金第三支柱，可有效保证养老金风险保障和长期储蓄功能的充分发挥。二是建立"默认养老金融产品"制度。"默认养老金融产品"应当体现养老风险保障属性，具有利益稳健、长期锁定、互助共济等特征。三是设置不同产品配置比例和投资范围。如果参保人没有进行产品选择，个人养老金账户资金将自动配置到"默认养老金融产品"中；如果参保人进行产品选择，应要求其将个人养老金账户资金的一定比例（如50%）配置到"默认养老金融产品"中。"默认养老金融产品"机制的引入、认同和推广将在很大程度上缓解个人选择决策的尴尬局面，有效改善因个人资产配置不合理或选择失当所导致的一系列衍生问题。一方面可以简化个人选择决策，为参保人提供稳健的产品配置选择；另一方面也可以充分引导并保障第三支柱发展的正确方向，理顺不同行业在其中的作用。

（四）明确监管的主牵头人

基于中国金融监管现状，建议建立"功能监管与主体监管相结合"的、多部门合作的养老金第三支柱监管模式（见图2）。

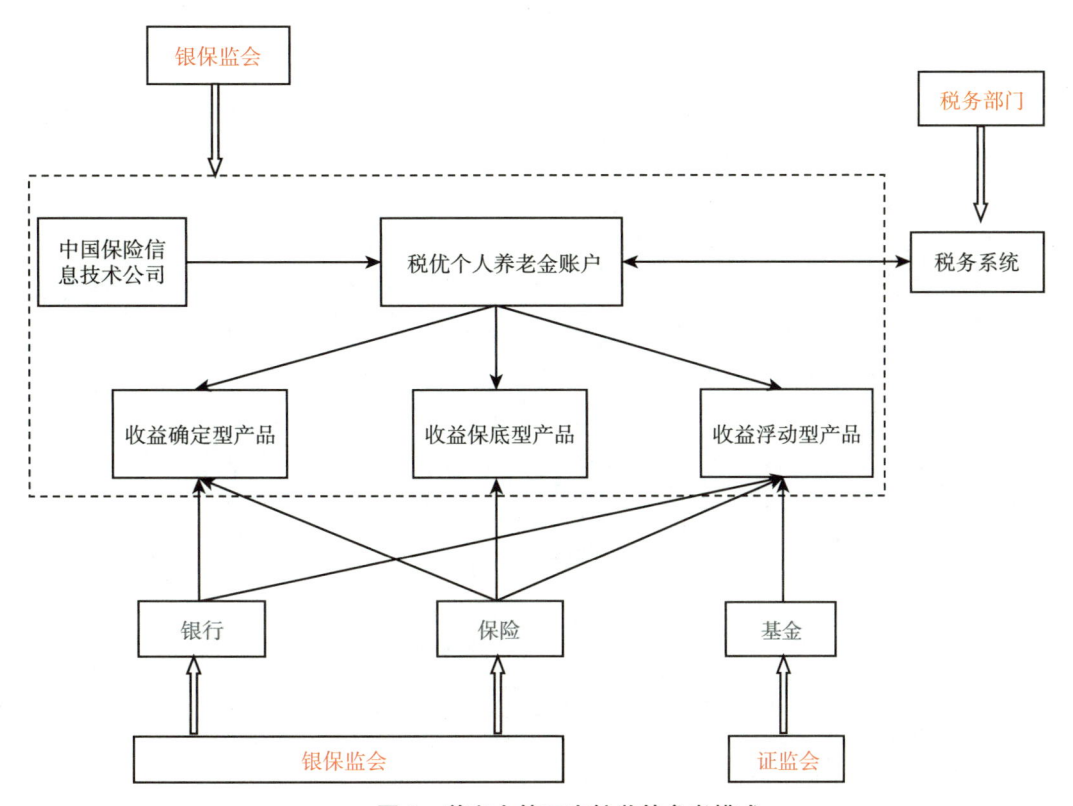

图2 养老金第三支柱监管参考模式

一是财税部门负责税务监管。包括个人养老金税收优惠政策的制定及调整、消费者的税收政策普及教育、税收政策使用效率及效果的评估、税收政策滥用行为的惩处及纠正等，防止逃税漏税，保证税收政策的公平使用。监管手段主要包括跟踪分析账户管理平台和信息系统数据、不定期现场检查和抽查等。二是建立主监管人制度。借鉴欧盟做法[1]，注重个人养老金的风险保障属性，明确中国银保监会[2]在第三支柱中的主金融监管人地位。由中国银保监会会同证监会制定税优个人养老金的运营行为监管规则和标准，并对税优个人养老金账户和运营行为实施功能性监管，包括但不限于个人养老金的账户、产品、销售以及投资行为等。中国银保监会、证监会分别对监管范围内的金融机构实施主体监管。

税优个人养老金在中国是新生事物，也是事关老百姓"养命钱"和福祉的大事，既需要回归本源、借鉴各国经验教训，高起点做好顶层制度设计，也需要根据不断变化的形势，不断进行调整和改革，实现政策初衷。

---

[1] 欧盟在应对金融危机时改革了原有的金融监管框架的体制架构，更注重养老金与保险之间的联系，成立了欧洲保险和职业养老金管理局，专司保险和私人养老金（包括第二、第三支柱）的监管。

[2] 根据2018年3月第十三届全国人民代表大会一次会议审议通过的国务院机构改革方案，银监会和原中国保监会合并，组建中国银行保险监督管理委员会（简称"中国银保监会"）。

专题报告 03

中国商业健康保险发展情况及政策建议[*]

摘要

我国已形成以基本医疗保障为主体、其他多种形式补充的多层次医疗保障体系。在这一体系中，商业健康保险发挥着基本医疗保险运行载体、基本医疗保障补充、医疗管理和服务水平提升的助推器等重要作用。近年来，随着国民收入和社会财富的快速增长，人民群众健康意识不断增强，健康保险迎来重要的历史发展机遇期，市场规模增长明显加快，2017年原保险保费收入4389.5亿元，健康保障水平也在不断提升。根据不同预测，未来商业健康保险市场将保持良好发展势头，2020年市场规模将达1万亿~1.3万亿元。然而，我国商业健康保险的发展情况与其政策定位之间还存在一定差距，比如产品雷同程度高、医疗费用管控能力弱、健康管理服务开展不足等问题，难以完全满足广大群众对多层次医疗保障的需求。

为达到"新医改"对商业健康保险的定位要求，本报告建议在政策层面完善大病保险经办顶层设计，建立医疗数据收集与脱敏的法律体系，并推动商业健康保险参与医疗服务供给侧改革，以加深保险和医疗健康服务供给方的融合发展，发挥商业保险在助力公立医院改革与非公医疗机构发展中的作用。此外，保险业自身也须加快提升大数据运用能力，构建管理型医疗保障服务闭环。

一、我国商业健康保险发展情况

近年来，随着国家加快推进医疗保障体系改革，人民群众健康意识不断增强，国

---

[*] 本报告所引用数据，除特殊说明外，分别来自中国银行保险监督管理委员会官网（www.cbrc.gov.cn）、《中国保险年鉴（2017）》（中国保险监督管理委员会，中国保险年鉴社2017年版）。

民收入和社会财富的快速增长，我国健康保险迎来重要的历史发展机遇期，市场规模快速扩大，保障水平不断提升，服务多层次医疗保障体系建设的能力也取得了长足进步。

（一）市场发展情况

1. 市场规模

一是市场规模现状。目前经营健康保险的公司共有149家，包括6家专业健康保险公司、75家人身险及养老险公司和68家财产险公司，在售产品共4283款。2014年以来，商业健康保险市场空前活跃，健康险原保费收入连年迅速增长，年复合增长率40.4%，而同期寿险和财产险原保费收入年均增速不足40%和10%，商业健康保险已成为中国商业保险发展的重要增长点。2016年以来，中国保监会强化"保险姓保"的监管导向，引导行业回归保障，市场规模增速有所下滑（见图1）。

图1 2010~2016年健康保险保费收入及增长率

二是未来市场规模预测。可以预见，未来随着我国人口老龄化、人民健康需求不断上升，商业健康保险市场将继续呈现良好的发展势头。如果以2012~2017年间保费收入五年复合增长率达38%为依据（见图2），预计到2020年健康保险市场规模将超越1万亿元。此外，根据艾瑞咨询发布的调研数据，2016年我国商业健康保险市场渗透率为9.1%，人均保费支出3118元，2011~2016年复合增长率42%。其中，月收入6000~20000元的人群购买健康保险的意愿很高，但目前他们的保障需求远未得到满足，产品供给极其匮乏。因此，未来中等收入人群将成为商业健康保险的主要购买人群。乐观估计，假设2020年保险渗透率达26%，人均每单保费将增长到3500元，市场规模将达1.3万亿元。

图 2　2012~2017 年中国商业健康保险保费收入情况

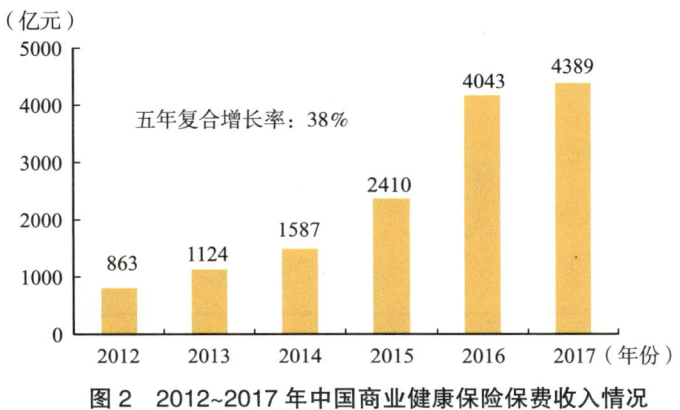

2. 保险深度和保险密度

2012 年以来，商业健康保险深度总体呈上升趋势，增速数倍于保险整体深度；2016 年达 0.54%，同比增长 50.27%，而保险市场总体同比增长为仅为 15.87%（见图 3）。同时，商业健康保险深度相对增长率从 2013 年的 10.9 倍下降到 2016 年的 3.16 倍（见图 4）。这组数据反映出在增量市场中，我国人民群众在不同保险种类购买偏好上对于健康保险的倾斜程度可能存在降低，因此健康保险产品及服务的创新与改革以及健康保险购买知识的普及迫在眉睫。

图 3　2010~2016 年健康保险深度变化情况

与商业健康保险规模保费收入增长规律类似，2012 年以来我国商业健康保险密度进入较快增长阶段，五年间从 2010 年人均 50.5 元健康保险保费快速增长到 2016 年 287.54 元保费，增幅高达 5.7 倍。但根据《2015 年我国卫生和计划生育事业发展统计公报》数据分析，2015 年我国人均卫生总费用 2952 元，商业健康保险人均卫生支出占比不足 6%，与美国超过 35%，法国、加拿大、德国、澳大利亚等发达国家普遍超过 10% 的数据相比，我国商业健康保险在保障人民群众医疗卫生需求所起到的作用仍处于较低发展水平。

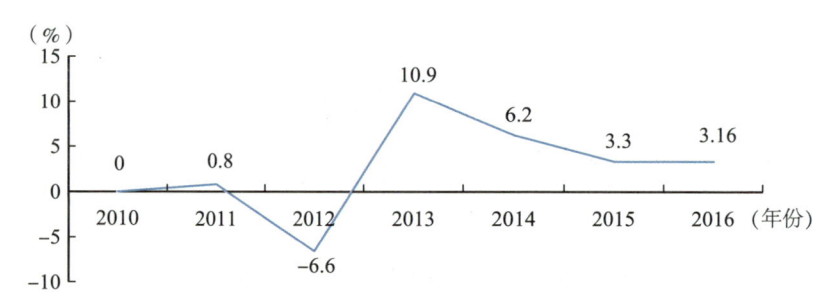

图4 2010~2016年商业健康保险深度相对增长率变化情况

3. 理赔支出

2013年以来，健康保险赔付支出增长率保持30%以上，保障能力提升显著（见图5）。

图5 2009~2016年健康险赔付支出及增长率

从商业健康保险赔付支出与健康保险规模保费收入比值来看，除2011年超过50%以外，其余各年均在40%以下，尤其从2013年开始，商业健康保险赔付占收入费用比值呈现持续下降的趋势，2016年仅24.75%，下降率达21.81%，与美国商业健康保险赔付率普遍高达80%而言，处于较低水平。这一方面可能是由于中国目前商业健康保险主要购买人群较为年轻，还是未进入疾病高发时期；另一方面可能与中国健康保险产品内容和服务设计以及成本核算模式有关。

从赔付支出占卫生总费用比重来看，2016年健康保险占比达2.16%（见图6），较美国等发达国家37%的比例存在巨大差距，说明健康保险在医疗卫生领域的保障能力仍需加强。

图6 2009~2016年健康险赔付支出占卫生总费用比重及增长率

4. 市场供需分析

根据中国保险行业协会发布的《2018中国商业健康保险发展指数报告》，中国商业健康保险发展指数为63.0，与2017年（60.6）相比虽有所提升，但整体发展处于基础水平，仍有很大提升空间。国民对自身所面临的健康风险意识以及对商业健康保险保障的认知方面虽有所增强，但落实到商业健康保险的规划配置与具体实践方面表现不足。

一是保险需求侧特点。

根据调查，消费者对商业健康保险的认知与地区经济水平、个人收入、年龄等因素相关，经济水平越好、收入越高、年龄在20~44岁的个人，对健康险的认知程度较高。居民对重大疾病保险和医疗保险的认知度大幅高于护理保险、失能收入损失险和高端医疗险等其他健康险。

商业健康保险在受访群体中的覆盖度较低，购买比例不足10%。健康风险的覆盖形式比较单一，大部分人仍依靠基本医疗保险与自筹资金。调研中，年收入50万元及以上的受访群体配置商业健康保险的意愿最低，保险配置集中在高端医疗险产品上。

个人的知与行之间存在较大偏差，对于健康风险的认知并未能转化为购买商业健康保险的行动。认为自己身发生重大疾病的风险非常大的受访者中，仍有82.1%尚未购买商业健康保险。个人首次购买商业健康保险时，实际案例（如：他人因病面临经济困窘）是触发购买行为的主要因素。"保险行业内人士"是受访者获取商业健康保险相关资讯的最主要渠道，"保险代理人/业务员"也仍然是当前商业健康保险的最主要购买渠道。做出购买决策时居民最关注的是保险产品责任范围与保险公司实力。

在购买商业健康保险的对象选择上，受访者表示将优先考虑为自己的父母投保商业健康保险，其次是为自己投保，但实际行为中多数将自己和子女作为商业健康保的首次投保保障对象。对已配置商业健康保险的人群来说，配偶和子女是其优先考虑的投保对象，对未配置商业健康保险的人群来说，会优先考虑自己父母。

结合被保险人选择与被保险人年龄两个因素进行分析，受访者首次投保商业健康保险时：选择为自己投保的，大部分处于个人职业发展的初期（19~35岁）；选择为子女投保的，子女通常尚未就读大学（0~18岁）；选择为父母投保的，投保时父母往往已年满56周岁。

受访者中近半数认为，价格过高是当前商业健康保险无法满足自己购买需求的主要因素。年收入50万元及以上受访者中，有16.3%的人认为健康险的覆盖范围不能满足自己和家庭的需要。

未来一年内，受访者愿意在购买商业健康保险方面追加的投入，大致在2000~5000元之间。健康体检是居民相对更愿意额外支付费用的健康管理服务项目，但受访者中也有近1/3不愿意为商业保险公司所提供的健康管理服务支付额外费用。

二是保险供给侧特点。

在商业健康保险经营方面，个人商业健康保险经营情况普遍优于团体商业健康保险。从产品形态看，受调研保险公司普遍认为提供意外医疗保险和住院补贴保险的经营难度相对较低。有近八成公司认为当前商业健康保险产品供给不能满足市场需求，亟待破局的发展瓶颈主要在医疗健康市场环境（32.1%）和医疗健康数据获取（25.0%）两个方面。

产品形态方面主要以医疗险产品为主（54.7%），责任期限方面主要以短期产品为主（70.7%）。商业健康保险产品投放中，多采取长短险结合、主险和附加险产品结合的组合方式等进行销售。

在个人商业健康保险方面，2017年新保排名前三的大部分是提供重大疾病给付、住院医疗费用补偿和意外医疗费用补偿责任的产品；在团体商业健康保险方面，2017年新保排名前三的主要是提供住院医疗保障、补充医疗和重大疾病保障责任的产品。

从保额来看，疾病险平均保额为17.4万元，相比重大疾病医疗支出成本，民众健康风险覆盖方面保额水平仍有较大提升空间。

对于未来商业健康保险产品投放，受调研保险公司均计划增加重大疾病给付责任的商业健康保险产品供给，96.4%的保险公司计划增加提供住院医疗费用补偿责任的健康险产品供给，82.1%的公司计划增加提供医保目录外自费药费用补偿责任的产品供给，78.6%的公司计划增加提供门急诊医疗费用补偿责任的产品供给，另有67.9%的公司计划增加包括海外就医保障责任的产品供给。

（二）大病保险经办情况

城乡居民大病保险，是基本医疗保障制度的拓展和延伸，是对基本医疗保障的有益补充。2017年，大病保险已经覆盖全部城乡居民参保人员，超过1700万人受益，在基本医保报销水平基础上，平均提高患者报销水平13个百分点，成为我国多层次医疗保障体系中的重要托底性制度安排，有效减轻了患者个人和家庭的自负医疗费用负担，缓解因病致贫、因病返贫问题的发生。

商业保险公司在大病保险经营管理过程中，探索建立了政府主导、专业运作、特色服务的大病保险经营管理模式，通过发挥保险机制的杠杆作用，进一步提高参保群众的保障水平，提高政府运行效能和医保服务水平，创新公共服务提供方式，取得了"群众得实惠、政府得民心、保险公司得发展"的显著成效。具体来看，主要体现了4个特点：

一是发挥专业优势，在保险产品、信息系统、管理模式、风险管控等方面突出大病经办管理专业化。

二是创建联合办公机制，积极探索与地方政府部门和经办管理机构共同搭建联合办公平台，实现专业技术优势和政府行政优势的有机结合。

三是推行"一站式"即时结算，建立一体化支付结算平台，改变了传统的"先垫付再报销"模式，方便群众就医结算。

四是在提供专业化的大病保险经办管理服务的基础上，开发更多层次的健康保障产品和服务，推进现代化、科技化手段的应用，满足人民群众多层次健康保障需求。

（三）与医疗机构合作情况

目前商业健康保险赔付占我国卫生总费用的比例不到5%，在与医疗服务体系、特别是占主导地位的公立医院的关系处在次要地位，双方尚未建立起对等、长效的合作关系。但近年来，我国医疗体系改革的不断深化，一方面，以家庭医生为核心的分级诊疗制度的推进持续加强基层医疗服务能力建设；另一方面，民营医院、公立医院国际部/特需部等非公医疗市场迅速发展，这些都为商业健康保险加深与医疗服务供给方的融合发展提供了较大的空间。

1. 商业保险参与家庭医生制度建设的探索

目前，无论是家庭医生制度本身，还是商业保险的参与模式都处于初级试点阶段，部分家庭医生体系建设步伐较快的地区——如上海、广东开始探索与商业保险公司进行合作。2018年，广东梅州市启动"家庭医生+健康保险"的家庭医生签约式服务模式，由广东省家庭医生协会联合保险公司推出居民与家庭医生和商业保险的双向签约模式，为推动家庭医生签约式服务的落实探索新路径。

而在此之前，许多保险公司已开始主动尝试医生问诊服务与互联网结合的发展模式，在互联网平台上的医生发挥类似家庭医生的作用。例如，"平安好医生"采用线上家庭医生的模式，通过其线上医疗服务资源和流量入口，绑定保险公司商业健康保险产品。参保人在购买"e家保"等平安产品后，可通过平安好医生平台进行线上问诊和开药，并由"e家保"为其报销医疗费用。

2. 商业健康保险与非公医疗机构合作的探索

近年来，商业健康保险公司积极探索与民营医院、公立医院特需/国际部等非公立医疗机构进行合作，为不同层级客户提供差异化医疗保障服务。一是高净值客群，合作机构主要是高端民营医院或公立医院国际部。企业家、大公司中高层高管、高收入自由职业者等高端客户，注重隐私和就医体验，价格敏感性较低。虽然一般缴纳基本医保，但绝大部分不在定点医疗机构就医，商业健康保险是其基本保险，其医疗消费渠道主要是公立医疗的特需医疗或者民营高端医疗机构，或者赴境外就医。二是中端财富客群，合作机构主要是公立医院普通部和特需部，以及一些专科的民营医院。这部分客户较为注重医疗品质和体验，同时也关注医疗服务的性价比。因此对于重大疾病、住院等需求主要遴选较好的公立医院的专家进行就诊，而对于个性化的非基本医疗需求，如医疗美容、口腔保健、中医养生等，也会选择一些特色的民营医院。三是大众客群，合作机构主要是各层级公立医院。该人群可支配收入较少，主要依托国家医疗保障体系进行医疗就诊，对非公医疗机构的需求较少，多数为商业健康保险公司统购及赠送的医疗服务，如洁牙、保健等。

目前，商业健康保险与非公医疗机构合作的模式主要有两种：一是作为具体商业健康保险的承接服务网络机构，客户在出险后到合作医疗机构就医，并获得导诊、直接结算等服务；二是批量采购服务，并获得优惠价格，如口腔洁牙、基础按摩等。

二、商业健康保险发展问题及其原因

目前，我国商业健康保险的发展情况与其政策定位之间还存在一定差距，尚未达到"新医改"对商业健康保险的定位要求，也难以完全满足广大群众对多层次医疗市场的需求。这些挑战与不足的背后，也隐藏着商业健康保险多年来发展不尽如人意的深层原因。

（一）主要发展问题

1. 尚处于发展初级阶段

虽然目前市场上的商业健康保险险种已经有4000多个，但产品之间雷同程度较高，主要是重大疾病定额给付保险（简称重疾险）、住院医疗费用补偿性保险和住院津贴等几类保险，其中重疾险的市场份额尤其显著，而高额医疗费用保险、收入损失保险、长期护理保险、综合医疗保险以及专业医疗服务等的市场占比较小。

2. 医疗费用管控能力薄弱

虽然从国际经验来看，医疗保险公司作为支付方对医疗资源的合理配置有很大的影响，但我国商业保险公司的医疗费用管控能力普遍较弱。面对病源充足的公立医院、特别是三级医院，商业保险公司的谈判能力有限，很难建立可以影响医院医疗行为和医药费用的深层次合作机制。同时，保险公司自身尚未形成一张覆盖广、效率高、可控制的合作医院网络。因此，保险公司只能担任事后理赔的角色，其费用管控能力无法延伸至前期预防、中期治疗、后期康复等整个诊疗过程。保险公司是医疗费用的支付方，但对费用发生源头却缺乏有效管控能力，造成健康保险高赔付，带来较大的经营风险。

3. 健康管理服务开展不足

对医疗流程参与程度弱也导致商业健康保险"重事后赔付，轻事前预防"的问题，只关注被保险人得病后的经济补偿，而对事前的预防保健、健康教育和健康管理重视不够。许多保险公司对于新型的管理式医疗产品、长期护理产品开发兴趣大，但实施条件不足、观望多、实践少。

（二）存在问题原因

1. 大病医保经办业务方面

一是项目筹资与保障水平不匹配，保险公司经营风险较大。从目前情况看，大病保险项目的筹资水平偏低，人均筹资水平大多为基本医保人均筹资总额的5%，甚至更低。一些地区公布的招标方案，筹资水平偏低，保费收入无法弥补赔款。部分地方政府和相关部门对于商业保险公司必要的、合理的经办管理费用和盈利空间不予认可，将结余空间压缩到很小。

二是政府与保险公司双方权责不对等，保险公司较为被动。有些社保部门在大病医保委托经办过程中，仅仅把商业保险公司作为出纳环节，相关保障方案确定等环节大部分由政府研究确定，保险公司参与机会较少。大病保险业务合作协议基本要按照政府预先拟订的版本签署，保险公司提出的修改建议很难被采纳，导致许多协议内容存在违背平等、公平原则的现象，合同双方权利义务不对等现象比较严重。如对招标方约束较少，往往仅承担拨付保费义务，且实际中很难及时拨付，甚至存在按月拨付保费的情况。个别地方将双向的风险调节机制变成了单向调节，保险机构承办大病保险业务的超额结余要返还，亏损则要公司自己全部承担，总体上缺乏风险共担、利益共享的长效机制。

三是部分地方必要的数据及信息系统支持不够到位。在招标环节，当地政府提供的基础、历史数据和相关资料往往较为简单，限制了保险公司精算定价优势的发挥。在承保环节，提供的参保人员名单和信息往往不完整、不准确，以致保险公司难以核实出险人的参保信息。最后，在承办过程中，一些地方以信息安全为由，拒绝开放基本医保信息系统接口，致使保险公司大病保险系统无法与其实现互联互通，即时结算工作无法开展，影响参保群众就医报销，更难以对医疗费用进行有效管控。

2. 与医疗卫生和健康服务行业合作机制方面

一是与公立医院未建立合理的风险共担机制。目前商业健康保险赔付占我国卫生总费用的比例不到5%，在整体医疗保障体系中仍处于辅助位置，在与医疗机构特别是公立医院对接的中"话语权"微弱。健康保险公司和医院之间没有经济上的共担机制，做不到风险共担、利益共享，因此形成不了共同控制风险的局面。健康保险运营服务及风险控制与医疗过程紧密相关，但我国商业保险公司得不到医疗机构分享的必要诊疗数据，给保险产品的设计、定价、创新带来困难，同时也难以介入医疗服务选择的过程，无法认定医疗服务内容的合理性，只能充当事后赔付的角色，难以管控理赔数额。

二是与社区卫生服务体系合作模式尚处于摸索阶段。我国正推进的分级诊疗体系、家庭医生制度建设处于初级探索阶段，无论从服务供给还是保险保障角度来看，双方合作的条件均尚不成熟。首先，社区医疗水平有待提升，医务人员培训和资质认定尚不规范，导致家庭医生签约率不高，制度对分级诊疗并未起到显著的推动作用。其次，商业健康保险覆盖深度和广度有待提升。大部分商业保险产品的保障范围尚未覆盖社区卫生服务领域，仍以二级以上公立医院为主。此外，保险公司健康管理服务能力不足，对事前的预防保健、健康教育和健康管理重视不够，有悖于与家庭医生制度的初衷。最后，虽然广东、上海等部分地区已开始探索家庭医生结合健康保险的发展模式，但由于各地区、各层级社区医疗服务卫生发展不均衡，在服务模式、经营管理能力与人员技能上差异较大，地区经验难以得到广泛的借鉴和复制。

三是公立特需部/国际部与商业健康保险公司合作意愿不强。目前，除了少数医院外，商业保险公司在与大部分公立医院特需部及国际部的合作中仍处于弱势地位。由于客源充足，这些机构对商业保险公司引流需求不高，在数据交互、系统直接结算等方面合作意愿较低。保险公司与医院的数据尚未对接，不能实现双方数据交换，费用无法实时结算。因此商业保险公司不能实时掌控医院的治疗过程，同时不能掌握同样疾病诊治中被保险人医疗费用，商业保险公司对医疗费用控制力度较弱，难以有效发挥风险管控，合理配置资源的作用。

四是民营医院发展不规范，消费者信任度低。虽然民营医院与商业健康保险险公司合作意愿较强，但目前我国民营医院仍处于发展初级阶段，民营医院在整个国民医疗体系中发挥作用较小，客户量小，且医疗服务行为不规范的现象比较突出。民营医院连锁化、规模化、信息化不足，缺乏衡量民营医院服务能力的行业标准，客户对其缺乏信任，保险公司对其治疗行为的监控手段有限，难以控制成本。民营医院受经济利益的驱使，对商业保险客户可能会发生小病大养、冒名检查、分解住院、超病情用药等行为，不利于商业保险医疗费用管控，严重影响了合作发展。

五是其他健康产业滞后导致相关保险产品发展迟缓。疾病预防、健康管理、老年人护理照料等其他健康服务产业在我国发展相对滞后，服务供给的不足也导致了相关健康保障产品的发展迟缓。以健康管理为例，我国第三方健康管理机构大都处于初期发展状态，管理、技术与覆盖面尚不成熟，且长期发展能力存在不确定性，而保险产品大都为中长期产品，需要为客户提供的是长期、稳定可靠的健康服务，第三方机构难以满足险企的需求。大型保险公司也尝试建立自己的健康管理平台，但仍需要较长时间的积累。

此外，护理保险的发展也面临类似的问题：一是我国缺乏成熟的护理体系；二是缺乏统一的护理需求评估体系和认定标准，导致护理产品后续运营缺乏实操性、保险公司在产品开发上停滞不前。

3. 精算定价及风险管控的数据基础薄弱

健康保险产品的精算定价和风险管控基于大量的经验数据，包括人口死亡率、疾病及伤残发生率、医疗费用水平及增速、地区间差异、投资收益率、管理费用率等多种复杂因素。我国商业健康保险开展的时间较短，保险公司积累的经验数据不足，与医疗机构之间、各保险公司之间也没有实现信息共享，导致缺乏对疾病治疗费用的深度分析以及参保群体费用风险的科学评估，缺乏对医疗服务临床合理性的判断以及漏失欺诈、不合理医疗行为的检测，缺乏技术手段对医疗质量及费用的合理评估，长期控费效果欠佳。因此，保险公司对于费用报销型医疗险、特定疾病保险的开发与创新颇为谨慎，失能收入保险、护理保险的开发也是长期来停滞不前，市场滞于价格层面的竞争、行业收益较低。

导致数据基础薄弱的因素包括：一是数据隐私保护风险。医疗隐私的泄露会导致歧视、诈骗、骚扰、人身伤害等诸多严重问题，必须平衡数据使用和隐私保护之间的关系。大数据时代的来临导致匿名化更难，以往相对安全的数据类型在大数据时代也可能分析出个人敏感信息。二是相关法律亟待完善。首先是数据权限的问题，目前我国法律尚不能很好地解释和界定健康数据的权属问题，在实践中存在健康数据所有权到底属于患者个人还是医院的争议。这种归属权的模糊性，不仅掣肘数据的授权使用，也给患者的个人隐私保护埋下隐患。另外，数据的处理、使用、监管也需要相关立法支持。

三是系统对接技术标准不统一、医疗数据碎片化。商业保险公司在经办大病保险与基本医保的过程中,需要与医保经办机构、人社信息中心、医疗机构进行系统对接与数据传输。尽管政策文件早有规定,但在实际落地过程中存在诸多阻碍,包括多口对接造成系统建设成本高,以及数据完整性不足导致使用效果差等。

三、加强商业保险服务"新医改"能力的若干建议

(一)政策层面建议

1. 完善大病保险经办顶层设计

一是推动基本医保与大病保险经办的一体化衔接。作为基本医疗保险制度的补充,大病保险应与基本医保的管理运行形成体系,完善系统、数据的沟通机制不足,消除两项制度之间的割裂状态。具体建议包括:首先,循序渐进改变保险公司仅能获得"事后"报销数据的局面。建议参保人员的医疗费用达到一定标准(但尚未达到大病起付线,如起付线的50%)时,相关的医疗数据和报销信息就传输到保险公司系统中,允许风险监控提前介入,从而有效控制医疗成本。这种"渐进式"的共享机制,既可以解决商业保险的燃眉之急,同时在这一过程中,政府和相关部门也可以同步完善法律法规、共享机制的建立,为日后基本医保和大病医保全面衔接打好基础。其次,加快推进保险业参与基本医保整体经办业务的步伐,明确路线图和时间表,形成政府委托部门统一思想、规划运作,保险公司长远规划、长期投入、共同发展的保障模式。

二是完善大病保险筹资、定价、风险调节机制,确保可持续发展。首先,建立科学合理、行业统一的定价机制。建议对大病保险的筹资与保障水平进行精确测算,确定行业统一的定价模型。其次,建立符合当地医疗水平、动态调整的大病保险筹资机制,建立与当地经济社会发展水平、患大病发生的高额医疗费用情况、基本医保筹资能力和支付水平、大病保险保障水平相一致的动态调整机制,适度提高大病保险的筹资标准,避免出现筹资与保障水平严重不相匹配的情况。最后,完善经办费用管理机制,按照保本微利的原则,明确规定项目经办费用范围,并且不得低于基金支出的一定比例,防止各地政府相互对照,不断压低大病业务经办费用。

三是加强监管政策落实,确保大病保险合规经营。首先,严格落实双向调节机制,对大病保险的超额结余及政策性亏损建立双向调节机制,实现风险共担。其次,推进商业保险机构信息系统与医疗机构、基本医保系统实现有效对接,进一步提高大病保险风险防控能力和"一站式"即时结算服务水平。最后,加强对大病保险的市场监管

和查处力度。对于恶性竞争行为、无理由拒付赔款等违规操作等损害行业形象的保险公司，应坚决及时终止其大病保险承办资质。

2. 建立医疗数据收集与脱敏的法律体系

一是规范健康数据的获取。首先，通过非医疗机构平台收集的数据，通过隐私条款或其他方式明示收集、使用信息的目的、方式和范围，且经被收集者同意。其次，使用医疗机构共享的数据，则需设置数据保护手段，通过有效的脱敏措施，使数据无法识别特定个人且不能复原。

二是出台健康医疗数据匿名化的法律法规。我国健康医疗大数据的价值挖掘面临法律风险，使海量数据处于"沉睡"状态。建议借鉴美国、日本等国家经验，出台明确保护个人信息隐私权的法律法规。

3. 推动商业健康保险参与医疗服务供给侧改革

一是明确商业健康保险参与医疗服务控费角色定位。目前，商业健康保险公司与公立医院特需、国际部及民营医院的合作存在合作不深入、模式无法快速复制等瓶颈，亟须在政策上给予明确支持。对商业健康保险，明确其参与医疗服务控费的管理角色。对非公医疗服务机构，明确其服务提供方及费用管控执行方的角色，要求其支持和配合商业健康保险公司对于住院管理与医疗费用的控制活动。

二是引导商业保险参与家庭医生制度建设。从国际经验和国内试点来看，探索居民与商业保险和家庭医生的双向签约机制，是商业健康保险发展的可行路径。因此，建议结合基本医保与商业保险的各自优势与定位差异，建立"居民、家庭医生、商业保险"的新模式。这一模式可采取多种形式。首先，商业保险公司参与家庭医生基本医保的管理。参保人可使用医保基金购买符合条件的、以家庭医生"守门人"模式为核心内容的商业健康保险产品和健康管理服务。而保险公司承担主要的理赔责任，并负责对家庭医生的管理、监督和评价。其次，商业保险公司开发基本医保范围外的补充性家庭医生保险产品，在医疗服务项目、支付比例、医生及医院网络等方面进行补充。

为深化探索这一模式，建议在政策层面开展以下鼓励与引导：首先，继续细化落实家庭医生签约制度，提高社区医疗水平，提升签约人数和签约意愿；其次，规范社区医疗体系管理，统一、共享社区医疗数据，以降低家庭医生制度的逆向选择和道德风险发生率，保证商业保险的风险管控；再次，探索税优、扩展个人医保账户资金用途等政策，支持商业保险探索开发以家庭医生服务为主要保障内容的产品；最后，规范商业保险的引流行为，防止出现家庭医生推销商业保险的现象。

（二）医疗卫生机构发展建议

1. 积极推进数据开放与信息对接

一是积极参与数据开放过程。首先，提高数据的实用性及质量，可对不同层级用户提供其可读的格式和应用，并提升数据质量，可依据国家制定相关标准以及自身实际情况，对上传数据的格式和内容等进行定期检查和评估。其次，依托医联体的建设，相关医疗数据可在统一平台集中汇总，在提高数据标准化的同时，也方便集中管理，保险公司等企业也能够更好地进行对接，避免逐家医院对接带来的系统开发和沟通成本。

二是完善医疗机构、医保经办机构、商业保险机构间的信息对接。首先，优化电子病历信息系统，持续推进医院信息化改造工作，保障医院和医保经办机构、商业保险机构之间信息的无缝衔接。完善的电子病历系统可以实现病案首页信息的快速读取和编码，有效提高结算率，减少大量由于没有得到及时结算而导致的DRG（诊断相关分组）病例脱失。其次，明确鼓励医疗机构与保险公司完成财务系统对接。真正实现系统直接结算，形成支付方与服务方的双向联动，不仅对广大患者提供就医便利，提升就医体验。更加有助于改善医院收入结构，拓宽收入来源，促进医院改革。

2. 加强商业保险公司在公立医院改革与非公医疗机构发展中的角色定位

建议鼓励商业保险公司参与家庭医生制度、分级诊疗体系等的改革，加强行业在诊疗秩序和规范建设中的作用。

一是充分发挥特需、国际部在公立医院改革过程中的试验田作用。公立医院特需部、国际部不仅具备市场化经营的经验，还具备与保险公司密切合作的经验。目前，公立医院普遍存在体量大、制度固化的特点，公立医院的特需部、国际部可以作为公立医院改革过程中的试验田。建议优先在公立医院特需部、国际部开展优化薪酬结构、按病种、按人头的付费模式，摸索一套与商业保险公司行之有效的合作模式并逐渐推广至公立医院普通部。

二是建立完整的非公立医疗机构评审、认证标准。首先，对民营医院开展等级医院评审，明确规则，缩短周期，政府制定标准，将具体评审推给第三方协会等组织。其次，对门诊部、诊所等医疗机构，推动制定并实施认证标准。加速行业优胜劣汰，以市场的力量实现供给侧结构性改革。认证标准要融合政府医疗机构设定标准、保险公司监控要求以及患者评价要素等内容，成为政府医保、商业保险公司、患者认可的标准。

三是鼓励连锁非公医疗机构发展。目前在门诊部、诊所领域，具有一定规模的连锁机构较少，个体诊所占据绝大多数。亟待动医疗集团、医生集团以及大医院建设连锁型的门诊部、诊所，构建品牌优势和资源联动，走公立医疗发展的混合所有制。大规模发展中端连锁机构,按照严格的医疗设立标准,淘汰低端门诊部、诊所。由此,资本市场愿意大规模投资,医务人员招聘及培养具有可行性,民众更加信任,信息化也具有规模化效应。

四是大力推动多点执业,鼓励民营医院发展。目前,民营医院人才业务水平与公立医院存在较大差距,不利于形成多元化办医的竞争格局。当前的体制下,医生职业生涯发展、医疗实践、后续教育多依赖于公立医院平台,影响民营医院发展,医师多点执业是打破人才流动僵局的重要举措。建议完善医师职称与科研归口管理办法。在组织科研项目、医务人员培养体系中允许有条件的民营医院加入,对不具备条件的民营医院,可协调公立医院的相关培训机构,为其提供培训机会。当民营医院发展成为国家医疗体系中重要的组成部分,充分发挥应有的作用,作为其主要支付方的商业保险才能在国家医疗保障体系中承担其相应的角色,为健康中国建设贡献力量。

五是推进家庭医生服务评价与激励机制。对于签约人群达到一定规模且相对稳定的家庭医生,赋予协助管理签约人群的权力与激励机制。由家庭医生按照地区规定的转诊标准,来判断居民转诊的适应证。未经家庭医生同意,居民自行至上级医院就诊产生的医疗费用,保险公司不予支付或减少支付比例。经由家庭医生转诊至上级医疗机构产生的医疗费用,家庭医生有权进行审核,并可对其合理性提出质疑,经商业保险公司复核后可以按相关规定不予支付或减少支付。赋予居民自由选择家庭医生的权利,让居民根据家庭医生服务质量、自己的意愿来决定和改变注册家庭医生,而家庭医生通过竞争赢得居民的签约注册。

(三)保险行业发展建议

1. 推动专业化发展

商业健康保险是一个专业度高、涉及领域广泛的行业,必须坚持专业化经营道路,注重数据的积累和分析,强化专业人才队伍建设,搭建科学的数据平台和标准体系,加强在产品设计、服务模式、组织形式等各方面的创新。同时,不断加大与医疗、医药、健康产业的融通合作。

2. 适时建立并更新商业健康保险支付参考目录

国家基本医保目录的建立原则为保基本,商业健康保险作为补充和中高端保障,可建立商业健康保险支付目录,与基本医保目录(药品、诊疗项目、医疗服务设施标准)无缝链接,形成互补。通过完善医学编码、病例分组、临床路径等相关技术标准,并与建设分级诊疗制度保持一致,可对不同级别医院实行差异化的报销范围和报销比例,助力解决大额医疗保障与分级诊疗制度的落实。

3. 建立基于医疗健康数据的人群细分及精准定价机制

最近两年出现并热销的"网红"医疗险——百万医疗险就是这个机制和思路下的产物,该产品通过数据分析,既规避了大量小额赔付带来的赔付上升,又满足了参保人高额医疗费用保障的需求,加上较为严格的健康告知条件,实现了健康人群投保杠杆的最大化,低价与高保额兼得。由此可见,提升保险行业数据分析能力,并建立数据基础设施,是客户细分及精准定价的关键。

4. 积极尝试医疗服务产业的延伸,构建管理型医疗保障服务闭环

保险行业作为医疗服务的支付方,除了依托现有的公立医疗体系提供服务外,也可通过尝试筹建、控股、参股医疗机构、药品流通机构等形式,进入上下游产业,构建医疗服务闭环,整合资源,提供更高质量和体验的一体化管理型医疗保障服务。

5. 加强在数据使用方面的行业监管和自律意识

保险行业自身的数据分析能力和自律意识也应强化。从监管层面,应明确保险公司对于健康医疗数据的使用规范。保险公司只有在获得授权的前提下才能够使用所需要的医疗数据。从保险公司而言,应建立完善的数据保密制度,同时应具备相关的技术能力,保障所获得的医疗数据的安全,另外也应提高大数据分析能力,充分挖掘数据的隐藏价值。

6. 保险经办机构进一步发挥技术优势,不断提升管理服务水平

作为主要的第三方付费机构,商业健康保险要进一步发挥自身在人才队伍、信息系统、精算定价、管理服务等方面优势。一是加快构建完整的医疗费用管控链条,积极参与到医院质量监管和评价、医疗服务定价等活动中来,在优化医疗资源使用效率的同时,提高健康保险的经营效益。二是延伸保障链条,探索开展健康管理服务,补充提供产品和服务选择,满足参保群众不同层次的健康保障需求。三是做好经营分析,完善数据积累,按流程开展项目评估,在服务定价、业务投标等方面提高主动性。

专题报告 04

中国农业保险制度现存问题及优化对策*

摘 要

2007~2017年,我国实施中央财政农业保险保费补贴试点已有11年。这期间,在各级政府的大力支持下,在各家农业保险经营主体的积极探索下,我国农业保险高速发展,走过了发达国家几十年甚至上百年走过的道路,成为仅次于美国的全球第二大农业保险市场,取得了举世瞩目的成就。2007~2017年,我国农业保险保费收入从2007年的51.8亿元增长到2017年的477.7亿元;农业保险赔款从29.75亿元增长到366.10亿元;提供的风险保障从1126亿元增长到2.8万亿元;参保农户从4981万户次增长为2.13亿户次;承保农作物从2.3亿亩增加到21亿亩;农业保险已经覆盖了所有省份,承保农作物有200多种,玉米、水稻、小麦三大口粮作物承保覆盖率已经超过70%。农业保险在发挥风险保障作用、促进农业规模经营、助力脱贫攻坚工作、彰显社会治理作用、培育国民保险意识等方面取得了显著成效。

但是,我们需要清楚地认识到,我国农业保险毕竟发展时间较短,与美国等发达国家相比,在发展水平和制度科学性方面仍有很大差距。报告在充分发挥学界理论研究优势和业界实践经验优势、在充分调研和座谈的基础上,总结出目前我国农业保险制度还存在农业保险立法尚不健全、协同推进机制存在障碍、财政补贴制度有待优化、市场经营环境仍需改善和大灾风险分散制度缺位等问题。针对这些问题,报告提出我国农业保险制度优化的对策建议:尽快颁布《农业保险法》;成立专门的农业保险管

---

* 本报告所引用数据,除特殊说明外,其他所引用数据来自中国银行保险监督管理委员会官网(www.cbrc.gov.cn)。

理机构;优化农业保险财政支持制度;改善农业保险市场经营环境;构建农业保险大灾风险分散机制。

一、11 年来我国农业保险的发展成效

(一)发挥风险保障功能

保险机制最重要的功能是损失补偿。2007~2017 年,我国农业保险保费收入从 2007 年的 51.8 亿元增长到 2017 年的 477.7 亿元;农业保险赔款从 29.75 亿元增长到 366.10 亿元;提供的风险保障从 1126 亿元增长到 2.8 万亿元;参保农户从 4981 万户次增长为 2.13 亿户次;承保农作物从 2.3 亿亩增加到 21 亿亩;农业保险已经覆盖了所有省份,承保农作物有 200 多种,玉米、水稻、小麦三大口粮作物承保覆盖率已经超过 70%。2017 年,中央财政保费补贴约 179.04 亿元,撬动风险保障 2.8 万亿元,杠杆效应达到 156.39 倍。

在近年来发生的一些巨灾事件中,农业保险经营机构及时赔付,使农业保险"稳定器"的作用得到充分体现。如 2013 年黑龙江特大洪涝灾害,农业保险支付赔款 27.16 亿元,约占直接经济损失的 13.8%;受益农户 50.9 万户,占参保农户的 59.7%;户均赔款 5336 元,占当地农村居民人均年收入的 62%;最多的一位种植大户获得赔款 352 万元。2013 年,中国人保财险为海南橡胶树"海燕"台风灾害支付赔款 1.54 亿元,创下我国农业保险一次灾害事故单一保单支付赔款的最高金额。2014 年,中国人保财险为近 1800 万受灾农户支付农业保险赔款 116 亿元,占行业农险赔款的 54%,其中在辽宁旱灾中支付了近 4 亿元的农险赔款。2016 年,内蒙古呼伦贝尔、兴安盟地区发生严重旱灾,安华农险共为 187524 户次农民(占投保农户的 96.46%)支付赔款 9.3 亿元,简单赔付率 188.77%,为广大农民补偿了损失,及时恢复了再生产,保证了大灾之年农村社会的稳定,充分发挥了农业保险"三农"保护伞和社会稳定器的作用。

(二)促进农业规模经营

与传统农业相比,现代农业投入规模大、周期长,收益不确定性和损失风险大,对风险管理和农业保险具有更强烈的内生需求。因此,充分发挥农业保险的经济补偿、资金融通和社会管理功能,将农业生产者自担风险转变为由保险公司集中管理并分散风险,提高了农业生产者的抗风险能力、信用水平和投入积极性,促进了农业规模经营,加速了农业现代化进程。

近年来，很多保险公司针对新型农业经营主体高成本、高投入、高风险的特点，为其设计并推广了很多专属保险产品。例如，中国人保财险在浙江、江苏等地推出了涵盖农业生产、家庭财产、人身意外等一揽子保障的家庭农场综合保险产品；在山东潍坊、东营等地推出了涵盖农业龙头企业生产、加工、流通、销售等环节的全流程风险保障产品；为现代牧业、正大集团、澳亚集团等大型农牧企业量身开发保险产品。再如，中原农险为新型农业经营主体研发和推广了专属小麦、水稻、玉米种植高保障保险产品，2016年在河南省74个县开展，提供了16.25亿元的风险保障，赔款共计1.02亿元。2017年5月，财政部发布了《关于在粮食主产省开展农业大灾保险试点的通知》，在试点地区将试点县的农业保险基本保障金额按规定覆盖直接物化成本的基础上，开发面向适度规模经营农户的专属农业大灾保险产品，保障水平覆盖"直接物化成本+地租"，提高保险赔付金额，增强适度规模经营农户应对农业大灾风险的能力。

这些农业保险的创新做法和政策规定，旨在为新型农业经营主体提供较高和全面的保障，提高新型农业经营主体的抗风险能力，利用保险机制促进农业规模化经营，加快农业现代化进程。

（三）助力脱贫攻坚工作

农业保险特有的风险保障功能及其衍生出的增信功能，决定了农业保险在脱贫攻坚工作中大有作为。中共中央、国务院《关于打赢脱贫攻坚战的决定》提出，"扩大农业保险覆盖面，通过中央财政以奖代补等支持贫困地区特色农产品保险发展""支持贫困地区开展特色农产品价格保险，有条件的地方可给予一定保费补贴"；中国保监会和国务院扶贫办联合发布的《关于做好保险业助推脱贫攻坚工作的意见》，对农业保险也提出了"积极开发扶贫农业保险产品，满足贫困农户多样化、多层次的保险需求""要立足贫困地区资源优势和产业特色，因地制宜开展特色优势农产品保险"等具体要求；2018年3月，中国保监会印发了《关于保险业支持深度贫困地区脱贫攻坚的意见》，从健全保险服务网络、降低保险费率、丰富产品体系、加大保险资金支持、开展定向帮扶等六个方面，出台多项支持政策，明确具体落实举措，对做好保险支持深度贫困地区脱贫攻坚工作进行一系列部署安排；2018年7月，甘肃省人民政府办公厅发布了《甘肃省2018~2020年农业保险助推脱贫攻坚实施方案》，增加地方特色补贴险种，开设种养产业综合保险，提高保费补贴比例，助推脱贫攻坚。

近年来，保险业助推脱贫攻坚工作稳步推进，已经建立起三套功能、作用协同配合的保险扶贫体系。一是以农业保险、大病保险为代表的保险扶贫保障体系；二是以小额贷款保证保险、农业保险保单质押为代表的保险扶贫增信体系；三是以保险资金支农融资和直接投资为代表的保险扶贫投资体系。同时，各地涌现出很多保险扶贫的典型模式，如河北阜平"金融扶贫，保险先行"模式、河南兰考的"脱贫路上零风险"模式、宁夏的"脱贫保"模式、四川凉山的"惠农保"模式等。

农业保险在脱贫攻坚工作中发挥了非常重要的作用。以河北阜平"金融扶贫，保险先行"模式为例，农业保险不仅为特色产业扶贫提供风险保障，而且在金融扶贫的"保险—担保—贷款"链条中充当了"启动引擎"的作用，即农户只有投保了农业保险，才可以获得担保公司的担保，进而获得金融机构的贷款。截至2018年4月，各家金融机构通过农业保险的"担保增信"机制，累计发放贷款16.3亿元。在金融贷款的支持下，不到两年时间，食用菌产业从无到有蓬勃发展起来。截至2017年底，食用菌种植规模发展到1.6万亩，建成4000多个大棚，直接参与农户1.1万户，其中贫困户3800多户，实现年产值2.5亿元。到2018年底，全县将发展食用菌种植面积3.2万亩，带动3.2万户农民增收，人均年增收2万元以上。

（四）彰显社会治理作用

农业保险经营主体充分发挥风险管理、资金管理、服务网络等方面的专业优势，与政府部门通力合作，利用保险机制进行社会治理创新，将政府传统的临时救灾行为转化为制度化、规范化的救灾机制，起到了社会"润滑剂""稳定器"的作用，减少了社会摩擦，维护了社会稳定，提高了社会运行效率和管理效率。

例如，2016年，阳光农业相互保险公司分别与黑龙江省财政厅、瑞士再保险公司签订农业财政巨灾指数保险及再保险合同，启动了财政巨灾指数保险试点。该保险的投保主体和被保险人均为黑龙江省财政厅，保险区域和受益人为28个贫困县，由阳光农业相互保险公司承保，瑞士再保险公司接受分保。保险险种包括干旱指数保险、低温指数保险、降水过多指数保险、洪水淹没范围指数保险，总保费1亿元，保障程度23.24亿元。当灾害强度达到和超过预设的指数阈值且得到正式报告时，保险公司即刻向被保险人省财政厅支付赔款，省财政厅将赔款转移支付给相关贫困县用于灾难救助和灾后重建。这种由农业保险发挥重要作用的社会治理创新，避免了贫困农户因灾致贫返贫，缓解甚至解除了省级财政转移支付的难题和压力，用保险机制平滑财政年度资金预算，有效解决了财政救灾资金"无灾不能用、有灾不够用"的问题。[1]

再如，很多农业保险经营主体通过与畜牧兽医部门合作，将病死畜禽无害化处理

---

[1] 马广媚、赵修彬：《黑龙江启动农业财政巨灾指数保险试点》，载于《中国保险报》2016年8月1日。

作为获得保险赔款的先决条件，引导农户主动加强病死畜禽无害化处理，杜绝死亡畜禽流入市场危害民众健康。

（五）培育国民保险意识

2007~2017年这11年间，我国农业保险从六省区试点到全面铺开，参保农户数大幅增长。在农业保险的带动下，农房保险、农机具保险、设施农业保险、农产品质量保险等涉农险种也得到快速发展。同时，近两年的保险扶贫活动使大病保险、小额人身保险、民生保险等概念深入人心，农民的保险意识得到了极大培育，对保险的态度发生了很大变化，从"不知道""没听说""很抵触"转变到了"排队买保险"。例如，中国人保财险在四川省泸县试办杂交水稻制种保险，2012~2015年4年间，累计承保面积3万亩左右，收取保费255万元，累计赔付1741万元，赔付率达683%，受到制种农户的高度肯定和欢迎，2016年农户们争先恐后地投保。再如，《河南日报》2016年2月18日报道，上蔡县和新蔡县的一些村民在村委会门口排起长队交小麦种植保险的保费。

二、我国农业保险制度现存问题

11年来，我国农业保险虽然取得了举世瞩目的成就，但不可否认的是，由于发展时间较短，我国农业保险制度还存在一些问题亟待完善。

（一）农业保险立法还不健全

2012年10月，国务院审议通过了我国历史上第一部专门的农业保险行政法规——《农业保险条例》（以下简称《条例》），结束了我国农业保险长期无法可依的局面，开启了我国农业保险发展的新纪元。《条例》的颁布是我国农业保险立法发展史上一个极为重要的节点，标志着我国农业保险进入规范化、法制化发展的新阶段。

但目前，《条例》不足之处和需要改善的地方还很多。例如，在我国，《条例》是作为《农业法》和《保险法》的配套法规出现的，立法层次较低。作为政策性保险的农业保险有其自身独有的特点，农业保险法的调整范围与普通的商业保险法也有本质区别。实践中，世界各国的立法机关都是针对农业保险制定专门法，并将其与传统的保险法区别开来。再如，《条例》中的倡导性规范和原则性规定较多，但详细、具体和可操作性的规范较少。条例中关于经营规则、监管细则、财政补贴范围与标准、再保险问题、税收优惠等内容都是概而括之。特别对于类似大灾风险分散机制如何构建与运作等问题完全没有规定,只是在一定程度上表明了国家的支持态度,这显然是远远不够的,极大地降低了立法质量,影响了条例的实施效果。[①]

(二)协同推进机制存在障碍

《条例》原则性地规定:"农业保险实行政府引导、市场运作、自主自愿和协同推进的原则",但各部门的具体职责以及各部门之间如何协同推进没有详细规定。在实践中,农业保险协同推进机制存在以下问题:

1. 中央层面缺乏明确的管理机构

目前,在中央政府层面,财政部门负责制定农业保险财税支持政策、划拨财政资金对保费予以补贴、制定农业保险大灾风险分散制度等;保监部门负责农业保险市场准入、条款审批备案、业务监管及合规检查等;农业农村部负责农业保险组织推动、开展疫病防治以及提供农业技术支持等。在我国农业保险"协同推进"机制中,横向有十多个政府部门,纵向有从中央到县乡五级政府参与,面对如此复杂的组织和协同推动,中央却没有一个明确统一的协调管理部门,导致上述"协同推进"部门都与农业保险有关,但都不最终负责。

2. 各省的组织领导机构缺乏统一性

我国农业保险采取和加拿大类似的统分结合的经营模式,即"中央划定框架,各省自由发挥"。目前,在各省层面,纷纷成立了农业保险工作领导小组,或建立了农业保险联席会议制度,一般由主管农业的副省长任组长,但牵头部门在各省情况并不相同。例如,在北京、上海、辽宁和黑龙江等由省、市农委牵头,海南省由财政厅牵头,河北省由金融办牵头,还有一些省份是发改委、农牧局等部门牵头,负责本省或本市农业保险的协调推动工作。省级层面组织领导机构缺乏统一性,容易造成管理效率低下。例如,中央政府部门的一个农业保险文件,原本可以经由同一办公系统快速传达到各省、市、县,但在目前这种各省组织领导机构缺乏统一性的情况下,中央部门的农业保险文件先下发到各省党委及政府,各省再根据当地农业保险主管部门的不同下发到财政厅、农委、发改委或金融办等,相比之下效率肯定要低很多。

3. 顶层设计缺乏系统性和前瞻性

这11年,我国农业保险取得了高速发展的巨大成就,顶层设计功不可没。但整体来看,由于缺乏具体明确的组织领导机构,"协同推进"的各部门"铁路警察各管一段",顶层设计的系统性和前瞻性比较弱,"实践倒逼"色彩比较浓厚,即农业保险实践中

[①] 张涛:《我国农业保险立法的制度构建》,载于《西北农林科技大学学报》(社会科学版)2016年第3期,第133~138页。

出现了什么问题,顶层设计就"头痛医头,脚痛医脚",如农业保险的不规范经营问题、市场准入问题和大灾风险分散问题等。

4. 农民权益无法充分关注和保护

在目前"协同推进"机制下,中央政府层面缺乏代表农民利益的牵头机构,导致农民的利益和诉求未受到充分关注和保护。例如,各地区各种农业保险的费率是否与该地区种植该种农作物的风险水平相对应,即向该地区农民收取的保险费是高还是低,目前还没有机构代表农民去深究。

(三)财政补贴制度有待优化

财政部 2016 年印发的《中央财政农业保险保险费补贴管理办法》,进一步减轻了产粮大县的财政补贴压力,规范了补贴资金预算管理和拨付流程,增加了追究审批责任的内容,引入了"无赔款优待"等规定鼓励农户投保,对中介机构行为进行了规范,引导保险公司降低保险费率,加强承保理赔管理,不断提高保障水平和服务质量。该办法在一定程度上完善了补贴政策,但仍然存在一些问题值得关注。

1. 补贴方式较少

世界各国对农业保险的财政支持方式主要有对农户的保费补贴、对保险公司的经营管理费用补贴、再保险支持、国有农业保险公司的资本金支持、农业巨灾风险基金和税收优惠等六种。目前,我国对农业保险的财政支持方式比较单一,在全国大多数省份普遍只有保费补贴和税收优惠,而且税收优惠幅度也不大,对农业保险主要免征了增值税,所得税优惠幅度很小。补贴方式单一,对农业保险经营机构承担的较高经营成本弥补较少,这会影响农业保险经营机构的供给热情及农业保险覆盖率。例如,由于缺乏再保险和农业巨灾风险基金支持,农业巨灾损失完全由保险公司独自承担,一些保险公司对扩大经营规模有所顾虑。

2. 补贴范围狭窄

根据 2016 年财政部发布的《中央财政农业保险保险费补贴管理办法》规定,中央财政补贴的农业保险品种包括玉米、水稻、小麦、棉花、马铃薯、油料作物、糖料作物、青稞、能繁母猪、奶牛、育肥猪保险、森林保险、牦牛、藏系羊、天然橡胶等共 15 种。2018 年 8 月,三大粮食作物制种保险也被纳入中央财政保费补贴范围。而我国的农作物品种数以百计,大部分农作物和地方高效经济作物依然处于风险完全裸露的状态,补贴范围比较狭窄。

3. 补贴规模较小

目前,我国政策性农业保险大约 80% 的保费都是由各级政府补贴提供的,因此,政府补贴规模在一定程度上决定了农业保险规模。我国农业保险补贴规模是否足够大,可以和农业保险第一大国美国进行比较得知。美国联邦政府农业保险补贴占农业GDP的比例为5%左右。如果按这个比例匡算，2017年我国农业GDP为65468亿元，农业保险补贴总额大约为3273亿元。而2017年中央财政拨付的农业保险保费补贴金额179.04亿元，仅占3273亿元的5%左右。这种比较和算法可能并不科学，但是可以大致说明我国农业保险补贴规模偏小，这主要与我国农业保险保障水平低、覆盖率低、补贴范围狭窄、补贴方式较少有很大关系。

4. 补贴层级太多

目前，我国农业保险保费补贴采取的是"四级财政补贴联动"机制，即农民缴足保费、市县财政补贴到位之后，中央和省级财政补贴才会随之配套落实。这种制度设计的初衷是为了鼓励地方政府投入资金发展农业保险，同时也起到防止地方政府"钓鱼"的道德风险。但同时，这种制度设计也使各地农业保险的覆盖面直接与地（市）、县的财力相关，制约了一些财力匮乏地区农业保险的发展速度。县级财政一般担负着10%~20%的保费补贴配套任务，农业保险覆盖面越大，保费补贴负担越沉重。因此，一些财力匮乏的地（市）、县没有能力也不愿意扩大农业保险试验。[①] 此外，"四级财政补贴联动"机制也容易形成地区间的不公平，经济欠发达地区及农业比重较高地区由于地方财力不足，导致上级财政补贴不到位或到位不及时，容易产生补贴累退效应。

5. 补贴拨付不及时

目前，监管部门重点关注农险业务的风险状况、经营结果、保费补贴资金的使用情况和效果等，对各级财政补贴资金是否及时到位和足额拨付还关注不够。很多县（市）即便财政补贴资金已经到位，但仍千方百计拖延拨付，往往在年末最后几天才拨付。农业保险经办机构在仅收取参保农户自缴保费的情况下承保和理赔，面临巨大的风险敞口。出险后，公司需要先行垫付大量赔款，严重影响公司的正常经营和开展农业保险业务的积极性。

（四）市场经营环境仍需改善

1. 市场竞争过于激烈

农业保险可以说是财产保险业经营难度最大的一个险种，专业性非常强，需要长期投入和持续经营，才能储备经验丰富的专业人才，投入先进的专业设备，不断提高经营管理水平，建设广泛的农村服务网络，积累充裕的巨灾风险基金。

但目前，随着我国农业保险市场逐步放开，一些没有任何农业保险经营经历的财险公司认为农业保险有国家补贴的、不可多得的"高盈利险种"，纷纷涌入农险市场。

[①] 冯文丽：《中美农业保险补贴制度比较及启示》，第六届2011中国保险教育论坛，2011年。

截至2017年底，全国经营农业保险的主体共有30多家，还有很多公司正在申请农业保险经营资格。与加拿大一省只有一家公司经营农险、美国全国只有17家公司经营农险相比，我国农业保险市场经营主体有些过多。过多的经营主体争抢有限的农业保险业务资源，容易产生各种恶性竞争手段，造成经营主体的"预期不确定性恐慌"，产生了"干一年算一年"的短期思想和短期行为，不利于农业保险的可持续发展。

2. 产品定价不够精准

目前，政策性农业保险基本由地方政府组织开发统颁条款，定价过程缺乏专业的精算支撑，主要依据地方财政补贴能力、农民支付能力和经验评估来敲定保险费率，保险公司在产品开发过程中缺少话语权和自主性。政府统颁条款一方面保障程度较低，保额只能涵盖物化成本的五到七成；另一方面费率厘定缺乏精算支撑，造成部分省区费率严重偏离风险水平，保险经营基本是常年持平、丰年略余、灾年巨亏，农业保险经营风险极大。

3. 关键信息难以获取

目前，对农业保险经营管理至关重要的农业资源信息、二轮土地承包信息、土地确权信息、林权信息、林相图、气象信息等相关信息都分散掌握在各级政府部门手中，尚未建立信息公开、交流和共享渠道，保险公司很难高效、便捷地获取这些信息，不利于提高农业保险的精算水平和经营管理水平。

（五）大灾风险分散制度缺位

根据米兰达和格劳伯（Miranda and Glauber，1997）的统计模型模拟测算，农业保险人面临的系统性风险是经营一般业务保险人的10倍左右。[①] 农业保险经营机构始终面临农业巨灾风险的威胁，这是全球农业保险经营的普遍难题。例如，加拿大曼尼托巴省在1986年和1988年遭遇两次大旱灾，将之前26年的农业保险利润结余全部耗尽。

2013年，财政部出台了《农业保险大灾风险准备金管理办法》，规定农业保险经营企业要按照农险保费收入和农险业务超额利润的一定比例提取农业保险大灾风险准备金。但该准备金只是在保险企业层面计提并仅限于企业内部使用，抵御大灾风险的能力明显不足。

没有中央一级和省一级农业保险大灾风险分散制度，农业保险损失完全由保险公司独立承担，经营机构面临的巨灾风险威胁很大。例如，2007年某省发生了中等强度干旱灾害，农业保险承保责任范围内的损失约15亿元，但全部的农业保险费收入

---

① Miranda Mario J., Joseph W.Glauber.Systemic Risk, Reinsurance, and the Failure of Crop Insurance Markets [J]. *American Journal of Agriculture Economics*，1997（2）：pp.209-212.

仅有 6.8 亿元，省政府拿出 1 亿元财政资金支付超赔责任后再也无力支付；同年，某自治区也发生了类似问题，当年农险保费总收入为 3.4 亿元，但保险损失却高达 12 亿元；①2008 年中国南方的冰雪灾害造成农业损失 42.88 亿元，农业保险的赔付率一度接近 400%；②2015 年，人保财险公司在四川泸州开办杂交水稻制种保险，保险期内遭遇连续阴雨天制种失败，当年赔款 1522 万元，简单赔款率接近 1000%。

保险公司在没有大灾风险分散机制的背景下经营农业保险，遇到巨灾损失，要么破产，要么不足额赔付，出现不规范的"自动封顶赔付""减额赔付"甚至赖账不赔的情况，使保险合同失去了严肃性，侵害了投保人的合法权益和保险机构的信用声誉，也影响了农业保险的可持续发展。③

三、优化我国农业保险制度的对策

（一）尽快颁布《农业保险法》

从美国、加拿大、日本和法国等农业保险发达国家的发展历程来看，农业保险立法在推动农业保险可持续发展方面发挥了极为重要的作用。目前，我国虽然颁布了《条例》，但《条例》的法律地位相对弱化，条文规定过于泛泛，约束性和落地性较差。建议我国在《条例》的基础上，尽快出台农业保险基本法——《农业保险法》及相关配套法规，对以下重点问题进行立法规范：

1. 界定法律调整对象

农业保险分为政策性保险和商业性保险，《农业保险法》的调整对象应仅为政策性农业保险，商业性农业保险仍由《保险法》进行规范。《农业保险法》对政策性农业保险的范围、发展目的、发展原则及合同特殊性等内容进行明确规定。

2. 明确财政支持政策

目前，我国农业保险补贴政策的最高依据是财政部 2016 年底发布的《中央财政农业保险保险费补贴管理办法》，这是一个部门规章，对农业保险经营机构和农户的保护力度较小。建议在《农业保险法》中对农业保险相关支持政策进行明确规定，实现农业保险支持政策法制化；明确划分中央和地方政府的补贴职责，提高和简化补贴层级，避免相互推诿，提高补贴效率；结合国情借鉴国际经验，增加农业保险经营管理

---

① 王德宝、王国军：《我国农业保险的发展成就、存在问题及对策建议》，载于《金融与经济》2014 年第 5 期，第 78~84 页。
② 王和、王俊：《中国农业保险巨灾风险管理体系研究》，中国金融出版社 2013 年版。
③ 庹国柱：《农业保险需要建立大灾风险管理制度》，载于《中国保险》2013 年第 1 期，第 30~33 页。

费用、大灾风险基金和税收优惠等支持方式,并明确规定支持内容。

3. 强化农险监督管理

首先,在监管主体方面,可以借鉴美国和加拿大的做法,尽快成立专门的政策性农业保险监管机构,避免多部门监管、混合监管可能出现的利益冲突和监管真空;通过立法明确规定农业保险监管部门的法律地位、监管职责和监管程序等。

其次,在监管内容方面,对政策性农业保险经营机构的准入与退出应明确规定比商业性保险更为严格的标准;对政策性农业保险相关当事人和关系人(投保人、保险人、代理人和地方政府)的行为规范、违法行为及其法律责任进行详细规定,避免监管真空,将违法违规的可能性降至最低。

4. 完善风险分散机制

借鉴国际经验,对农业再保险活动进行财政支持;建立有财政支持的、全国性农业保险大灾风险基金,对基金的资金来源、资金运用、启动阈值和启动程序等进行明确规定;对其他市场化的巨灾损失融资手段,如巨灾借款、巨灾债券和巨灾彩票等进行立法方面的探索。

(二)成立专门的农业保险管理机构

农业保险不同于普通的商业保险,涉及财政部门、农业部门、保险公司、气象部门等多个部门、行业及农户,有很多复杂的关系需要协调和理顺。针对目前我国农业保险"协同推进"机制不大顺畅的问题,建议在中央层面成立一个类似美国农业风险管理局那样的管理机构,专门负责政策性农业保险的协调、推动、监管和研究等事宜。该管理机构的具体职责有:(1)提出农业保险发展的年度规划和中长期规划,并制定相关政策组织实施;(2)研发农业保险产品,厘定农业保险费率,制定核灾定损的方法、标准和程序等;(3)向财政部提交农业保险补贴的提议和方案,对参保农户提供保费补贴;(4)对农业保险公司提供经营费用补贴和再保险支持,并监管其业务经营;(5)对保险公司开发的新险种进行初步审核,促进新险种推广;(6)负责搜集农业保险的相关数据和信息,组织相关理论和实务研究,为政策制定和产品研发提供依据;等等。各省也可以成立相应的分支机构。[①]

(三)优化农业保险财政支持制度

1. 改变补贴思路:将农业直补改为农业保险间接补贴

建议逐渐将农业直补改变为农业保险间接补贴,这样做的好处有:(1)有利于解

[①] 王克、张峭:《美国、加拿大农业保险的经验和启示》,载于《农业展望》2007年第10期,第25~27页。

决农业保险收费难问题，降低农业保险承保成本，提高理赔服务水平，更好地发挥保险作用；（2）有利于提高农业保险覆盖面，解决逆选择问题，保证投保农户的利益公平；（3）有利于解决赔偿手续繁琐问题，在保足保全的情况下，出险后只要收集种植户耕种证明材料即可赔付；（4）有利于突破WTO直补限制，通过种植业保险的绿箱政策，实现国内国外农户公平竞争；（5）有利于让种粮者受益，推进农业规模化生产；（6）有利于推行"保险+贷款"，解决农民贷款难问题，加快农业现代化进程。

2017年5月，江西保监局联合其他政府部门，深入农村一线就农业直补改为保险间接补贴进行调研，听取基层政府、普通农户和新型农业经营主体的意见及建议，并对980户农户进行了问卷调查。基层政府、普通农户和新型农业经营主体对改革均表示大力支持。

2. 创新补贴格局："普惠制巨灾保险+高保障收入保险"

现在及未来很长一段时间，我国农业生产主体将是小农户与新型农业经营主体并存的"二元格局"。两者在生产经营特点、农业收入重要性、农业风险管理态度、农业保险需求及保费承受能力等方面存在很大差异。在目前"一刀切"式的保障水平和补贴制度下，两者都"不买账"：即使自缴保费再少，小农户尤其贫困农户也认为负担重，不愿意缴费；而新型农业经营主体则认为保障水平低，"赔偿不解渴"。

针对小农户和新型农业经营主体并存的农业保险需求主体的"二元格局"，建议我国借鉴美国联邦政府对巨灾保险全额补贴纯保费、对高保障收入保险实行差异化补贴的做法，探索"普惠制巨灾保险+高保障收入保险"的"二元补贴格局"。

对于涉及国家粮食安全的重要农作物实行普惠制巨灾保险，承保风险较少，仅承保旱灾、洪水和台风等少数风险，保障程度较低，仅以恢复再生产为目的，但保费便宜，由国家全额补贴，财政部门直接将保费拨付给经办公司，出现符合条件的巨灾损失后，保险公司直接赔偿，以解决"小农户嫌保费贵、保险公司收费难"的问题；在此基础上，推出高保障收入保险，承保风险较多，包括自然风险甚至市场风险，保障程度也高，最低达到正常年份收入水平的50%以上，但保费相对也贵，政府的保费补贴比例随保障程度提高而降低，以解决新型农业经营主体"赔偿不解渴"的问题。两种产品的基本特征构想如表1所示。

表 1　　普惠制巨灾保险和高保障收入保险的基本特征

产品类型	承保风险	保障程度	费率水平	补贴比例
普惠制巨灾保险	旱灾、洪水、台风等少数风险	保成本，保证能够进行再生产	费率较低	中央政府全额承担保费补贴
高保障收入保险	自然灾害、市场风险	保收入，保障收入达到正常年份收入的50%以上	费率较高	中央政府和省政府根据保障程度提供保费补贴，保障程度越高，补贴比例越低

3. 简化补贴层级："中央财政+省级财政"两级补贴

鉴于我国四级财政"层层补贴、配套联动"机制对农业保险持续发展产生的不利影响，建议我国借鉴美国、加拿大、日本和法国等其他国家的普遍经验，逐步减少或取消市县级财政补贴比例，实施仅由中央财政和省级财政对农业保险进行补贴的做法。[①] 让人比较欣慰的是，2018年8月28日三部委最新发布的《三大粮食作物完全成本保险和收入保险试点工作方案》中，取消了县级补贴。

4. 扩大补贴规模：提高保障水平＋扩大补贴范围＋增加补贴方式

如果把美国联邦政府农业保险补贴占农业GDP的比例大概为5%作为我国农业保险补贴的"目标规模"，目前我国农业保险实际补贴规模仅为"目标规模"的5%。对此，可以通过提高保障水平、扩大补贴范围、增加补贴方式来实现。

（1）提高保障水平。针对我国目前农业保险保障水平多为"保成本"、保障水平太低、吸引力不强的现实情况，在探索前述"普惠制巨灾保险＋高保障收入保险"二元补贴格局的整体思路下，按照循序渐进的原则思路，逐步变"保成本"为"保产量"和"保收入"，逐渐提高保障水平。2018年8月最新发布的《三大粮食作物完全成本保险和收入保险试点工作方案》提出，在内蒙古、辽宁、安徽、山东、河南、湖北等六省区试点完全成本保险和收入保险，保险金额不高于相应品种当年种植收益的85%，农户自缴保费不低于总保费的30%。

（2）增加补贴方式。针对我国农业保险补贴方式较少、大灾风险难以分散、影响农业保险经营机构供给热情的现实问题，建议我国借鉴其他国家经验，在条件成熟时，根据国情逐步增加农业保险补贴方式。①增加经营管理费用补贴。目前，由于我国农业保险刚刚起步，农业保险经营规范建设尚不健全，加之近几年没有大的巨灾，农业保险的经营效益还较好，各家财产保险公司争办农业保险的热情空前高涨，似乎可以不用考虑经营管理费用补贴。但根据国际经验，当农业保险利润率和保险行业平均利

[①] 冯文丽、苏晓鹏：《我国政策性农业保险补贴制度分析》，2012中国保险与风险管理国际年会论文集，2012年。

润率趋同时，如果还没有经营管理费用补贴，保险机构从事农业保险的积极性就会很小，因为经营利润都差不多，但农业保险的经营风险却大很多。而且，对保险公司的经营管理费用补贴属于WTO规则中毫无争议的"绿箱政策"，美国非常重视。2013年，美国对保险公司经营管理费用补贴和保险经营亏损补贴金额共43亿美元，比直接保费补贴72.9亿美元的50%还多。因此，建议在我国农业保险利润率和行业平均利润率趋于一致时，需要考虑利用经营管理费用补贴来调动保险公司的积极性。②增加再保险补贴。从国际经验来看，利用农业保险再保险补贴替代政府直接补贴来支持农业更加隐蔽。政府为保险公司的农业再保险提供保费补贴，但再保险摊赔不用向WTO通报，相当于政府借用私营保险公司之手间接补贴了生产者，免于WTO规则约束。目前，上海市政府对农业保险经营机构购买再保险提供60%的保费补贴，最高800万元。③增加农业保险大灾风险基金支持。针对目前我国仅有保险公司层面的大灾风险准备金、经营主体抵抗大灾风险的能力较弱这个现实问题，可以考虑建立中央和地方财政支持的两级农业保险大灾风险基金，具体构建思路见后文详述。

（3）扩大补贴范围。根据《关于加快发展现代保险服务业的若干意见》中所提的"中央支持保大宗、保成本，地方支持保特色、保产量，有条件的保价格、保收入"的原则，在扩大农业保险补贴范围方面建议：①各省对已经形成生产规模和品牌效应的特色农产品的保险需求进行积极调研，对农户需求较大、增收效果显著的特色农产品，积极试办由地方财政补贴的农业保险；②对经济落后省份采用"N+1"模式扩大补贴范围，"N"指对国计民生、粮食安全具有重要战略意义的中央财政补贴品种，"1"则是指经济落后省份根据农业产业发展方向、农户种养偏好、脱贫攻坚和乡村振兴战略需要选择一种特色品种，纳入中央财政保费补贴范围给予支持。因为对于经济落后省份而言，完全由其承担特色农产品的保费补贴，可能无法承受，容易产生补贴累退效应。广东省2018年最新的农业保险政策采取了类似的设计思路，每个地级以上市可自行选择、新增设立1个申请省级财政补贴的地方特色险种，2017年农业总产值达到300亿元以上的地级以上市，可选择新增设立2个申请省级财政补贴的地方特色险种。

5. 加大税收优惠：对政策性农业保险免征一切税负

根据2013年12月8日财政部发布的《农业保险大灾风险准备金管理办法》规定，保险机构当期计提的保费准备金，在成本中列支，可免征所得税，当年省税效应为保费收入的1%~10%，保费准备金累计的省税效应为当年自留保费。保险机构当期计提的利润准备金，在所有者权益项下列示，要交所得税。与其他国家农业保险一切税负全免的税收优惠力度相比，税收优惠力度较小。建议借鉴美国、加拿大、日本、法国等国家的做法，对政策性农业保险免征一切税负，以提高保险公司经营农业保险的积极性。①

6. 实施差异补贴：照顾经济欠发达地区和产粮大省

在我国，各省的经济实力不同，担任的粮食生产任务轻重也有所差异，因此不应采取全国"一刀切"的补贴比例，应综合考虑各地农业生产的重要性程度、经济发展水平和财政承担能力，实行差异化保费补贴比例。例如，对中西部经济欠发达地区和产粮大省，中央财政保费补贴比例应进一步提高。②2017年6月，财政部发布的《粮食主产省农业大灾保险试点工作方案》规定，在农户自缴保费比例总体不变的基础上，以取消县级财政保费补贴为目标，进一步提高中央财政保费补贴比例；在省级财政至少补贴25%的基础上，中央财政对中西部地区补贴47.5%、对东部地区补贴45%。

（四）改善农业保险市场经营环境

1. 稳定农业保险市场秩序

借鉴美国和加拿大农业保险市场主体不多的经验，明确农业保险市场应遵循适度竞争的原则，规定准入退出规则，规范市场竞争行为。地方政府对当地农业保险经办机构实行一定的保护期，经办机构未触碰退出规则，未发生违法违规行为，地方政府不得擅自变更，在一定时期和一定区域内给予经办机构"稳定的经营预期"，调动经办机构的投入积极性，保证农业保险的持续稳定发展。

2. 强化产品开发精算支撑

在我国尚未成立专门的农业保险管理机构的情况下，在政策性农业保险产品研发过程中，地方政府在充分体现政府政策意图的同时，要充分发挥保险公司产品研发、费率精算和风险管控等方面的专业优势，赋予保险公司产品开发和产品定价的话语权，强化政策性农业保险统颁条款的精算支撑，提高费率厘定的精准性和农业保险经营的稳定性。

3. 建立农险信息共享机制

农业、畜牧、林业、渔业、气象、土地、水利等涉农部门和相关政府部门对农业保险经办机构开放相关数据信息，同时农业保险经办机构也应为政府部门提供承保数据、受灾地域、灾害强度、灾害损失等保险数据信息，逐步建立全国统一的农业保险数据信息共享平台，使政府相关部门、保险监管机构和农险经办机构等农业保险参与主体实现信息资源共享，提高经营管理水平和效率。

---

① 苏晓鹏、冯文丽：《论农业保险的税收优惠政策》，载于《税务研究》2014年第4期，第92~94页。
② 冯文丽、苏晓鹏：《我国农业保险"高补贴低覆盖"问题分析》，载于《南方金融》2012年第3期，第70~73页。

（五）构建农业保险大灾风险分散机制

借鉴美国、加拿大、日本和法国的农业保险大灾风险分散制度，结合我国国情，可构建如图 1 所示的四层级农业保险大灾风险分散机制。

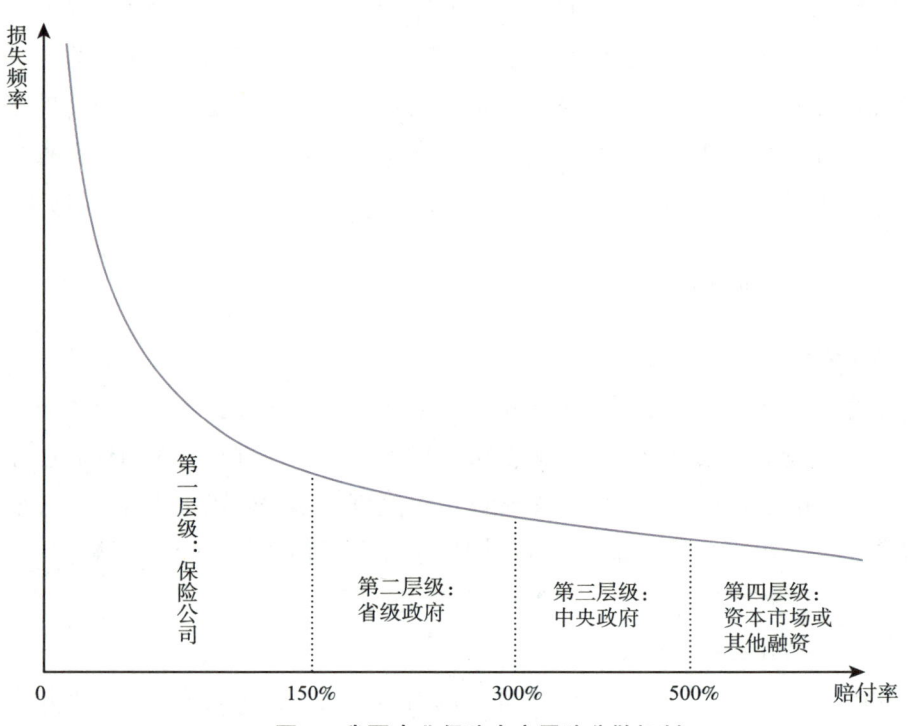

图 1　我国农业保险大灾风险分散机制

1. 第一层级：保险公司层面的大灾风险准备金

一般来说，保险公司承担年度赔付率 150% 以下的风险，以确保农业保险机构的稳定经营。①对于这部分风险，保险公司除了自己承担外，还可以通过国内外再保险或共保方式进行风险分散，同时需要建立大灾风险准备金为巨灾损失提供资金保障。2013年 12 月 8 日，财政部发布《农业保险大灾风险准备金管理办法》，要求经营政策性农业保险的保险机构都要建立大灾风险准备金，按照农业保险保费收入和超额承保利润的一定比例计提大灾准备金，逐年滚存，专项用于弥补农业大灾风险损失。这个规定在一定程度上提高了农业保险经营机构的偿付能力，为农业保险大灾风险分散提供了一些资金保障。

---

① 保险公司承担 150% 以下、省级政府承担 150%~300%、中央政府承担 300%~500% 赔付率的损失都是假设数据，这三方主体具体应承担多少损失，还需积累更多实践数据进一步准确测算。

2. 第二层级：省级政府层面的大灾风险基金

建议在省级政府层面建立大灾风险基金，对辖区内农业保险机构一定赔付率（如150%~300%）的损失补偿责任提供资金保障。省级大灾风险基金的资金来源可以有三种思路：（1）完全由各省级政府筹集，如从上年农业GDP中提取1‰形成农业保险大灾风险基金；（2）政府和保险公司共同筹资，政府每年拿出一定财政拨款，各家保险公司再贡献一定比例的赔付结余，共同形成大灾风险基金；（3）完全由保险公司筹集，即从保费中提取一定比例，提取的具体比例由各省主管部门和保险公司协商确定。

3. 第三层级：中央政府层面的大灾风险基金

建议在中央政府层面建立农业保险大灾风险基金，对任何省级农业保险机构一定赔付率（如300%~500%）的损失补偿责任提供资金保障。中央级农业保险大灾风险基金的资金筹集需要考虑两个问题。（1）出资人及出资比例。中央级大灾风险基金的出资人应是中央政府和地方政府，但各自的出资比例应为多少值得进一步深入研究。我们认为，出资比例的划分应主要依据地方政府的财力大小来确定，如对农业大省和中西部贫困省份，中央政府可以多承担一些。（2）资金来源。中央级农业保险大灾风险基金的资金来源可包括财政拨款、农业保险公司税收减免部分及财政部委托专门机构发行农业巨灾债券、农业巨灾彩票，等等。[①]

4. 第四层级：资本市场或其他融资层面的大灾风险基金

对于上述三层次资金还不能满足的巨灾赔偿责任，可由保险公司或再保险公司在资本市场上发行巨灾债券、向政策性金融机构借款、发行巨灾彩票等方式筹集补偿资金。

由省级和中央政府承担农业巨灾风险损失时，有两个问题需要注意：第一，为了体现"风险共担、利益共享"原则，省级和中央农业保险大灾风险基金在承担农业巨灾损失时，都需要和省级农业保险机构按照一定比例（如9:1）承担，以约束保险机构的道德风险；第二，把省级和中央政府承担的农业巨灾损失补偿责任锁定在一定范围之内，防止政府承担"无限兜底"的补偿责任，实现要通过市场机制补偿大部分农业巨灾损失的目的。例如，省级政府承担赔付率在150%~300%之间的损失，中央政府承担赔付率在300%~500%的损失。[②]

[①] 庹国柱、王克、张峭、张众：《中国农业保险大灾风险分散制度及大灾风险基金规模研究》，载于《保险研究》2013年第6期，第3~15页。

[②] 冯文丽、苏晓鹏：《构建我国多元化农业巨灾风险承担体系》，载于《保险研究》2014年第5期，第31~37页。

专题报告 05

中国保险行业内部审计发展研究[*]

摘 要

党的十八大以来，随着我国改革开放的不断深入和社会经济的不断发展，保险业迎来发展黄金期。伴随着保险业的发展壮大，各种风险也在不断积聚。在保险监管部门的持续推动下，保险业高度重视并且不断探索和规范保险公司内部审计工作，学习借鉴国际成熟经验，全行业对内部审计重要性的认识逐步提升，逐步构建形成保险业内部审计体系，取得了积极成效。虽然相比于国际发达保险市场，我国保险业内部审计工作在保障审计独立性、审计专业人才培养、审计信息化建设以及咨询建议能力方面仍然存在的一定差距，但内部审计在成为监督评价经营管理的有效手段和发现化解各类重大风险的关键环节的趋势不可阻挡，为提升行业公司治理水平、服务行业转型升级、着力防范化解重大风险、促进行业健康稳定发展方面起到了积极的作用。

未来，保险业将进一步扩大开放，参与全球竞争，各种新的组织形式和先进的信息技术也将不断涌现，增加了诸多不确定因素和不确定风险，这些潜在风险对保险企业的内部审计工作提出了重大挑战。内部审计工作需要进一步认清形势和环境变化，积极应对各种困难和挑战，不断推进法制化、制度化和规范化建设，逐步从强调独立向整体联动转变，从监督型审计向咨询服务型审计转变，从事后审计向事前和事中审计为主转变，做到因势而谋、应势而动、顺势而为，才能在新环境下实现更好的创新和发展。

---

[*] 本报告所引用数据，除特殊说明外，分别来自中国银行保险监督管理委员会官网（www.cbrc.gov.cn）、中国保险行业协会官网（www.iachina.cn）、《中国保险行业内部审计发展报告》（中国保险行业协会编，中国金融出版社 2018 年版）和行业调研数据。

当前，中国特色社会主义进入了新时代，这是我国发展新的历史方位，更是保险业发展新的历史方位。近年来，我国保险业保持了持续快速发展的势头，市场规模不断扩大、各类主体不断增加、机构种类越来越多、业务结构越来越复杂、承保覆盖面越来越广、社会影响越来越大。但与此同时，伴随着保险业的发展壮大，各种风险也在不断积聚。党中央对金融工作和防范金融风险高度重视，在2017年的政治局第40次集体学习会议、全国金融工作会议、中央经济工作会议和党的十九大，以及2018年全国两会、中央深改委和中央财经委首次会议、2018年博鳌亚洲论坛等多个重要场合，习近平总书记都对金融工作提出了明确要求，反复强调要把防控金融风险放到更加重要的位置，牢牢守住不发生系统性金融风险底线。

中国银保监会成立后，扎实推进金融风险防控工作，将深化公司治理改革作为防范化解金融风险的一项重要工作内容。2018年4月16~17日，中国银保监会组建后第一次面向银行和保险机构召开的会议就聚焦公司治理。郭树清主席在会上指出："建立和完善具有中国特色的现代公司治理机制，是现阶段深化银行业和保险业改革的重点任务，是防范和化解各类金融风险、实现金融机构稳健发展的主要保障。"内部审计作为风险管理第三道防线，是保险公司治理重要的组成部分和关键环节，对防范和化解金融风险的重要性不言而喻。内部审计作为一个独特的职能部门，受到越来越多的关注。特别在"十三五"期间，随着中国经济步入新常态，中国社会的各种风险挑战也随之增多，中国保险业的战略角色与地位被赋予了全新的内容。保险公司内部审计工作需要站在维护国家金融安全的高度深刻认识保险业和保险公司治理面临的新形势，准确把握经济新常态以及保险发展的内涵与要求，不断改进和完善审计模式、审计方法、审计技术等，以适应新形势下金融政策、监管要求以及行业发展与变革的要求，在推进保险业健康稳定发展和防范化解金融风险的进程中，发挥更加积极的作用。

一、保险行业内部审计发展现状

内部审计与董事会、执行管理层、外部审计一起被看作是构建有效公司治理的四大基石。随着保险业的不断发展，保险公司企业规模不断扩大，组织架构趋于完善，管理层级逐渐增多，内部审计也随之迅速发展。特别是近年来，金融监管体制和保险监管环境发生了新的变革，保险业出台了一系列新的监管政策，审计署修订发布了新的内部审计工作规定，保险业风险管理能力与管控措施不断提升，金融科技在内部审计领域的创新研究和应用推广不断加快，保险行业内部审计工作的不断创新和发展为提升行业公司治理水平、服务行业转型升级、着力防范化解重大风险、促进行业健康稳定发展方面起到了积极的作用。

（一）取得明显成效

在保险监管部门推动下，全行业对内部审计重要性的认识逐步提升，保险机构不断加强改进自身的内部审计工作，逐步构建保险业内部审计体系，取得了明显成效，主要体现在以下方面：

1. 公司制度建设卓有成效

在中国保监会 2015 年发布的《保险机构内部审计工作规范》等系列制度指导下，各公司在章程中都规定了审计委员会、内审部门的设置，明确了地位、职责和权限。许多公司以通知或工作指南的形式明确了内部审计操作规范或实施细则，不少公司详细制定了公司内部审计相关领域的具体实务操作手册。这些公司层面的内部审计制度更加接地气，针对性和可操作性更强，在高管审计、经济责任审计和绩效审计中发挥了重要作用。

2. 管控模式和工作内容不断创新丰富

从工作内容看，当前行业内部审计的工作范围和深度进一步扩展，除了开展财务审计、经济责任审计等传统内容外，风险管理审计、内部控制审计以及资金运用审计、偿付能力审计等专项审计也在有效开展。从管控模式看，当前保险公司内部审计管控模式主要有三种：首先是"总—分"的管理模式，总公司及各省分公司均设立内部审计机构，按照"分级管理、下审一级"原则开展内部审计，并分别向总公司或分公司汇报，总公司指导各子公司开展审计业务工作。其次是集中化、垂直化管控模式，内部审计职能高度集中于集团或总公司层面，由集团或总公司统筹内部审计体系的机构、人员及所有的内部审计工作。在政策鼓励倡导下，这种独立、权威、高效的扁平化内部审计模式发展迅速。最后是外包模式，由境外内部审计部门或控股股东派出内部审计人员开展内审，或将审计项目委托会计师事务所开展。

3. 内审队伍不断健全完善

主要体现在三个方面：第一是领导有力。当前绝大部分保险公司内部审计工作都已经由董事会直接领导，部分公司由监事会领导，从保证内部审计工作独立性的角度来看，这两种方式都比较能够体现审计部门的风险管理和内部控制职责，有利于保证内审工作的独立性。第二是审计责任人等关键岗位逐步到位，大部分公司都按照规定要求设置了审计责任人岗位，进一步提升了内部审计在公司的地位和权威性。第三是内部审计工作人员数量不断增加，不断满足内部审计需求。除新设立公司外，绝大部分公司都已经设置了独立的内部审计部门，并按照人员数量要求确定内部审计人员编制。大部分公司已经接近监管关于专职内部审计人员的占比要求。

（二）存在一定不足

从行业内审实际情况来看，内部审计制度已经成为保险业建立现代企业制度的重要内容，成为保险企业内部控制的关键环节，已经成为企业风险管理的前提基础和有效防线。但在与银行业以及国外保险机构相比，我国保险业内部审计工作仍然存在一定不足，主要体现在以下几个方面：

1. 内部审计定位不够清晰，独立性仍显不足

保险公司普遍已根据监管要求和公司自身情况建立起了适当的内部审计组织架构，并形成了与其组织架构相配套的汇报路线。保险公司呈现出的架构、汇报路线和职能定位趋于形式化，内部审计职能定位具有一定局限性，独立性在一定程度上仍然欠缺。这些问题进而体现在后续内部审计人员的工作执行、整改、绩效考核等多个方面，对内部审计工作的有效展开、内部审计执行的有效性以及整改落地等内部审计工作的各个环节都产生了较大影响。

2. 内部审计专业人员匮乏，人才培养投入力度不足

保险公司已经开始拓展审计人员专业背景，加强培训管理，部分公司已经建立了针对内部审计部门的绩效考核体系。内部审计人员的专业背景、工作经验、专业资格等综合素质方面正在逐年提升，但很多保险公司仍面临着内部审计专业人员的短缺、流动性较大和优秀人才招聘难等问题，特别是某一些特殊专业领域例如信息系统、数据分析等专业的人员尤其缺乏。内部审计人员无论从数量、特殊领域专业人员比例、工作经验、培训时间等方面，均与国际内部审计协会统计的行业平均水平存在不同程度的差距，相比之下，其他国家保险公司对内部审计部门的不断投入正是体现了内部审计部门是保险公司不断发展的必要因素。

3. 内部审计服务能力不足，尤其咨询建议能力不强

保险公司内部审计工作量呈逐年递增趋势，内部审计部门在完成财务收支审计、经济责任审计等工作的同时，亦有针对性地增加及融入行业关注的审计重点，工作效果正在逐步得到公司领导和部门的认可与肯定。但经济责任审计、董事及高管人员审计等工作占用的时间和人员的比重较大，为很多保险公司的内部审计部门开展其他专项审计带来了更多挑战。此外，受到公司对内部审计定位和人员的限制等因素影响，内部审计部门的咨询服务职能发展相对滞后，未能充分发挥其应有的内向性服务作用，在一定程度上不利于内部审计的健康发展，且使内部审计不能更好地为适应公司发展需要而服务。

4. 内部审计后续跟踪及整改的落实力度不够

绝大部分公司内部审计的后续跟踪整改需要公司支持以及资源调配，需要治理层、

管理层及各权责部门等各层级加强对审计发现、后续追踪整改的重视程度，在内部审计相关研讨会中，这一问题也被反复提及。但对于后续跟踪及整改问题的落实，除了需要各权责部门各层级加强对审计发现、后续追踪整改的重视程度以及工作方法、资源调配与支持，也需要从根源上，例如，内部审计的治理架构、组织架构等以及人员支持、绩效考核等方面，进行合理的改进。

5. 中小公司信息系统建设和信息系统审计能力不足

随着保险业信息化、数字化的迅猛发展与技术的不断革新，保险公司大多开始通过信息系统建设辅助内部审计工作，对于大多数中小保险公司的内部审计部门，对信息系统的审计能力普遍存在不足，部分公司采用外包形式对信息系统进行审计，部分公司尚未对信息系统进行审计；与此同时，如何在资源和技术有限、成本效益等方面更好的应用信息系统等先进的技术手段，以及提升公司对该领域的重视程度，都是近年内部审计工作的重要挑战之一，需要尽快解决并落实。

二、保险行业内部审计的发展趋势

目前，宏观经济形势日趋复杂。从国际看，经济环境不断变化、世界经济增长存在不稳定不确定因素，新兴市场国家和发展中国家普遍面临资本外流和国际收支逆差的巨大压力。从国内看，受经济增长速度换挡期、结构调整阵痛期、前期刺激政策消化期三期叠加的影响，经济面临的下行压力加大。特别是产能过剩、地方债务、影子银行等问题交织在一起，利率、汇率等资金价格市场化改革深入推进，宏观经济波动的可能性和局部金融领域风险不容忽视。在内外部因素的综合作用下，当前我国保险业处于转型升级的关键时期。对于保险业内部审计人员而言，在未来5~10年内将面临一个多变的风险环境、不断增长的监管审查、利益相关者的期望上升、复杂多变的技术风险以及对于优秀审计人才的竞争。

（一）从强调独立向整体联动转变

独立性是内部审计的基本特征之一，保证企业内部审计部门工作的独立性权威性，是内部审计部门的重要特点，也是保持其工作客观性的重要基础。保险公司内部审计部门的隶属关系主要有5种情况：隶属于董事会/审计委员会的独立职能部门、隶属于总经理、隶属于财务部门、隶属于监事会以及与其他部门合署办公。《中国保险行业内部审计发展报告》中指出，有67.2%的公司内部审计部门完全独立地隶属于董事会/审计委员会，而有19.3%的公司内部审计部门同时隶属于董事会/审计委员会和总经理，其余的13.4%为其他隶属关系。大部分保险公司是按照公司治理的原则，直接在董事会/审计委员会下设立独立的内部审计部门。但还有部分保险公司内部审计部门并不是由审计委员会管辖，尤其值得注意的是有的公司内部审计部门完全隶属于总经理，这样的设置不利于内部审计职能的开展，会损害内部审计的独立性和客观性。

中国保监会2015年发布的《保险机构内部审计工作规范》要求通过内部审计机构设立、人员配备、教育培训等量化指标保障独立开展内部审计的客观条件，提升内部审计人员主观认同感，确保内部审计部门的独立性。作为健全单位内部管理机制的手段，内部审计在保险公司中的地位将不断提高，内部审计的独立性地位和权威性在不断地加强。但是仅仅强调内部审计独立性还远远不够，在竞争日益复杂多样化的市场环境中，企业面临着众多不可预知的风险。传统的"监督"导向型内部审计强调的是财务监督，内部审计功能停留在查错防弊、合规性审计上。随着企业自身经营环境的变化，为了加强企业的管控力度，迎合利益相关者更高层次的需求，内部审计功能需要更加注重内部审计价值体现，内部审计独立性也为内部审计增加价值奠定了基础。

传统内部审计关注的只是监督与控制的浅层次领域，内部审计要想实现增加价值，应当对组织的风险管理和治理过程展开深入广泛的服务。内部审计通常是组织风险管理过程的最后一道防线，而控制、风险和治理的情况在很大程度上决定了一个企业在市场中的竞争力，内部审计应成为风险、控制和治理领域的专家。

在内部控制领域，企业内部审计是内部控制系统的子系统，应当科学分析与评估企业内控制度的完善程度、遵循效果和运作功效，寻找内控机制存在的疏漏之处，并采取行动加以改进，完善公司管理，预防组织运作风险，实现增值目标。

在风险管理领域，内部审计应当发挥增值作用，对风险进行检测、评估，采取有效措施使风险降低到可接受水平，对主要业务风险已得到适当管理进行客观确认并且认定风险管理系统正在有效运行；内部审计将风险控制的工具和技术经验与管理层共享，发挥内部审计对企业全局认知方面的优势，提供建议、推动举行专题讨论会，协助改善风险管控等。

在公司治理方面，内部审计应当通过在组织内部推广适当的道德观和价值观，确保整个组织开展有效的业绩管理、建立有效的问责机制；向组织内部有关方面通报风险和控制信息，协调董事会、外部审计师、内部审计人员和管理层之间的工作和信息沟通，评价并提出适当的改进建议以改善组织的治理过程，实现价值增值。

（二）从监督型审计向咨询服务型审计转变

2007年，时任国家审计署审计长李金华在出席亚洲内部审计大会时指出："内部审计的定位应该是四个字，就是管理、效益。内部审计也有监督，但监督的着眼点一定要放在促进部门加强管理，加强内部控制和提高经济效益上。"内部审计由单纯的监督职能向经济监督、评价、鉴证职能发展，更加注重经营活动的事前预测和决策，已成为一种发展趋势。

2014年《中国内部审计准则》将内部审计定义为"一种独立、客观的确认和咨询活动，它通过运用系统、规范的方法，审查和评价组织的业务活动、内部控制和风险管理的适当性和有效性，以促进组织完善治理、增加价值和实现目标"。新的内部审计定义提出了内部审计的咨询职能，拓展了内部审计的职能范围，并将其与传统的确认职能一并作为现代内部审计的两大职能，体现了内部审计工作重心的转移，代表了内部审计的发展方向。

《中国保险行业内部审计发展报告》中对120家保险公司的统计结果显示，2015年董事及高级管理人员审计总共进行了2642次，占总数量的27%；经济责任审计总共进行了1940次，占总数量的19%；财务收支审计总共进行了805次，占总数量的8%；内部控制审计总共进行了787次，占总数量的8%。从不同类型内部审计项目投入的时间来看，2015年财务收支审计投入了56442天，占总投入时间的28%；舞弊审计投入了44147天，占总投入时间的22%；董事及高级管理人员审计投入了37519天，占总投入时间的19%。从不同类型内部审计项目投入的人员数量来看，其中董事及高级管理人员投入了3562人，占总投入人数的19%；财务收支审计投入了3389人，占总投入人数的18%；经济责任审计投入了2305人，占总投入人数的13%。

由此可以看出，虽然我国保险公司内部审计的职能定位一直是监督与服务并举，但长期占据优势地位的是监督职能，侧重的是对企业内部财务数据合法性、真实性的查证。虽然初步开展了内部控制审计和管理审计，但过多强调的还是内部审计的监督作用，对内部审计的理解还停留在被动的"经济警察"这一监督功能层面，缺乏对审计的管理功能、增值功能的理解，从而忽略了它的管理服务作用。

据统计，英国公共部门的内部审计机构中，88%的内部审计机构开展了对管理和业务经营系统的审计，他们对单位管理控制系统的审计，超出了对财务领域的关注程度。在高新技术的冲击和世界经济一体化趋势下。面对企业日益增长的各种风险，西方国家富有远见地看到了这种势头，较早地表现出将内部审计向风险管理审计和咨询活动扩展的强烈倾向。

因此，内部审计若只停滞在履行监督职能，而不能为组织创造价值或提升组织的价值，必将损害内部审计存在的根基。所以，保险行业内部审计应将目标定位转向管理审计，以提高组织经济效益为核心，将监督融于加强组织风险管控、完善公司治理，为实现组织经营目标提供服务。从短期来看，内部审计是为加强企业经营管理、提高企业经营效益服务，但从长远来看，随着审计范围的扩大，审计职能的提升，内部审计将逐步为企业的战略发展服务。

此外,随着外部环境的不断变化,改进风险管理、完善公司治理结构的要求越发强烈,内部审计的咨询职能越发重要。为完善公司治理应强化内部审计职能尤其是咨询服务职能,保险行业内部审计工作应当从以下几方面着手进行改进:一是重构内部审计机构组织系统,建立具有独立性、权威性的内部审计机构;二是扩展咨询服务的范畴,充分体现咨询服务多维度、多业务、多层次、多环节、多角度的服务职能,如风险管理制度设计、内部控制流程改善方案的策划等;三是协调并统一与内部审计其他职能的冲突,加快对咨询服务实务框架的构建问题研究,建立健全内部审计的管理体制,使其能够站在公司治理的角度来解决问题。

(三)从事后审计向事前和事中审计为主转变

目前,我国保险行业的内部审计大都趋于事后审计。但很多经济事项的问题往往都发生在前期论证过程中,如果审计人员不能及早介入,只是到了招投标或要拍板决策时审计才参与监督,则这样的监督无异于走形式,根本起不到监督的目的。以史为鉴固然很有必要,这种审计方式也能帮助企业总结经验、改进工作、亡羊补牢,然而在快速变化的社会环境中,其对潜在和未知的风险却难以发挥预警和规避、防范作用,造成的损失也难以挽回,远不如事前就发现问题、提早控制事件的发生现实得多,经济得多。因为加大惩罚力度很容易,但要提高查处概率则会增加审计成本和审计风险,而且并不能从根本上杜绝违规现象的发生。据统计,我国保险公司中,约有71%的公司以事后审计为主,部分业务前移至事中,其中有22%的公司只进行事后审计,仅有7%的公司开展了事后、事中、事前审计工作。

内部审计还应当开展绩效审计,以评估组织的绩效管理系统以及核心工作目标的完成情况,一个有效的绩效管理系统将成为支持组织目标的有利工具。内部审计活动还应协助组织识别和评价重大风险问题,应当运用风险管理方法和控制措施,对组织风险管理过程的充分性和有效性进行检查、评价和报告,帮助组织改进风险管理与控制系统。另外,由事后审计向事前审计和事中审计延伸。事前审计是指对计划和预算、投资和更新改造项目可行性研究、成本预测等内容进行的审计,通过事前审计可以防患于未然,对于项目实施后可能出现的问题和不利因素、能事前提出纠正和剔除的建议,供决策部门考虑,避免决策失误。事中审计把经济业务的实施情况与计划、预算及一定的标准进行比较分析,从中找出差距和存在的问题,及时采取有效措施加以纠正。同时,根据实际情况的变化,修改计划和预算,使之更加符合客观实际、更加合理有效。

三、保险行业审计所面临的挑战与应对

（一）保险业内部审计工作面临的挑战

近年来，随着国际国内政治、经济、金融形势的日趋复杂以及信息技术和金融科技的快速发展，增加了诸多不确定因素和不确定风险，这些潜在风险对保险企业的内部审计工作提出了重大挑战。这些风险主要包括战略风险、技术风险、声誉与道德风险、持续增长压力、盈利能力与流动性风险、人力资源风险、健康安全与环境风险、合规风险等。这些风险为内部审计带来的现实挑战主要概括为以下 7 个方面：

1. 内部审计理念和目标存在滞后性的挑战

《中国内部审计准则》中对内部审计的新定义，突出了内部审计的价值增值功能，在原有查错防弊的职能基础上，内部审计新准则将内部审计定位于"确认和咨询"。大多数保险公司仍将内部审计的工作着重放在财务审计方面，内部审计目标定位为查错防弊上。例如，2016 年，某家保险机构将审计重点集中在虚列收入、三重一大、劳务派遣违规、小金库等方面，当年查出的问题也主要集中在这几方面。2017 年内部审计部门的目标仍集中于这几方面。而对于企业风险管理、为企业提供管理咨询，都没有列示在内部审计部门的工作目标里。因此，按照新准则的要求，目前的保险机构在审计理念和目标定位方面仍面临巨大挑战，审计理念与目标定位的改变，应该从治理层、管理层观念的改变开始，由上而下地推进，最终带来整个内部审计部门审计工作重点的改变，这将是一场长期而艰巨的变革。

2. 现有的内部审计组织机构变革的挑战

《中国内部审计准则》规定：内部审计机构应当建立合理、有效的组织结构，多层级组织的内部审计机构，可以实行集中管理或者分级管理；内部审计机构应当接受组织董事会或者最高管理层的领导和监督，并保持与董事会或者最高管理层及时、高效的沟通；并强调"内部审计机构和内部审计人员应当保持独立性和客观性"。目前保险公司的组织机构与新准则仍不完全适应，部分保险公司的内部审计机构在业务上受本级机构和上级机构的内部审计部门的双重管辖但没有明确各自职能关系与汇报路线，导致了内部审计部门及人员与本级和上级领导之间存在不可回避的利害关系，这让内部审计工作的实施效果大打折扣，给内部审计的转型带来巨大的挑战。

3. 保险公司建立健全内部控制制度的挑战

修订后的《中国内部审计准则》第 2201 号具体准则——内部控制审计包含修订前第 12 号、第 16 号、第 21 号和第 5 号具体准则。从审计范围角度看，修订后的内部控制审计可分为全面和专项内部控制审计，并且从组织层面和业务层面详细阐述了内部

控制审计的内容。其中组织层面内部控制的内容主要是按照内部控制五要素进行规范，同时借鉴、吸收了《企业内部控制评价指引》中有关内部控制评价内容的规定，力求与《企业内部控制基本规范》及配套指引相衔接。大部分保险公司的内部控制制度主要集中于控制活动方面，在控制环境、风险评估、信息沟通、内控监督方面，存在一定程度甚至较大的缺失。要想将审计工作重点转移到对经营、管理行为和管理制度的关注上，以内部控制和风险管理为导向，审查保险公司全部经营管理活动，就必须有健全的内部控制制度。

4. 内部审计在建立健全绩效审计工作方面的挑战

《中国内部审计准则》将第 25 号、第 26 号、第 27 号具体准则合并修订为第 2202 号具体准则——绩效审计，再次强调了内部审计机构和内部审计人员应该对本组织经营管理活动的经济性、效率性和效果性进行审查和评价，并对审查评价的内容、方法、报告的书写做了详尽的规定。这对保险公司内部审计工作提出了新的挑战。保险公司内部审计部门从设立至今，审计工作主要集中于事后财务审计，从未将管理业绩评价，帮助管理者提高管理能力，增强管理效率，降低经营风险，充分利用资源，增进经济效益，提高管理的经济性、效率性和效果性纳入其工作范围。从近几年内部审计部门查出的重大问题概要可以清楚地看到，内部审计部门很少对公司绩效问题提出异议，新准则的要求对保险公司建立健全绩效审计制度提出了新的挑战。

5. 保险公司加强内部审计质量控制的挑战

众所周知，内部审计工作最注重的是审计质量，修订后的内部审计准则从内部审计机构质量控制和内部审计项目质量控制两个方面，详细阐述了内部审计质量控制有关内容，从以上两个方面对内部审计质量控制需要考虑的因素以及包括的措施进行了细化，明确了质量评估的主体为内部审计机构负责人和审计项目负责人。而大多数保险公司在内部审计质量评价方面的制度有待健全，质量评估的负责人有待确立，建立自上而下的内部质量控制流程面临挑战。

6. 审计人员素质提高的挑战

《中国内部审计准则》第 1201 号《内部审计人员职业道德规范》中对内部审计人员专业胜任能力及后续教育要求做出了明确的规定。而且内部审计人员的工作从"监督和评价"上升到"确认和咨询"，也对内部审计人员在关注层面、专业强度、风险控制等方面都提出了更高的要求。目前保险公司内部审计机构大部分人员为财会人员，管理、工程技术、法律、IT 等专业背景方面的人员严重缺乏，不能完全满足新管理形势下审计工作的需要。如何培养既熟悉传统审计，又具备现代企业管理、风险控制的复合型人才，成为保险公司内部审计必须要面对和解决的难题。

7. 新技能需求带来的挑战

随着移动技术的突飞猛进和大数据时代的到来，保险机构的内部审计工作将由"依赖经验"发展为"依赖数据"，而且保险机构的数据库系统有着极其复杂和庞大的特点，内部审计面临不断的挑战，具体包括重塑安全预警、重建流程、应用高新技术、完善内部审计人员素质等。

一是重塑内部审计安全预警。"大数据"及其技术很大程度上影响组织内各子系统的信息化，也改变了内部审计信息化运行环境，风险因子发生相应变化。保险公司的内部审计需要结合大数据的产生、传输及应用等特点完善安全预警系统，针对伴随大数据产生各种风险的复杂性、关联性和综合性，构建完善安全预警系统，为内部审计大数据信息平台运转以及整个组织信息化平台的推进奠定安全、可靠、合规及保密的基础。

二是重建内部审计流程。很多保险公司中的信息化子系统各自为政，数据信息的传递与共享尚且不能达成，严重阻碍着内部审计大数据信息化平台的建设与运行。内部审计急需通过流程重建，将组织运营信息化平台各个子系统无缝衔接为一个流畅的整体，使数据的汇集、传输、整理、分析等过程在整个系统内得到顺畅的执行，内部审计合理嵌入，从其中获得更直接、更全面的信息资源，这是大数据环境下内部审计淋漓尽致地发挥作用的根本。

三是更新内部审计平台。大数据环境下，新的网络环境与技术支持、新的计算机操作平台、新的应用软件等如雨后春笋般涌现。保险公司内部审计工作的信息化需要对现有操作系统从硬件、软件等多方面进行升级更新。这包括配置更大容量的存储设备，更新兼容性更好、运转速度更快、运行更稳定的计算机系统，升级完善支撑内部审计大数据信息平台的网络基础设施等。

四是提升内部审计人员素质。保险公司内部审计团队及个人的知识体系急需拓展，适应新环境与新技术的需要，通过探索与学习将新的技术、新的软件应用到日常工作中来，将新技术与内部审计工作结合在一起。提高审计敏感度、综合分析能力、洞察能力、创新优化能力等，为了能用新技术提高内部审计工作效率效果，急需数据技术方面的IT人才协助在庞大且复杂的数据环境中有效剔除信息噪音，快速而准确地获取有用信息。

（二）未来内部审计关注点与内部审计部门的应对

在瞬息万变的竞争中，企业必须积极应对每天出现的新挑战，如网络威胁、新兴及潜在的颠覆性技术、业务绩效风险等。在日趋复杂的环境中，内部审计作为风险管理的第三道防线，具有至关重要的责任去协助公司管理和监督这些风险所带来的影响。内部审计扮演着重要的角色，能够协助企业管理复杂多变的业务趋势所涉及的各类风险。

为了发挥重要影响力，内部审计部门需要持续关注不断涌现的各种业务问题，以有效地监控各项相关风险和他们对公司的潜在影响。为了给企业创造最大价值，内部审计部门必须善于择机识别公司现状中潜在的问题以降低风险、加强内控、寻找可以提高效率的潜在空间，并同时兼顾成本效益。

根据毕马威对全球多个行业公司的内部审计职能部门调研的结果总结概述了内部审计部门当年及未来一年关注的风险领域、价值提升方面所需要关注的主要领域、问题等，以及这些领域对各个公司当前和未来发展的重要影响，这些事项的驱动因素以及内部审计如何应对，具体如下：

1. 网络安全

在当今这个持续互联的世界，网络安全对许多公司而言至关重要。网络安全的问题已频繁出现在很多企业的董事会议程上，数据安全威胁问题现已几乎成为每周的新闻头条。网络威胁形式的日益变化、技术的快速更新、监管环境的变化、社会的变迁及企业的变革等因素，致使对网络安全相关问题的关注度不断增加。此外，黑客的技术能力不断提高而且资金充裕，他们不断地寻找新的方法，不仅通过网络直接地瞄准目标公司，而且还利用主要供应商及技术伙伴间的联系进行黑客活动。因此，疏忽安全防范的后果将是灾难性的，公司的利润和声誉都将受到严重的影响和挑战。有鉴于此，所有公司更应保持警惕并定期更新网络安全保护标准。

一是驱动因素：预防和减少因数据泄露而导致的高昂代价和严重后果，例如，司法调查、违法违规导致的罚款、补偿客户损失、后续整改工作中高管和中层消耗的时间和精力成本以及可能带来潜在的客户和业务上的流失；避免企业声誉受损，尤其是与泄露、丢失或管理不当的客户数据有关；防止知识产权和公司资产的损失，以及公司其他专有信息的泄露等。

二是内部审计如何应对：以行业准则为指引审阅企业的网络安全风险评估、网络安全流程与控制措施，以保护其知识产权，并且提供改善建议；评估已修订的技术安全模型的应用情况，如多层防御，强化检测方法以及推进离线状态下数据加密的实施等；建立健全培训体系和课程教育计划，包括模拟网络诱骗钓鱼式攻击，使员工在全面的网络安全保障计划中发挥关键作用；评估第三方安全服务供应商，识别其是否充分、完整地评估了最新的风险并且具备解决问题的能力，能够采取有效的应对措施等；要求定期进行网络"消防演习"，对演习中以及实际解决问题时的效果和程序进行检验和审查。

2. 新兴科技

移动计算、远程计算、云计算、社交媒体以及大数据前所未有地让人能够访问、存取、使用和管理信息，并彻底改变了商业模式。新兴技术使全球各地企业的员工能够轻而易举地取得各种信息，让企业能够更加有效地运作，进而影响着人们的生活和工作方式。因此，企业拥有无数机遇发掘和运用这些新兴科技以推动市场和行业的改变与创新。然而，每项新技术的演变发展均会带来风险，企业必须高度关注有关的风险管理，在尽量提高新技术的效用和减轻新技术在实施和使用上的风险之间取得适当平衡。

一是驱动因素：越来越多的企业规划采用和实施云计算作为传统电脑系统的一种替代方案；在科技高速发展、员工期望转变以及不断出现的其他不可预见挑战背景下，需要重新审视传统的灾难恢复和业务持续发展的方案；考虑使用机器人技术和其他技术方式以减少对人力、人工的依赖；新兴技术或是破坏性技术的迅速崛起，例如金融科技和区块链等。

二是内部审计如何应对：评测企业中现有技术系统以及新兴技术、系统的使用情况；评估可能由于采用技术而引起的业务模式、控制架构等相关变化；审阅有关技术管理的政策和程序，包括治理、控制，数据完整性、安全性、隐私、和供应商管理的合规性等；评估灾难恢复和业务持续发展方案，包括管理层就"拒绝服务"类型攻击所造成的威胁，检讨测试有关方案所采用的方法；考虑数字劳工、机器人技术等相关举措所需的治理和控制措施等。

3. 文化风险 / 软控制

文化风险已经成为管理层关注的议题，许多处理不当或是违规的事件已经影响了公众对企业的信任。即使企业制定了非常明确的业务战略，但如果企业文化不能提供适当的支援和配合，企业取得成功的机会也会相当渺茫。企业文化可以被观察到、被监测到，也可以在时间的流转中缓解、处理不当或是违规行为所带来的影响，同时鼓励员工做出配合企业战略的行为。广泛的文化体系与方案，有助于企业处理具体的治理事项、合规管理和风险管理，同时，亦可集中了解企业如何做出决策以满足其各个利益相关者的要求，以及这些决策将如何影响目前和未来所期望的企业文化。

一是驱动因素：愈加严格细化的监管审查，以及各界对企业文化期望不断提高；跨国企业不断增加，造就更加多样化的文化规范与实践；业务单元之间缺乏相互联系而导致存在管治差距；对更严格的管治、监督和问责要求；审计发现和内部控制问题等。

二是内部审计如何应对：评估和明确与核心价值观以及其他行为规范相关的企业文化驱动力；评估与企业文化驱动力相关的规范准则；复核、审查绩效考核是否与企业战略、核心价值观等相符合，以确保良好的行为得到相应的激励或其他奖励；对企业文化演变和与合规活动的配合，以及财务目标与业务及运营模式的配合提供保证；

评估作为运营控制有效性先决条件的文化驱动力的质量；通过数据分析和第三方审计识别企业文化风险；领导或参与涉及潜在违规行为或处理不当事件的调查；通过对企业文化的测试和评估，推动持续性的改进与提升，包括企业文化方面的相关报告；对审计发现、其他违规事件等，利用具体的软控制系统地分析其根源。

此外，在全球化背景下，母国审计部门总部可以通过协调东道国审计部门或审计中心，加强不同国籍员工的跨文化管理，共同服务于降低风险、实现企业价值增值的目标。

4. 综合管控

在不断变化的风险环境中，董事会和高级管理层希望所有管控部门可以通力协作，就机构的风险情况提供综合的视角。很多企业未能建立和完善一套以防范、预警新的或是新兴风险的系统化流程，导致相应的重大风险不能被及时识别并被有效应对。此外，以传统管控方法应对风险通常缺乏统筹性，缺乏内部良好的协调。如果企业能够有效预测和应付风险形势变化，在不同的管控职能之间制定良好协调的应对措施，促使各管控部门共同协作，尽量增加企业对风险管理的覆盖范围，能够随时为高级管理层和董事会提供独特的见解与视角，以做出更加有效的业务决策和风险管理。企业不应仅将识别和管理风险视作威胁或挑战，而应同时将其视为机遇。

一是驱动因素：迅速变化的风险环境和不断增加的洞察力对决策支持的影响愈发重要；与管控服务提供者紧密合作以得出有关风险的一致点；优化企业风险评估和管控活动，以提高效率，尽量增加风险管理的覆盖范围；将有限的资源分配在高风险领域等。

二是内部审计如何应对：在企业风险评估、工作筹划和实施、执行以及成果汇报等过程中，领导或协调各管控部门的相互协作，尽可能减少对业务部门的干扰；协调企业内部的公司治理、合规和审计等职能，根据企业面对的风险制定和执行全面的管控计划；完善和实施整体鉴证方案，同时考虑贯穿企业的全面风险，以及所涉及的所有治理、合规和审计职能；评估新兴业务或商业环境趋势及其风险，判断其对企业发展经营的影响；鼓励推动数据和分析的应用，改善对风险环境的洞察能力等。

5. 数据分析与持续审计

在过去的几年中，数据分析在企业自我评估、监控，特别是在有效地扩大审计范围、提高深入程度来执行审计工作等方面提供了变革性的支持。数据分析和持续审计可以帮助内部审计部门简化和提升审计程序，从而进一步提高了审计质量，带来更多实质的价值。传统的审计方法是基于一个周期性的过程，包括人工识别控制目标、评估和测试控制、执行测试等，以及在有限的样本量里抽取去衡量控制有效性和业务运营表现。相比较而言，现在的审计方式更注重利用可持续的数据分析，提供更透彻并具备风险导向的审计方式。伴随着有效的数据分析，企业具备审查每宗业务交易的能力，不再仅是针对样本，而是对更广泛的控制领域进行有效的分析；内部审计不用担心某一数据点对整体分析的不利影响，能够从纷繁的数据中获得有效信息。不仅如此，大数据技术，例如认知分析、利用外部来源等，使企业能够积极地识别新趋势以及相关风险，例如，更早地察觉到由于社会经济发展所引发的监管变化所带来的风险与影响。

一是驱动因素：能够进行实时、持续的风险管理；提升审计的整体效率（例如，频率、范围等）；通过对关键数据的分析，深入研究和挖掘关键风险领域；能够提早发现潜在的舞弊、错误和滥用等。

二是内部审计如何应对：协助建立自动化的数据提取、转换及上传功能，并由业务部门根据特定风险指标监控由系统生成的分析数据与仪表盘；持续评估企业战略目标与企业风险管理实践的契合情况，在此基础上持续监控公司战略目标与风险管理之间，制定风险管理的优先次序；推动促进可以进行数据分析的审计程序来验证数据分析和业务层面的报告风险；实施自动化审计，专注于根源分析以及管理层对风险的应对措施，包括业务异常情况和风险触发事件等。

在大数据条件下，内部审计不再局限于成本效益下数据样本的局限，可以收集更多数量的审计证据，这就为识别、评估审计个体的管理风险提供了新工具，内部审计人员可以利用获取的数据关系测试识别组织可能存在的风险，通过数据分析，评估风险对企业造成的影响和发生的可能性，并及时报告应对措施。未来几年持续监控和审计软件的应用以及数据提取和分析，欺诈侦查和风险分析软件将对于内部审计产生特别重要的作用。

6. 绩效风险

股东对业务绩效的期望与日俱增，管理绩效不佳的风险变得越发重要。股东期望内部审计职能能够关注企业的运营并且做到真正了解企业的运作及盈利模式，内部审计比以往任何时候更加需要协助企业评估风险，识别和发展可持续产生利润的模式。内部审计部门往往是风险分析的最前线，需要分析贯穿了影响公司业绩的方方面面，包括企业战略、运营、财务和合规等各项风险。风险分析的结果可以在定量和定性上联系到收入、运营开支和投资等价值驱动因素，令内部审计见解在提升绩效上发挥不可或缺的作用。

一是驱动因素：确保财务指标能够反映企业的战略与经营情况；为管理层提供必要的支持和独到的见解以管理并最大程度上降低绩效不佳的风险；整合风险管理与绩效管理方案，确保可以有效地驾驭风险；提高内部审计部门作为企业战略合作伙伴的意识等。

二是内部审计如何应对：实施全面评估方案，从整体的角度来评估对于不佳绩效管理的有效性，将审计工作从始至终贯穿到企业的运营以及业务层面，而不仅仅局限于财务和合规方面；评估公司的业绩衡量标准并主动提出改进建议。

7. 战略协同

在全球化临界点的趋近、西方经济增速持续放缓、技术和能源支出大幅变化以及监管合规带来的挑战等多个重要因素驱动下，很多企业开始转型以寻求更广阔的发展前景，需要几乎所有部门的参与配合。当公司的目标和战略发生调整时，内部审计部门应该积极地参与并考虑其对相关风险治理及内部控制的影响。当努力实施战略转型并迎合新的商业模式时，企业可能会忽略针对转型后新商业模式的内部控制措施作出适当的调整。内部审计部门往往能够为企业战略变革提出有价值的见解，并应在关键的战略举措中得到更为积极的体现。

一是驱动因素：确保内部审计部门始终与企业战略保持一致，并参与到企业的组织架构调整及战略变革中；确保内部审计部门参与到公司的关键战略举措制定中，可以通过提供咨询建议、事中监督或事后评价的方式等。

二是内部审计如何应对：确保内部审计部门能够参与到企业最重要的目标和措施制定中；确保内部审计资源被分配到公司最重要的目标和举措上；加强关注公司治理范围外通常与内部审计职能关联性不大的领域，如某些管理流程、信息技术和数据管理及操作风险等；着眼于长远目标与价值创造，例如英国和荷兰的公司治理准则中强调了内部审计在诸如企业文化/软控制、网络安全等方面的重要职能；确定企业如何评估与重大战略举措相关的风险，以及如何管理与这些举措相关的变化；为企业战略制定者提供内外部引发变化的重要信号（信息）作为参考；为战略决策和管理层未来的决策制定提供深层次的分析支持和风险咨询。

此外，信息化发展和大数据时代的到来，为审计部门与部门外部开展合作提供了机遇。特别是对于规模庞大的跨国企业，"部门墙"导致企业部门各条线沟通不畅，阻碍了交流，隐藏了风险，内部审计的优势在于能开展跨部门的合作，将由于管理体制导致的信息分割和信息碎片化进行整合，跨部门地获取信息和独立思考问题，从而对海量信息进行分析并发现存在的问题。除了与企业境内外各相关部门合作之外，内部审计人员还可以加强与会计师事务所、政府审计机关、外部专家、内部审计职业组织，甚至是企业重要贸易伙伴的合作和配合，交流审计技术和经验，更好地发挥审计在企业和企业供应链中的作用，有效防范企业自身和第三方风险，提升内部审计的贡献和地位，为企业内部审计的发展带来了巨大的机遇。

8. 第三方关系

虽然通常不是有意而为之，但许多商业伙伴功亏一篑是由于复杂环境或其合约所导致的过度开支/损失而影响了其最终效益。为了提高生产率和适应不断变化的商业模式，越来越多的企业依赖第三方机构执行重要的业务职能。然后，引入第三方合作会产生各种新的风险敞口，并可能导致服务、合规和其他方面出现疏漏，从而导致罚款、诉讼、操作禁令和声誉受损等问题。由于外部环境或协议条款的复杂性，业务伙伴可能会在不经意间违规或违约。例如，第三方如果有权限访问公司网络，会增加数据泄露的风险；第三方也有可能在公司不知情的状况下雇用不合规的分包商；第三方在政治风险不确定的领域经营，将合作双方暴露在更大的风险敞口下。综上因素，公司需要确保他们从这些外部关系中获得最大利益的同时，采取适当的控制措施来减少潜在损失和责任。

一是驱动因素：日趋增多的风险来自第三方关系以及与对这些关系管理的监督；提高收入和削减成本；提高合同与供应商的管理；创建更有效的缔约方自身汇报流程；预防或及时发现第三方业务伙伴相关的风险管理疏漏等。

二是内部审计如何应对：审视对第三方身份与资质的识别、尽职调查、甄选及准入审批等的流程与控制；评估管理层对于第三方关系的合同管理流程；监督与第三方管理相关的监管要求的发展；加强第三方审计权利条款并确保有关条款的一致性；加强第三方遵守公司信息数据安全的遵循；开发／完善、实施以及标准化对第三方自动报告数据的持续监控系统。

9.合规遵循

各行各业的公司都在面临着国内外不断出台的监管新规定和新要求。这些新增的监管法规为首席合规官及相关员工带来更多压力，同时也增加了疏漏遵循某些合规要求的可能性。另外，满足这些新的法规要求会大幅增加公司的合规成本，同时增加了内部架构与信息需求的复杂性。与此同时，企业收购及并购活动不断增加，公司同样需要将自身的合规职能与被收购方及兼并方的合规职能有效整合以确保公司合规职能的统一性等。

一是驱动因素：确保企业符合国内外不断出台的法律法规等各类监管要求；严格控制由于遵循不断增加的监管要求而导致的企业合规成本的增加；建立策略以减少合规活动对业务运营的限制；确保收购、并购后的运营合规。

二是内部审计如何应对：系统、全面地梳理对企业有影响的法律法规和监管规定；评估企业整体（全球范围内）的合规办法与管理方式，包括整合被收购企业所适用的合规管理要求；评估企业对不合规行为的应对措施；确保对员工和其他利益相关者的合规培训项目是适当的，以使其能够与各个地区和不同角色的要求相匹配；在巡视各个地区工作时由合规部门直接指导进行，以避免重复工作，在达到预定目标的同时减少冗余工作；对企业合规框架的设计及执行的有效性实施鉴证工作。

10. 反贿赂、反腐败

通过落实一套有效的反贿赂及反腐败合规方案，并根据公司特定风险情况进行适当的调校，为企业带来的效益是显而易见的。企业制定的明确限定违禁行为的管理制度、管理层推行反贿赂反腐败工作的承诺、定期开展的培训、与第三方商定的审计条款以及合规人员的警惕性等，均可以有效阻止贿赂和腐败，从而降低监管执法所带来的高昂成本和损失。为了防止非预期事件发生，一套完善和得到良好落实的反贿赂反腐败合规程序可以最大限度地协助企业避免法律诉讼，甚至大幅降低罚款和损失金额。

一是驱动因素：对外国企业/第三方进行尽职调查和合规性审查存在困难；识别新的监管与合规风险，例如，企业因扩张进入新兴市场或来自第三方及收购并购业务的合规风险；向利益相关者汇报当前反贿赂和反腐败合规活动的有效性；当出现潜在的违规情况时，确保公司拥有足够的调控能力；处理不同国家有关反贿赂和反腐败规定方面的变化等。

二是内部审计如何应对：根据不断更新的监管要求和领先实践，对企业内现有的反贿赂和反腐败措施进行差异分析与评估；确保公司所采用的预防性和检查性控制手段设计与执行的有效性；将反贿赂和反腐败流程管控嵌入现有的或计划实施的审计方案和第三方监督活动中，提升内部审计活动的效力；通过数据分析和第三方审计识别贿赂和腐败风险；引入或借助相关资源对潜在违规事项进行调查；针对反贿赂和反腐败现行规范、程序和道德环境等实施评估和测试，并持续改进。

现代内部审计的发展历程充分证明，内部审计在促进完善组织治理和发展中发挥着重要作用。加强保险行业内部审计工作是完善保险公司内部控制、强化金融风险管理、实现权力监督制约的内在需要和重要措施。近年来，保险业内部审计工作积累的丰富经验，对于现在和未来保险行业内部审计的发展具有十分重要的参考价值。保险业内部审计工作应当进一步认清形势和环境变化，积极应对各种困难和挑战，做到因势而谋、应势而动、顺势而为，才能在新环境下实现更好的创新和发展。

专题报告 06

保险公司合规管理现状调查[*]

摘要

本次保险公司合规管理调研重点是以合规职能的主要要素为切入点,由中国保险行业协会发起,毕马威企业咨询(中国)有限公司协助设计问卷,并由中国保险行业协会向会员保险公司的合规管理部门及其他相关部门下发调研问卷,通过对有效反馈的问卷进行综合全面的汇总分析得出此报告。本次调研旨在了解全国范围内的保险集团(控股)公司、人身险公司、财产险公司、再保险公司和保险资产管理公司等公司的合规管理情况和近两年中国保险行业发生的最新热点变化,研究判断这些行业趋势与变化对合规管理的影响。

一、调研问卷整体情况分析

此次中国保险行业合规管理情况调研问卷分为公司基本信息(共3题)、合规负责人基本情况(共9题)、合规管理基本情况(共20题)、合规管理框架建设情况(共17题)、合规风险情况(共3题)、合规考核情况(共3题)、合规培训情况(共5题)以及合规管理热点问题(共25题)八个部分,共计86道基本问题。本调研问卷所指"本年度"为2017年,"最近三年"为"2015~2017年",各保险公司[①] 在此基础上提供相关数据。

---

[*] 本报告所引用数据,除特殊说明外,主要来自中国保险行业协会对于保险业合规工作情况调研的反馈信息,部分信息引用自原中国保监会官方网站(http://bxjg.circ.gov.cn/)公开披露的信息。

[①] 本报告所指保险公司是截至2017年底,为中国保险行业协会正式会员单位的保险集团(控股)公司、人身险公司、财产险公司、再保险公司和保险资产管理公司。2018年以后加入中国保险行业协会的会员的保险公司不在本次统计范围内。

问卷通过单项选择、多项选择以及开放性问答题的形式，分层次、多角度地对保险行业的合规管理现状进行了调研。共191家具有独立法人资格的公司对问卷进行了有效反馈，按公司类型分类，保险集团（控股）公司12家，占比为6.3%；人身保险公司79家，占比为41.4%；财产保险公司76家，占比为39%；再保险公司10家，占比为5.2%；资产管理公司14家，占比为7.3%，分布情况参见图1。

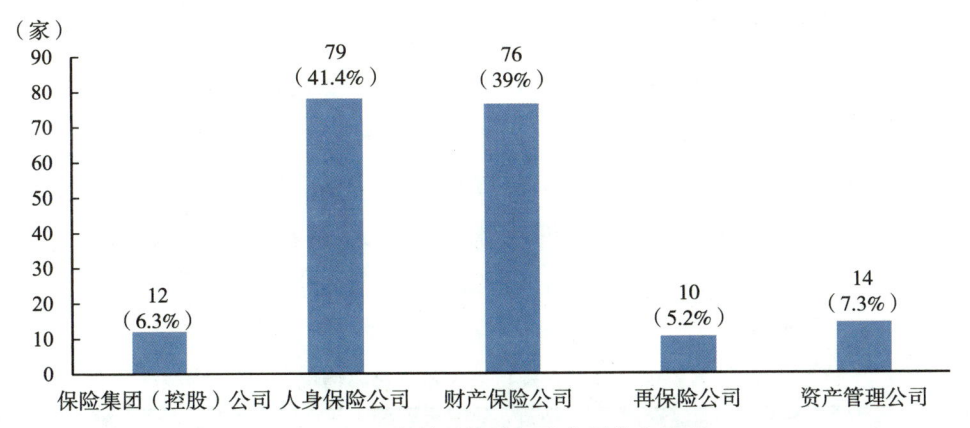

图1 有效反馈的保险公司分布情况

按资产结构及资产规模归类，中资企业共38家，占样本总量的比例为20%，其中资产规模未超过1000亿元的公司3家，占中资企业总数的7.9%；超过1000亿元的公司35家，占中资企业总数的92.1%。外资企业共153家，占样本总量比例的80%，其中资产规模未超过1000亿元的公司52家，占外资企业总数的34%；超过1000亿元的公司101家，占外资企业总数的66%。

按公司行政总部所在地划分，本次调研样本公司的行政总部所在地共分布于26个不同的省、直辖市、自治区、特别行政区等。行政总部位于北京市的有64家，占比为33.5%；位于上海市的有44家，占样本总量的23.3%；位于广东省的有25家，占比为13.2%，其中有19家位于深圳市；位于江苏省的有6家，占比为3.2%；位于天津市、浙江省、山东省的各5家，占比各为2.6%；其余公司行政总部分别分布在四川省、辽宁省、福建省、重庆市、湖北省、贵州省、吉林省、新疆维吾尔自治区、河南省、广西壮族自治区、安徽省、宁夏回族自治区、江西省、陕西省、湖南省、黑龙江省、云南省。其中，有6家公司拥有双总部，占样本总量的3.16%。

二、合规负责人基本情况

中国保监会于2016年12月下发的《保险公司合规管理办法》（以下简称《办法》）

第十一条明确要求:"保险公司应当设立合规负责人。合规负责人是保险公司的高级管理人员。合规负责人不得兼管公司的业务、财务、资金运用和内部审计部门等可能与合规管理存在职责冲突的部门,保险公司总经理兼任合规负责人的除外。"本节主要从年龄结构、专业结构、学历结构、从业年限和决策权限五个方面统计分析样本保险公司合规负责人的情况。

(一)合规负责人年龄结构

如表1所示,191家调研样本保险公司合规负责人的年龄结构基本呈现出"两头尖中间宽"的分布,不论是从样本整体平均还是各类型保险公司的角度来看,保险行业合规负责人的年龄结构均相对合理。具体样本中:有186家样本公司针对此部分问题进行了有效反馈,2家公司由于调研期间由临时负责人履行合规负责人职责,故未回答此部分问题,其余3家公司针对此部分问题未做任何反馈。

表1　各类保险公司合规负责人年龄分布情况

年龄	保险集团(控股)公司	人身保险公司	财产保险公司	再保险公司	资产管理公司
25岁以下	0	0	0	0	0
25~34岁	0	2	1	0	0
35~44岁	1	25	35	5	5
45~54岁	9	40	30	5	6
55岁以上	3	8	10	0	1

在有效回答的反馈问卷中,年龄在55岁以上的合规负责人总数为22人,占比约为13%;45~54岁年龄段之间合规负责人总数为85人,占样本总合规负责人数的47%左右;年龄在35~44岁合规负责人总数为71人,占样本数的比例超过39%。年龄段在"45~54岁"与"35~44岁"这两个年龄段的合规负责人数量占比较大,是行业发展的中坚力量。另外,除未有合规负责人年龄低于25岁外,25~34岁这个年龄段的占比最小,共3人,2人来自人身保险公司,1人来自财险公司。

(二)合规负责人专业背景

191家调研样本保险公司的合规负责人专业背景主要包括六类:法律专业、经济金融类专业、计算机类专业、保险类专业、数学精算类专业和财务类专业,具体如图2所示。整体来看,合规负责人中经济、管理、金融类专业的人员占比最高,为50%;其次为法律类专业，占比为 29.6%。选择"其他专业"项的反馈问卷中，专业类型主要涉及：国土规划与房地产开发、土木工程、固体力学、教育管理、科学社会主义、考古学以及艺术类专业。各类样本保险公司中为其他专业背景的合规负责人占比为 7.5%。

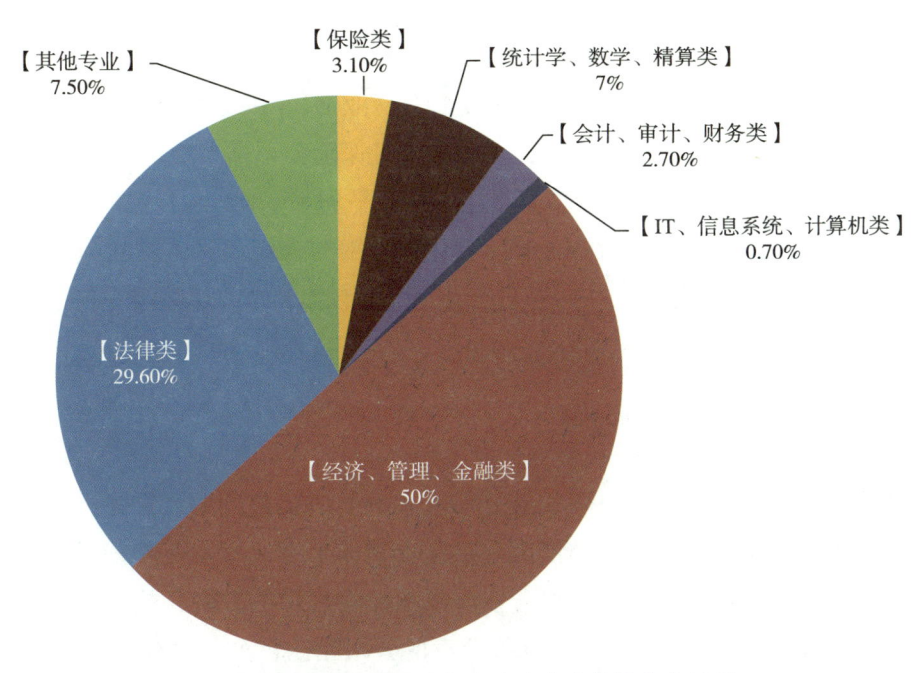

图2 保险行业合规负责人专业背景分布情况

随着科技进步与行业发展，公司管理的先进性与复杂性推动着合规管理工作更为多样化的展开。合规负责人作为合规管理的关键岗位，对任职人员的胜任技能要求日益丰富，加之新时代的复合型人才越来越多，导致合规负责人专业背景呈现多元化。

（三）合规负责人的学历结构

就"合规负责人学历结构"的问题，共计186家样本保险公司进行了有效反馈，5家保险公司未回答该项问题。从有效回答问卷中可以得知，合规负责人学历以硕士研究生为主。

整体样本公司的合规负责人中硕士研究生学历占比58%，其中人身保险公司的合规负责人占比约为44%，财产保险公司合规负责人中研究生约占36%。样本公司的合规负责人为本科学历的数量仅次于硕士学历人员，约为32%，其中财产保险公司占比最高，约为47.5%；样本公司合规负责人为博士学历的占比约为8.4%。合规负责人学历低于本科（大专、中专及以下）的公司仅1家。综上可知，样本公司合规负责人以研究生学历为主，合规负责人学历为本科及以上的公司占整体样本公司的97%，整体受教育程度较高。

（四）合规负责人从业年限

就"合规负责人从业年限"的问题，共186家样本保险公司进行了有效反馈，4家保险公司未回答该项问题。从样本整体角度看，从业20年以上的经验丰富的合规负责人占比较大，占有效样本总量的43%；其中，人身保险公司样本中从业年限在20年以上的约占这一类保险公司的45%，略高于样本整体平均水平42.4%；保险集团（控股）公司样本中和再保险公司样本中从业时间超过20年的合规负责人占比较低，分别为7.4%和6.2%；所有类保险公司中，从业年限在10年以下的占比较小，仅占整体样本的12%。

（五）合规负责人决策权限

调研样本保险公司的合规负责人在公司重大事项决议过程中，有被授予一票否决权、普通投票权或无投票权这三类情况。从样本整体来看，样本保险公司授予合规负责人普通投票权的公司共125家，约占整体样本保险公司的67%；授予合规负责人一票否决权的公司和授予合规负责人普通投票权的公司相比较少，仅有44家；样本保险公司中仅14家公司未授予合规负责人重大事项投票权（见图3）。根据调研的191家样本保险公司反馈，拥有投票权的绝大部分合规负责人在公司内兼任其他职位，例如，董事会秘书、首席风险官、副总经理、纪委书记、合规及风险管理部总经理、总裁和党委书记等。

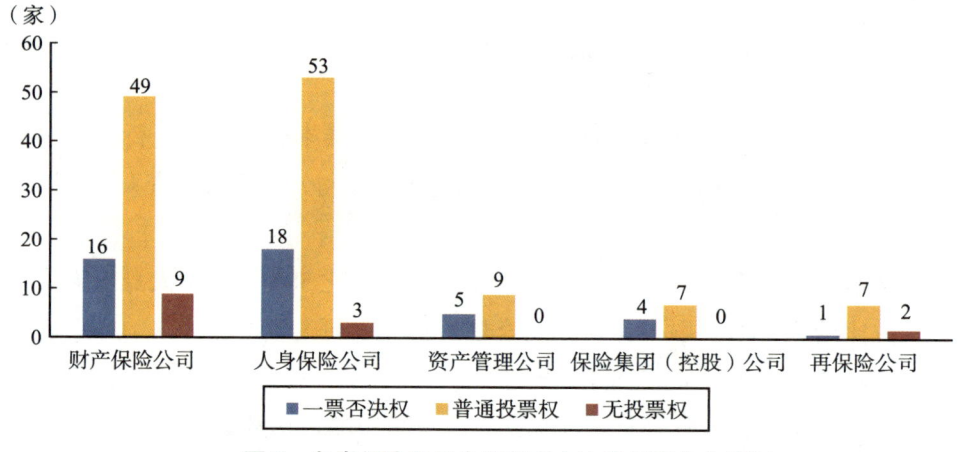

图3 各类保险公司合规负责人决策权限分布情况

三、合规管理基本情况

（一）履行合规管理职责的专业委员会

就"董事会授权何种专业委员会履行合规管理职责"的问题，共188家样本保险公司进行了有效反馈，3家保险公司未回答该项问题。整体来看，有74家公司授权风险管理委员会履行合规管理职责，占有效样本总体的40%，其中人身保险公司占74家的43%，财产保险公司的占比仅次于人身保险公司约占74家保险公司的32%，再保险公司仅有1家公司授权风险管理委员会履行合规管理职责，占比约为1.4%。根据《办法》，合规风险是指保险公司及其保险从业人员因不合规的保险经营管理行为引发法律责任、行政处罚、财务损失或者声誉损失的风险。由此可见，合规风险管理是保险公司全面风险管理的一项核心内容，也是实施有效内部控制的一项基础性工作，将合规管理职责授权给风险管理委员会（或其他履行风险管理职责的专业委员会）是大部分公司采取的选择。

49家公司授权审计委员会履行合规管理职责，占有效样本总体的26%；同时仅6家公司专门设有合规管理委员会履行管理职责。从不同保险公司类型角度看，财产保险公司倾向于授权审计委员会履行合规管理职责；人身保险公司、保险集团（控股）公司和资产管理公司则倾向于授权风险管理委员会履行合规管理职责；大多数再保险公司未授权专业委员会履行合规管理职责。

（二）专职人员学历背景

以下关于保险公司合规人员的相关调研问题主要结合《办法》第十八条、第十九条对保险公司合规人员的要求进行设计。根据反馈，我们主要统计和分析了样本保险公司专职合规人员的情况，主要从学历结构、专业结构、年龄结构、专业经验和任职年限五个方面进行分析。本节所指合规人员配置是指总公司、省级分公司、中心支公司和营业部的专职合规人员及其他部门兼职合规人员。

就"专职人员学历结构"的问题，191家样本保险公司全部进行了有效反馈。在有效回答问卷中，专职人员学历以本科生为主，样本公司整体专职人员中本科学历的占比为68%。其中，人身保险公司的专职人员中有71.4%为本科学历，财产保险公司的专职人员中本科人数的占比为74.7%。

样本公司硕士研究生学历人员仅次于本科学历人员，约24%。其中，人身保险公司中专职人员为研究生学历的占比约为21.9%，财产保险公司中专职人员为研究生学历的占比也在21.9%左右。相比之下，样本公司显示的学历为博士的专职人员占比在行业内最少，仅为0.5%。

综上所述，样本保险公司专职人员的整体学历水平以本科学历和研究生学历为主，总数占整体样本公司的92%。由此可见，保险公司专职人员的整体教育水平较高。

（三）专职人员专业背景

调研发现，样本保险公司的合规专职人员专业背景主要包括六类：法律类专业、经管类专业、信息科技类专业、财会类专业、数学精算类专业和保险类专业。不论是从整体样本角度看，还是从不同类型保险公司角度看，专职人员中法律类专业的人员占比最高，平均占比为47%；其次为经管类专业，平均占比26%。专职人员专业背景占比最低的为保险类专业，占比平均为2.8%。

反馈样本中还有部分公司的专职人员为"其他专业"背景，平均占比达到了7%，"其他专业"人员主要集中在财险类和人身险类样本公司。"其他"项中的专业类型主要包括环境学、工业自动化、建筑学、行政管理、市场销售、社会学、人力资源管理、考古学、语言类以及艺术类等专业；同合规负责人的专业背景分布相似，随着行业发展，公司的先进性与复杂性使得相关人员的工作更为多样化，对相关合规人员的技能要求亦更加多样化，从而导致从事合规管理工作的专职人员专业背景日益丰富。

（四）专职人员年龄结构

调研样本保险公司的专职人员年龄结构呈现出"两头尖中间宽"的分布，与工作经验要求较高的合规负责人相比，专职人员的此项分布更低龄化，较为合理。191家保险公司全部进行了有效回答，其中25~34岁专职人员占样本专职人员的50%左右，年龄在35~44岁专职人员的比例超过30%，这两个年龄段的人员占比较重，是行业发展的中坚力量。另外，年龄在45岁以上的专职人员占比约为12%；25岁以下年龄段的占比最小，仅有7.4%。

（五）专职人员工作经验分布

从不同类型保险公司的角度分析，财产保险公司专职人员中有692人具备法律专业经验，占整体具备法律专业经验人员总数的30%；有742人具备保险业务经验，占整体保险业务经验人员总数的39%；具备财会审计经验的人数在财产保险公司中有278人，占样本整体具备财会经验的比例为32%；具备金融业务经验的人员共有136人，占样本整体具备金融业务经验的比为25%。仅从财产保险公司角度分析，有保险业务经验的专职人员人数占比最重，且这些专职人员工作时间均在 10 年以下。

从样本整体角度分析，合规人员在合规管理部门任职年限在 1~2 年的专职人员人数最多，占整体任职人数的 46%。其中人身保险公司中任职年限在 1~2 年的专职人员人数比例为 59%，占比最大。

样本整体专职人员任职年限在 3~5 年的专职人员总数为 1422，占整体的 25%，其中人身保险公司中任职时间为 3~5 年的专职人员人数占整体的 65%，财产保险公司中任职时间为 3~5 年的专职人员人数占整体的 29%。

191 家样本保险公司中专职人员任职时间在 6~10 年的员工人数占比仅次于前两者，比例为 19%，其中人身保险公司中任职时间在该区间的专职人员人数占该区间总人数的 65%，财产保险公司中任职时间在该区间的专职人员人数占总人数的 30%。任职年限超过 10 年以上的专职人员人数较低，比例仅为 10%。

（六）合规人员配置安排

就"合规人员配置情况"的问题，共 171 家样本保险公司进行了有效反馈，20 家保险公司未能有效准确地回答该项问题。

根据公司资产规模分类，在有效回答的问卷中，资产规模超过 1000 亿元的财产保险公司有 7 家，这 7 家财产保险公司超过 50% 的合规人员集中在省级分公司和中心支公司；资产规模超过 1000 亿元的人身保险公司有 18 家，有约 50% 的人身保险公司合规人员分布主要集中在总公司，其余 50% 的公司合规人员分布主要集中在省级分公司和中心支公司；另外，所有资产规模超过 1000 亿元的公司，其他部门兼职合规人员的数量均大于专职合规人员的数量（见图 4）。

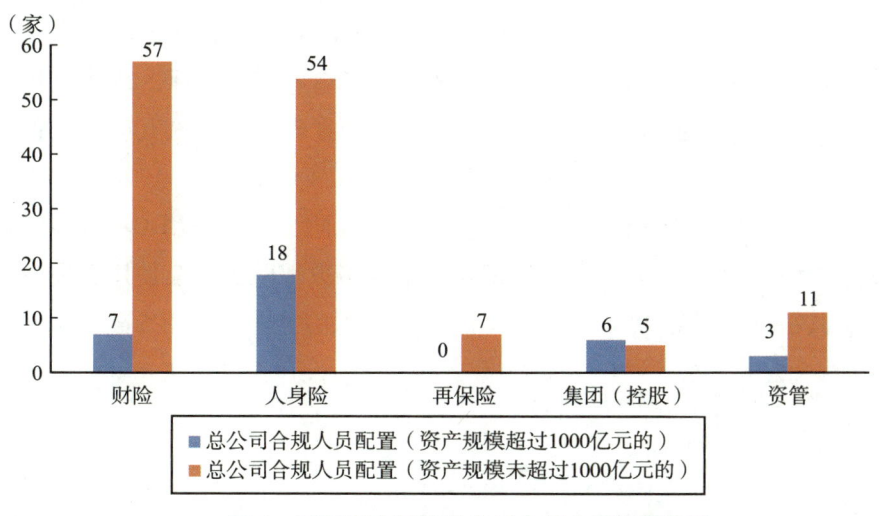

图 4 不同资产规模的公司合规人员配置情况

与此同时，在有效回答的问卷中，资产规模未超过1000亿元的各类保险公司合规人员分布同样集中在省级分公司和中心支公司。

（七）合规管理工具

公司在开展合规管理工作的时候会使用合规管理工具，主要包括合规问题清单、外部监管规则库、合规检查清单、合规监测指标和合规管理软件。

从图5可以看出，财产保险公司中有67家公司使用合规检查清单，62家公司使用合规问题清单，63家使用合规检测指标工具，58家采用外部监管规则库工具，仅有19家公司使用合规管理软件这项工具。由此可见，合规问题清单，外部监管规则库，合规检查清单和合规检测指标为财产保险公司的主要管理工具。

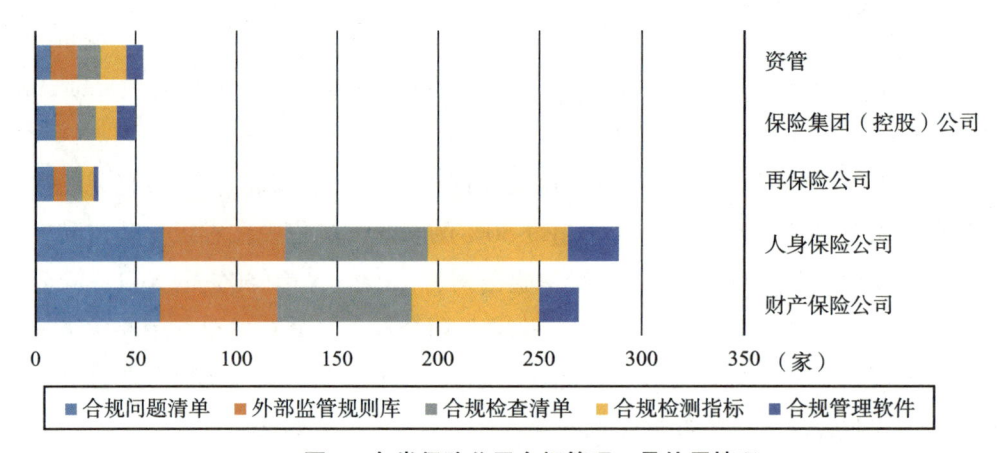

图5　各类保险公司合规管理工具使用情况

人身保险公司中有76家使用是合规检查清单和合规监测指标，25家使用合规管理软件；再保险公司，保险集团（控股）公司和资产管理公司对这五项合规管理工具的使用情况较为平均。

如图6所示，191家样本保险公司中有3%的保险公司仅使用1项合规管理工具，有12%的保险公司使用2项合规管理工具，绝大多数保险公司会使用3项或4项合规管理工具，其占比分别为28%和32%，有25%的保险公司会使用5项合规管理工具进行合规管理。

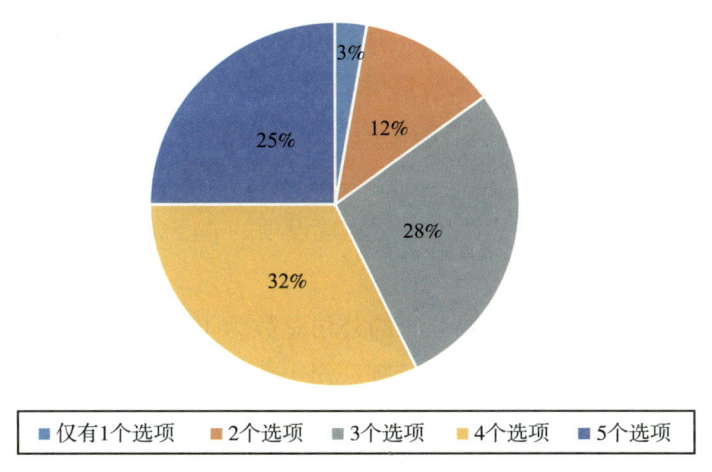

图 6　保险行业合规管理工具综合使用情况

四、合规管理财务情况

（一）合规管理相关支出

根据调研问卷反馈得知，公司合规管理支出主要用于合规培训、合规检查、合规调研、合规文化建设和聘请第三方咨询。

由图 7 可知，调研的 191 家样本保险公司中有 164 家保险公司的合规管理相关支出集中在合规培训上，其中财产保险公司有 73 家，占合规培训项总数的 44.5%；人身保险公司有 64 家，占比为 39%；资产管理公司仅 8 家，比例为 5%。

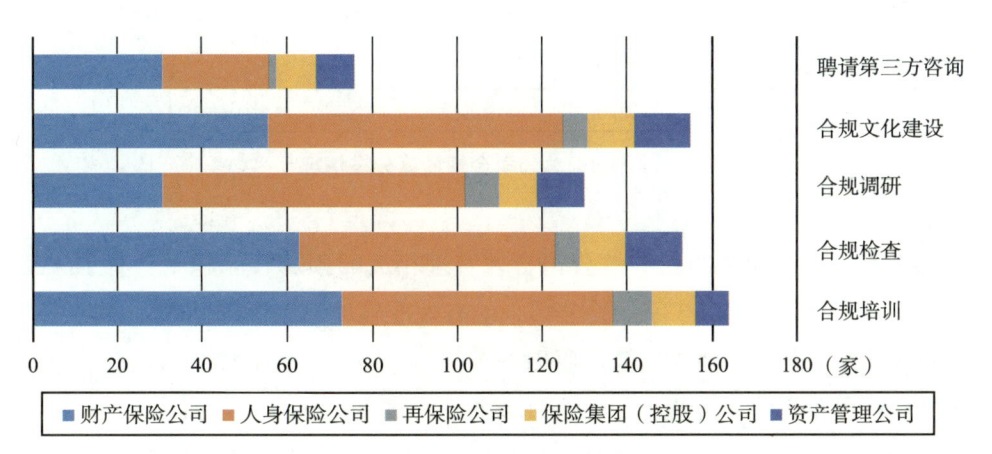

图 7　合规管理支出分布情况

有153家保险公司的相关支出集中在合规检查上,其中财产保险公司有63家,占整体合规检查项总数的41%;人身保险公司仅次于财产保险公司有60家,比例为39%;再保险公司合规检查这一项占的比例仅为4%。

有155家保险公司将相关支出用于合规文化建设,其中有69家人身保险公司的支出用于合规文化建设,比例占整体合规文化建设项的44.5%,财产保险公司有56家,比例为36%。

将合规管理相关支出用于合规调研的公司总数为130家,其中人身保险公司中有71家,财产保险公司中有31家,资产管理公司中有11家,再保险公司和保险集团(控股)公司分别是8家和9家。

目前,只有76家公司的合规管理相关支出是用于聘请第三方咨询,其中财产保险公司有31家,人身保险公司有25家,再保险公司最少,仅有2家。

(二)总公司合规预算分布情况

过去3年中,绝大多数样本保险总公司合规管理相关的预算基本满足开展合规管理工作的需要,更有一小部分样本保险总公司能够完全满足开展合规管理工作需要(见图8)。

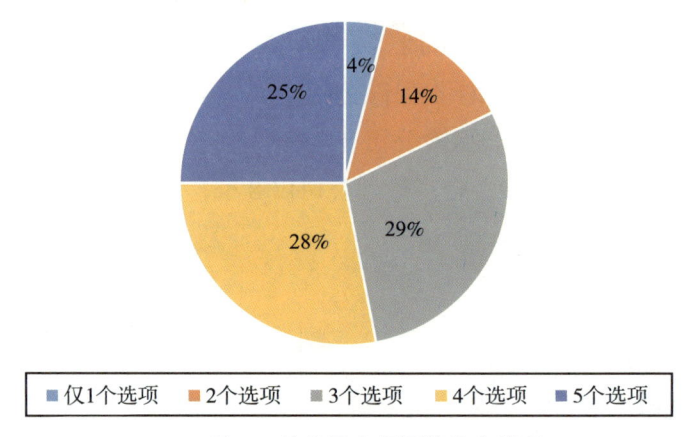

图8 总公司合规预算分布情况

在191家样本保险公司就"总公司合规管理相关的预算"问题中,有183家样本保险公司进行了有效反馈,5家保险公司未能有效准确地回答该项问题,另有3家保险公司因开业不足一年,无独立预算等原因不具备回答该项问题的能力。在有效反馈中,总公司的预算主要集中在合规检查、合规调研和合规文化建设三方面。

财产保险公司中,合规调研预算的占比略高于合规检查预算,两者的比例分别为41.6%和40%,合规文化建设预算的比例仅次于前两者,为36.5%;人身保险公司中,合规调研预算的占比最高，比例为44.8%，合规检查预算和合规文化建设预算的比例分别为20%和34.6%；保险集团（控股）公司和资产管理类公司中，都是合规检查预算的占比最高（比例为20%），两类公司的合规调研预算占比均小于10%，其中保险集团（控股）公司的合规调研预算比例仅有3.2%，资产管理公司中此项的比例为6.4%。

（三）分支公司预算情况

就"分支公司合规管理相关的预算"问题，共147家样本保险公司进行了有效反馈，44家保险公司未能有效准确的回答该项问题，主要原因是由于44家保险公司因开业不足一年，无分支结构或无省级分公司等。

在有效反馈中，分支公司的预算主要集中在合规文化建设，合规调研和合规检查。财产保险公司中，合规调研、合规文化建设和合规检查的比例不相上下，三者分别为46%，45%和43%；人身保险公司中，合规检查的占比最高，为57%，合规调研的比例仅次于合规检查，为52%，合规文化建设的比例最低，为35%；保险集团（控股）公司和资产管理公司中，都是合规文化建设的占比最高（比例为6%），两类公司的合规调研占比均只有1%；再保险类公司的预算主要在合规文化建设，占整体合规文化建设的6%。

五、合规管理框架建设情况

本节主要统计和分析了样本保险公司合规管理框架的建设情况。《办法》对2008年的合规管理办法的修订主要涉及四个方面：一是明确"三道防线"的合规管理框架；二是提高对公司合规部门设置、合规人员配备的要求；三是提升合规管理的履职保障；四是加强合规的外部监督。因此，针对《办法》的修订内容，本节从三道防线的合规管理框架、兼职合规岗设置及人员工作、三年内合规检查情况、三年平均开展合规自查次数、合规审核内容、信息系统、第三方合作七个方面进行分析。

（一）"三道防线"的合规管理框架

根据《办法》要求，保险公司需要构建公司业务部门和分支公司、合规管理部门和合规岗位、内部审计部门共同组合成合规管理的"三道防线"。在191家样本保险公司就"三道防线的合规管理框架"问题中，有190家样本保险公司进行了有效反馈。190家样本保险公司均按照《办法》要求建立了三道防线的合规管理框架。

(二)兼职合规岗位设置及人员工作

由于合规风险涉及各个业务流程领域,所以保险公司通常会在各个业务部门设置兼职合规岗位,如办公室、销售部门、理赔部门、再保险部门、资金运用部门、财务部门、精算部门、风险管理部门、信息技术部门等。在兼职合规岗位上的兼职合规人员通常有以下四项工作:进行日常的合规管控、定期进行合规自查、向合规管理部门或者合规岗位提供合规风险信息或风险点,以及支持并配合合规管理部门或合规岗位的合规风险监测与评估。从样本整体来看,除定期进行合规自查外,89%以上的保险机构的兼职合规人员都会负责其他三项工作。

就"兼职合规岗位设置"问题,共186家样本保险公司进行了有效反馈。除了9家保险公司(1家保险集团(控股)公司、1家人身保险公司、4家财产保险公司、1家再保险公司和2家资产管理公司)没有设置兼职合规岗位外,其余177家保险公司均有兼职合规岗位的设置。从样本整体看,除了再保险部门(共103家保险公司设置)外,80%以上的保险公司在其他11个部门均设兼职合规岗位。

(三)三年内合规检查的情况

就"三年内对总公司各部门合规检查次数"问题,共182家样本保险机构进行了有效反馈。从样本整体来看,近61%(111家)的保险机构最近3年平均每年开展以合规部门主导的、针对总公司各部门的检查次数为1~2次;31.3%的保险机构检查次数在3~5次,仅有10家保险机构最近3年没有开展以合规部门主导的、针对总公司各部门的检查。

此外,就"三年内对分支机构的合规检查"问题,共151家样本保险机构进行了有效反馈。从样本整体看,92.7%的保险机构在调研期间开展了针对分支机构的合规检查,仅有11家保险机构没有开展检查。在开展了针对分支机构的合规检查的140家保险机构中,有25家保险机构平均每年检查覆盖到分支机构的数量占分支机构总数的比例在20%以下,37家保险机构平均每年检查覆盖到分支机构的数量占分支机构总数的比例在20%~50%,其余78家保险机构检查覆盖比例在50%以上,达到55.7%,可见保险公司对分支机构的合规性检查覆盖率较高。

(四)三年平均开展合规自查的次数

本小节主要统计和分析样本保险机构关于开展合规自查的情况,分别从近三年总公司各部门、分支机构各部门合规自查次数两个方面进行分析。

就"近三年总公司各部门合规自查次数"问题,共183家样本保险公司进行了有效反馈。从样本整体分析，只有 2 家保险公司近 3 年没有开展合规自查，近 63.9%（117家）的保险公司近 3 年总公司各部门的合规自查次数在 1~2 次，57 家保险公司合规自查次数在 3~5 次，剩下 7 家保险公司合规自查次数在 5 次以上。

此外，就"近三年分支公司各部门合规自查次数"问题，共 146 家样本保险公司进行了有效反馈。从样本整体看，只有 3 家保险公司近 3 年没有开展合规自查，近 56.5%（83 家）的保险公司近 3 年分支公司各部门的合规自查次数在 1~2 次，48 家保险公司合规自查次数在 3~5 次，剩下 12 家保险公司合规自查次数在 5 次以上。

（五）合规审核内容

保险公司的合规审核内容通常包括重要的内部规章制度和业务流程、重要的业务行为、财务行为、资金运用行为和公司管理行为等。191 家样本保险公司就"公司合规审核内容（多选）"问题进行了有效反馈，其中保险集团（控股）公司共 12 家，人身保险公司共 79 家，财产保险公司共 76 家，再保险公司共 10 家，资产管理公司共 14 家。反馈结果如表 2 所示。

表 2　　　　　　　　各类保险公司合规审核内容分布情况　　　　　　　单位：家

公司类型	重要的内部规章制度和业务规程	重要的业务行为	财务行为	资金运用行为	机构管理行为
保险集团（控股）公司	12	12	10	12	8
人身保险公司	79	79	70	72	74
财产保险公司	76	74	56	67	60
再保险公司	9	10	7	7	5
资产管理公司	13	13		14	6

在人身保险公司和保险集团（控股）公司中，85% 以上的公司合规审核包括以上所有内容；在财产保险公司和资产管理公司中，主要的合规审核内容包括重要的内部规章制度和业务流程、重要的业务行为、资金运用行为；在再保险公司中，主要的合规审核包括重要的内部规章制度和业务流程、重要的业务行为、财务行为、资金运用行为。有半数的再保险公司合规审核不包括机构管理行为。

（六）信息交流与信息系统

本小节主要统计和分析样本保险机构关于合规管理的信息交流机制与信息系统的建设和使用情况。

合规管理部门与内部审计部门之间的信息交流机制主要包括：

（1）内部审计部门在审计结束后，将审计情况和结论通报合规管理部门；

（2）合规管理部门根据合规风险的监测情况主动向内部审计部门提出开展审计工作的建议；

（3）内部审计部门和合规管理部门定期就合规相关问题和情况进行讨论；

（4）内部审计部门和合规管理部门可以共享内部审计报告、合规检查结果等信息。

就"公司合规部门与内审部门的信息交流机制（多选）"问题，共189家样本保险机构进行了有效反馈。从样本整体来看，80%以上的保险机构合规部门和内审部门主要通过1和3两种方式进行信息间的沟通与协作。此外，有107家保险机构合规部门和内审部门之间的信息交流机制包括以上4项内容，其中人身保险公司占44.9%，财产保险公司占41.1%。

就"是否建立了信息系统支持合规管理工作"问题，全部191家样本保险机构进行了有效反馈。从样本整体分析来看，约50%的保险机构（102家）建立了信息系统支持合规管理相关工作，其中人身保险公司占42.2%，财产保险公司占33.3%。此外，在这102家保险机构中，有90家保险机构的信息系统能够及时、准确获取合规管理工作所需的信息，包括但不限于公司业务、财务、资金运用、机构管理等信息。

（七）第三方合作情况

本小节主要统计和分析样本保险机构关于与第三方机构合作进行合规管理的情况。

就"与独立第三方机构进行合规管理合作"问题，全部191家样本保险机构进行了有效反馈。从样本整体分析来看，有87家保险机构与独立第三方机构进行合规管理合作，其中人身保险公司占48.3%，财产保险公司占29.9%。此外，在这87家保险机构中，有71家保险机构对此合作设置了独立预算，占比为81.6%。

在87家保险机构就"过去三年平均每年与独立第三方机构进行合规管理相关合作次数"问题中，有58家保险机构的合作次数在1~2次，19家保险机构的合作次数在3~5次，10家保险机构的合作次数在8次以上。

六、合规风险情况

本节主要统计和分析了样本保险公司面临的合规风险及应对情况，分别从合规风险主要集中领域和主要监测领域两个方面进行分析。

（一）合规风险主要集中领域

保险公司的合规风险涉及各个业务流程领域，如销售、理赔、再保险、资金运用、公司治理、财务、产品、精算、反洗钱、关联交易、信息系统、公司管理和其他行为。此次调研中，共189家样本保险公司就"合规风险集中领域（多选）"问题进行了有效反馈。

从样本整体分析，有144家保险公司在销售领域存在合规风险，占比为76.2%；102家保险公司在反洗钱领域存在合规风险，占比仅次于销售领域，为54.0%。由图9也可以看出，销售、反洗钱与关联交易领域的合规风险关注度最高。此外，还有部分保险公司的合规风险集中在反商业贿赂、国际制裁等领域。

保险集团（控股）公司	√资金运用 √关联交易 √公司治理 √财务 √信息系统
人身保险公司	√销售 √反洗钱 √资金运用 √关联交易 √财务
财产保险公司	√销售 √反洗钱 √财务 √产品 √理赔
再保险公司	√资金运用 √关联交易 √公司治理 √财务 √再保险
资产管理公司	√反洗钱 √资金运用 √关联交易 √财务 √产品

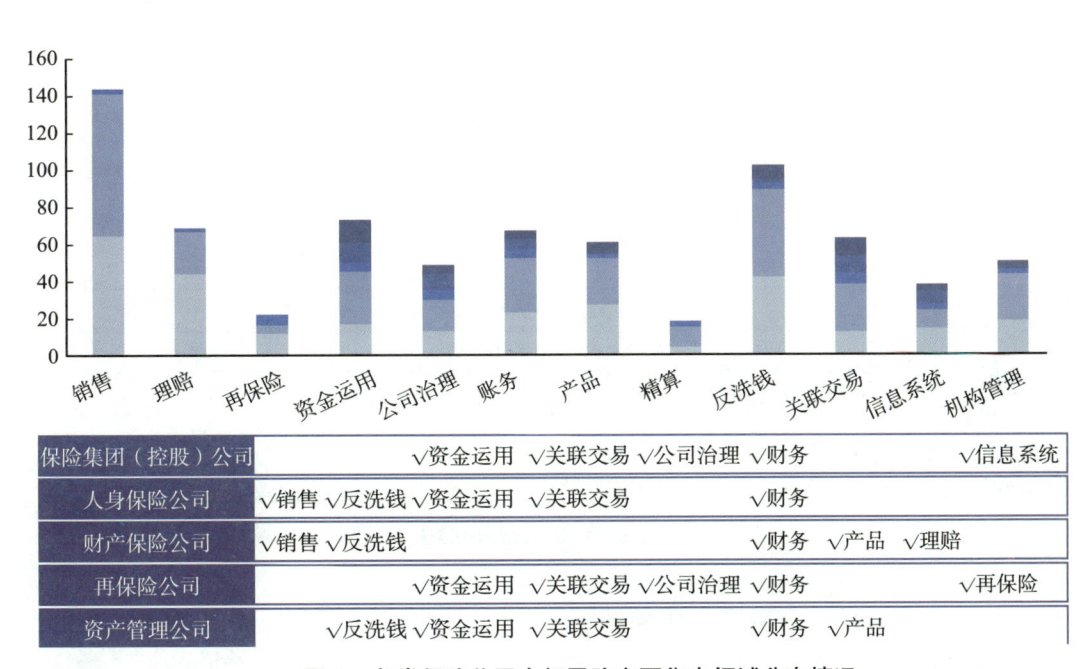

图9　各类保险公司合规风险主要集中领域分布情况

（二）合规风险主要监测领域

同保险公司风险集中领域相同，由于合规风险涉及各个业务流程领域，如销售、理赔、再保险、资金运用、公司治理、财务、产品、精算、反洗钱、关联交易、信息系统、公司管理和其他行为，保险公司的合规风险监测领域也主要涉及以上这些领域。191家样本保险公司就"合规风险监测领域（多选）"问题全部进行了有效反馈。

从样本整体看，虽然许多保险公司的合规风险不集中显示在某些特定领域，如精算、产品和公司管理等,但为了有效控制这些领域的潜在风险,保险公司合规风险监测仍把它们作为主要的监测领域。

由图10可知,有179家保险公司对反洗钱领域进行合规风险监测,占比为94.2%;159家保险公司对销售领域进行合规风险监测,占比仅次于反洗钱领域,为83.4%,恰好与保险公司反馈的风险集中领域相反,不排除保险公司本着防患于未然的理念采取监测措施。

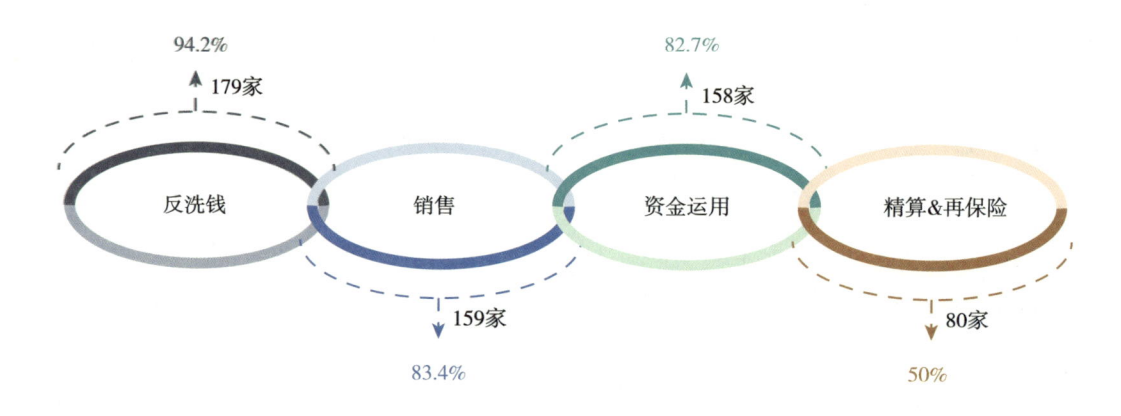

保险集团(控股)公司	√反洗钱		√资金运用	√关联交易	√公司治理	√财务
人身保险公司	√反洗钱	√销售	√资金运用	√关联交易	√理赔	√精算
财产保险公司	√反洗钱	√销售	√资金运用		√理赔	√精算
再保险公司	√反洗钱	√销售	√资金运用	√关联交易		√再保险
资产管理公司	√反洗钱		√资金运用	√关联交易	√公司治理	

图10 各类保险公司合规风险主要监测领域

有158家保险公司在资金运用领域监测合规风险;对于其他领域,根据占比部分保险公司依次在关联交易、公司治理、理赔、产品、财务、公司管理和信息系统领域监管合规风险;仅有50%左右的保险公司在精算和再保险领域监测合规风险,和风险集中领域相同。此外,还有部分保险公司的合规风险监测领域还涉及员工舞弊、反欺诈和国际贸易管制等。

七、合规考核情况

(一)总公司合规考核情况

调研结果显示,191家保险公司中有108家将合规管理作为总公司各部门年度考核的指标。由图 11 可知，财产保险公司 45 家，人身保险公司 49 家，再保险公司 2 家，保险集团（控股）公司 8 家，资产管理公司 4 家。通过分析可以看出，这 108 家保险公司的合规考核指标包括监管处罚、内部审计、司法案件、内控缺陷、操作风险以及合规配合工作等。部分考核标准概括举例如下：

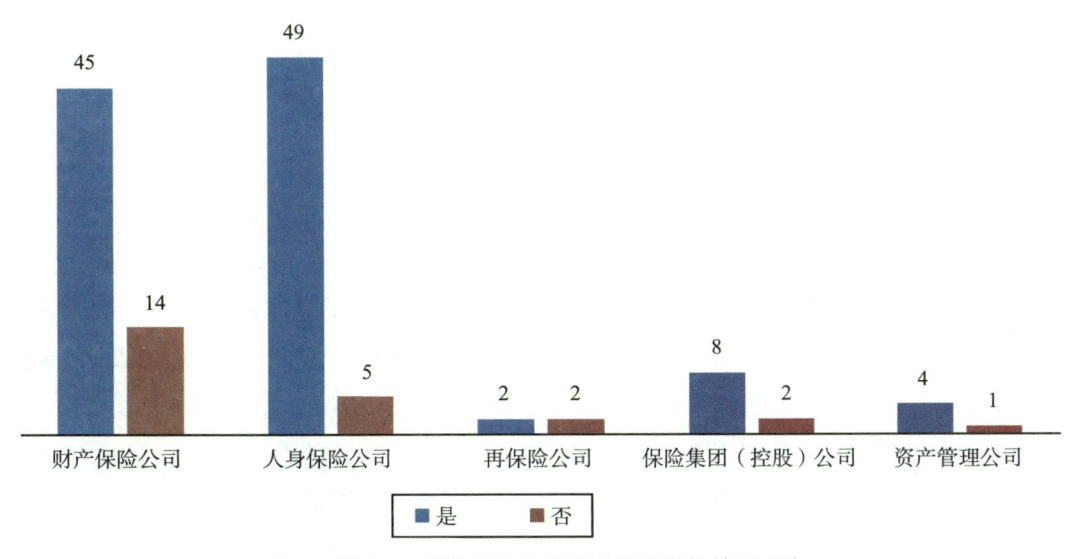

图 11 各类保险公司开展年度考核情况分布

（1）总公司、事业部受到监管处罚、收到监管函，高管或重要人员受到监管谈话的，相应责任部门应扣分；

（2）未落实合规监管政策的，如监管新出的规定未在本条线贯彻落实；

（3）在本条线开展每年度至少 2 次合规培训。通常情况下，公司将合规管理指标作为考核扣分项，其中，发生司法案件、重大行政处罚案件或者重大违规案件，并达到《保险公司案件责任追究指导意见》问责标准的，扣 10 分；所在公司受到保险监管 10 万元（含）以上罚款的，扣 3 分；受到公安、法院、工商、税务、劳动保障和监察、人民银行等政府相关部门 5 万元（含）以上罚款的，扣 3 分。

此外，保险公司会根据各部门实际工作的差别，针对不同部门提出不同的合规管理要求，对审计、风控、合规检查中发现问题的解决时效及改进情况将作为对部门负责人及相关员工绩效评估的重要参考项，公司视当时的实际完成情况对目标达成进行调整。

与此同时，公司各级主管和员工都应确保职责范围内风险管理制度的健全性和遵循有效性，确保当年度公司达成偿二代风险综合评级以及 SARMRA 监管评估的既定目标。由此看出总公司对各部门和各事业部的合规考核情况给予了高度重视。

（二）分支公司考核情况

合规管理作为分支公司重要工作目标之一，公司应根据《办法》规定，建立合规考核和问责制度，将合规管理作为公司年度考核的重要指标，对各部门、分支公司及其人员的合规职责履行情况进行考核和评价，并追究违法违规事件责任人员的责任。总公司法律合规部对分支公司合规部门、合规条线人员具有90%的考核权重，同时对分支公司所有领导干部、关键岗位人员设置5%的合规、反洗钱日常考核指标，对所有分支公司建立违法违规"一票否决"的问责制度。

调研结果显示，191家保险公司中99%的公司将合规管理作为分支机构的年度考核指标，仅有1%的公司目前尚未将此项纳入分支机构的年度考核指标中。部门保险公司的分支机构均制定年度合规管理计划，将日常合规管理、操作风险管理、监管对应等设置为合规课题，并制定具体行动计划作为考核指标。指标具体包括重大违规事项、保险监管处罚、人民银行处罚、税务监管处罚、国家其他执法机关处罚、公司内部违规问题责任追究等六个方面。

合规考核在分支机构经营考核中具有"一票否决"权，若发现机构存在较严重违法违规行为，对分公司整体经营造成影响的，对公司品牌造成重大负面影响的，或被金融监管机关和政府部门做出重大行政处罚的事项，将全额扣发或减发机构年度价值贡献奖（含递延奖励），并对该机构部分班子成员处以降职、降薪、免职等处罚。另外，公司对分支机构的合规考核主要以扣分形式体现，发生不合规事项的按标准进行扣分。公司设定不同类型的违法违规情形，根据各机构存在问题的性质、情节、影响，由各相关部门进行打分。打分结果按照百分制分为5档，不同档次的分支机构获得不同档次的奖金系数。年度内机构受到监管部门处罚、发生经济刑事案件或公司合规考核结果未达标，则取消该机构年度评优资格，并扣减该机构班子成员绩效工资的10%。

八、合规培训情况

保险公司在进行合规管理，推行合规文化时，除了依靠考核机制进行事后评估，增强对全公司员工的合规培训也发挥着重要的事前预防作用。因此，合规管理部门应与人力资源部门等相关职能部门建立协作机制，以监管要求为基础，公司的企业文化为根本，制订切合公司健康发展要求的合规培训计划，开发具有针对性的合规培训项目，定期组织开展合规培训工作。同时，也应以最新监管动态为导向，最佳行业实践为参考，及时地调整公司的合规管理培训内容，结合公司具体实际情况，不定期邀请相关专家进行投资合规风险管理座谈会，深度挖掘潜在合规风险点。

此次调研，从人员培训次数、人员培训时长、高管培训次数以及具体培训内容等维度对目前保险公司的合规培训情况进行了分析总结。

（一）内勤人员培训次数

通过整理分析调研数据，可知样本保险公司中内勤人员最近三年未开展内勤人员合规培训的共2家，一家为财产保险公司，一家为资产管理公司；内勤人员培训次数为1~2次的公司共46家，其中财产保险公司最多，共28家；培训次数为3~4次的公司共68家，主要集中在财产保险公司（32家）和人身保险公司（24家）；内勤人员培训次数为5~8次的公司共67家，人身保险公司占比最高（见表3）。

表3　　　　各类保险公司近三年内勤人员培训次数分布情况　　　　单位：家

公司	0次	1~2次	3~4次	5~8次
财产保险公司	1	28	32	13
人身保险公司	0	11	24	27
再保险公司	0	4	4	2
保险集团（控股）公司	0	2	4	6
资产管理公司	0	1	4	1

从各类型保险公司数据整体分布来看，人身保险公司开展3次以上内勤人员合规培训的占比更大，内勤合规培训开展相对最频繁。

（二）内勤人员培训时长

从最近三年平均每次向内勤保险从业人员提供合规培训时长的角度调研，有178家保险公司对此项问题做出了有效的回答。在有效问卷中，约78%的公司内勤人员培训时长在10小时之内，其中财产保险公司占比最高，为45%；13%的保险公司内勤人员培训时长在11~20小时；只有极少数公司（约8%）最近三年平均每次向内勤保险从业人员提供合规培训的时长超过了20小时。

（三）高管培训次数

作为保险公司的董事、监事和高级管理人员，尤其应该关注公司的合规文化建设，积极参与监管部门、行业协会举办的相关培训，积极探讨、发现公司治理中的合规隐患，在公司内部形成上下传导机制，鼓励全员参与企业合规管理。此次调研发现，各类保险公司高级管理人员参与合规培训的次数分布不均,有部分保险公司的高管从未参加过相关培训,也有21家公司高管年度参加培训次数为5次以上,其中甚至有部分公司高管参加次数超过8次。由此可以看出,对于高级管理人员参加合规培训的必要性、参与合规管理的重要性并未在行业内达成共识。

(四)培训内容

在保险行业新形势下,加强对全公司员工合规培训的同时,应着重加强资产与负债两端员工的协调培训,资产方和负债方只有在产品设计、销售策略、价值导向及投资策略等方面加强沟通和相互理解,建立良性互动机制,形成联动解决方案,才能够共同面对挑战,推进保险行业发展。

根据样本公司的反馈,72%的保险公司合规培训内容主要集中在"公司业务",高达94.8%的公司选择将"最新法律法规"作为培训内容,81.7%的保险公司同时也将"风险管理"作为主要培训内容。另外,除了上述三项传统培训项目外,开展了合规培训的保险公司中,有超过72.3%的公司会增加"三反"相关培训内容,由此可见,为贯彻落实监管机构"反欺诈、反舞弊、反洗钱"的工作要求,推动全员学习了解"三反"知识,公司在进行合规培训时会有针对性地进行"三反"培训。根据行业发展,紧跟监管动向,灵活开展合规培训不仅有益于加强公司员工自身合规意识,而且对公司整体合规管理工作的顺利开展起到重要作用。

九、监管科技在合规管理中的应用

监管科技(RegTech)至今没有一个标准的定义,但最早将其列为各单独细分行业的英国市场行为监管局(FCA)对其的定义是:监管科技的本质就是利用最新的科技手段来服务于监管和合规,是从金融科技(FinTech)中扩展出来的细分领域。2017年央行宣布将成立金融科技委员会,旨在加强金融科技工作的研究规划和统筹协调,并且委员会的一项职能就是强化监管科技应用实践,积极利用大数据、人工智能、云计算等技术丰富金融的监管手段,提升跨行业、跨市场交叉性金融风险的甄别、防范和化解能力。

(一)新兴科技的使用情况

对于"在合规管理中运用的新兴技术"问题,191家样本保险机构中的189家进行了有效反馈。当前在金融行业应用比较广泛的新兴技术为大数据分析、云计算、区块链、电子签名和动态令牌等。

根据调研结果,在保险公司的合规管理中应用大数据分析技术的保险机构有46家,应用云计算的有12家,应用区块链技术的有5家,应用电子签名和动态令牌技术的有45家,在合规管理中未运用任何新兴技术的保险机构有108家,占比达到57.1%。所以,只有不到一半的保险机构将新兴技术应用在公司的合规管理之中。

此外,在合规管理中运用新兴技术的保险机构中,使用一项或同时多项新兴技术的情况为:同时使用四项新兴技术的保险机构有3家,使用三项的为1家,使用两项的为16家,使用一项的为88家。根据保险机构的种类划分后的"合规管理中运用的新兴技术"情况,如图12所示,在79家人身保险公司中,运用新兴技术的人身保险公司为39家,占比为50%;在74家财产保险公司中,运用新兴技术的财险公司为29家,占比为39.2%;在10家再保险公司中,运用新兴技术的再保险公司为1家,占比为10%;在12家保险集团(控股)公司中,运用新兴技术的保险集团(控股)公司为7家,占比为70%;在14家资产管理公司中,运用新兴技术的资产管理公司为4家,占比为28.6%。

	财产保险公司	人身保险公司	再保险公司	保险集团(控股)公司	资产管理公司
使用(家)	29	39	1	7	4
未使用(家)	45	39	9	4	10

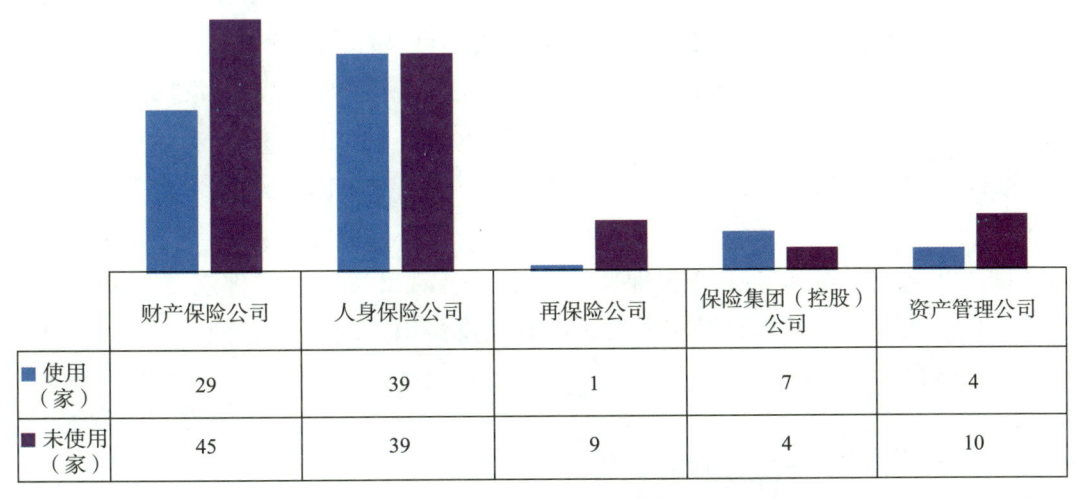

图12 各类保险公司对新兴科技的使用情况

因此,新兴技术在合规管理中运用普遍较少,按照占比来看,保险集团(控股)公司占比最高,人身保险公司次之,然后是财产保险公司和资产管理公司,再保险公司应用比例最低。

(二)监管科技所致的影响

在191家样本保险机构就"监管科技对合规管理的影响"问题中,有189家样本保险机构进行了有效反馈。根据保险机构对"监管科技对合规管理的影响"的认识程度，调查问卷分为三个等级："从未听说过""听说过，但了解并不多""有较深入的了解"。在189家保险机构中，仅有12家保险机构对监管科技在合规管理中的影响有较深入了解，150家保险机构只停留在"听说过、但了解并不多"的阶段，还有26家保险机构从未听说过监管科技对合规管理的影响。

十、反洗钱合规管理

（一）反洗钱介绍

保险市场以及保险中介市场是洗钱者经常进行洗钱行为的场所，其常常利用保险业务交易规则来实现洗钱的目的。其中，投保、理赔、保全变更、退保等环节都可能成为洗钱者的利用对象。洗钱风险较高的保险业务通常具有以下几点特征：通过保险中介购买，趸交保费先支付给第三方；能够采用现金、汇票或支票支付；退保条件较为宽松；可以重复多次投保；保单具有高现金价值；具有犹豫期条款；变更受益人的条款限制较为宽松。所以，万能险、分红险、投连险等新型寿险产品洗钱风险较高，而传统的人身险、财产险和再保险的洗钱风险较低。

我国保险业的反洗钱制度正式建立于2007年，中国保监会下发了《关于贯彻落实〈反洗钱法〉防范保险业洗钱风险的通知》，督促保险行业根据"一法四令"（中国人民银行、银监会、中国保监会与证监会对反洗钱的文件规定）完善反洗钱内部控制制度，主要督促保险公司建立客户身份识别制度、交易记录保存制度、交易报告制度。

（二）部门岗位设立情况

对于"公司是否认为自身具有反洗钱义务"问题，有190家样本保险机构进行了有效反馈，其中186家保险机构认为公司自身具有反洗钱义务，仅有4家保险机构认为自身不具有反洗钱业务。对于"反洗钱部门岗位设立情况"问题，有190家样本保险机构进行了有效反馈。调研结果显示，共有181家保险机构设立了独立的反洗钱岗位，其中147家保险机构设置了独立的反洗钱岗位并由专职人员担任，有28家保险机构设置了独立的反洗钱岗位并由兼职人员担任，还有6家保险机构在调研中未说明反洗钱部门中的岗位是否由专职人员担任。此外，有9家保险机构未设置独立的反洗钱岗位，由合规部门或风险管理部门兼任反洗钱职能。

（三）反洗钱的重要阶段

在保险业务中，展业承保阶段、缴费阶段、批改（退）阶段和理赔阶段等都是洗钱者可能利用的环节。在191家样本保险机构就"哪个业务阶段反洗钱任务最重（多选）"问题中，有185家样本保险机构进行了有效反馈。

在79家人身保险公司中，全部公司进行了有效反馈，其中有73家公司认为展业承保阶段反洗钱任务最重，仅有17家人身保险公司认为理赔阶段反洗钱任务最重。

在76家财产保险公司中，全部公司进行了有效反馈，其中有55家财产保险公司认为展业承保阶段反洗钱任务最重，仅有15家财产保险公司分别认为缴费阶段和批改（退）阶段反洗钱任务最重。

在10家再保险公司中，全部公司进行了有效反馈，有4家再保险公司认为展业承保阶段反洗钱任务最重，有2家再保险公司认为理赔阶段反洗钱任务最重，另外4家再保险公司认为再保险行业的反洗钱风险较小，没有对反洗钱任务有很高的要求。

在12家保险集团（控股）公司中，得到有效反馈的公司为9家，其中有6家公司认为展业承保阶段反洗钱任务最重；在14家资产管理公司中，得到有效反馈的公司为12家，其中有10家资产管理公司认为展业承保阶段反洗钱任务最重，各有1家资产管理公司认为缴费阶段、批改（退）阶段和理赔阶段反洗钱任务最重。

十一、关联交易与资金运用

（一）关联交易的管理

对于"关联交易管理方式"问题，全部191家样本保险机构都进行了有效反馈。在有效反馈的79家人身保险公司中，超过半数（44家）的公司采用半自动管理方式，仅有2家采用自动管理方式；在有效反馈的76家财产保险公司中，超过半数（45家）的公司采用半自动管理方式，仅有3家采用自动管理方式；在有效反馈的10家再保险公司中，采用手工管理和半自动管理的再保险公司各占一半，均为5家；在有效反馈的12家保险集团（控股）公司中，5家采用手工管理方式，7家采用半自动管理方式；在有效反馈的14家资产管理公司中，近8成的资产管理公司采用半自动管理方式，剩下3家采用手工管理方式。可以发现，在191家样本保险机构中虽然仅有5家保险机构采用自动管理方式，但超过半数的保险机构已经采用了半自动管理方式，关联交易的管理方式正在逐渐由手工管理朝自动化管理转变。

此外，对于"过去一年关联交易专项审计"问题，有188家样本保险机构进行了有效反馈。除了 4 家人身保险公司、4 家财产保险公司和 3 家再保险公司之外，其余所有的保险机构都在过去一年组织了关联交易专项审计。

（二）资金运用的管理

保险资金除了自行投资外，可以委托管理人进行投资，主要有保险资产管理公司、证券资产管理公司和证券投资基金管理公司等专业投资管理机构。对于"是否委托投资管理人"问题，在 191 家样本保险机构中有 189 家进行了有效反馈。在有效反馈的 79 家人身保险公司、75 家财产保险公司、10 家再保险公司、12 家保险集团（控股）公司中，只有 10 家人身保险公司、18 家财产保险公司、3 家再保险公司和 1 家保险集团（控股）公司自行投资，没有委托管理人进行投资，其余 134 家保险机构都委托投资管理人进行投资活动，占比达到 70.9%。而对于资产管理公司来说，由于其本身就承担着投资管理人的角色，所以资产管理公司的保险资金都是自行投资。

保险资金运用管理机制通常包括以下几点内容：建立三道监控防线、配备风险责任人、资金运用相关的激励约束机制、资金运用管理制度、风险预警体系、风险量化模型、重大事件应急处理机制等。在 79 家人身保险公司中，有 52 家人身保险公司的保险资金运用管理机制包括了以上的全部内容，剩下的人身保险公司的资金运用管理机制也大多包括：建立三道监控防线、配备风险责任人、资金运用管理制度、风险预警体系和重大事件应急处理机制五项内容；在 76 家财产保险公司中，有 36.8% 的公司保险资金运用管理机制包括了以上的全部内容，剩下的财产保险公司的资金运用管理机制也大多包括：建立三道监控防线、资金运用相关的激励约束机制、资金运用管理制度和重大事件应急处理机制四项内容，仅有约 50% 的财产保险公司的机制中含有风险量化模型。

十二、结束语

随着中国经济步入新常态，加之国家进一步开放保险行业，中国保险业的战略角色与地位也逐步被赋予全新的内容。为了规范市场运作，维持良好秩序，近几年，国家通过出台诸如保险"新国十条""偿二代""资产负债管理"等一系列监管要求来引导行业持续健康发展，加强完善保险业监管框架无疑成为保险行业适应新发展的一大举措。以"偿二代"为例，"偿二代"采用定量监管要求、定性监管要求和市场约束机制组成的三支柱框架，"三支柱"是行业稳健发展、防范系统性金融风险的基石，要求对保险公司的风险研判和防控能力进行全面管控，借此对保险公司合规管理提出进一步要求。保险公司在应对监管监察的同时，更应主动合规，以维持自身健康发展。

专题报告 07

中国保险科技发展情况研究[*]

摘 要

金融科技在保险领域的应用即为保险科技。互联网不断渗透和大数据技术不断成熟的背景下，通过保险科技的运用对于新的风险、新的需求的挖掘更加便利，同时也成为保险公司自身提高运营效率、适应市场变化的有力工具。大数据技术是保险科技的核心和统领，保险科技诸多技术分支都是围绕数据来源的拓展、数据存储、使用规则的创新以及数据分析方法的丰富展开的。人工智能技术可以在需要大量人力进行处理且极易产生委托代理问题和信息不对称问题的领域发挥较大的作用，现阶段，语音处理、图像识别和智能机器人在与客户的智能交互、欺诈检测、索赔处理等环节已经开始应用，下一步在厘定保险费率，个性化评估风险，提高精算和实际风险水平的契合度方面还有更大的应用空间。物联网是以互联网为基础通过传感设备搭建一个物品识别和管理的自动化系统，现阶段，物联网技术在保险行业的应用主要体现在可车联网技术和穿戴设备领域。车联网应用在车险的费率厘定，能够更精准地进行保险定价和风险管控，同时更加细分了车险市场；在人身险的应用中，可穿戴设备应用到医疗设备上，通过收集被保险人身体状况的数据，对被保险人的健康进行管理，降低发病率和死亡率，实现主动风险管理的目的。财产险方面，保险公司可以通过智能家居和移动设备的组合运用，

---

[*] 本报告所使用数据，除特别说明外，均来自《国务院关于加快发展现代保险服务业的若干意见》（2018年8月10日）。王和：《区块链—互联网保险新动力》，2016年5月25日，行业内部交流会议。中国保险行业协会主编，《中国保险科技发展报告2018》，中国财经出版传媒集团2018年版。《平安好车与众不同的改革之路》，内蒙古新闻网 – 财经频道：http://economy.nmgnews.com.cn/system/2016/03/09/011911141.shtml。

对家庭财产进行事前风险防范，事中监督，打通保险的全流程服务。区块链技术的主要特点是通过改变数据的存储和使用方式提升数据的使用价值。但是，目前的技术条件下，区块链对于交易响应的速度距离金融行业高频的交易需求还有很大的差距；基于区块链产生的全新的业务模式和社会已经存在的基本规则如法律、监管等内容还未建立必要的相互关联，所以，基于区块链的应用目前还仅限于低频、低价的业务。目前，通过和物联网、生物识别等技术的结合应用，区块链技术在确认风险事件发生的时间、空间以及保险标的的唯一性方面的探索已经开始，下一步，基于区块链建立的投保人可信信息系统将对保险行业风险定价发挥更为重要的作用。保险科技带来了保险服务范围和业务模式的改变，同时也造成了风险形态、保险组织、保险业态的持续多变。在监管活动中充分运用数据技术，对金融服务的交易过程、交易影响进行全流程控制的监管科技为各国政府所重视，监管科技成为各国金融科技生态中不可或缺的重要组成部分。

根据金融稳定理事会（Financial Stability Board）定义，金融科技是指技术带来的金融创新，它能带来新的业务模式、应用、流程或产品，从而对金融市场、金融机构和金融服务方式产生重大影响。金融科技在保险领域的应用即为保险科技。根据上述定义，保险科技既包括大数据、云计算、物联网、人工智能、区块链等普遍适用于金融服务诸多领域的基础技术，也包括和保险行业应用场景结合相对更加紧密的车联网、无人驾驶、基因诊疗、可穿戴设备等应用技术。

一、保险科技兴起的背景

中国保险发展迅速，同时扮演的社会保障角色也越来越受到重视。2014年国务院发布《关于加快发展现代保险服务业的若干意见》（"新国十条"），明确保险在国民保障、资金融通及社会管理中的重要角色；同时"新国十条"也对保险行业发展提出了明确而较高的要求，到2020年中国的保险密度及深度将要达到5%和3500元/人。互联网的兴起，可以在中国保险行业发展的重要阶段发挥核心的推动作用；互联网对社会、经济、技术的影响是保险科技兴起的主要背景。

（一）互联网的发展产生了新的风险管理的需求，需要通过新的技术手段满足这种需求

基于互联网经济规模的不断扩大，出现了很多新经济形态下的新型风险保障的需求，这些需求经过被挖掘，被产品化，可以成为保险业发展当中新的增量。比如，由于货币的电子化，包括各种互联网账户的普及，人们产生了越来越多的对于资金账户

安全的保障需求，很多保险公司推出了账户安全险。

（二）大数据技术经过一段时间的积累之后逐渐临近应用状态，为保险科技赋能保险提供技术支撑

大数据技术从单纯地收集数据逐渐演化出更多的技术形态，分别从扩大数据来源如物联网，提升数据使用价值如人工智能等方向不断纵深发展，大数据技术的运用提升了保险行业的服务能力，使得保险机构能够对处于长尾区域用户的个性化、碎片化需求进行低成本的分析，并通过互联网低成本的展示、分销体系将产品提供给他们。大数据技术使得更多的生活场景数据化，为保险机构运用大数据技术进行风险识别、风险管理提供了新的工具，基于大数据技术对原有保险产品的优化极大地提升了保险行业的服务能力。

（三）监管包容和支持提供了保险科技创新探索的良性环境

政府监管机构对于保险行业数字化发展开放与包容的态度。2015年，中国保监会出台了《互联网保险业务监管暂行办法》，确立了鼓励创新、防范风险、保护消费者权益的基本原则；2016年，中共中央、国务院印发了《国家创新驱动发展战略纲要》，提出拓展互联网金融等新兴服务业，促进技术创新和商业模式创新融合。监管政策适时与时俱进，创造保险行业数字化的良性环境，为保险科技发展奠定了扎实的基础。

（四）保险公司的数字化运营的能力明显提升，为保险科技和保险行业创新的结合提供了基础条件

在传统保险业务中，对于市场变化的反应往往通过高层管理人员的业务经验做出判断，这种经验式的管理在快速变化的背景下往往是失效的，因为原有的业务系统无法为这种变化提供充分的数据支撑，对市场的反应也就无法达成共识。互联网保险通过业务的数据化，以及对外围数据的采集可以为市场环境、客户行为的变化提供直接的证据，数据化运营为保险公司适应市场的变化创造基本条件，也为保险科技与保险行业创新的结合提供了基础条件。

综上所述，互联网不断渗透和大数据技术不断成熟的背景下，通过保险科技的运用对于新的风险、新的需求的挖掘更加便利，同时也成为保险公司自身提高运营效率、适应市场变化的有力工具。传统保险主要是基于保险公司精算能力以及客户数据进行保险产品开发和运营分析，而借助新兴技术比如区块链、人工智能、物联网、基因诊疗等，能够极大程度地改变传统保险公司的成本结构，进而在为

客户提供服务方面具有某种明显的优势,比如价格、服务质量、体验等方面。基于技术创新建立的商业模式将在长期内发挥效应,反之技术上的落后对于保险公司的影响也是长期性的、根本性的。保险科技对于保险业的未来长期发展具有显著而现实的重要意义。

二、保险科技的重点领域

大数据技术是保险科技的核心和统领,保险科技诸多技术分支都是围绕数据来源的拓展、数据存储、使用规则的创新以及数据分析方法的丰富展开的。人工智能技术可以在需要大量人力进行处理且极易产生委托代理问题和信息不对称问题的领域发挥较大的作用,现阶段,语音处理、图像识别和智能机器人在与客户的智能交互、欺诈检测、索赔处理等环节已经开始应用,下一步在厘定保险费率,个性化评估风险,提高精算和实际风险水平的契合度方面还有更大的应用空间。物联网是以互联网为基础通过传感设备搭建一个物品识别和管理的自动化系统,现阶段,物联网技术在保险行业的应用主要体现在车联网技术和可穿戴设备领域。车联网应用在车险的费率厘定,能够更精准地进行保险定价和风险管控,同时更加细分了车险市场;在人身险的应用中,可穿戴设备应用到医疗设备上,通过收集被保险人身体状况的数据,对被保险人的健康进行管理,降低发病率和死亡率,实现主动风险管理的目的。财产险方面,保险公司可以通过智能家居和移动设备的组合运用,对家庭财产进行事前风险防范,事中监督,打通保险的全流程服务。区块链技术的主要特点是通过改变数据的存储和使用方式提升数据的使用价值。但是,目前的技术条件下,区块链对于交易响应的速度距离金融行业高频的交易需求还有很大的差距;基于区块链产生的全新的业务模式和社会已经存在的基本规则如法律、监管等内容还未建立必要的相互关联,所以,基于区块链的应用目前还仅限于低频、低价的业务。目前,通过和物联网、生物识别等技术的结合应用,区块链技术在确认风险事件发生的时间、空间以及保险标的的唯一性方面的探索已经开始,下一步,基于区块链建立的投保人可信信息系统将对保险行业风险定价发挥更为重要的作用。

(一)人工智能:大数据时代的思维方式

人工智能(AI)是指用计算机来模拟人的意识和思维,可以实现让机器像人类一样进行智能活动。人工智能的应用是大数据时代海量数据处理、分析的需求,对于保险行业而言,从较容易入手的销售、客服等工作开始,到后续多个环节的层层深入,人工智能在精准定价、精准营销、风险的大数据分析、保险欺诈识别等领域为保险公司提供了诸多帮助。

美国马萨诸塞州的保险科技创业公司 Insurify 已经用人工智能替代了人工客服。公司发布的人工智能虚拟保险代理人 Evia（Expert Virtual Insurance Agent，虚拟保险代理专家），可以通过一张车牌照片为用户提供汽车保险服务。Evia 在收到车牌的照片后，将在互联网搜索成千上万条车主的个人记录，通过这些记录可以判断个人信息和驾驶记录，并反馈给用户经过筛选的保险计划报价和保险政策信息，精准推荐量身定做的险别。

人工智能的开发可以很大程度地提升保险公司的运营效率。举例来讲，农业保险的一个关键环节就是查勘定损，目前很多定损工作已经由无人机拍摄替代传统的人类实地查勘，其核心技术就是图像的拍摄和分析，随着人工智能的发展，数据的纵深处理会越来越高效，其最终输出的定损结果也将越来越精确。

人工智能的开发也可以优化产品定价模式。以 UBI 车险（基于驾驶行为的保险）为例，37 度保是一家国内的保险创业公司，其开发的"人工智能保险顾问"，可通过智能算法帮助用户制定更适合、更省钱综合保险计划，最高可帮助用户节省 50% 的保费支出，并为用户提供保障风险评估、保险咨询、保险方案设计、承保后的风险防范和管理、保险年检与调整、理赔支持等保险增值服务。

人工智能的发展还可以预测风险事件的发生，通过主动风险管理降低风险事件发生的概率。

（二）物联网：物物相息的技术基础

物联网是物物相连的互联网。物联网的概念最早可追溯到 20 世纪 90 年代，物联网技术发展的目的就是把所有物品通过信息传感设备与互联网连接起来，进行信息交换，即物物相息，以实现智能化识别和管理。物联网技术的问世，可以将传统分离的物理世界与信息世界联系起来，利用网关技术实现异构网络之间的互联互通，最终，通过海量存储和搜索引擎为各种上层应用提供智能化支持。所以说，物联网是继互联网、移动互联网之后全球重大的科技革命，也是影响人类生产和生活的历史趋势之一。

物联网有望成为保险行业在精准定价方面颠覆传统的技术依托。保险精算最大的困难是无法获得准确全面的风险数据，特别是细分人群的风险数据，因而难以做到精准定价。而在物联网的技术下，传感器技术可以获取客户的历史数据并实时观察客户行为，保险公司收集的大量客户数据，从驾驶习惯到病史均有记录，车上装载行车记录仪就可能实现一车一价，在物联网的基础上，这些都不再是梦想。

物联网在财险方面有很多颠覆，比如 UBI 车险市场上已经有多种类型的产品可供选择。不仅车险将被物联网颠覆，借助新技术其他财险也将发生根本性变革。比如通过在保险用户家里安装检测煤气泄漏的传感器，做到早发现早预防，也可大大降低火灾发生概率，财险保费也能够随之下调，类似此类的智慧城市、智慧家居方案将明显为财险带来变革。

在人身险方面，物联网能够通过动态健康管理为慢性病患者养成有助于身体康复的良好习惯创造条件，例如，包括可穿戴设备在内的健康管理设备已经逐步被人们接受，这些健康管理设备包括定位系统，无线室内环境定位、蓝牙、WIFI、ZIGBEE传感网、红外线定位和超声波定位等技术。定位技术的应用可以为老人、小孩和不健全人士的碰撞、摔倒、走失和各种意外提供解决方案。保险机构还可基于物联网建立核心数据库，实现对投保人的健康状况的实时监测，通过数据分析对保费定价以及赔付问题给予支持。比如，投保人只要每天将血糖监测仪量出的数据上传微信，保险公司可以随时监测病人健康状况，可以根据情况赠送部分保额或减免保费。可以说，物联网技术的应用为保险服务精细化提供了重要支持。

（三）区块链：制造信任的机器

区块链是基于点对点通信技术和密码学技术产生的一种分布式总账，通过构建点对点自组织网络、时间有序且不可篡改的加密账本形成一种全新的分布式共识机制。区块链去中心化和不可篡改的特性为价值的传递提供了基础。区块链技术之所以为世人所关注，主要的原因在于比特币的出现。比特币是通过全网参与记账、工作量证明等机制，基于一种共识机制创造的一种全新的数字货币。

正如梅兰妮·斯万在《区块链：新经济蓝图及导读》中指出的那样，比特币包括三个层次的内容：区块链底层技术、协议和加密数字货币。区块链技术是比特币的底层技术；在这个数据库的基础上可以开发出数目繁多的应用，这些应用通过协议层面建立共识机制实现各种功能；最后在应用层面，客户可以实现无须中间权威仲裁的点对点的交互。有人用"组织形式上的去中心化和逻辑上实现完美一致性的技术"来形容区块链技术，也有人用"下一代全球信用认证和价值互联网的基础协议之一"来形容区块链，都体现了区块链独特的技术特点，总体而言区块链技术的应用主要包括如下内容：

1. 金融产品创新

由于金融产品基础结构的主要内容就是关于参与各方权利义务的约定，货币、债券、股权等各类金融产品都可以通过协议层建立共识机制形成与传统金融产品类别相对应的创新金融产品。由于区块链形成了可以独立存在的共识机制，因此区块链技术具有自动执行协议的功能，人们将此类功能称为智能合约。基于智能合约运行的创新金融产品具有高透明度、高安全性、高效率的显著特征。

2. 金融基础设施的变革

区块链本身就是一个数据库，在区块链技术的基础上，每个数据节点都可以参与验证账本内容的真实性和完整性，相当于通过提高系统的可追责性降低系统的信任风险，这一特性使得区块链在征信、审计、资产确权等方面具有显著的优势，从而间接提高金融体系的运行效率。

3. 智能物联网

由于区块链形成了独立运行的共识机制，区块链技术可以应用于物联网的数据处理和系统维护领域。比如已经有机构提出要使用区块链技术管理上百亿个物联网设备的身份、支付和维护任务。利用区块链技术，物联网设备生产商能够及大地延长产品的生命周期和降低物联网维护的成本，使物联网成为智能物联网。

4. **区块链还将成为共享经济的技术基础**

区块链去中心化的共识机制使得计算服务的应用范围大大延伸，有公司正在开发一种基于区块链的微支付技术，为每个人的电脑利用闲置计算能力从事挖矿、存储等工作提供计量工具，这种计量服务正是多种共享经济的前提，将大大拓宽共享经济的深度和广度。

综上所述，区块链技术的主要优势在于基于分布式网络形成的共识机制，分布式网络使得基于区块链的应用具有明显的开放性和可拓展性，这样会使一些商业模式的门槛可以降得很低，甚至产生全新的商业模式；共识机制的独立存在使的合约的执行成本降到最低，执行效率大大提升，计算服务的范围也大大提升。

区块链在保险行业的重要应用之一在于智能合约的引入。智能合约由代码定义并完全自动强制执行，无法进行中途干预。当保险事件发生并满足保险赔付的触发条款时，智能合约即自动执行，启动理赔程序，实现自动划款赔付，经济高效且无法作伪。另外，区块链与大数据技术相结合，可实现大数据预测分析与可自动执行的智能合约的完美对接。作为一种有效的量化管理工具，区块链将预测转变为行动，可建立一整套"反应—预测—执行"的自动化管理体系。区块链在里保险行业的另外一个应用是和相互保险的结合。依赖于可靠、不可篡改的数据库，区块链将彻底改变人们身份、资产等相关信息的登记与验证方式，各类数据信息和社会活动将不再依靠第三方个人或机构来获得信任或建立信用，全网的多方验证形成了数据信息的"自证明"模式。区块链的上述特性可以在降低相互保险各参与主体的道德风险方面具有明显的应用优势。在相互保险的业务中，不论是发起方还是参与方的道德风险都可能对各方利益形成影响，基于区块链技术，保险公司可以实现对个人身份信息、健康医疗记录、资产信息、权属信息、交易记录等客户交易信息实现全面验证与管理，数据真实性和准确性不容置疑，为相互保险业务开展提供了坚实可靠的安全基础和透明可信的网络环境。

（四）基因诊疗：健康产业链的延伸

在互联网医疗商业模式中接通保险似乎是利用新技术对行业和用户双方都有利的一个创新。人类基因组蕴含着人类生、老、病、死的绝大多数遗传信息，破译它将为疾病的诊断、新药物的研制和新疗法的探索带来一场革命。随着筛检技术的进展，将使得医学可以消除一些致命的遗传性疾病，有可能使得人类能够决定自己的进化过程，从而建立一个"更健康"的物种。

基因诊疗技术在保险行业中的应用在国际上早有实践。美国一些商业健康险产品已将基因检测的相关费用和治疗药物纳入报销范围。2014年，美国保险公司PriortyHealth和基因测序公司Foundation Medicine, Inc.合作，将后者的基因测序产品（Foundation One和Foundation Heme）纳入医保范围，成为美国首个将基因诊断类产品纳入医保的保险公司。美国食品药品监督管理委员会（FDA）规定，基因检测是使用治疗癌症的分子靶向治疗药物的必要前提，只有相应基因突变的患者，才能成为靶向治疗的适用对象。但基因检测在医疗保险中应用也有一些特殊的规则，譬如基因检测不能作为是否给予投保的标准，保险公司不能使用基因检测结果升高客户的投保费用等。

在国内，继多家险企推出"买保险送基因检测"增值服务之后，泰康人寿和众安保险也以参股和共同研发产品的形式联合华大基因深层次挖掘生命健康产业链。2015年6月，国内首家互联网保险公司众安保险宣布与全球最大的基因测序中心华大基因合作，打造国内首款互联网基因检测保险计划——"知因保"。"知因保"是国内保险业与基因界的首次真正意义上的联姻，旨在利用最新的互联网保险与基因检测技术，为用户提供全新的从前端风险预防、中端风险管理到后端风险处置的闭环式、全流程健康管理方案，实现"互联网保险＋基因"的"1+1>2"。这种创新性产品已经超出了以往消费者对于保险的认识——不再是被动、冷冰冰的风险弥补，而是一整套积极、温暖的保障服务。可以说，这种结合新兴技术的"保险"是转型至"保障服务"的一次标杆型探索，与基因诊疗技术的融合模式可以把健康管理和基因科技更好地连接在一起，依托互联网技术在互联网保险行业中形成完整的保障闭环，它的杠杆效应也可以更好地降低成本。

上述探索告诉我们，在技术高速发展的时代，大数据、物联网、移动互联、基因诊疗等技术将深刻改变保险业态。让保险用户更受益的精确定价保险产品时代已经开启。实时核保、实时定价等新技术应用，将使一车一价车险、带病投保健康险、弹性保额重疾险、防误导销售变得可行。

三、保险科技的创新实践

保险科技正在全球范围内深刻改变行业格局,主要表现在以下三个方面:一是表层渠道变革:包括网络比价平台、直销网站、App、跨渠道动态营销等新式销售与营销渠道。二是中层模式优化:产品设计、定价和运营等模式升级,如基于互联网场景的微保险、基于用户行为/用量的保险,以及 P2P 保险模式等。三是底层架构演变:用户信息管理、征信体系等基础架构更加稳固;区块链、云计算等技术应用促进了用户账户的统一管理,使信息管理更安全可靠。

(一)大数据

大数据能够帮助保险公司从大量的用户数据中挖掘用户洞见,大幅提高对客户需求及风险的把握能力,推进产品开发、营销、核保、理赔等各环节流程优化。

大数据的应用能够有助于判断客户的潜在保险需求,开展针对性营销,如"下一个产品销售"(Next Product to Buy)通过对内外部数据的分析(包括内部用户保单数据、历史购买行为、购买产品类型、用户信用状况、社交媒体信息等),识别客户最有可能购买的产品,并进行个性化的推送,提升交叉产品销售的成功率(见图1)。

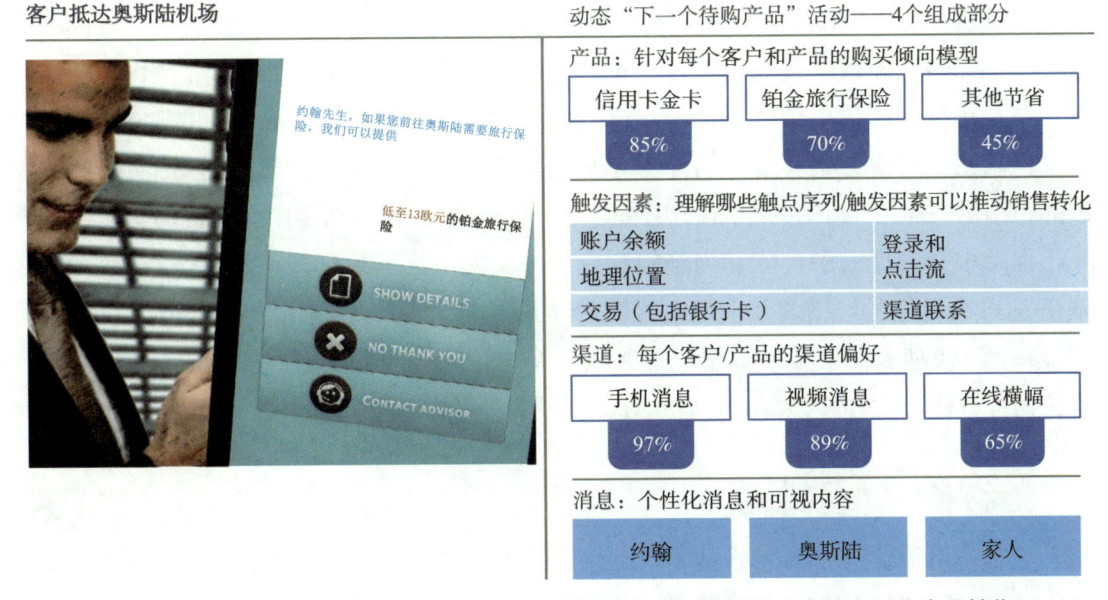

客户抵达奥斯陆机场	动态"下一个待购产品"活动——4个组成部分
约翰先生,如果您前往奥斯陆需要旅行保险,我们可以提供 低至13欧元的铂金旅行保险	**产品**:针对每个客户和产品的购买倾向模型 信用卡金卡 85% / 铂金旅行保险 70% / 其他节省 45% **触发因素**:理解哪些触点序列/触发因素可以推动销售转化 账户余额 / 登录和点击流 地理位置 / 交易(包括银行卡) / 渠道联系 **渠道**:每个客户/产品的渠道偏好 手机消息 97% / 视频消息 89% / 在线横幅 65% **消息**:个性化消息和可视内容 约翰 / 奥斯陆 / 家人

图1 下一个产品销售(Next Product to Buy):推进对客户的定制化产品销售

基于大数据分析的保险代理人业绩预测系统,有利于向优质代理人分配高价值客户资源及产品,并找出成功因素优化代理人招募,提高整体业务水平,为客户提供更好的保险营销服务。如一家全球领先的保险机构通过大数据分析预测代理人的业绩，建立相应评分机制，识别高潜力及低价值代理人，据此设计保险客户分配的优先排序。这一应用显著提高其保险业务营销能力，在试点地区获得10%的持续销量增速。

基于数据分析的失效保单预测，能够识别高退保风险保单，向高退保风险客户提前采取防范及挽留措施，并分析不同客群退保原因，降低退保率。如意大利忠利集团通过运用保单、财务及代理人信息、客户互动情况以及人口结构等数据，对客户保单失效可能性进行评分，针对高风险客户开展客制化营销策略，将失效率降低20%~30%，创造出每亿美元总保费60万~120万美元的新整体收益。

（二）云计算

云计算平台的使用提升了保险业务支持系统的可延展性及优化升级能力，能够以较低成本承载大量的产品及用户数据，并在此基础上提供相关的分析服务，实现有效的营销策略和用户管理。

基于云平台的自动化营销引擎能够帮助代理人自动化管理线上信息发布，广告投放，推出基于数据的个性化交叉销售建议，忠诚计划等。LifeDrip是基于SaaS的面向保险代理人的自动化营销引擎，利用脸书、推特、谷歌+和领英社交媒体渠道了解用户偏好和产品需求，并基于算法生成内部客户打分，就可能存在某个寿险产品需求的客户以及适宜的销售时机告知代理人，推进保险产品营销。

白标保险中介云平台能够整合一系列产品，让金融机构如小银行，信用社等可以轻易交叉销售，赚取手续费。Insuritas为中小型金融机构提供SmartCART基于SaaS的线上保险销售解决方案。这一白标中介平台能够实现用户在金融机构网站上购买保险产品，向用户提供一站式的产品购买体验，有利于推进金融机构等中介平台的交叉销售。

保险中介管理云平台能够为经销商或代理人提供从下单到理赔的保险业务管理。基于SaaS云计算的经销商及代理人管理平台Insly能够提供定制化的用户界面设计，并向经销商/代理人提供实时报价、理赔以及客户管理等服务。Insly平台还能协助保险公司推进代理人管理，实时查看代理人的销售业绩、客户理赔、客户流失情况等。

（三）人工智能

动态跨渠道营销方案能够基于线下渠道播放时间动态投放线上广告，提升广告投放收益率。营销分析机构wywy为客户制定基于电视、互联网以及移动互联网多渠道的动态营销方案，首先为品牌设定特定的数字指纹，并通过人工智能监测捕捉对应品牌的电视广告信息，识别出电视广告后立即在网络投放相关的广告，并通过网站浏览KPI的监测（包括浏览、注册、购买人数等），判断广告投放效果，帮助品牌和机构实现多宣传渠道下电视广告投资收益最大化。

声音识别技术通过人工智能应用优化客户服务的流程和成本，有利于迅速确认用户信息，了解用户需求，简化用户在电话查询/服务的流程。Manulife 与声音识别技术公司 Nuance 合作，使用语音辨识迅速确定来电者身份，避免输入用户账号、密码、回答安全问题等繁琐过程。用户声音一旦被准确识别、确证身份后，将会被推送到相关的服务频道上。目前，Manulife 声音识别系统能够对英语和法语进行识别，准确率高达 90%~95%，预期未来的应用空间将更加广阔。

通过人工智能应用于用户社交网络信息，判断用户的理赔真实性，能够有助于有效识别保单欺诈行为，降低理赔支出，如 Zurich 通过内部用户保险账户理赔信息以及外部社交网络信息的分析，将过往理赔行为与当前理赔行为进行比对，关注高相似度的理赔行为，从而对用户的欺诈行为进行有效监控。

阿里旗下的蚂蚁金服还利用科技优势推出"车险分"和"定损宝"，为保险服务的关键环节提供解决方案，从完善行业基础设施的角度为保险行业赋能。2017 年 5 月 25 日，蚂蚁金服宣布向保险行业开放首个"车险分"，以蚂蚁金服在大数据、人工智能、数据建模等方面的技术积累，为保险公司更准确识别客户风险、合理定价、个性化服务消费者提供支撑。"车险分"综合了职业特性风险度、身份特质风险度、信用历史、消费习惯、驾驶习惯、稳定水平等"从人"信息对车主进行精准画像和风险分析。保险公司在获得用户授权的情况下，可以查询用户的车险标准分，依据车险分进行更为精确的车险定价。

"定损宝"应用了深度学习图像识别检测技术，通过部署在云端的算法识别事故照片，用户与保险公司连接后，在几秒钟之内就能给出定损结果，包括受损部件、维修方案及维修价格。"定损宝"的推出将使自动定损成为现实，其普通个人使用的版本，用户自己拍照就能实现定损。在"定损宝"自动目标识别、车辆损失程度判定、维修方案简单便捷的功能背后，实际上需要依靠大量的数字处理，物体监测和识别，场景理解和智能决策技术的支持。据介绍，"定损宝"首先收集了大量的有标记的图片供机器学习，系统通过对大量的各种格式和各种来源的图片进行结构化规整、数据整理、清洗以及必要的标注建立自己的知识图库，系统通过对比接收到图片和存贮中的各类图片判断车型和各种零配件。定损宝技术团队在分析了多个会对损伤判定造成干扰的因素之后，针对不同的车型、颜色和光照条件进行模型迭代学习，融合多个模型的经验，产出了现在的定损宝解决方案。该技术能够输出针对各种程度的刮擦、变形、部件的开裂和脱落等损伤的定损结论。当受损程度判定完成后，定损宝根据保险行业在车辆维修过程中的既有规则提出建议维修方案。"定损宝"可以有效帮助保险公司减少理赔渗漏的比例，同时将有效解决中小险企在偏远地区和高峰时段查勘能力不足的问题。

（四）区块链

保险公司过去以保单为中心开展产品销售和管理，客户信息较为分散，区块链的应用能整合多渠道的客户信息，推进客户账户统一管理及数据共享，缩短响应时间，提高业务效率，如基于用户信息快速承保，提供服务。

智能合约能够实现基于用户信息自动接受用户投保，出险后自动赔付。美国初创企业 FlightDelay 和 InsureETH 基于区块链智能合约平台提供航班延误险，通过航班历史延误情况计算对应的保费，智能合约平台自动接收用户的投保，并在发生风险时自动进行赔付。

在区块链上流通的保险产品可自由转让，并避免保单造假问题。中国阳光保险推出基于区块链的航空意外险产品，区块链技术的应用支持产品在不同用户中自由转换，通过"发红包"的形式转赠给朋友。同时，区块链不可篡改的特点使参与方能够追溯保单从源头到用户流转全过程，确保保单的真实性和唯一性，防止虚假保单的出现。

区块链也可以应用在用户信息管理上。通过将互联网信息（如社交网站）与区块链相连，自动捕捉用户信息，识别理赔事件。Dynamis 正在尝试推出一种利用区块链和智能合约管理的补充失业保险，将社交网站 LinkedIn 上用户档案的信息与区块链相连接，通过自动捕捉 LinkedIn 上的信息来验证失业保险的申请者的身份与就业状况。

（五）物联网

物联网应用有助于增加用户互动途径，获取更多用户信息，推进新保险产品设计，同时有利于持续追踪监测用户及财产状态，将保险业务范围从承保延展到增值服务。

基于用户的保险产品（User-Based Insurance）通过设备追踪用户行为，按用量及驾驶习惯定价，如 MetroMile 的 Pay-per-mile 按里程付费车险计划，根据客户的实际驾驶里程收费。用户通过在车内插入一个小型设备来确定驾驶的里程，并通过移动应用同汽车的车载诊断中心相连接，显示付费里程统计和汽车诊断结果。中国车险服务商 OK 车险的"OKDrive"系统，通过手机车联网技术，通过手机 GPS 系统和传感器模块，记录用户的驾驶行为信息和行程信息，监测用户驾驶行为，形成保险分数（OK 驾值），并为优质客户提供保险折扣。

智能家居应用能够实时监控家庭设备安全情况，提前预警，降低风险及保险价格，如 Allianz 与 Panasonic 合作为客户提供"智能之家"整合服务方案，防控入户盗窃、玻璃破碎以及水管爆裂等事件。一旦家居出现异常，系统将会自动通知安联全球救援服务中心，以第一时间提供服务，有效减少损失。

智能个人穿戴设备收集用户数据并提供健康管理等相关增值服务，如美国保险公司 National Guardian Life Insurance Company 与牙科护理智能硬件提供商 Beam Digital 合作，提供定制化的保险+牙科护理服务。在其高端计划下，用户购买牙科护理保险的同时能够获得智能牙刷，收集用户口腔习惯相关数据并通过移动端连接的 App 导出数据，在此基础上向用户提供预防性牙科护理建议。

远程监测自动理赔，通过远程扫描设备估算意外事件造成的损害，并对简单案件进行自动理赔。车载自动检测装置在发生汽车事故后自动发出紧急救助通知，如 Allianz 德国向车险客户提供与手机移动端相连的车载设备，能够在发生汽车事故后自动发出求救信号，并将事故信息发送到索赔部门，实现简单案件自动理赔。

（六）移动互联网

移动技术能提高保险产品和服务的可得性及便捷性，打破时空限制，实现远程或 24 小时客户服务，同时能够增加用户触点，获取更多信息，结合大数据推进产品开发与营销。

基于移动技术的超短期保险，能够基于 App 向客户提供 1 小时到几小时的超短期新型保险产品。如 Cuvva 公司提供的按小时付费的车险产品，用户只需要在手机 App 上输入车牌号、拍张汽车照片、选择投保时长并处理支付即可完成投保（见图 2）。

图 2　Cuvva：通过手机 App 提供的按小时服务的车险产品

微保险在互联网平台/App上针对特定场景需求，提供可便捷购买的低保费产品。我国首家互联网保险公司众安保险专注于销售基于场景的保险产品。自2013年成立以来众安保险通过与各类行业企业合作推出产品超300款，如淘宝上销售退货险，小米网站销售手机碎屏险，携程网销售飞机延误险等。截至2017年3月底，众安保险累计服务客户数量达5.8亿，保单数量超过82.9亿。

平安产险于2014年底推出好车主App，主打车生活概念，目标是为车主提供最优惠的车险投保通道、实时理赔进度、权威的全国违章查询、快速获取保单信息以及丰富的积分体系，涵盖了车主的车保险、车服务、车生活，成为打造车主车生活的重要平台。在"车保险"方面，车主使用好车主App可在几分钟内完成在线自助投保，已投保客户甚至可实现一键续保；好车主还包括"平安行"和"绿色出行"功能，结合传统的车辆参数，通过记录行驶里程和驾驶行为对客户行为特征进行精准评估，最终为一人一车一价的UBI产品提供支撑；"车服务"方面，好车主平台聚合4S店及修理厂，可支持车主实时咨询用车问题并找到最优解决方案、违章查询模块、24小时内完成违章代办等服务；"车生活"方面，好车主App联合平安车主信用卡，满足条件的车主即有机会享受加油折扣、加油奖励以及加油移动支付等便捷服务。[①]

移动互联网技术拓展了传统服务渠道，用户通过移动App应用，可以完成产品购买、账户管理以及自动理赔。保险比价网站将不同保险公司的保险产品放在同一互联网平台上供用户选购，并基于用户信息的大数据分析定制化推荐产品，能够有效降低用户选购保险产品的成本，以简便快捷的方式选购到最合适的保险产品。智能化的代理人销售服务平台能够基于过往保单及用户信息的大数据分析，判断客户保险产品服务需求，自动向代理人推荐相关的保险产品，实现以客户为导向的产品销售，也有助于客户获得更好的购买体验。

（七）基因诊疗

基因技术在保险领域的应用有助于辨别用户的发病风险，推进更加精准高效的产品定价和核保。如专注于寿险二级市场的美国保险公司GWG Life运用基因技术，通过保单持有人唾液样本分析判断的整体健康水平及预期寿命（基于甲基化水平），并将新的预期寿命评估纳入寿险核保流程，推进核保效率和准确性提高。

在我国，保险公司和基因技术公司积极开展跨界合作，推进保险产品和服务的创新，如众安保险和华大基因推出基于基因检测的"知因保"。大特保与达安基因合作，向

---

① 《平安好车与众不同的改革之路》，内蒙古新闻网－财经频道，http://economy.nmgnews.com.cn/system/2016/03/09/011911141.shtml。

特需医疗保险用户提供基因检测服务，并在此基础上向客户提供针对性的疾病预防/监测等多项健康管理服务。预期未来基因诊疗技术在保险行业的应用将更加广泛，如推进新保险产品设计、精准定价和核保，向保险用户提供更多的健康管理服务等。

四、保险科技与风险防范

保险科技带来了保险服务范围和业务模式的改变，同时也造成了风险形态、保险组织、保险业态的持续多变，其内在的风险分布也处于不稳定状态。保险科技在保险行业的应用同样带来相关风险，主要内容如下：

（一）数据安全风险

随着数据在保险价值链中应用价值的不断扩大，数据管理及应用能力成为保险企业核心的竞争要素之一，数据安全也成为保险公司面对的一个重要问题。数据平台攻击、数据泄露/未经授权访问等数据安全事故的出现会给保险公司及其用户带来巨大的损失。对于数据安全风险的防范，我们要进一步完善政策法规制度，为企业数据应用管理提供指引，同时还应当保障各项法规制度的贯彻落实。

（二）产品缺陷以及欺诈问题

保险科技推动保险新产品新模式层出不穷，但产品创新的同时可能存在设计缺陷，如P2P保险尽职调查不完善、参与者欺诈等问题。我们要对保险市场保持密切的关注，有问题及时介入控制，保障新产品新模式的顺利推行以及市场的有序运作。

（三）消费者适应性风险

在互联网保险浪潮下，保险新产品和服务涌现，对消费者识别能力有更高要求。要严格控制具有误导性的金融产品宣传，避免消费者误入歧途，同时开展相关的保险行业及各类产品宣传教育活动，增进公众对保险运作模式的认识，获得对风险保障及投资收益等的合理认知，提高消费者风险防范能力。

针对以上风险，监管机构也需要跳出围绕机构对象开展监管的思路，实现向功能监管和业务监管的转变，强调采用技术手段履行监管功能。在监管活动中充分运用数据技术、对金融服务的交易过程、交易影响进行全流程控制的监管科技为各国政府所重视，监管科技成为各国金融科技生态中不可或缺的重要组成部分。

专题报告 08

中国保险科技指数研究报告*

摘 要

保险科技是指保险行业不同生态主体为了改变行业原来痛点、改善整个行业生态而在生产经营过程中引入实施的新兴科技产品和技术。目前具有代表性的保险科技包括人工智能、区块链、云计算、物联网、大数据、基因检测等。为衡量保险行业主体对保险科技的应用水平，课题组设计和编制中国保险科技指数，指数的编制旨在指引保险科技发展方向，促进保险行业有序竞争，强化技术风险识别和监管等方面发挥积极作用。

中国保险科技指数以党的十九大报告、国务院相关指导性文件为政策依据，体系框架由三大类组成，包括科技投入、科技产出和应用成效，具体指标24个。指数编制采用重要性赋权与等权相结合的方法，整体按大类的重要性赋权，既注重科技产出也将有关风险的指标贯穿始终。大类内指标采用等权法。评价采用百分制，满分为100分。实证测算结果显示，2014~2016年，我国保险科技应用水平整体呈稳步上升趋势，横向比，样本机构科技发展水平差异较大，纵向比，样本机构保险科技水平比较稳定。

目前，各保险机构还存在科技统计制度尚不完善、科技统计水平参差不齐等问题。下一步，课题组将进一步统一指标口径、细化指标分值、扩大试算范围，完善课题成果。

---

* 《中国保险科技指数研究报告》所引用数据均为课题组试算数据。

一、研究背景

(一)保险科技发展趋势

1. 保险科技定义

保险科技(InsurTech)作为一种新兴现象,目前在行业内还没有标准的定义。一般来讲,保险科技是指保险行业不同生态主体(包括监管机构、行业组织、保险公司、保险中介、保险相关初创企业等)为了改变行业原来痛点、改善整个行业生态而在生产经营过程中引入实施的新兴科技产品和技术。目前具有代表性的保险科技包括人工智能、区块链、云计算、物联网、大数据、基因检测等。这些科技相比之前或同时代的其他科技而言,普遍具有发展迅速、关注度高、影响面广、颠覆性强、与"互联网+"时代背景结合紧密等特征,对保险市场深度拓展、保险客户体验改进、保险产品成本优化或者理赔效率提升具有重大应用价值。

2. 保险科技发展现状

保险科技发源于金融科技(FinTech),初期只是金融科技框架中的一小部分。在2008年全球金融危机之后,一些风险投资商敏锐地发现金融科技的很多创新成果可以应用在保险行业,于是不断增加保险科技领域投资,带动整个保险科技领域起步发展。至2011年,全球保险科技融资额度增长比例大幅上升,已出现C轮D轮融资,保险科技一举成为独立受关注的发展领域,2011年也因此被称为保险科技元年。2011年之后,保险科技领域继续迅猛发展。据CB Insights的数据显示,自2011年至2016年底,全球该领域的累积投资额已高达47.4亿美元,涉及470笔交易,对全球保险生态产生了显著影响。

从保险科技的发展历程来看,主要体现出以下特点:

(1)保险科技生态逐渐形成。

众多的互联网公司和其他行业巨头,比如国内的百度、阿里巴巴、京东、腾讯都在借助科技力量布局保险行业,而像沃尔沃这样的传统车企也开始提供保险服务,未来可能会有更多的行业巨头借助保险科技的力量跨界到保险行业,推动保险行业与其他行业的融合发展,形成多维合作的新型保险生态系统。

传统保险公司已经意识到保险科技可能带来的巨大挑战,所以大型传统保险公司纷纷开设保险科技公司,同时设立创新事业部应对创新科技的发展。美国很多融资非常成功的保险科技初创公司,其背后的资本主要来自保险公司,比如美国知名互联网保险公司Metromile,主营业务是车险,其主要投资就来源于中国太平洋保险。

(2)全球不同地区保险科技的发展差异明显。

保险科技最活跃的国家,北美主要是美国,欧洲主要是英国、法国、以色列、亚太主要是中国和印度。各国市场上，创新的重点也不尽相同。在美国，保险科技发展重点在IT赋能、大数据、健康险方面；欧洲保险科技发展重点在车险、房屋险、比价方面；而中国和印度，保险科技在车险、比价、IT赋能这三方面发展较快。

（3）人工智能和物联网成为保险科技投入的主要领域。

CB Insights的数据指出，保险科技领域近一半投资是用于人工智能、物联网的研究，从2014年至2016年，这两个领域的综合交易量增长高达79%。其他比较热门的保险科技还包括云计算、大数据、区块链等。

3. 保险科技的应用前景

保险科技的应用可以极大地促进保险行业创新发展，加速行业经营模式的转型升级，具体表现在：

（1）促进产品创新。

健康手环、智能手表和其他可穿戴设备将成为推动医疗保险业务发展的主要动力。大数据、物联网和人工智能等技术的综合运用可以帮助保险公司建立更加精准的车险定价模型，推出更加灵活可配置的车险产品。

（2）促进保险销售。

人工智能保险顾问和推荐引擎可同时支持保险业务的规模化和差异化，未来将成为低成本保险销售必不可少的利器。基于大数据和人工智能技术的保险比价平台可以对一些原本难以量化的数据进行分析和比较，从而简化销售过程，方便客户选择保险产品，促进保险意向达成。

（3）提升服务水平。

人脸识别、语音识别、文本分析等人工智能技术可普遍改善各种场景下的客户交互界面，提升保险服务的亲和力和针对性。保单统一管理平台可打破各个保险公司间的壁垒，帮助拥有多张来自不同保险公司保单的客户导入个人名下所有保险合同条款，实现个人保单的统一管理，成为客户个人风险统筹管理的得力助手。

（4）提升运营效率。

在索赔处理和风险管理方面，查勘员现场查勘的工作正被数字代理所取代，无人机也将辅助或取代对自然灾害造成损害所需的人工评估。在保险业务流程优化方面，保险大数据分析平台将成为业务运营方最重要的决策支持工具。

（二）保险科技指数编制背景及作用

1. 保险科技指数定义

保险科技指数是指为了衡量保险行业主体对保险科技的应用水平而专门设计和编

制的一整套指数型度量体系，包含度量指标、度量方法、参考范围等。

2. 保险科技指数的作用与意义

保险科技指数作为一种科学、客观的度量手段，编制该指数对国内保险科技的创新发展将起到相当积极有效的促进作用，具体表现在：

（1）指引保险科技发展方向。

保险科技指数框架明确涵盖了未来一段时间内比较重要的、适用范围较广的保险科技，为保险行业主体制定技术发展路线提供了可信的参考，有助于形成行业合力，突破保险科技发展难关。

（2）促进保险行业有序竞争。

保险科技指数具有直观性和可比性，可帮助保险行业主体认识到自身在行业科技发展中所处的竞争地位，从而做出最适合自身发展需要的技术决策，避免盲目投入和无效竞争。

（3）强化技术风险识别和监管。

保险科技指数包含成效指标，可间接反映出新技术应用风险，从而为保险监管提供新的观察维度，提高新技术风险预警和管控水平。

二、保险科技指标体系

（一）政策依据

党的十九大报告进一步明确实施创新驱动发展战略。其中，有关于调动创新积极性、促进科技成果转化的科技体制机制创新的论述，即深化科技体制改革，建立以企业为主体、市场为导向、产学研深度融合的技术创新体系，加强对中小企业创新的支持，促进科技成果转化。也有关于培养创新人才和创新团队的科技人才队伍建设的论述，即培养造就一大批具有国际水平的战略科技人才、科技领军人才、青年科技人才和高水平创新团队。

中共中央、国务院印发相关指导性文件。2015年中共中央、国务院《关于深化体制机制改革加快实施创新驱动发展战略的若干意见》；国务院《关于促进云计算创新发展培育信息产业新业态的意见》《关于印发促进大数据发展行动纲要的通知》等，都强调了大力推进新技术的普及应用。

中国保监会起草《保险业新技术应用指导意见（征求意见稿）》，以此促进新技术在保险业的应用，助力行业转型升级。

（二）设置原则

1. 科学性

科技统计指标体系应依据科学理论构造框架。本课题按照党的十九大报告关于创新驱动发展战略及国务院相关指导性文件精神，依据中国保监会《保险业新技术应用指导意见（征求意见稿）》设计指标体系框架。

2. 可比性

科技基本统计指标应与国际的统计指标相一致。同时结合保险行业实际情况加以细化。采用相对数，便于保险机构之间对比。

3. 导向性

该指标体系旨在促进新技术在保险业的应用，通过对标激励保险机构不断创新，推动行业平稳健康发展。在评价行业整体的同时，对保险机构分类型、分规模、分所有制等多维度进行评价，调动经营主体的创新积极性。

4. 可操作性

指标选取要考虑各保险机构数据的可得性，便于对全行业保险机构进行评价。虽然有些指标更为理想，但数据目前无法获取就只能暂时舍弃，待时机成熟再作调整。

（三）指标体系框架

中国保险科技指标体系由三大类组成，包括科技投入、科技产出和应用成效（详见图1）。

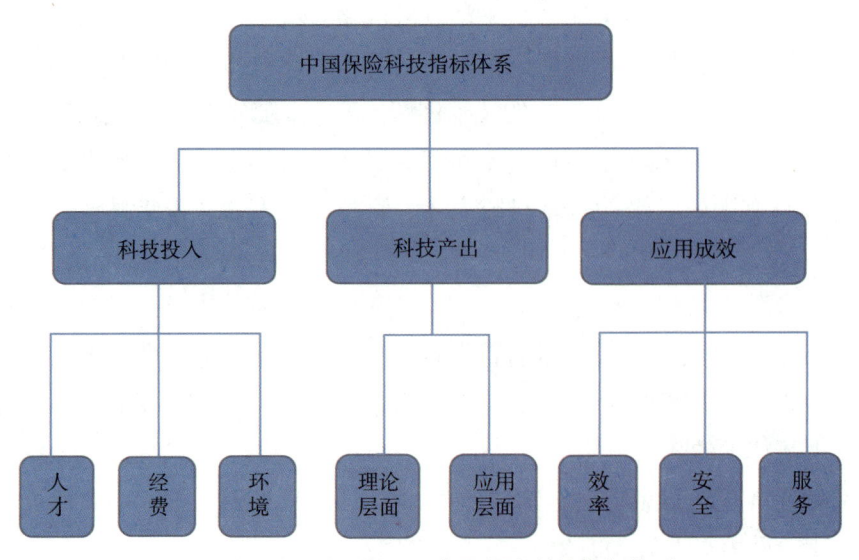

图1 中国保险科技指标体系

（四）具体指标解释

1. 科技投入

该大类主要反映保险机构在新技术应用方面人才、经费资源投入情况，以及政策环境的扶持力度。共有 8 个评价指标。

大本及以上学历人员占从业人员比重（人才）：该指标反映企业创新人力资源情况。

研发人员占从业人员比重（人才）：该指标反映企业科技人才状况。

研发费用占主营业务收入比重（经费）：企业是科技创新活动的主体，该指标反映企业科技经费投入情况。

信息化建设费用占企业运营成本的比重（经费）：该指标反映保险机构信息化建设经费投入情况。

新技术领域费用投入占信息化建设费用的比重（经费）：该指标反映保险机构在新技术领域的经费投入情况。

信息安全费用投入占信息化建设费用比重（经费—安全）：该指标反映保险机构在信息安全方面的经费投入情况。

专利和新技术应用奖励基金占研发费用比重（经费—组织）：该指标反映保险机构鼓励新技术应用和研究的效果。

享受加计扣除减免税所占比重（环境—政策）：是鼓励保险机构加大研发投入、开展创新活动的最为直接和有利的扶植政策之一。该指标可以反映政府有关政策的落实情况，进而从一个侧面反映企业创新环境情况。

2. 科技产出

该大类通过理论层面如专利、课题、获奖和认证，应用层面如产品、模式、系统和服务，反映新技术应用中间产出结果。共有 8 个评价指标。

专利申请数（专利）：该指标反映企业拥有自主知识产权的专利成果情况。

新技术课题数（课题）：该指标反映企业承担的课题成果情况。

获得科学技术奖项次数（获奖）：该指标反映企业获得科学技术奖项情况。

获得科技信息安全评级个数（认证）：该指标反映企业通过国际技术认证情况。

互联网保险新产品占公司全部新产品的比例（产品）：该指标反映保险机构研发的互联网保险新产品情况。

互联网保费收入占公司保费收入比重（模式）：该指标反映保险机构模式创新情况。

应用新技术的系统数量占比（系统）：该指标反映保险机构新技术系统的应用

情况。

线上活跃率（服务）：该指标反映保险机构利用新技术提升服务质量的情况。

3. 应用成效

该大类从效率、风险、服务方面，反映新技术应用带来的经济效益和社会效益。共有 8 个评价指标。

职均保费收入（效率）：该指标从提高收入角度反映保险机构效率的提升。

智能 AI 应用成本降低率（效率）：该指标从降低成本角度反映保险机构效率的提升。

智能 AI 对业务场景覆盖率（效率）：该指标从增加业务覆盖面角度反映保险机构效率的提升。

系统服务非计划中断（风险）次数：该指标从系统运行安全的角度反映保险机构风险的降低。

较大及以上网络安全事件次数（风险）：该指标从网络安全风险管理的角度反映保险机构风险的降低。

偿付能力充足率（风险）：该指标从偿还债务的角度反映保险机构风险的降低。

理赔服务时效（服务）：该指标从理赔角度反应保险机构服务改善情况。

客户服务 AI 自动解答率（服务）：该指标从解答问题角度反应保险机构服务改善情况。

三、保险科技指数模型

（一）指标权重

保险科技指数编制采用重要性赋权与等权相结合的方法。整体按大类的重要性赋权，一方面，注重科技产出，直接产出和间接产出占比为 60%，即科技投入大类权数为 40%，科技产出大类权数为 30%，应用成效大类权数为 30%；另一方面，有关风险的指标贯穿始终，在三大类中都有所体现。在每一大类内指标采用等权法，科技投入大类各指标权重为 40/n（n 为该大类指标的个数），科技产出大类各指标权重为 30/n，应用成效大类各指标权重为 30/n。具体权重如表 1 所示。

表 1 中国保险科技指标权重

指标分类	指标名称	权重
科技投入 （共 40%）	1. 大本及以上学历人员占从业人员比重	40/8
	2. 研发人员占从业人员比重	40/8
	3. 研发费用占主营业务收入比重	40/8
	4. 信息化建设费用占企业运营成本的比重	40/8
	5. 新技术领域费用投入占信息化建设费用的比重	40/8
	6. 信息安全费用投入占信息化建设费用比重	40/8
	7. 专利和新技术应用奖励基金占研发费用比重	40/8
	8. 享受加计扣除减免税所占比重	40/8
科技产出 （共 30%）	9. 专利申请数	30/8
	10. 新技术课题数	30/8
	11. 获得科学技术奖项次数	30/8
	12. 获得科技信息安全评级个数	30/8
	13. 互联网保险新产品占公司全部新产品的比例	30/8
	14. 互联网保费收入占公司保费收入比重	30/8
	15. 应用新技术的系统数量占比	30/8
	16. 线上活跃率	30/8
应用成效 （共 30%）	17. 职均保费收入	30/8
	18. 智能 AI 应用成本降低率	30/8
	19. 智能 AI 对业务场景覆盖率	30/8
	20. 系统服务非计划中断次数	30/8
	21. 较大及以上网络安全事件次数	30/8
	22. 偿付能力充足率	30/8
	23. 理赔服务时效	30/8
	24. 客户服务 AI 自动解答率	30/8

（二）评价方法

保险科技指数评价采用百分制，满分为 100 分。每项评价指标都有具体评分规则（见表 2）。评分规则是根据指标的性质、保险行业的特点、有限的试算数据，多次测算而成。根据评分规则，对每项评价指标打分，再乘以权重得到保险机构的得分。

保险机构的评价指标得分大于等于 65 分，为新技术应用 A 类机构；得分小于 65 分但大于等于 40 分的，为新技术应用 B 类机构；得分小于 40 分但大于等于 30 的，为新技术应用 C 类机构；得分小于 30 分的，为新技术应用 D 类机构。

表 2　　　　　　　　　　　　中国保险科技指数评分规则

指标分类	指标名称	指标公式	权重	分值	评分规则
科技投入（共40分）	1. 大本及以上学历人员占从业人员比重	大本及以上学历人员数量/从业人员数量	40/8	1	指标值≥60%，得1分；20%≤指标值<60%，得0.5分；否则，得0分
	2. 研发人员占从业人员比重	研发人员数量/从业人员数量	40/8	1	指标值≥3%，得1分；0.5%≤指标值<3%，得0.5分；否则，得0分
	3. 研发费用占主营业务收入比重	研发费用/主营业务收入	40/8	1	指标值≥0.3%，得1分；0.1%≤指标值<0.3%，得0.5分；否则，得0分
	4. 信息化建设费用占企业运营成本的比重	信息化建设费用/业务及管理费	40/8	1	指标值≥5%，得1分；1%≤指标值<5%，得0.5分；否则，得0分
	5. 新技术领域费用投入占信息化建设费用的比重	新技术领域费用投入/信息化建设费用	40/8	1	指标值≥10%，得1分；5%≤指标值<10%，得0.5分；否则，得0分
	6. 信息安全费用投入占信息化建设费用比重	信息安全费用投入/信息化建设费用	40/8	1	指标值≥10%，得1分；5%≤指标值<10%，得0.5分；否则，得0分
	7. 专利和新技术应用奖励基金占研发费用比重	奖励基金/研发费用	40/8	1	指标值≥3%，得1分；1%≤指标值<3%，得0.5分；否则，得0分
	8. 享受加计扣除减免税所占比重	加计扣除减免税额/纳税额	40/8	1	指标值>0，得1分；否则，得0分

续表

指标分类	指标名称	指标公式	权重	分值	评分规则
科技产出（共30分）	9.专利申请数		30/8	1	指标值＞0，得1分；否则，得0分
	10.新技术课题数		30/8	1	指标值＞0，得1分；否则，得0分
	11.获得科学技术奖项次数		30/8	1	指标值＞0，得1分；否则，得0分
	12.获得科技信息安全评级个数		30/8	1	指标值＞0，得1分；否则，得0分
	13.互联网保险新产品占公司全部新产品的比例	互联网保险新产品数量/全部新产品数量	30/8	1	指标值≥60%，得1分；30%≤指标值＜60%，得0.5分；否则，得0分
	14.互联网保费收入占公司保费收入比重	互联网保险保费收入/保费收入	30/8	1	指标值≥8%，得1分；4%≤指标值＜8%，得0.5分；否则，得0分
	15.应用新技术的系统数量占比	应用新技术的系统数量/总系统数量	30/8	1	指标值≥10%，得1分；3%≤指标值＜10%，得0.5分；否则，得0分
	16.线上活跃率	线上年活跃客户数量/公司总客户数量＋线上服务项目数量/总服务项目数量＋线上活跃服务量/活跃服务总量	30/8	1	指标值≥30%，得1分；10%≤指标值＜30%，得0.5分；否则，得0分

续表

指标分类	指标名称	指标公式	权重	分值	评分规则
应用成效（共30分）	17. 职均保费收入	保费收入/从业人员	30/8	1	指标值≥行业中位数,得1分； 行业中位数×0.8≤指标值<行业中位数,得0.5分； 否则,得0分
	18. 智能AI应用成本降低率	（使用AI前的业务及管理费用－使用AI后的业务及管理费用）/使用AI前的业务及管理费用	30/8	1	指标值≥10%,得1分； 0%<指标值<10%,得0.5分； 否则,得0分
	19. 智能AI对业务场景覆盖率	业务服务节点总数中有智能AI的节点数占比	30/8	1	指标值≥10%,得1分； 0<指标值<10%,得0.5分； 否则,得0分
	20. 系统服务非计划中断次数		30/8	1	指标值=0,得1分； 指标值≤2次,得0.5分； 否则,得0分
	21. 较大及以上网络安全事件次数		30/8	1	指标值=0,得1分； 指标值≤2次,得0.5分； 否则,得0分
	22. 偿付能力充足率	保险公司的实际资本/最低资本	30/8	1	指标值≥100%,得1分； 否则,得0分
	23. 理赔服务时效	评价区间内所有已决赔案提交理赔申请日至结案的天数总和/评价区间内所有已决赔案件数	30/8	1	指标值≥行业中位数,得1分； 行业中位数×0.8≤指标值<行业中位数,得0.5分； 否则,得0分
	24. 客户服务AI自动解答率	AI成功解答数/总有效咨询数	30/8	1	指标值≥50%,得1分； 0<指标值<50%,得0.5分； 否则,得0分。

（三）样本机构试算情况

1. 样本数据说明

本次试算采集了包括产险、寿险、健康险、养老险和资产管理在内的12家保险样本机构3年数据（2014~2016年），其中10家样本机构数据完整、有效，覆盖了大型、中型、小型和微型公司。

"系统服务中断（非计划）次数""较大及以上网络安全事件次数"两个指标为试算数据报送后的新增指标，暂无试算数据，假定均为0。

部分养老险公司和资产管理公司无常规保险业务，涉及保费收入、保单数量等科目的指标无法提供数据，在评价时直接给满分。

2. 评价结果

参加试算的样本机构中，2014年无评级为A级的机构，评级为B级的6家，C级2家，D级2家；2015年评级为A级的1家，B级7家，C级2家，无D级；2016年评级为A级的2家，B级6家，C级2家，无D级（见表3）。

从三年评价汇总结果看，随着信息化水平的提高，保险科技应用水平整体呈稳步上升趋势，同一机构各年之间结果波动不大。不同类型机构之间，结果有一定差异，其中养老、资管公司由于人员结构和业务结构不同等原因，评分普遍偏高。

表3　　　　　　　　　　　2014~2016年评价结果汇总

公司	2014年 评分	2014年 评级	2015年 评分	2015年 评级	2016年 评分	2016年 评级
样本一	41.88	B	45.63	B	56.25	B
样本二	43.75	B	49.38	B	49.38	B
样本三	31.25	C	46.88	B	49.38	B
样本四	32.5	C	32.5	C	30.63	C
样本五	27.5	D	43.75	B	52.5	B
样本六	27.5	D	30	C	33.75	C
样本七	50.63	B	66.25	A	66.25	A
样本八	47.5	B	58.75	B	55	B
样本九	60	B	60	B	61.25	B
样本十	55.63	B	60	B	66.25	A

（四）待完善的方面

1. 统一指标口径

在公司调研中，我们发现数据收集比较困难，有些指标数据收集不全，有些数据口径不尽相同，例如，"信息化建设费用"，有的公司统计口径为IT整体预算，有的公司则为研究开发费用、IT中心费用、IT人员工资的合计。下一步需进一步就指标设置及口径进行商讨。

2. 细化指标分值

从试算结果看，目前评分规则并不完全适用于各类保险机构，如"理赔服务时效"，不同类型机构由于业务结构不同，理赔服务周期差异较大，用统一标准评分有失公平，但由于已掌握的数据有限，还不具备细化指标分值的基础。下一步随着试算范围的扩大，可根据指标数据情况，按保险机构性质分设评分或评级规则。

3. 扩大试算范围

前期收集的样本机构的数据中，并没有覆盖互联网保险机构、外资保险机构等，试算范围有限。需进一步扩大试算范围，提高评价工作的适用性。

专题报告 09

论汽车零整比研究的重要意义和发展方向[*]

摘要

近年来,国内车险行业快速发展,然而经营结果却不尽如人意。原因有很多,畸高的汽车零整比[①](以下简称零整比)无疑是一个非常重要的因素。为切实改变这种现状、维护广大消费者的合法权益,2013年10月,中国保险行业协会(以下简称中国保险行业协会)联合中国汽车维修行业协会(以下简称中汽修协)首创了汽车零整比研究工作。自2014年4月以来,两协会共发布了10期零整比研究成果,有效遏制了零配件价格非理性上涨的趋势,引起了社会各界的广泛关注和热烈讨论。截至目前,零整比已经形成立体、有机的研究体系,还得到了政府部门的认可,赢得了世界保险业的赞誉。

一、零整比指标体系

为维护消费者权益,改变汽车产业链扭曲现状,提升保险行业话语权,2014年4月中国保险行业协会联合中汽修协发布了首期零整比研究成果。为持续支持商车改革,中国保险行业协会不断加强汽车零整比研究,极大地丰富了汽车零整比指标体系。

截至目前,中国保险行业协会已经开发了包括汽车零整比系数、零整比100指数、常用配件负担指数、常用配件负担100指数、保养负担指数、单件零整比系数、喷漆

---

[*] 本报告所引用数据,除特殊说明外,分别来自中华人民共和国公安部官网(www.mps.gov.cn)、中国保险行业协会统计数据、中国保险行业协会零整比研究成果报告及相关汽车经销商年度报告等。

[①] 汽车零整比=整车所有装车配件价格总和/整车销售价格×100%,是衡量汽车维修经济性的重要指标之一,也是社会公众理性购车的重要参考指标之一。

工时负担指数在内的7项细分指标，从整车、常用配件、工时等多个维度对汽车的维修经济性进行了研究。汽车零整比指标体系的样本车型由国内保有量最大、销售数量居前、消费者熟知度最高、具有代表性的常见车型组成，能够综合反映国内汽车售后配件流通市场的价格波动情况，能够有效衡量国内主流车型的养护负担情况，是衡量汽车维修经济性的重要指标体系之一。近两年数据显示，汽车零整比100指数呈下降趋势，常用配件负担100指数呈小幅上涨趋势。单件零整比系数形象的揭露了近年来前大灯、前门壳、后门壳等常用配件的价格不断持续上涨，尤其2018年度更是大幅上涨的现状。此外，中国保险行业协会和中汽修协在事故车维修标准工时研究方面取得阶段性进展，开发的喷漆工时负担指数，能够透明量化各车型之间的喷漆成本差异。各项指标的具体定义如下：

$$汽车零整比系数 = \frac{\sum 整车所有装车配件价格}{整车销售价格} \times 100\%$$

$$汽车零整比100指数 = \frac{\sum 各车型零整比系数}{100}$$

$$常用配件负担指数 = \frac{\sum (单个常用配件价格 \times 配件损失率)}{整车销售价格} \times 100\%$$

$$常用配件负担100指数 = \frac{\sum 各车型常用配件负担指数}{100}$$

$$保养负担指数 = \frac{\sum 周期内保养负担费用}{60000} \times 100\%$$

$$单件零整比系数 = \frac{单个配件价格}{整车销售价格} \times 100\%$$

$$喷漆工时负担指数 = \frac{\sum (各覆盖件喷漆工时费 \times 覆盖件损失率)}{\sum (各覆盖件喷漆工时数 \times 覆盖件损失率)}$$

二、零整比研究的迫切性和必要性

（一）汽车后市场乱象亟待整治

随着社会经济的发展和人民生活水平的提高，汽车成为重要的物资运输和代步的交通工具。2003年，我国汽车仅有2400万辆。截至2018年6月，我国汽车保有量已达2.29亿辆，是2003年的9.54倍；全国有58个城市汽车保有量超过百万辆，其中26个城市超过200万辆，北京、成都、重庆、上海等7个城市超过300万辆。

汽车保有量的快速增长带来了汽车后市场的发展壮大。统计数据显示，2015年中国汽车后市场规模达8000亿元，2016年市场规模达9330亿元，2017年汽车后市场"万亿"规模初步形成。然而，汽车后市场规模快速增长的表象之下，潜伏的是无序竞争和野蛮生长，其中尤以汽车配件、售后维修行业为甚，主要表现在汽车产业链上游企业利用垄断地位攫取不合理利润。2010年以来，汽车厂商盈利模式从前端转向后端，利用垄断地位，随意上涨售后配件价格。事实上，以售后维修获取利润已经成为汽车厂商和经销商普遍采取的经营策略。汽车零配件随意涨价的乱象，不仅仅扰乱了市场的有序运行，而且严重损害了汽车消费者的合法权益和保险行业的健康发展。据不完全统计，在2014年之前，零配件年平均上浮比例约17.8%。2010~2013年，各品牌汽车厂商发出的配件价格调整书面通知达53批次，价格调整共涉及1586633项配件。根据上市汽车经销商2013年年报数据的分析，维修和配件销售毛利率可达整车销售毛利率的15倍。

（二）零整比研究顺应商车改革需要

商车改革的初心是给予保险公司更多的定价权，给消费者更多的选择权，解决公平和效率问题，尤其是消费者、保险公司与汽车相关行业的公平和效率问题。相对统一的车险费率，一是无法充分反映消费者个体风险的差异与费率的匹配关系，保费负担缺乏公平性，存在成本转嫁、交叉补贴的现象；二是无法有效指导消费者的汽车购买行为，无法为消费者理性评估用车成本提供依据，限制了消费者的自由选择权；三是无法充分反映真实的车险赔付成本，未能针对后续的维修成本对费率进行及时调整，不仅对部分消费者有失公平，也影响了保险公司的健康、可持续发展。

零整比的推出较好地解决了上述问题，一方面，它能够真实地反映零部件的维修成本与整车价格之间的关联关系，使消费者了解汽车的维修成本。另一方面，将零整比的结果应用到汽车车型费率分级中，能够更准确地刻画各种车型变量对赔付成本的影响，从而有效地提高车险定价的科学性。因此，零整比的研究和应用在很大程度上顺应了商车改革的需要，为提升保险公司定价能力奠定了坚实的基础，大幅度减少车型间的交叉补贴，提升车险费率厘定的公平性和有效性。

（三）消费者权益保护亟须有力工具支撑

长期以来，国内缺少衡量汽车维修经济性的指标，导致消费者无法理性评价修车成本，被动陷入新车购价较低、修车成本偏高的困境。然而此种困境却很难打破，主要原因一是汽车主机企业垄断售后市场零配件供应渠道，行业外对汽车维修技术信息的可获得性非常低；二是汽车零部件定价、成本、技术含量等很难界定，零部件厂商有动力且易于暗中操纵价格，行业外难以调查和评估等。

上述多种原因叠加造成了修车成本难以有效评估、消费者权益仅凭个人难以得到保护，亟须通过行业层面发力平衡相关方的关系。车险行业是与汽车后市场密切关联的行业，也是汽车后市场最大的买单者。根据车险行业数据，配件费用和维修工时费是保险事故车辆维修费用的重要组成部分，约占车险整体理赔成本的65%。然而这些数据仅在一定程度上反映了修车成本的高低，社会迫切需要更加精确、更加科学、更具可比性的评价指标。在此背景下，中国保险行业协会联合中汽修协开发了零整比指标体系，深刻揭示了配件价格畸高的乱象和汽车消费者的用车养车负担。根据零整比研究成果，国内零配件价格大幅超过其他国家水平，部分车型零整比甚至达到1200%，远超300%的正常水平。此外，消费者还深受汽配假货之害，既受到利益损失，又埋藏了安全隐患。要真正破除垄断暴利，维护消费者权益，促进市场良性发展，零整比的研究和应用具有十足的不可或缺性。

三、零整比研究的社会效益和经济效益

（一）有助于构建和谐公平诚信消费市场

汽车作为耐用消费品，初始购置成本和后续的使用维护费用都是一笔大额支出，与广大消费者的日常生活息息相关。在零整比研究体系及在此基础上初步建成的汽车配件价格的监测体系中，87%的样本车型的销售价格位于5万~30万元区间，基本覆盖了高、中、低多层次消费群体，保证了研究成果以深度维护消费者权益为基本出发点。

零整比的发布在一定程度上揭示了汽车产业链定价过程中前端与后端相背离的现实，让消费者更清楚地明白各品牌、各车型之间维修成本的差异，以最大努力提升了消费者的选择权和知情权，促使汽车厂商主动调整畸高的零配件价格，促进构建和谐公平诚信的汽车消费市场。

（二）有助于平衡保险业和汽车产业关系

截至目前，零整比已经形成立体、有机的研究体系，从不同角度揭示了汽车行业利用垄断地位牟取暴利，损害消费者权益的客观事实。已经建立的零整比指标体系，包括零整比系数、零整比100指数、保养指数、常用配件负担指数、常用配件负担100指数等多个细分指标。此外，零整比研究还衍生出了保险汽车安全指数。这一指数从

安全角度对变革汽车生产技术提出了要求,督促其顺应同时保障车上人员和车外人员安全的发展趋势。同时,通过搭建保险行业与汽车厂商的长效合作机制,多家汽车厂商也已经主动参与零整比研究工作,中国保险行业协会对数据进行校验和公开发布,既保证了研究结果的客观性,也提升了研究成果的覆盖面,还为更多外部机构参与零整比研究提供了参照经验。

首期零整比发布后,众多汽车品牌迫于压力下调了畸高的零配件价格。多期研究成果持续发布后,大型汽车厂商纷纷主动下调零配件价格。随着外部合作模式初步成形,在多家汽车厂商自主参与下,零整比发布范围逐步扩大,有力地促进了汽车配件价格回归理性,有效地遏制了汽车厂商不合理的成本转嫁行为,显著改善了保险行业在汽车产业链中的地位,有效平衡和加深了保险行业与汽车产业的合作。

(三)有助于持续合理降低汽车维修成本

零整比发布产生了立竿见影的效果,有效地遏制了零配件价格的快速上涨趋势,显著降低了全社会的汽车维修成本。

根据保险行业相关数据统计,总体来看,2014~2017年零整比发布累计降低汽车维修成本约330亿元。其中,零整比发布使保险行业赔付的减损约220亿元;若考虑未投保车损险客户以及投保车损险但未报案索赔客户的自行维修成本,预计零整比发布使车主自付维修成本减少约110亿元。

直观地看,零整比有效遏制了汽车零配件不合理的上涨趋势。零整比发布之前(2010年初至2013年底),各品牌汽车厂商频繁调整零配件价格,累计上浮17.8%。2014年零整比发布后,多家汽车厂商纷纷宣布下调维修配件价格,当年涨幅为-5.7%。以具体监测指标为例,零整比100指数和常用配件负担100指数基本保持稳定。其中,零整比100指数由2016年4月的329.35%小幅下降至2018年4月的326.01%;常用配件负担100指数由2016年4月的14.33微升至2018年4月的15.17。此外,从新车购置价每年平均下降1.5%的趋势看,零整比对零配件价格的控制也是成功的。

四、零整比研究应该坚持的发展方向

(一)要持续丰富零整比研究内容和应用

对零整比问题的研究和发布,标志着车险经营朝专业化、精细化、国际化方向迈出了重要一步，将推动保险业通过改革、创新、发展，在消费者保护和社会管理方面发挥更重要的作用。未来，在现有成果的基础上，零整比研究要再接再厉，一是持续进行零整比的精细化研究，尤其是与消费者切身利益相关的易损配件零整比的研究；二是开展维修工时方面的研究，通过调研、实测和相关技术研究，建立工时相关指数，适时向社会发布，以提升消费者知情权和选择权；三是开展汽车消费者维修负担指数研究，有机融合零整比和维修工时研究成果，量化配件价格和工时对消费者用车成本的影响，形成汽车消费者用车成本的衡量尺。

（二）要持续提高零整比覆盖度和纵深度

零整比工作通过多年研究，已经成为我国汽车保险业的一张靓丽名片，历史性开启了主机厂主动与保险业对话的窗口，撬动了我国汽车后市场大格局，有效降低了消费者的用车成本。未来，零整比研究要进一步提升覆盖度和纵深度。一是继续加强与汽车厂商的合作，不断扩展车型研究覆盖面。由于国内市场保有车系、车型众多，数据采集难度大等因素，目前零整比研究仅选取了部分具有代表性的车型。下一步，建议保险行业可以多措并举推动更多汽车汽车厂商参与，进一步扩大汽车零整比测算车型的覆盖范围。二是持续扩大零整比研究的受众。零整比研究得到广大个体消费者的认可，团体消费者的关注度也不断提高，并且进入了国家党政机关、企事业单位用户的视野。因此，结合保险业在企事业、党政机关用车承保情况，零整比研究形成了专门针对企事业单位用车为研究对象的车型数据库。下一步，建议零整比研究工作要继续细化研究内容，持续更新车型数据库，加强与国际发达市场的交流，借助专业咨询公司、中保研、RCAR 的力量，提升零整比研究的国际视野和开放性，扩大零整比研究的应用场景和受众。

（三）要持续服务商业车险自主定价试点

传统的车险定价采取的是分类厘定的模式，将具有相似特征的个体组成一个风险集合体，而分类的依据仅仅精确到座位数及吨位数等，同一类别中全部类型的汽车采用同一费率，汽车零整比在其中没有明显的、直接的体现。纵观全球保险市场，发达国家的通行做法是建立车型分级体系，美国 ISO 车损险车型分级，直接根据车型易损件实际修理费用信息调整分级水平，零整比与车型费率显性关联。

展望中国车险市场，车型分级是行业转型升级的不二之选，也是新一轮商车改革的重点任务所在。因此，建议集全行业之力，围绕这一重点任务，扩大车型范围、特别是将新能源汽车纳入研究范围，尽快组织实验、客观测算风险、初拟分级标准，切实做好车型分级的各项工作，持续服务和密切配合商业车险自主定价试点工作。

专题报告 10

中保研汽车技术研究院的建设与发展研究[*]

摘要

设立保险行业内部汽车技术研究平台，是保险行业车险业务体系化专业研究的需求，顺应当前保险行业发展需要，既能规范、整合行业内的汽车产业链资源，又有利于提升保险行业在汽车后市场的话语权，更是加快现代保险服务业发展的关键举措。

由中国保险监督管理委员会指导，中国保险行业协会牵头国内各主要经营车险业务的保险公司共同出资组建的中保研汽车技术研究院。中保研自 2016 年挂牌成立以后，目前已经建成实车碰撞试验室和维修技术研究试验室，实现了中国保险行业汽车技术研究基础设施从无到有的跨越。在这两年多运行时间中保研不但组织开展了汽车维修经济性、维修工时标准、后市场配件认证、新能源汽车多项专业技术研究，还建立了保险行业专业技术培训体系，为保险行业专业定损理赔、承保定价等不同人员进行了技术培训。中保研做好自身研究和培训工作的同时还积极参与了国际同类机构的交流活动，依靠国际 RCAR 组织（国际保险业主导的汽车技术研究联盟）中国唯一正式成员单位的身份进行了大量的技术沟通和交流，借鉴国外成熟经验和研究成果，加快了中保研的研究进度、有效节省了研究成本、完善了中保研研究内容。

中保研作为目前国内第一家汽车后市场领域汽车技术研究平台，致力于通过对汽车结构耐撞性、维修经济性、汽车维修工时标准和新能源汽车技术等内容的研究和测试，为保险行业商车费改提供了有力技术支撑，成为行业车险发展的重大基础设施，保险行业造福社会协助消费者合理维权的又一有力武器。随着中保研研究进展的深入、

---

[*] 本报告中各项数据来自中保研实验测试、生产经营等各环节。

成果的产出，后续在完成车型风险分级、完善理赔定损标准体系，继续服务保险行业，推动行业向更高质量发展。为更好地服务于消费者，中保研还将持续发布汽车安全指数，通过汽车安全指数来引导消费者合理消费、维护消费者的合法权益不受侵害。

党的十九大报告指出，中国特色社会主义已经进入新时代，我国社会主要矛盾已经转化为人民日益增长的美好生活需要和不平衡不充分的发展之间的矛盾。从保险行业来看，主要矛盾也转化为人民群众不断升级的保险需求与不平衡不充分的保险供给之间的矛盾。为破解这一矛盾，保险业必须坚持以人民为中心和保险姓保，提升专业技术能力，理解人民需求、满足人民需求。具体到车险来讲，一个长期存在的突出问题就是经营方式粗放、风险管理和服务能力不足，导致消费者利益受损。为破解这些问题，监管部门于近年来开展了新一轮商业车险改革并持续深化，取得了积极成效。

2015年，中国保险行业协会组织行业成立了中保研汽车技术研究院有限公司，创建了保险业首个汽车低速碰撞试验室，成为国际汽车维修研究理事会（RCAR）在华唯一正式会员，开展了汽车碰撞、维修技术及工时等大量试验，积累起保险业自己的汽车技术数据，创制并发布了中国保险汽车安全指数，这一系列工作为辅助商车改革、促进行业转型、保护消费者利益发挥了积极作用。

一、实现中国保险行业汽车技术研究基础设施从无到有的跨越

中保研汽车技术研究院建设筹备组成立后，对RCAR组织中的代表性机构，如英国大昌、日本JKC、韩国KART和德国AZT进行了走访调研，同时，也对国内领先水平的汽车技术研究机构和高校，如中国汽车工程研究院、中国汽车技术研究中心和清华大学等进行了交流，明确了保险行业汽车技术研究所需要的技术能力条件，并以此确定了中保研的总体建设目标。

中保研选址位于北京市朝阳区东坝汽车园区内，借助北京市祥龙博瑞集团雄厚的汽车维修服务资源保障，在12个月的时间内，完成了选址规划、设备选型、招标采购、职场改造装修和安装调试等工作，并于2017年4月正式进入试运行。总体占地面积10550平方米，投入资金约为4000万元，形成了完善的试验研究、技术研究和培训等设施，对开展研究和培训工作形成了良好的保障。与同类型的研究机构筹建相比，中保研的筹建在较低投入、较短周期内，硬件能力条件达到国际同业先进水平。

建成的碰撞试验中心，是中国保险行业首台套碰撞试验成套设备。试验中心全长84米，宽18米，占地面积约1500平方米。主要分为车辆碰撞区、车辆准备区、车辆存放区、设备控制室等功能区域。主要仪器设备均为进口，包括牵引系统、灯光系统、

高速摄像系统、数据采集系统和三维坐标测量系统等。

牵引系统主要由控制系统、牵引小车、牵引轨道、电机和碰撞壁障等组成，能够实现最大3.5吨车辆50千米/小时的高速碰撞试验能力，速度精度达到±0.2千米/小时，位置精度达到±20毫米。

灯光系统最大照度可达到10万LUX（勒克斯，照度单位，平常适宜人阅读的照度为60勒克斯）并可以实现50%、100%和200%的光照强度调节。系统具备X/Y/Z旋转4自由度方向的调节，其中X方向上可沿轨道方向移动25米，这样既能完成正面碰撞试验还能兼顾尾部碰撞试验。

高速摄像系统最高拍摄速率可以达到20万帧/秒，在碰撞试验过程中，拍摄分辨率为1920×1080dpi，可准确清晰记录碰撞的全过程。

试验室同时具有32通道抗冲击车载数据采集装置，能够测量车辆在碰撞时在空间三个方向上的速度和加速度，以便于进行相关的运动学和动力学比较。试验中心还配有三坐标测量仪，能够对车型曲面进行测绘，同时，能够对碰撞后变形进行精确测量。

配合RCAR的40%偏置10度斜角壁障和台车，可以满足RCAR低速结构性能碰撞试验的能力要求，配合RCAR保险杠壁障，可以满足RCAR保险杠性能碰撞试验的能力要求。

试验室整体技术水平处于RCAR组织中的第一梯队。在维修试验中心配备了车辆拆装、机修、钣金和喷漆专业操作和研究工位。不但可实现多台车辆同时进行全流程的专业维修要求，还可对每项具体维修流程和维修方法进行实操研究和维修结果检测。一方面为了和市场实际接轨，另一方面也为了引领国内汽车维修技术的发展，维修测试中心在各维修工位上均配备了专业的维修设备，如大梁校正系统和烤漆房就是代表。在钣金维修工位配备了带有专业关节臂测量系统大梁校正台，该设备不但可以实现对车辆结构件的维修和校正，还可在维修校正过程中随时测量各车辆结构关键点的位置坐标，并通过和设备自带的数据库进行比较，指出维修方向和对维修精度进行评估。在烤漆工位配备了经过国家专业认证的环保专业烤漆房，其不但可以实现油性漆的烤干，也可以实现水性漆的烘烤作业。这些都保证了中保研以保险行业的汽车技术需求为导向的研究工作的正常开展。

建成的培训中心，以服务行业和社会为根本，以满足保险行业对车辆风险识别新技术、汽车发展新技术、维修新技术、定损新技术的需求为目标，先后开发了《水淹车快速处理与定损技巧》《中高级定/核损员技术课程》《车险定损新技术及疑难课题研讨课程》《新能源汽车专题培训》等培训课程。培训讲师在汽车或保险行业有多年的从业经验，对汽车和汽车保险有深刻的认识，因此，授课更加具有针对性和指导意义。在硬件方面，中保研拥有多间现代化标准教室，配备电器及底盘件、钣金及自动变速箱、发动机研究、水淹车研究、最新低碳修复技术研究等专业教研室和教学设备，能够满足对保险行业理赔定损人员教学和实操的需求。培训服务中心配备带独立卫生间的标准学员宿舍，同时配有学员餐饮、室内/外健身场地等设施，满足学员学习之余的基本生活需求。

建成的水淹车试验室，是因应行业水淹车损失，修建的能够进行整车和部件水淹模拟的试验舱。整车试验池内有4个水下摄像头，可对车辆水淹全过程的反应变化进行记录，并同步画面至试验舱外的监控屏幕，便于研究人员掌握试验进展。依托水淹车试验室，已先后有多家媒体进行报道，北京卫视还进行过水淹车试验的直播深度报道，对水淹车相关知识的科普起到了积极作用。先后开展的水淹车试验和维修方法研究，为行业水淹车损失形式和快速处理方法研究提供理论依据。

二、以保险行业技术需求为导向开展汽车技术研究

（一）耐撞性及维修经济性研究

耐撞性是通过贴近实际碰撞事故的试验工况，对车辆进行碰撞试验，模拟真实事故的损伤形式。中保研目前开展了RCAR低速结构性能试验，并应用于中国保险汽车安全指数和中国保险车型分级研究框架体系中。

维修经济性是通过对标准测试工况试验后的车辆损失进行修复，通过对其维修费用的算定，评估其在车损险中的损失风险大小，其与车辆历史数据中的案均赔款呈现较强的相关关系，是行业车型分级模型体系的重要技术基础。

目前，中保研已经自主完成超过30款车型的碰撞试验工作，为相关研究积累了基础样本。中国保险汽车安全指数的测评结果于2018年9月26日面向社会公开发布，引发了社会大众的广泛关注和汽车生产企业的高度重视，保险行业的汽车技术需求逐步渗透至汽车生产企业的产品开发体系中。此外，中保研开展的中国保险车型分级体系的建设研究，已经初步完成体系搭建，与行业历史数据进行了初步校验，为后续的行业推广应用进行积极准备。

（二）维修工时标准研究

中保研工时研究组针对事故车维修主要涉及的涂装、钣金和拆装更换等工种，分阶段研究，逐步覆盖完善，构建了中保研工时标准体系，支撑保险行业车险业务的定损核损实务工作。

在涂装工时方面，已研究建立事故车涂装工时标准体系，并于2018年6月13日由中国保险行业协会和中国汽车维修行业协会联合向社会发布。已经完成近80%市场占有量的事故车涂装工时测定，即将向行业推广运用。

在钣金工时方面，已完成塑料件和钢件外钣金典型维修工时测试，正在进行数据分析和工时标准体系研究工作，预计将于2019年上半年完成外钣金工时标准体系，并由中国保险行业协会和中国汽车维修行业协会联合发布。

在拆装更换工时方面，结合维修经济性评测车辆维修试验工作，开展基础数据收集和分析工作，积极沟通主机厂，在拆装工时研究方面能够得到原厂技术/标准支持，后续条件成熟即将开始系统性拆装工时体系研究和标准制定。

将当前行业计件价格分拆成工时和工时单价有利于科学准确定损，提高行业精细化管理水平，同时，在中保研车型风险分级的测试评价体系中，能够对工时单价进行约束。

（三）新能源汽车风险研究

紧密结合保险行业在新能源汽车承保理赔实务中遇到的技术难点问题，开展相关技术研究，从耐撞性及维修经济性，检测方法等技术判据方面，为行业提供技术支撑。

目前，已经完成纯电动汽车和插电式混合动力电动汽车各1款（上汽荣威ERX5和比亚迪秦PHEV）的耐撞性和维修经济性评价工作。通过实车碰撞试验研究发现，在低速碰撞工况中，不涉及高压系统的动力电池损坏的情形。新能源汽车的维修费用较传统车高，但是，目前由于车价较高，维修比反而较低。因此，其在低速碰撞事故中的特性，需要通过进一步的理赔数据分析，才能形成有效的推论。

项目组通过远程和实地相结合的方式，收集各类实际案例。在2018年广州水灾的水淹车查勘定损中，中保研专家赶赴第一现场收集宝贵的新能源水淹车损失案例。为行业理赔定损实务提供技术服务。

在行业交流方面，中保研牵头与新能源汽车产业界的汽车生产企业、动力电池生产企业、国家管理机构、研究机构等开展了广泛的走访交流，拓展行业合作机会，并对保险行业新能源汽车保险示范性条款产品的开发工作进行支撑。

（四）后市场配件认证研究

中保研配件研究工作组以保险常用易损件合车规范编制为抓手，联合保险公司、配件生产商、质量检测、认证机构、配件流通平台、维修企业等在推动后市场非OEM件运用的同时，不断完善配件合车规范标准体系。到2018年中保险杠蒙皮和车灯合车技术团体标准已经通过保险行业协会对外进行发布，车辆外部钣金件和车辆外部后视镜合车规范在年底也将完成编制工作。

目前中保研和中国质量认证中心联合体已经向认监委完成保险杠及附件产品认证备案工作，并已经开始接受部分厂商的塑料蒙皮认证申请工作。同时，联合体针对车辆灯具认证的报备工作也已经将近完成，相关认证接受工作也即将开始。

合车测试是检验配件质量必不可少的环节，也是配件认证必不可少的环节。《汽车后市场用配件合车规范》第1、2部分一经发布，多家媒体纷纷进行报道与解读。众多社会媒体的关注表明：我国汽车后市场配件领域亟待进行规范。因此中保研配件研究工作组后续还将及时对社会大众进行标准宣贯，让更多消费者认识合车、了解合车试验。同时中保研作为保险行业发起的汽车技术研究平台，有责任为消费者、保险行业提供共性技术产品。

（五）水淹车损失形式研究

为准确、科学、定量地对水淹车损失规律进行系统研究和测试，中保研建造了专业的水淹车损失模拟试验室，并进行实车的水淹模拟试验。通过模拟实际水淹损失，并对关键部件进行维修研究，探索水淹损失规律，研究车型总布置设计上的差异对于水淹损失的影响。

目前，完成了发动机损失、底盘损失、电子器件损失、内饰件损失等损失形式的研究，并对相关维修方法的维修效果进行了评估。根据相关研究成果开发了针对保险公司承保和理赔人员的相关培训课，为保险行业快速定损处理提供了技术理论依据。

（六）维修新技术研究

中保研紧密跟踪维修后市场的技术变化发展趋势，对低碳修复技术进行了研究。低碳修复是指通过特定技术、设备、工艺、流程进行专业化修复，使修复效果及零部件达到与原有新品相同质量和性能，常见的低碳修复分为外观件、内饰件、机电配件。

目前，中保研能够实现凹陷无损修复、大灯灯脚及塑料件损伤修复、玻璃损伤修复和铝钣金损伤修复等先进工艺，并已经结合面向行业的培训课程，向保险行业一线从业人员普及相关技术知识。

（七）技术培训

中保研通过对行业需求进行走访调研，结合自身研究成果，开发相关培训课程，为行业一线从业人员提升知识技能水平。同时，结合大量实车、实物辅助教学。理论讲解和动手实操结合，模拟实际定损场景，加强学员和老师间的互动。

针对保险定损核损人员开展共性技能培训，重在知识能力水平的提升。针对行业重点、难点和热点问题，开展专题培训，旨在拓展从业人员视野。截至 2018 年 8 月，中保研已针对行业内部开展培训 50 余期，共培训 1500 余人次。培训内容既包含基础内容如发动机、电器系统、底盘系统等高价值零件的基本工作原理，及其常见碰撞损伤形式和定损分析方法；还涵盖了对新技术、新标准的介绍，如车身最新维修技术，标准工时的原理介绍及使用方法等内容。同时还理论联系实际，结合对大量疑难案件的讨论，使参训人员能够熟练运用培训中学到的内容。通过培训，参训人员可以全方位了解定损技术关键点，提升疑难案件精确定损能力。自 2016 年开展培训以来，推出的课程收到参训学员的广泛好评。

（八）国际合作交流

利用中保研国际 RCAR 组织成员的便利条件，通过"走出去，请进来"的方式，与德国 AZT、日本 JKC、韩国 KART、英国大昌、美国 IIHS 等机构开展了国际交流合作，将中国的研究成果和行业动向交流给国外同业，将国外的先进经验和观念引入到国内行业中。

同时，中保研是 RCAR 碰撞工作组、维修工作组、主动安全和智能驾驶工作组和虚拟安全工作组的成员单位，深度参与低速碰撞试验、主动安全测试评价等各项规程制修订工作，紧跟国际发展现状，引领国内发展趋势。

三、中保研服务行业转型成效初显

（一）辅助监管有担当，成为商车改革重要技术支撑

两年来，中保研积极辅助监管推进商业车险改革，发挥了重要技术支撑作用。新一轮商业车险改革的目标是建立健全科学合理、符合我国国情的商业车险条款费率制度，包括建立标准化、个性化并存的商业车险条款体系，逐步扩大财产险公司商业车险费率厘定自主权，切实维护消费者合法权益。围绕改革，中保研创建了保险业首个汽车低速碰撞实验室，开展了上千次实验和测试，积累了 3 万余条实测数据，成为商车改革的重要技术支撑。

（二）服务行业有建树，成为车险发展重大基础设施

中保研这两年的发展，精准锁定制约车险转型发展的瓶颈，持续开展汽车专业技

术实测研究，发挥了行业基础设施作用。针对承保端定价不准、风险识别能力不足的局面，中保研选取代表性车型，开展整车碰撞和水淹测试等实验，分析出各车型存在的风险问题，向汽车主机厂商提出数十条技术改进意见并被接纳，改善了车型设计环节的不合理之处，降低了承保端的风险。以汽车低速碰撞情况下乘员约束系统的误作用为例，通过耐撞性及维修经济性研究工作的开展，发现当前产品的问题，并与汽车生产企业进行沟通，降低了由不合理设计造成的额外风险成本。针对理赔端议价能力不足、汽车后市场理赔成本不断提升的局面，中保研开展了900余次事故车喷漆维修测试、近百次零部件模拟水淹测试，并发布后市场配件合车规范等2款团体标准，扩大了行业在汽车后市场话语权，有效降低了理赔成本。

（三）造福社会有实效，成为消费者维权的有力武器

中保研这两年的发展，紧密贴合消费者利益需求，研究和发布汽车耐撞性、经济性、可维修性、安全性等多项指标，全方位覆盖消费者购车、养车、修车全流程。中保研面向社会发布的中国保险汽车安全指数，是首次以保险为切口对汽车安全进行评价，提升了消费者对汽车安全的认识；同时，推动汽车厂商改进生产技术、提升汽车质量，从而生产设计出更利于消费者安全、更便于消费者降低维修成本的车型。中保研面向行业开展理赔人员培训，提升理赔人员的专业水平和前沿技能，直接提升消费者在理赔环节的体验感。

中保研方向明、定位准、思路清、举措实、成效好，探索出一条以技术手段解决制约行业发展瓶颈的新路径，也获得业内外、国内外的高度认可。国内有媒体称其为"中国版的IIHS（美国公路安全保险协会）"，是保险业在倒逼汽车安全升级。全球权威的保险业汽车技术研究机构——国际汽车维修研究理事会（RCAR组织）认定中保研为其在华唯一正式会员，也反映了国际上对中保研工作的认可。

四、中保研要继续服务行业走向高质量发展

要实现车险行业转型升级和高质量发展，离不开行业基础设施的建设和完善。中保研作为其中的重要一环，要着力聚焦专业技术研究、切实增强风险研究能力。具体来看，要从以下几个方面着手：

（一）完成车型风险分级，辅助商车改革向纵深推进

纵观全球保险市场，发达国家的通行做法是建立车型分级体系；展望中国车险市场，

车型分级是行业转型升级的不二之选，也是新一轮商车改革的重点任务所在。这项任务，监管有明确的要求，中国保险行业协会也有车型分级的工作部署，下一步中保研要围绕这一重点任务，扩大车型范围、特别是将新能源汽车纳入研究范围，尽快组织实验、客观测算风险、初拟分级标准，切实做好车型分级的各项工作。

（二）完善理赔定损标准体系，提升在后市场话语权

标准体系是推动行业高质量发展的重要工具，下一步要重点围绕汽车后市场各环节制定保险业自己的标准体系。一方面，要填补车险定损标准的空白。分版块研究制定出维修工时标准等，形成团体标准或行业标准，解决车险业长期以来定损无标准可依的问题。另一方面，要健全后市场配件认证标准。紧密结合定损实际情况，研究制定理赔需求量大的后市场配件合车认证规程，并形成新的团体标准。到2020年底前，要力争实现相关认证配件在行业内的广泛应用。

（三）持续发布汽车安全指数，切实维护消费者权益

中国保险汽车安全指数是首次以保险为切口对汽车安全进行评价，这一创举已经在全社会引发强烈反响。但是车辆安全性并非朝夕之功，指数对汽车安全的推动作用也需要定期、持续的发布才能形成累积效应、固化成果。同时，要不断探索和优化具体指标，进一步深入挖掘安全指数对汽车行业、保险行业和消费者的潜在效用，力争将其打造成国际、国内均有较高知名度的汽车安全测评品牌。

五、结束语

中保研的建成和发展研究，是中国保险行业在车险领域工作的重要平台抓手，通过开展耐撞性和维修经济性研究、维修工时标准研究、新技术研究等工作，为保险行业提升在产业链条上的技术能力和话语权作出积极努力和贡献。目前，相关作用已经初显成效，行业各财产险公司对于中保研的发展也给予了鼓励和支持。中保研将稳扎稳打，小步快跑，持续为行业提供风险管控的技术手段研究成果。

专题报告 11

保险行业人力资源发展报告*

摘 要

1979 年恢复国内业务后，中国保险业迈入了快速发展的黄金时期，总保费收入由改革开放初期的 4.6 亿元，增长到 2017 年的 3.6 万亿元，总保费收入超越日本，一跃成为全球第二大保险市场，国际地位和影响显著提升，成为国民经济中发展最快的行业之一。近年来，党的十九大、第五次全国金融工作会议等重要会议及中国银保监会系列决策部署，为保险业下一步如何发展提供了行动指南。保险行业回归本源，切实保护保险消费者利益，全面落实服务实体经济、防控风险、深化改革，成为新时代赋予保险业的新使命。

事业的发展造就了人才，人才的发展成就了事业。对于保险业这一典型的人才密集型行业而言，高素质的人才无疑是行业快速发展的重要驱动力。近年来，通过大力实施人才兴业战略，保险业把培养和造就高素质人才作为行业发展的根本大计，加强对人才的引进、培养和使用。为更好落实人才兴业战略，中国保险行业协会引导、团结全行业统筹推进全行业的人才发展工程。中国保险行业协会从 2015 年开始连续 4 年发布《中国保险行业人力资源报告》，全面盘点我国保险行业人力资源现状，通过多种方式渠道广泛研究、深入调研，收集行业从业者反馈超过 12 万份，定向收集近 140 家企业的人力资源管理数据，定向访谈汇总国内企业的管理案例，为全行业人才管理

---

* 本报告所引用数据，除特殊说明外，分别来自《2015 年中国保险行业人力资源白皮书》（中国保险行业协会，中国金融出版社 2015 年版）、《2016 年中国保险行业人力资源报告》（中国保险行业协会，中国金融出版社 2016 年版）、《2017 年中国保险行业人力资源报告》（中国保险行业协会，中国金融出版社 2017 年版）、《2018 年中国保险行业人力资源报告》（中国保险行业协会，中国金融出版社 2018 年版）、《中国保险年鉴（2016）》（中国保险监督管理委员会，中国保险年鉴社 2016 年版）等。

者提供宝贵的数据参考、方向指引和案例借鉴；组织开展专项课题研究，先后发布《国际保险机构组织模式和人才管理的发展趋势研究》《转型升级中的中国保险企业组织与人才管理变革研究》《互联网保险组织模式与人才管理创新研究》《中国保险行业关键岗位人才管理》《在线教育在中国保险行业中的应用》《保险公司人力成本总额市场实践研究》《中国保险行业人力供应链研究》《高绩效保险营销员画像及成长路径研究》等多项课题研究成果，围绕行业人力资源管理热点问题进行了深入分析，为全行业提供最前沿的人力资源管理示范样本；设计行业统一的保险职业教育与培训体系，搭建中国保险网络大学远程教育平台，举办"中国保险大讲堂"公益培训平台，提升从业者专业水平；推动行业专业技术人员水平评价，建立体系化标准、编写专业教材、组织相关培训和测评试点；强化行业交流，组织人才发展沙龙活动、金牌讲师沙龙、年度人才发展高峰会等。

通过一系列人才工作，一支专业齐备、朝气蓬勃、勤奋敬业的人才队伍迅速成长壮大。全行业从业人员由"十二五"初期的近400万人发展到900余万人，涵盖市场营销、精算法律、核保理赔、投资管理等各领域的专业技术人员日益成长。这支队伍是保险事业最宝贵的财富，是保险业健康快速发展的有力智慧来源和人才保障。

一、人力资源现状盘点

人力资源管理能力的提升和转型升级，基础是对行业人力资源现状的梳理。中国保险行业协会持续关注行业内人才发展和管理情况，自2015年起主持开展了保险行业首部关于人力资源的报告编纂，通过定向采集、问卷调研、企业面谈等方式获取了大量宝贵的第一手数据和资讯，内容翔实、数据严谨、案例典型，是对全行业人力资源现状的全方位扫描，真实客观地反映出人力资源各方面的情况。

人力资源现状的梳理既能对当下行业人力发展工作起到指导作用，从而提升人才队伍建设的针对性和精准性，同时也能为从业主体和研究机构深入研究行业未来发展提供数据借鉴和参考。

（一）人力资源规模与结构

改革开放40年至今，保险行业经历了逐渐恢复、规范发展、快速发展三个阶段。随着公司数量和保险业务量的增长，保险行业从业者数量增长到目前900余万人。其中，保险公司的职工人数约为118万人。根据《2017年保险年鉴》，保险公司职工中包括高层管理者4.3万余人；分学历结构来看，取得本科及以上学历的人员占比约为30%；分专业技术职称来看，取得初级、中级、高级职称的职工占比约为16%、8%、8%；分年龄结构来看，35岁及以下的职工人数占比约59%，说明保险行业整体对于年轻员工有较强的吸引力。

保险行业职工专业序列人员逐渐成长，形成各专业领域的人员储备。根据《2018年中国保险行业人力资源报告》，保险公司主要储备的专业序列人才包括销售、投资管理、核保管理、理赔管理、精算、业务管理、客户服务、信息技术数据、信息技术开发、风险合规、法律事务、稽核内审、资产负债管理、财务管理、人力资源管理、教育培训、办公行政等。行业总体来看，除管理人员之外，以上17个主要专业序列人员占保险公司职工总数的81.1%，其他序列人员占比5.4%。在调研的主要专业序列人员中，人数最多的四个专业序列人数占比超过全体员工的2/3，其中占比最大的为销售人员约为一半，其次为两核人员，占8.8%，最后为业务管理，占4.7%，以及客户服务，占4.3%。

保险行业职工分布于不同级别和工作角色，形成有梯度的整体人才队伍。按职业发展路径，将初级员工定义为辅助工作者和独立工作者，中级员工定义为业务骨干和核心模块的负责人/团队管理者，高级员工定义为专业业务带头人/部门管理者和领域卓越专家/机构管理者。根据《2018年中国保险行业人力资源报告》，行业人才梯队为典型的金字塔结构，初级人才最为普遍，占比超过80%；中级人才为行业各公司的重点关注的对象，占比约为17%；高级人才人数较少，占比在1%以内，但起到经营管理、专业领先的关键作用。

除保险公司职工以外，保险行业还有超过800万人的保险营销员队伍。1992年，美国友邦保险公司将保险营销代理人制度引入中国，经过多年的发展，保险营销员逐渐成为我国保险市场最主要的销售渠道之一。2017年，保险营销员实现了50%的寿险保费收入，相比之下，保险兼业代理机构取得41%的保费收入，而保险经纪和代理公司仅贡献了约1%的保费收入。近3年以来，由于保险营销员准入考试取消，以及保险公司向个险转型的行业趋势，保险营销员的人员规模出现爆发式的增长，每年的新增人数都超过100万人。根据《2018中国保险中介市场生态白皮书》，我国保险营销员总体特征可以概括为"女性为主，学历偏低，男性成长性强"。从整体上看，保险营销员中有71%是女性，男性仅占29%；从学历来看，营销员学历则以大专为主，本科及以上学历的营销员占比22%；从地域分布来看，营销员工作的地域主要在省会城市，省会城市和直辖市共吸纳了60%的从业人员；从年龄上看，25~45岁的营销员占比近80%。而交叉分析来看，男性保险营销员的学历一般较女性营销员更高，整体更年轻，预计未来发展中更能应对专业度日趋增强的行业要求。

保险行业人力资源规模不断成长，结构不断优化，是行业进一步发展的保障与动力。

（二）人力资源管理现状

保险行业发展至今，各公司在"选用育留"等方面的人力资源管理逐渐成熟，形成了有一定行业特色的管理方式。同时，为适应行业转型、科技驱动、新生代人员工作方式等变革因素，各公司也在不断调整优化人力资源实践以适应最近环境，确保公司领先的人才队伍。

岗位管理是科学的人力资源管理的基础，根据《2018年中国保险行业人力资源报告》，保险公司在该方面的实践现状有待改善。岗位价值评估是通过考察岗位内容和组织架构，用一套连续的、有序的、清晰的方式，在一个组织内部确定不同岗位相对价值重要性大小的方法，以此搭建岗位级别体系。岗位级别体系是人力资源多个领域的基础，明确的岗位级别体系能为职衔、薪资、职业发展、继任者计划等环节提供客观参考。在参与调研保险公司中，已进行岗位价值评估的公司约占比60%，整体有待提高。关于专业岗位分类，即将职责、专业、任职资格相近的岗位进行横向划分，形成岗位大类，接近40%参与调研保险公司专业岗位分类数量在0（含）~5类，占比最大，其次为5（含）~10类占比约为29%、10（含）~15类占比约为16%。关于岗位价值级别数量，保险公司岗位价值级别数量在10（含）~15级占比最多，约为25%，其次为15（含）~20级、5（含）~10级，占比均在20%左右。

在人才招聘方面，保险公司根据不同专业人才的类型、层次、能力要求，结合实际情况来选择适当的招聘渠道。从行业整体来看，保险公司常用的人才招聘渠道前五名依次是招聘广告（互联网新媒体）、内部推荐、招聘广告（传统媒体）、猎头公司、校园定向招聘。经过多年发展，互联网等各类新媒体渠道覆盖面广、互动性强、不受时间和空间因素的制约，已逐渐成为一种有效的招聘手段。保险行业不同专业序列主要招聘渠道有明显差异。对于管理序列，约38%参与调研的公司主要通过猎头公司进行招聘，约28%的公司以内部推荐进行招聘，约15%的公司以互联网新媒体招聘广告进行招聘。对于其他专业序列，除投资管理、精算（含产品、研发）序列、资产负债管理外的大多数序列中，超过40%参与调研的公司普遍以互联网新媒体招聘广告方式开展招聘，约20%的公司通过传统媒体招聘广告进行，约15%的公司通过内部推荐进行。投资管理、精算（含产品、研发）序列、资产负债管理序列主要通过互联网新媒体、传统媒体招聘广告、猎头公司进行招聘。不同职级人员主要招聘渠道也略有差异。对于初级人才，保险公司常用互联网新媒体、传统媒体招聘广告、校园定向招聘渠道。超过40%的参与调研公司通过互联网新媒体招聘广告招聘，约24%的公司通过校园定向招聘，约22%的公司主要通过传统媒体招聘广告招聘。对于中级人才，除互联网新媒体、传统媒体招聘广告两大常用渠道外，保险公司还辅以内部推荐、猎头公司招聘的方式补充人员。对于高级人才，保险公司常用猎头公司与内部推荐的渠道。超过40%的参与调研公司主要通过猎头公司招聘高级人员，超过20%的公司通过内部公司招聘渠道。

在职业发展管理方面，《2018年中国保险行业人力资源报告》显示，约45%的参与调研公司已具备专业人员职业发展规划并在逐步完善，约29%的公司表示有较为成熟的规划，相反，不足3%的公司表示没有规划，总体看来行业对专业人员职业发展规划建设较为积极。具体来看职业发展通道，一般来说分为三种，即I型、Y型与H型。I型通道一般专业人士分布在中基层，管理者分布在中高层；Y型通道一般为专业人士分布在高中基层，管理者分布在中高层；H型通道一般为专业人士和管理者均分布在高中基层。其中，Y型通道突出对专业人员发展的支持，鼓励专业人员积累专业能力，存在专业人员转管理岗位的渠道，给专业人员多一种职业选择，为较多企业采用。调查表明，有近80%的参与调研公司已具备双通道职业发展体系。跨序列发展，也是职业通道规划的重要方面，近66%的公司已设计了跨序列职业发展通道，多数公司中，跨序列发展主动发起的方式为员工和组织双向选择结合，并有60%的公司表示，多数情况下跨序列发展员工的职级不会降低。

在保险行业的培训开发管理方面，人才培养趋于复合化。在全球经济一体化与保险行业国际化趋势日益明显的大背景下，保险行业的竞争格局还会加剧，保险业与银行、互联网等各行业的交融性还会增强，各保险公司不断丰富人才培养内容，改变过去知识或者技能单一的保险人才培养机制，代之以复合型人才培养格局。同时，逐步推行"分层次、分类别、分条块、分专题"培训，使培训对象更集中，培训内容更具有针对性。调查发现当前保险公司的培训课程开发主要涵盖基本技能、专业能力和管理能力三大板块。在基本技能培训经费方面投入，经费投入由多到少依次为企业文化培训、制度及操作流程、团队建设与合作、学习创新能力、人际关系培训、协作能力、计算机操作能力、礼仪培训、外语能力，其中企业文化培训、制度及操作流程、团队建设与合作已连续三年排名基本技能培训经费投入前三。培养员工的企业认同感与团队合作意识，遵守企业的制度和流程是各保险公司重点关注的基本技能培养领域。在专业能力培训经费方面投入，经费投入由多到少依次为岗位相关培训、保险行业知识、经管金融知识、国际认证证书培训、销售技巧培训、讲师培训，其中岗位相关培训、保险行业知识、国内专业资格考试已连续多年排名专业能力培训经费投入前三，同时经管金融知识、国际认证证书培训也成为保险公司投入经费的重要培训领域。当前保险专业人才，保险公司不仅要求员工要具备岗位所需的基本能力，懂得行业专业知识，还需兼备金融知识、证券知识、宏观经济等相关知识，同时拥有国际视野和全球思维，提升自身国际化素质并适应国际市场竞争的需要。从管理能力培训经费投入情况来看，经费投入由多到少依次为领导力培训、团队合作、后备经理人培训、项目管理、执行力、领导力测评、沟通技巧、创新能力和影响力。其中领导力培训已连续多年排名管理能力培训经费投入第一，针对各级管理者保险公司将培养其素质与能力放在了最重要的位置。此外，近年来经费投入排名上升最快的是后备经理人培训，可见行业整体对打造管理序列的人才梯队愈发重视。

在保险行业绩效管理方面，约60%的公司表示已建立较完善的绩效管理体系，约39%的公司表示初步建立但仍需完善。"绩效"意味着某个组织及组织成员对工作目标完成的情况。其往往受个人能力、工作经验、工作态度、年龄、健康状况、思想品德、知识结构、学历等因素的影响，而且与市场环境紧密联系。而绩效管理的关键点则是区分组织造就的绩效和环境造就的业绩。因此企业往往需要搭建绩效管理体系，通过将评价结果应用于企业日常经营管理活动中，以激励和帮助企业和员工进行持续的改进，最终实现企业的战略和目标。关于绩效管理组织实施，超过70%参与调研的公司表示其绩效管理由组织战略引领，高层领导决定，并由人力资源部门和业务部门共同推动。约15%公司表示其绩效管理由人力资源和业务部门共同制定并实施。11%的公司表示是由人力资源部门负责制定并实施。关于绩效管理平台建设，仅有约22%的参与调研公司表示其建立了较全面的绩效管理系统，并与其他HR管理体系有机整合，比例较低。约21%的公司有系统平台支持但仅用于考核，约39%的公司采用Excel等简单电子表格管理，约18%的公司采用纸质文件管理；总体而言，当前行业内绩效管理系统平台建设仍有待改善。

在保险行业激励方面，关于中长期激励计划，随人员级别上升，实施的公司比例也逐渐增加。参与调研的公司中，有43%的公司为核心/高层管理者制定了中长期激励计划；34%的公司制定了针对中层管理者的计划；中长期激励覆盖关键员工、全体员工的公司比例为29%和27%。人员级别越高，保险公司提供的中长期激励方式越多。参与调研的公司，为核心/高层管理者提供的激励方式最多，共有8种，包括绩效单元、奖金池、退休金、其他家庭福利计划、股票期权、限制性股票/受限制股份计划、分红权以及虚拟股票增值权。与之相比，没有公司为中层管理者提供虚拟股票增值权；没有公司为关键员工提供虚拟股票增值权和分红权。而覆盖全体员工的长期激励方式最少，为绩效单元、奖金池、退休金、其他家庭福利计划等4种。

（三）人员文化驱动力

根据德勤咨询文化驱动力模型，从业者文化驱动由文化管理、文化牵引、文化先进、文化平衡、理念清晰、内外认知、员工认同、制度匹配、员工践行、员工健康等10个维度综合衡量。其中，文化管理指是否有成型的文化管理体系，文化牵引指是否驱动组织更好地激励和保留员工，文化先进指理念是否符合市场导向、有先进性和创新性，文化平衡指是否在员工发展和关怀、社会责任等方面实现平衡，理念清晰指是否清晰、准确地传导到员工层面，内外认知指内部员工和外部利益相关群体是否对其均有较好认知，员工认同指员工是否对文化理念有较好的接受和支持，制度匹配指管理制度和企业文化是否匹配，员工践行指员工在企业文化建设中是否有较高参与度，员工健康指企业对于员工身体和心理健康状况的关怀情况和重视程度。

《2018年中国保险行业人力资源报告》显示，整体文化驱动力为79.21%。分维度来看，得分最高的三个维度分别是内外认知、文化先进、文化管理，均超过89%；得分低于总体驱动力有三个维度，分别是制度认同、文化平衡和员工健康。行业整体在文化管理维度得分89%、在文化牵引维度得分87%、在文化平衡维度得分64%、在理念清晰维度得分86%、在内外认知维度得分90%、在文化先进维度得分90%、在员工认同维度得分79%、在制度匹配维度得分61%、在员工践行维度得分82%、在员工健康维度得分75%。

作为影响从业者文化驱动力的关键要素，价值观认同也是本次调研特别关注的。从业者价值观认同方面，超过50%的从业者反馈认同"以人为本"与"客户至上"的价值观，另外，"稳健发展""追求卓越""诚信"价值观也有超过30%的人员认同。反馈的高认同价值观和过去几年的调研基本保持一致，这充分反映保险公司相对稳定的文化特点，以防范风险为核心，以服务客户为途径，关注合规合法，实现长久经营。行业从业者价值观认同程度从高到低依次为，以人为本，认同比例54%；客户至上，认同比例53%；稳健发展，认同比例45%；追求卓越，认同比例41%；诚信，认同比例34%；责任担当，认同比例26%；和谐，认同比例26%；团队合作，认同比例23%；创新变革，认同比例21%；合规自律，认同比例19%；多元化，认同比例16%；结果导向，认同比例15%；敬业，认同比例12%；公开透明，认同比例9%；务实，认同比例9%；问责，认同比例8%；公平，认同比例7%；共赢，认同比例7%；互相信任，认同比例6%；认可员工，认同比例6%；忠诚度，认同比例5%；简单高效，认同比例5%；危机感，认同比例5%；辅导成长，认同比例4%；全局观，认同比例4%；关注细节，认同比例4%。

二、行业人才培训提升

坚持以人为本，提升人才素质，优化人才结构，是夯实保险业科学发展的人才基础。中国银保监会要求，中国保险行业协会要着眼于单个公司想做而做不成的事情、监管部门想做而做不了的事情、行业迫切需要但尚处空白地带的事情，发挥好协会自律的作用，补好行业发展的"短板"，并对协会提出了四大任务。其中之一即是促进保险从业人员素质提升，希望协会针对营销员资格考试取消后人员大量增加但素质良莠不齐的问题，以及核保核赔领域专业技术人员不足等问题，加大培训工作力度，积极开展网络培训以及各类专题培训，推进从业人员整体素质提升，可以与各地行业协会做好联动，建立健全行业教育培训体系。

从行业人力资源现状来看，保险行业整体从业人员素质包括学历水平、专业技术、制式培训比例等方面都有待进一步提高。近年来，中国保险行业协会以行业平台作为优势，针对保险公司，特别是中小公司，人力资源管理中人才培训、专业技术工作资源稀缺、开展难度大等问题，整合行业资源，建立了一套方便会员单位使用的人才培训体系。保险行业协会促进各公司积极参与相关的行业学习与交流，充分利用协会提供的便利资源和信息，推动行业人力资源的素质提高和专业人员规范性发展。

（一）行业人才培训

随着保险业整体规模成长迅速，作为人才高度密集型行业，专业人才的培养与成长已经成为保险企业做大做强、可持续发展的关键。近年来，为推动行业专业人才发展、加强行业沟通交流，中国保险行业协会积极推进行业统一的保险职业教育与培训体系设计、搭建中国保险网络大学远程教育平台，举办"中国保险大讲堂"公益培训平台，全面提升从业者专业水平。

在培训体系建设方面，经过两年多探索实践，现在建成保险行业从业人员基础知识教育，及专业序列车险查勘定损、责任险核保、人身险核保核赔、保险公司治理、银行保险销售、互联网保险产品经理、四级机构经理人等专业序列培训，未来中国保险行业协会计划用两届理事会的时间，初步构建成一套以风险管理为内核，以保险业重要岗位业务内容为主干，覆盖前中后台，涵盖学历教育、制式培训、系列培训等方式的科学、严谨的行业专业人才体系。

在线上培训教育方面，中国保险行业协会牵头搭建了集 PC 端网站、移动端 App、微信公众号三位一体中国保险网络大学远程教育平台。2017 年初，借助 H5 开发技术，网站实现了全面升级，在原有的专题培训、制式培训、保险大讲堂、继续教育等基础上，新增了企业专区、论坛活动、营销学院、赏课、入职教育等功能板块。课程内容设计紧扣监管政策重点、行业关注热点等，先后推出的"偿二代""营改增""财税风险防范""多资产投资""反洗钱反欺诈反垄断""保险司法解释""保险诉调对接"等专题远程培训课程。截至 2018 年底，平台注册用户超过 210 万人，平均每周访问量达到 30 万人次，在线发布课程累计超过 4300 课时，中国保险网络大学在行业专业知识普及、业务经验分享、学历教育提升等方面正发挥越来越重要的作用。

在线下培训与分享交流方面，中国保险行业协会不断推陈出新，做强"中国保险大讲堂"。该平台发挥高端公益培训平台的品牌优势，聚合一批包括诺贝尔经济学奖得主、首席经济学家和多名来自政产学研界的专家学者，他们结合行业发展热点，带来政策传导、行业解读、国际经验等专业讲座，得到了业内外的广泛认可。自2014年以来，大讲堂已经举办了203期，同时为突破线下培训的学习限制，利用直播新技术，尝试多次开展线下讲堂、线上同步直播，累计听课人次超过6万人次。根据部分精选讲座内容而编辑成的《中国保险大讲堂实录精选》，目前已公开出版14册，字数逾177万字、涉及专家逾200位，累计发行5万余册，为行业储存了一笔思想财富、智慧结晶。

（二）岗位制式培训

为创建人才培养长效机制、探索科学的人才认证体系，中国保险行业协会牵头利用多方资源，通过开展调研、顶层设计、建立体系化标准、编写专业教材、组织相关制式培训和测评试点，建立和不断完善行业专业人才评价机制。

现已基于《中国保险业人力资源报告》提供的数据、案例与趋势，了解行业从业者专业人才培养情况。并对行业专业人才培养体系进行战略性规划，经过反复研讨和征求行业意见，搭建了对行业专业人才培养体系有宏观指导和引领作用的顶层设计。在建立体系化标准与专业教材课程等编写方面，已在全行业陆续开展了车险查勘定损、责任保险核保、人身险核保与理赔、保险公司治理、银行保险从业人员、互联网保险产品经理、保险公司四级机构经理人、风险管理顾问（人身保险业务方向）等专业岗位制式化、体系化的培训，编写完成《保险基本原理》《人身保险核保》《人身保险理赔》《车险查勘定损实务》《保险医学》《责任保险核保指引汇编》等专业教材，填补了行业部分专业教材的空白。其中基础类的培训在网络大学上开辟专区，以线上自学为主，便捷高效；实践性强的内容或中高级培训，组织系列的专业培训，部分与国际知名专业机构合作，保证培训内容的落地。截至2018年底，已有超过5.2万人次参与各专业岗位制式化学习。中国保险行业协会同步在全国50余个考点组织培训结业考试，方便学员检验学习培训效果。

三、人力资源管理优化

基于行业人力资源管理现状，行业员工规模近年来在不断扩大、结构在不断优化，员工数量在学历、序列、职级上的分布更加科学合理。在人力资源管理选用育留环节上，人才选拔方面，渠道更加多样化，保险公司针对不同员工招聘渠道选择更具策略。人才任用方面，绩效管理体系更趋完善，对员工的工作过程和目标进行有效的考核，更好地激励和帮助员工进行持续的改进。人才培育方面，员工职业发展通道正在不断完善，培训内容更加丰富，体现了保险公司对培育复合型人才的需求趋势。人才保留方面，行业文化驱动力情况整体较好，文化留人效果显现。

但同时，新时代的背景下，如何提升人才素质、优化人才结构、建立适应行业发展的管理人才、技术人才、营销人才和监管人才队伍，是全行业共同面临的课题。结合未来行业、人力资源的发展趋势，中国保险行业协会聚焦组织结构模式、人才管理变化、科技互联网影响等重点课题，深入分析，为业内各公司提供实践指导，增强未来工作的前瞻性和主动性。

（一）组织形式转型优化

保险公司改善机构组织架构，实施人力资源管理的变革和转型，能够有效地提高内部员工迅速动态组合或联合的能力，有效地满足客户各种新型的保险需求，并为公司战略实现提供组织保障和机制保障。结合行业发展趋势和国际先进经验，我国保险公司当前阶段主要能够从聚合人才、跨界融合、活力创新、利益共享四个方面考虑内部组织优化。

从整合人才到聚合人才，构建人才生态圈。我国保险公司可参考国际先进实践，采取人才分级、分权限的管理方法，根据所管理人才的来源与特点，各级机构之间权责明确，分工明晰，密而不疏。各级机构的管理者需要切实承担吸引、培养、留用人才的责任，将有共同愿景、共同目标的人才聚合在一起，确保本机构特色化发展战略。同时，上级单位应根据集团、各地法规政策等多方面建立制约机制，均衡各级机构的人才评价体系，确保所聚之才认同公司的整体文化、战略方向与价值观，起到人才管理的有效性。

从单一结构到跨界组合，促进人才融合。伴随新兴商业模式爆发式涌现，传统保险模式也不断受到冲击，可以预见在不久的将来，每个公司都将围绕客户需求所提供的价值进行体系重构，从产业生态到组织生态都将逐步跨界。因此，保险机构的人才结构也将从单一类型向跨界人才组合转变：知识结构是跨界的、人才组合是跨界的。公司需要建立针对跨界人才的选用育留体系，搭建跨界人才发展的平台，使不同行业背景、知识体系、工作风格的人才聚合在一起的时候，能够最大化发挥人才效力。

从严格的章程约束到适度的"灰度空间"，释放人才活力。保险行业是一个经营风险的行业，与其他行业相比，显得决策链条冗长，不能快速应对市场变化。现在保险公司更多的是一种自上而下的创新模式，即创新项目需要更加细致的论证和评估，创新项目的实施通常由集团公司/公司总部牵头，子公司/总部相关部门层面负责项目的执行与落地。保险公司对于创新的容错机制缺乏，在一定程度上制约了员工主观能动性的充分发挥。在一个开放包容的新的生态组织体系之中，各种人才要融入其中。因此，整个组织的文化必须是包容开放的，必须是允许个性张扬的，这个时候对人才不能求全责备，尤其是在需要发挥个体创新精神的时代，要允许员工犯错误，容忍一定程度的失败，需要有一定的"灰色空间"。

从利益共享到共创共享，营造共赢文化。过去我们常说，要构建利益共同体，建立利益分享机制，而在互联网时代，在共享经济时代，其核心理念不再是大家如何为企业挣钱，然后确定怎么分钱，而是在产业生态之中，人才会参与到整个产业的价值创造过程之中，参与企业做大做强的过程，并参与产业价值的分享。随着政策的进一步开放，越来越多的保险机构正在探索包括股权激励等多样化的激励方式，对于核心人才的价值贡献回报，不仅体现在现金激励力度上，更多的是发展认可上，将核心人才"认可"为企业的利益共享共创体。在一个产业生态之中，企业提供一个平台，人才可以自主经营并围绕客户创造价值。创造了价值就可以分享，企业和人才不再是零和博弈的关系，而是共创共享的关系。

（二）核心人才管理优化

保险业作为知识密集型行业，保险人才尤其是核心人才是主要的生产要素，是保险业持续健康发展的保证。聚焦保险行业的关键岗位人才，中国保险行业协会以课题研究的方式对传统的经营管理人才、精算两核人才、信息技术人才、销售人才、投资人才、风险管理人才，以及随着互联网技术的发展，引领行业未来发展方向的大数据人才、互联网金融人才的相关特征进行对比，为保险公司关键人才的管理和发展提供借鉴和参考。

对于保险公司经营管理类人才的研究显示，保险行业的经营管理人才通常具备多领域，具备基层岗位或基层单位的工作经历，其敬业度直接关系着整个公司乃至保险行业的经营管理和发展动向，不同绩效表现的经营类人才，影响其敬业度的驱动力因素不同，高绩效的经营类人才更加关注公司战略、企业价值和市场价值，一般绩效经营类人才更加注重团队氛围与自身舒适度。

对于保险公司投资管理人才的研究显示，大部分投资管理人才都具有良好的学历背景，经过对绩优和绩平投资管理类人才进行对比分析后发现，高绩效的投资管理类人才更懂得抓住机会，通过自身的努力去推动工作的成功并最终产出较好的成果，同时也希望公司能够对其付出的努力给予更多的回报。

对于保险公司产品和精算管理人才的研究显示，产品开发及精算类岗位是相对经验导向的，人才的成长与发展更有赖于工作年限和经验的积累。优秀的产品开发与精算人才不仅具有较强的评估和探查问题的能力、开拓创新的能力，更要在建立和维护关系、传递和沟通信息方面更胜一筹，并显示出出色的表达力、说服力和领导力。

对于保险公司核保管理人才的分析，5~10年工作年限核保人员相对于其他人员来说具备更优异表现，而工作年限过长（10年以上）人员反而工作表现呈下降趋势。其次，核保岗位较高的专业性和技术性要求，造就了高学历的核保类人才队伍。岗位特有的业务风险管控要求核保人员具备较强的风险意识和严谨的工作作风。

根据保险公司理赔管理人才的分析，高绩效的理赔人员特点为解决问题较强、处理细节较好、整理和记录事实较强；弱点为交付成果较差、推动成功较弱、追求结果较差。另外，基于学历分组中，研究生在评估问题和探查问题能力高于本科和专科；基于工作年限分组中，0~5年的员工在评估问题、创新、建立关系、交流信息、领导他人、显示心理韧性、给予支持、处理细节、推动成功上高于5~10年和10年以上员工，5~10年员工在探查问题、适应改变、处理细节、组织任务上高于0~5年和10年以上员工。

保险公司信息技术管理人才经调研，在保险行业内此类员工基本保持本科学历起点，会随着工作年限的增加，实战经验的积累，工作绩效有更好的表现。另外，除在专业领域能发挥积极作用外，信息技术开发人才擅长在实际操作过程中及时发现问题、提出问题、评估问题并积极寻求解决问题的方法。环境适应能力较强，面对新工作和新挑战能较快完成自我调节，在外部支持、细节处理、任务组织、发放执行、逻辑处理等方面皆有出色表现，在团队协作中能够起到较强的支撑作用。

保险公司风险管理人才研究显示，风险管理人才整体上呈现出高学历、年轻化的特点，人员技能的沉淀也需要一定时间。绩优的风险管理人才在影响他人能力项上明显优于绩平人员。在传统的风险管理中，制式的风险防控工作量占比较大，但在对风险管理职能和人才要求越来越高的未来，风险管理需要真正融入保险公司的经营管理中。

对保险公司销售人才的分析显示，保险公司销售人才工作经历年限平均偏短，年龄结构偏年轻，平均学历水平得分不高。高绩效销售人才心理素质高，对于环境的改变更能积极适应，在经常遭受逆境的情况，依然能够保持高度自信并积极解决问题，并且更懂得如何影响他人、如何更好地做出使双方都共赢的决策，使他人能够购买保险产品并长期存续。另外，通过分析也发现5年以下及10年以上工作年限者比5~10年工作年限者更为敬业。

（三）互联科技发展趋势

伴随互联网技术对传统商务模式的影响，互联网对整个保险行业也将产生非常深远的影响。各家保险公司与互联网将产生越发密切的关系，在人力资源管理方面，研究互联网保险公司的组织模式、文化建设和人才管理特点,对于保险行业广大公司具有一定借鉴意义。

组织模式方面,各公司选择的商业模式不同,在组织结构上有比较大的差异。一种是传统保险公司里面作为一个渠道来做互联网业务的组织模式,成立创新事业部或者互联网保险事业部,它在管理上还是延续传统的保险公司渠道管理的模式。另一种就是专业的互联网保险公司,架构和传统公司差别非常大。第一个特点,是去中心化和扁平化,去中心化是指在公司的组织架构上要体现快速响应客户和市场的需求,而不是过多强调内部的决策机制和流程,因此创新的互联网保险公司更多会通过项目团队制的组织形式开展工作。扁平化更好理解,互联网保险公司在监管部门不需要申请设立更多的分支机构,是希望通过互联网辐射覆盖面广的特点开展业务,所以不会有分公司、支公司、几级机构的特点,基本上由总公司做全国范围的业务。第二个特点,组织结构非常灵活,由于业务模式变化快,基本上过半年会有新的业务方向出来,就产生出新的部门,有些业务发觉前景不如想象的好,可能这个部门就被拆并,所以它的组织结构是非常灵活的。另外一个重要的特点是,前台和中台的区隔不那么的明显。传统保险公司有一个趋势,前台不断变大,中台相对变小,互联网保险公司的趋势是相反的,前台人员反而很精简,因为大量的创新是在中台,比如说IT部门、大数据部门和运营部门等,基本要依靠中台强大的数据处理能力和运营的优化才能让前台的效率更快提升,让业务的复制能力更加强。第三个特点,更加重视团队的成长和孵化,因为这是一种新的模式,无论在公司内部还是在行业内部,要找到现成的人才和现成的团队管理模式都是比较难的,团队的主动学习、自我成长的能力,创新孵化新业务模式的能力变得更加重要。

企业文化方面,互联网保险公司受互联网公司的影响更大一些。首先是良好的学习氛围,由于从事的业务是非常新的,而且和互联网的生态和互联网的客户结合得非常紧密,所以员工都需要有非常开放的心态去了解每一个生态。比如说要和大健康产业结合,就要了解整个大健康行业发展的脉络,它现在业务的痛点,以及和保险可以结合的方向。每开展一个创新业务基本上要求团队对于要切入的生态有深入了解,才能在这个生态里面找到切入点,找到产品创新的方向。其次是优秀的合作伙伴关系和非常旺盛的竞争精神。其实互联网保险并不是像大家想象的,现在还是在蓝海市场,目前从事互联网保险的主体除了保险公司之外,还有更多的来自业外的竞争者,所以大家怎么样合作,同时建立自身的核心竞争力,都是非常重要的成功因素。另外还有受互联网较大影响的是以客户为中心的经营理念。在传统的保险行业里,销售无论是从代理人,还是从银保的代理渠道,都很注重销售渠道的激励和管理。但是在互联网上,因为去中介化,就会让每个从事互联网保险的人必须要直接面向客户,了解客户想什么，了解怎么样让客户体验更好，所以任何一个业务的核心都强调客户体验是第一的，这是最明显的特点。

人才管理方面，互联网公司有这样几个人才管理的特征：第一，由于互联网保险公司成立的时间都不长，所以以外部引进人才为主，对于外部引进的人才，怎么进行文化的融合，怎么进行目标的认同，这是每家互联网保险公司都面临的重要的人才管理问题。第二，作为保险行业和互联网行业的跨界组织，互联网保险公司需要引入具备互联网特点的人才激励机制，特别是如股权激励这种中长期激励模式，使个人利益、公司利益和股东利益紧密捆绑。第三，在人才管理的策略上，要用用户思维改变人才管理的理念，需要把员工当成人力资源管理的用户，而不是管理的对象。特别是在互联网公司，年轻的技术员工认为公司和员工之间是平等的，公司给员工提供发展的平台，员工希望公司作为自身的服务者，帮助员工成长，而不是管理和被管理的关系。第四，互联网保险公司对于复合型人才的需求加强烈，作为保险和互联网的跨界业务，互联网保险公司最需要的是既懂保险业务，又懂大数据分析应用、互联网运营的复合型人才。

四、结束语

改革开放以来，我国经过了40年的快速发展，保险业成为国民经济中增长最快的行业之一。新时代赋予保险行业新的使命，行业发展回归本源，切实保护保险消费者的利益，全面落实服务实体经济、防控风险、深化改革三项重点任务，让保险业发展成果惠及更广大人民群众。"十三五"时期是全面建成小康社会冲刺的五年，是全面深化改革取得决定性成果的五年。保险业在承接国家"十三五"规划要求、深入落实保险"新国十条"的基础上，其战略定位发生了根本性改变，已成为我国经济社会发展总体布局中的重要一环。推动行业抓住未来五年的发展机遇，提升保险业在国际治理体系和治理能力现代化中的地位和作用，稳步实现"新国十条"提出的"到2020年基本建成现代保险服务业"发展目标，是中国保险业发展的最高战略要求。

"人才兴，则行业兴"，决定保险行业能否实现战略目标的根本还是在于人才。我国保险业的发展史充分印证了这一道理。对于保险业这一典型知识型人力资源密集型行业来说，高素质的人才无疑是行业快速发展的重要驱动力。尤其是在当前，我国经济由高速增长阶段转向高质量发展阶段，正处在转变发展方式、优化经济结构、转换增长动力的攻关时期，同时伴随着科技发展的日新月异，行业竞争加剧，保险业的发展也面临着巨大的挑战。转型和结构调整提速，以创新驱动激发供给侧新动力，着力提高供给体系质量和效率成为行业共识。因此，全面实施人才兴业战略，快速形成保障行业发展的人才供给长效机制成为当务之急。如何提升人才素质、优化人才结构、建立适应行业发展的管理人才、技术人才、营销人才和监管人才队伍，是全行业共同面临的课题。

中国保险行业协会作为保险市场活动的重要组织者、参与者和推动者，肩负着"自律、维权、服务、交流、宣传"的职能。在行业人力资源发展方面，协会充分发挥组织的优势和特色，致力于促进行业基础建设，建立行业平台，整合行业资源。立足于行业全局的持续性发展，中国保险行业协会汇聚行业智慧，组织开展了行业人力资源现状梳理、人力资源培养、人力资源热点专题研究等工作，希望能促进行业上下在人才发展方面展开思考、创新举措，让人才优势成为中国保险行业的核心竞争力。

专题报告 12

中国保险行业协会教育培训专题研究[*]

摘 要

"国以才立,业以才兴。"作为劳动力与智力双密集型行业,中国保险业的人才培养工程关系着行业发展的百年大计。改革开放波澜壮阔的 40 年,也是中国保险业从复业到缓慢起步再到飞速发展的关键时期,在国家的政策引领、市场主体的积极实践和从业人员的艰苦奋斗之下,中国保险业终于屹立世界,成为全球第二大保险经济体。但是,中国保险市场的密度和深度距离保险强国仍有较大的差距,保险业在过去几十年的发展中普遍存在过度依赖劳动力增长而忽视劳动力技能提升的情况。然而,伴随中国经济的转型升级,以及国家对中国保险业全新的战略发展定位,要求保险业必须摒弃过去粗放式发展的道路,进一步加大改革力度,走出一条通向保险强国的康庄大道。

在这样的背景之下,深入研究中国保险业近年来在人才培养方面开展的工作,总结经验与不足,对下一步在新形势下开展人才培养工作具有重要的指导意义。本报告主要结合中国保险行业协会近年来在行业人才培养工程建设中所扮演的角色、承担的使命、发挥的作用以及具体工作的开展和所取得的成效,做了一次全面、系统的总结,以期为未来开展工作提供借鉴和参考。

---

[*] 本报告所引用数据,除特殊说明外,分别来自国家统计局官网(http://www.stats.gov.cn/)、中国银行保险监督管理委员会官网(www.cbrc.gov.cn)、《中国保险年鉴(2016)》(中国保险监督管理委员会,中国保险年鉴社 2016 年版)、《2015 年中国保险行业人力资源白皮书》(中国保险行业协会编,中国金融出版社 2015 年版)、《2016 年中国保险行业人力资源报告》(中国保险行业协会编,中国金融出版社 2016 年版)、《2017 年中国保险行业人力资源报告》(中国保险行业协会编,中国金融出版社 2017 年版)。

报告在开篇对中国保险业改革开放40年的发展成就做了简要回顾，并对当前保险行业发展的现状和市场环境进行深入分析，强调了行业发展转型和人才队伍转型的必然性；报告主体首先披露了中国保险业当前人才发展现状，通过对全行业人才盘点的大数据分析找出人才发展的关键症结；接下来详细介绍了中国保险行业协会作为保险行业内一个重要的中枢机构和市场主体的"会员之家"，如何引领行业人才培养体系建设；之后对行业教育培训实践创新及所取得的成效做了全面阐述，用大量的数据、实践案例证明了协会在引领行业人才培养工程建设中不可替代的作用和功能；最后，对未来全行业如何更好地开展人才培养工作做出展望、给予中肯建议。通过层层递进的呈现方式，报告系统地、完整地展现了中国保险行业当前人才培养工程的建设体系，并对人才发展工作中的痛点、难点、重点一一剖析，再现了中国保险行业协会在探索解决行业人才培养之道时所做的种种努力及取得的宝贵经验。

人才是经济社会发展的第一资源。面对不断变化的国内外政治、经济新环境，当前保险行业的人才队伍能否找准当前行业发展的阶段性特征和存在的深层次问题，并逐步解决前期发展中的遗留问题从而走上高质量发展道路呢？从当前行业人才队伍现状来看，还需要一定的时日，在保险行业转型升级的道路上，行业人才队伍的专业能力、综合素质、学历水平都还有很大的进步空间。为预防保险行业发展中可能出现的"人才危机"，全行业人才管理工作者共同携手，加强人力资源建设和人才培养工程，以期通过组织变革、管理创新、结构优化改善人才成长环境，确保人才质量和数量稳步增长，通过加大教育培训力度为人才赋能，提升队伍专业能力和整体素质，促进生产力和生产效率有效增长。

一、保险行业人才队伍建设面临的主要问题

《国务院关于加快发展现代保险服务业的若干意见》（以下简称"新国十条"）明确提出，到2020年，基本建成保障全面、功能完善、安全稳健、诚信规范，具有较强服务能力、创新能力和国际竞争力，与我国经济社会发展需求相适应的现代保险服务业，努力由保险大国向保险强国转变。"新国十条"颁布以来，我国保险业快速发展，必将深刻影响保险人才发展格局与趋势，体现在两个方面：一是保险业上升到国家治理的高度，对保险从业人员带来新的责任、使命和任务；二是一系列新的发展领域和业务增长点，使得改革创新成为人才发展的主旋律，对人才队伍建设的内涵、结构、质量转型升级提出新的要求。面对这些新的变化和要求，行业人才队伍稳定发展主要存在以下几个问题：

（一）人才总量瓶颈

伴随保险业的快速发展，保险人才队伍的培育和建设工作相对滞后。人才资源过度消耗、快速稀释，人才供需矛盾突出，人才总量相对不足。在保险业快速发展的当前，保险人才稀缺的问题更加突出。

（二）人才结构瓶颈

多年以来，保险业经营方式粗放，资源消耗型增长成为习惯，积累了大量劳动密集型人才，而精通风险管理又懂企业管理的中高端人才较为欠缺。在"新国十条"的背景下，保险业发展的市场化程度不断提升，发展领域不断拓展，并逐步与金融领域其他行业相互渗透、融合，复合型金融人才、综合性管理人才需求更加迫切。

《2018年中国保险行业人力资源报告》显示，初级人才在行业管理序列和专业序列中的占比最重，分别约为60%和80%，而高级人才占比仅为5.91%和4.11%，尤其是在像精算、投资、信息技术等专业领域，高端人才储备明显不足。2017年的调查数据显示，保险公司员工中超过55%为本科及以上学历，同比增长约10%，但硕士研究生和博士生以上人员的占比仅为4.61%和0.14%，整体学历素质仍需提升。

（三）人才机制瓶颈

长期以来，保险业内未形成良性的人才竞争机制，各公司间"挖角"严重，在高薪高职的吸引下人才频繁流动，稳定性缺乏，不利于行业的长期发展。从保险公司内部机制来看，缺乏完备、健全的人才机制，人才的任用、管理片面追求绩效导向，短期行为严重，忽视长期规划，重业务增长，轻专业提升，对于人才使用短期有余，长期不足。从整个系统来看，对于国企干部的任用和管理，以及监管干部与市场之间的良性交流机制比较欠缺。

《2018年中国保险行业人力资源报告》显示，保险公司在专业能力培训人均成本方面，超过30%的参与调研公司人均成本在1000~3000元/年，占比最大；其次为500元/年和500~1000元/年，均超过20%，全行业81.52%的从业人员人均年培训费低于3000元；此外，行业52.69%的基本从业人员培训时长低于40小时，而处于管理金字塔顶端的核心管理者也只有四成人员能保证年度人均培训时间在100小时及以上。

（四）人才流失严重

随新的市场主体不断增加，并伴随着金融科技的快速发展，保险业面临的人才竞争不再局限于保险业内部，甚至不再限于金融行业内部，人才竞争覆盖到资本市场领域和泛互联网科技领域，保险业往往成为人才输出的平台。

《2018年中国保险行业人力资源报告》显示，不同序列员工主动离职率主要分布在10%~15%之间，其中销售（非代理）最高，近24%；主动离职员工中35岁以下及司龄3年以下的员工占比分别超过80%。其中业务管理、销售（非代理）、精算（含产品、研发）、信息技术开发和投资管理是保险行业人才需求最旺盛的五类岗位，也是各家公司人才吸纳与储备的重点。

面对当前出现的问题，保险业亟须快速提升行业人才质量：一方面，要创新人才管理机制，精准匹配各层级、各专业领域人才需求的资源，灵活管理手段，打通优秀人才发展和成长的通道，建立人才长期激励机制，鼓励更多初级人才快速成长为中高级人才。另一方面，保险行业是劳动力与智力双密集型行业，员工学习是提升人才竞争力、应对外部变化挑战的重要手段。建立学习发展型企业，通过一系列移动平台提供永不停息和随时随地的学习机会是提升行业服务能力和竞争力的关键。企业要形成"重业务，更重培养"的人才氛围，公司管理层要加强人才培养的意识，健全培训体系，整合内外资源，改进培训方式和技术，充分创造让人才成长的环境，借鉴国内外、业内外先进经验，来提高行业人才管理的能力。

二、中国保险行业协会引领行业人才培养体系建设

近年来，中国保险行业协会积极扮演保险行业全面深化改革的重要参与者、积极推动者角色，充分发挥行业协会组织的优势和特色，致力于促进行业全面发展，尤其中国保险行业协会第四届理事会成立以来，围绕自律、维权、交流、服务、宣传等五大核心职能，坚持"一线"工作定位，坚持"开门办会"工作方针，不断推动行业健康稳定发展。为顺应行业发展新趋势、新变化、新要求，满足行业人才数量快速增长压力下教育培训资源的不足，中国保险行业协会充分发挥平台优势，整合社会及行业力量，共同搭建起覆盖全行业各级人员的教育培训体系。

（一）初步搭建起行业人才发展的管理框架

通过人力资源专委会、教育培训专委会，集合全行业力量，开展了构建保险行业

"大教育、大培训"体系，有序规划行业人力资源管理和人才培养工程。其中，人力资源专委会工作宗旨为：搭建行业内外人力资源发展工作者交流平台，加强保险业人力资源发展工作的理论研究和经验交流，整合行业资源，建立健全从业人员职业发展体系和规范，推动从业人员整体素质的提升，为促进中国保险业持续健康发展提供充足的人才储备和强大的智力支持。教育培训专委会工作宗旨为：搭建行业教育培训管理者交流平台，制定中国保险业教育培训工作中长期目标和规划；设计行业统一的保险职业教育与培训体系，落实从业人员专业能力认证和继续教育工作；整合行业资源，组织教材、教案开发，提升行业教育培训工作者专业水平，持续推动现代保险业持续健康发展。

4年来，两个专委会运行有效、决策有用、执行有力，真正担负起行业人才发展统筹规划、体系建立、项目决策、保障实施等方面的职责，起到了指挥引领的重要作用。两个专委会下设10个工作部，在贯彻落实专委会会议精神、推动各项工作落地执行过程中发挥主力作用，切实体现出协会开门办会、行业上下一心、共同参与、共同推动的办事效率和专业水平。

（二）与时俱进地推进行业人才发展理念转型

行业发展要紧跟时代潮流，服务国家战略布局，服从党和国家对行业的战略定位，行业人才发展工作与时俱进，站位高、立意远，紧紧围绕行业发展主旋律开展工作。当前，保险行业的发展方向非常明确，就是要回归本源，服务实体经济，防控金融风险，深化金融改革，监管思路突出：防风险、治乱象、补短板和支持实体经济发展，提出坚持"保险业姓保""监管姓监"，推动行业发展回归本源，切实保护保险消费者利益的呼声。

在此背景之下，中国保险行业协会首次提出行业人才，尤其是广大营销员向"风险管理师"转型的概念。传统的产品营销，是从保险机构和业务发展的角度出发开展的销售工作，而风险管理服务是从为全社会提升风险保障、从社会公众的角度出发开展的服务，围绕民生保障和行业价值创造，从消费者关心的风险角度，为他们提供风险解决的方案。保险功能作用的日益发挥，保险营销需要创新理念，需要变保险产品营销为风险管理服务，这个价值观应该为保险业的每一个从业者所具备，作为他们工作的最高目标。为落实行业人才发展的这一全新理念，中国保险行业协会携同国内知名高校、亚洲风险管理协会以及行业内多家机构的专家40余人，共同参与"中国保险业风险管理顾问/专家"系列培训工程建设，并初步完成寿险营销系列2大科目、7大板块、25门课程、63课时的课程研发工作。

（三）高效建立起行业人才培养的平台体系

在人才培养工程体系的搭建中，中国保险行业协会充分发挥平台优势，协调政府、高校、行业专家及外部专业机构等社会资源，围绕人才培养的内容建设、平台建设两大核心，共同建立起制式培训、专题培训、定制培训、远程培训、学历教育等相结合的线上、线下多维一体的人才培养平台体系，促进从业人员不断提升管理水平和专业能力。

（四）积极建设引领行业发展的高端智库

为增强行业在决策层和学术界的影响力，中国保险行业协会创建了首席专家团，聘请国家金融与发展实验室理事长李扬教授担任中国保险行业协会首席经济学家兼专家团主席，18名国内外专家首批入选，多名入库专家成为保险会重大决策咨询委员会委员。这些在各自专业领域里的顶级专家，为中国保险业在行业宏观战略层面提供了重要的智力支撑，助力行业准确把握国家政策以及开展战略性研究。

在首席专家团下，为深度推进行业各专业领域的工作开展，中国保险行业协会汇聚保险业各领域的高层次战略人才和领军人才，创建"千人计划"核心人才库，4年来共吸纳涵盖信息技术、法律、会计等22个专家团，317名专家入库。在服务行业发展中承担起专题攻关、实践创新、行业咨询等重大任务，成为行业中观推进层面的智力支撑。

（五）汇聚行业力量开展专题实务性研究

连续4年编撰保险行业年度人力资源报告。通过连续、全景式地对行业人才现状进行大数据分析，为全行业人才管理者提供宝贵的数据参考、方向指引和案例借鉴。自2015年开展这项工作以来，每年的报告都会在保持结构与框架的稳定性、数据与内容的延续性的同时，根据会员单位和读者的反馈意见不断改进与完善。每年的报告编写都会通过定向采集、问卷调查、企业面谈等方式获取大量宝贵的一手数据和资讯，成书内容翔实、数据严谨、案例典型，对中国保险行业人力资源现状进行了全面分析和整体把握，在对行业发展趋势科学预判的基础上，结合行业发展对人才的需求，给出了中肯的优化建议，既能对当下行业人力发展工作起到指导作用，以提升人才队伍建设中的针对性和精准性，助力行业健康发展，同时也能为从业主体和研究机构深入研究行业未来发展提供数据借鉴和参考。

持续组织开展人力资源、教育培训多项课题研究。为逐步解决行业高速发展中人力资源、教育培训领域中的痛点和难点，中国保险行业协会连续三年组织行业近400

名专业人员,在国际知名咨询公司专家的指导下开展课题研究,内容涵盖组织模式变革、人才管理创新、在线教育应用、人力成本核算、人才供应链研究等多个领域,通过定量定性的研究方法、业内外企业实地调研走访、定期培训探讨总结等方式,使课题组成员充分参与其中,感受到行业人才发展最新趋势,并探索解决人才发展中的重点难点问题。

(六)全力促进行业交流与学习

通过每个季度举办中国保险业人才发展沙龙活动,以工作坊模式为行业人力资源和教育培训工作者搭建常规化交流平台,促进大家交流经验、相互学习,每期活动广泛邀请行业内外著名的人才发展领域专家学者分享经验,为行业人才工作者开阔视野、跨界取经提供机会。

成立中国保险行业金牌讲师俱乐部,组织进行讲师嘉年华活动、金牌讲师送课到基层活动,促进全行业讲师队伍切磋技艺、互传经验、交流心得、展示风采、学习成长,帮助讲师队伍成长。

组织年度行业人才发展高峰会,对全年行业人力资源和教育培训工作成果进行一次全方位的立体展示。通过邀请领导、专家和行业人教工作者近距离交流,关注国家政治经济发展大势,研究行业发展趋势,探讨人力资源和教育培训工作的准确定位,主动作为;通过发布人力资源报告、人才发展课题研究成果、展示优秀人才发展最佳实践案例等方式,分享经验、传承知识,展示行业一年来的丰硕成果;通过树立典型,激励行业人教工作者相互学习,共同成长。

近年来,伴随中国保险行业协会在推动行业人才队伍培养及建设工程中各项工作的推进,协会作为行业组织的中枢功能充分发挥,在引领方向、顶层设计、体系建设、平台搭建、资源协调中发挥了重要作用。除了统筹规划,中国保险行业协会在有效推进人才队伍培养的实践中不断探索创新,摸索出一套行之有效的办法,并取得丰富的成果。

三、行业教育培训实践创新及成效

保险行业是知识型人力资源密集型行业,高素质的专业人才在保险企业经营发展中起到了决定性作用。纵观保险业发展的历程,业务销售人员的用工制度对行业发展影响至深,在雇员制时代,保费规模尤其是寿险保费增长缓慢,但从1992年寿险营销代理人机制引入中国以来,中国保险市场迎来寿险时代。寿险业由1992年之前在总保费收入中占比不到20%,迅速发展到2003年的80%左右。1996~2004年,中国寿险保费收入更以年均 40% 的速度增长。其中，代理人渠道的贡献居功至伟。26 年时间，寿险个人营销影响中国保险行业的同时，也锻造了一只中国内地保险市场长盛不衰的销售铁军，截至 2017 年底，这支庞大的队伍已经超过 700 万人，行业总的从业人员规模超过 800 万，这也是保险特异于其他金融领域所在之一。

然而，随着经济与科技快速发展，以及国家对保险行业的战略定位，激发了保险业自身存在的转型升级需求，从业人员的知识结构和劳动技能需要更新迭代，这对全行业都是巨大的挑战。中国保险行业协会作为全行业市场主体的"会员之家"，主动承担起引领和推进行业人才培养的使命，利用平台优势，重组社会及行业资源，不断开拓创新，开创了行业教育培训新局面。

（一）科学规划，打造覆盖人才发展全流程的教育体系

2016 年初，国家人力资源和社会保障部印发了《行业组织有序承接专业技术人员水平评价类职业资格具体认定工作实施办法（施行）》（以下简称《办法》）。《办法》中明确提出"按照《国务院机构改革和职能转变方案》和国家职业资格管理有关规定"，"充分发挥行业组织作用，推动行业组织有序承接专业技术人员水平评价类职业资格具体认定工作"。2015 年 10 月出版的《中华人民共和国职业分类大典》（2015 版）中，保险业共有四个职业入选第二大类专业技术目录，具体为精算专业人员、保险核保专业人员、保险理赔专业人员和保险资金运用专业人员。由此可见，保险专业技术人员的资格认证工作获得国家认可。

为加快建立行业统一的专业人才评价机制，推进行业专业人才队伍建设，从 2013 年开始，中国保险行业协会尝试开展保险行业专业技术人员水平评价类职业资格认证工作。2015 年，为响应国家关于规范整顿职业资格的相关政策要求，中国保险行业协会又将职业资格认证工作模式调整为培训认证制式教育模式（即将教育培训过程和专业水平考试有机结合）。在全行业积极参与和支持下，通过一系列创新举措，中国保险行业协会初步构建成一套以风险管理为内核，以保险业重要岗位业务内容为主干，覆盖前、中、后线，从基层营销人员一直到行业领军人才，包含学历教育、制式培训、系列培训等方式的科学、严谨的制式培训体系，在专业技术人员专业能力培养和水平评价工作中取得初步成果。

1. 制订了行业职业教育与培训体系规划

2015 年，中国保险行业协会携手西南财经大学制定了《中国保险行业教育培训发展纲要》，立足国情和保险业现状与发展趋势，提出要通过优化与整合、传承与创新、衔接与吸纳，在终身教育的教育发展新理念下，逐步提升学历教育、职业教育和继续教育三者的整体实力，并健全与完善三种教育之间的协调和互补机制，合理确定各方

参与主体在保险职业能力水平制式培训、职业教育与培训体系中的责任定位及其作用途径，建立以中国保险行业协会为主导、行业统一、多层次、广覆盖、内容丰富的保险制式培训与教育培训体系及其运行机制框架。

2. 编撰涵盖主要业务板块的实务教材

保险行业专业领域众多，人才培养系统化工程从基础领域入手，中国保险行业协会携手知名高校、相关专业机构和行业主体机构共同参与各类实务教材开发。根据不同专业岗位特点，依托不同的专业人才进行教材体系的编撰，迄今已先后推出《保险基本原理》《车险查勘定损实务》《责任保险行业承保指引》《人身保险核保》《人身保险理赔》《人身保险医学》等实务教材以及各种案例选编等书籍，不仅对相关专业知识进行系统梳理，填补行业空白，而且采用了理论与实务相结合的编撰方式，深入浅出，实用性强，受到从业人员欢迎，既可作为学习培训的主要教材，更成为各岗位人员的案头参考书。

3. 有效推动继续教育与职业教育结合

为提升从业人员整体学历素质，中国保险行业协会通过与中国人民大学、中央财经大学、对外经贸大学、中国政法大学、东北财经大学、武汉大学等国内知名高校合作，建立起从高起专、专升本、在职硕的全链条继续教育体系。尤其值得一提的是，与中国人民大学共建的"保险专业"，中国保险行业协会组织行业优秀师资开发贴近行业发展现状、适应行业实际需要的保险特色职业课程，人大网院审核认证这些课程，且按一定学分纳入保险专业学历教学计划之中。这样，行业内学员可把学习重点放在保险特色职业课程上，通过"学分置换"换取其他学习科目的同等学分，学习压力骤减、学习效果更突出。所以，共建保险专业面向全行业招生一年来受到高度认可，目前已有包括人大金融学保险方向在内的1000余名学员实现在线学习。

4. 整合资源进行制式培训课程开发

为加快推进和扩大保险各专业领域人才培养，在规划新的制式培训项目中，协会充分调动行业内一线专业人员的力量，反复调研，多次论证，并邀请高校、境内外专业机构共同参与，确保项目课程设计科学、专业、务实、有效。

5. 强调学用结合

制式培训体系设计科学合理，以指导学员实用为宗旨，学员学习自学与培训结合，培训形式线上与线下结合，每个科目考试都以教材为基础、以考纲为依托，组建专业人才与高校专家结合的命题团队，完成部分门类的考试题库建设。为保证题库科学合理，组织了试点考试并邀请专业人士对试题进行评估，确保试题难易比例适当、考点分布均匀。

经过几年探索实践，目前共建成包括车险查勘定损、责任险核保、人身险核保核赔、保险公司治理等10大类38个科目、共计417课时的课程，在线考试覆盖全国包括西藏在内的50个考点，累计为全行业30余万名行业人员提供培训和考核测评，已经形成了包括培训调研、教材编制、课程制作、培训组织、考试管理、信息管理、继续教育等一整套完整的工作流程，并在培训实践中积累了大量经验。

（二）需求导向，高品质开展特色专题培训

在中国保险行业协会教育培训专委会的专业指导下，协会教育培训中心从培养行业人才高度出发，始终坚持专业、高端、公益等特点，重点关注行业共性需求，整合行业内外优势资源，与各会员单位的教育培训形成有效、合理互补，通过精心组织，精细服务，逐渐形成了自身教育培训品牌。4年来，累计组织各类面授培训200多期，参训学员逾23000人次，通过不断摸索和积累，面授培训呈现出导向化、系列化、品牌化、探索化、创新化、个性化、国际化等特点。

1. 导向化，紧跟政策、精准解读

作为监管部门的会管单位，协会在引领行业把握政策方向和发展趋势中一直积极发挥导向作用。近年来，保险业改革进入深水区，在党中央、国务院高度重视行业发展背景下，监管方向逐步调整、各类新规频出，为帮助行业及时把握发展方向，协会先后举办了党建、宏观经济解读、"偿二代"、商业车险改革、互联网保险政策、"营改增"、健康险税优、保险法司法解释、人身保险伤残标准等重要政策类培训。

2. 系列化，深耕细作、砥砺前行

为避免单期专题班知识割裂、主题单一等问题，在加强对会员单位调研的基础上，培训思路逐步由面到点，朝小而专、窄而深迈进。目前已形成人力资源、信息化、财会、审计、行政管理、客户服务等系列培训体系。

3. 品牌化，持续打磨、树立典型

在保持师资水准和组织水准的同时，不断提升培训品质，推出精品工程。备受行业青睐的"中国保险行业领军人才培养工程"推出2年以来，累计举办14期，600余人次行业中高级管理干部参训，课程设计涵盖宏观经济、行业发展、资金运用、战略管理、科技创新、公共资源等模块，选拔海内外顶尖师资授课，通过国内外企业经营管理经验研修和领导力专项训练等"联程培训"方式，加深参训人员对国情、行业和专业的理解，全面提升综合素质和领导能力，为保险行业培养打造一批"懂政策、会经营、能管理"的高级人才。

4. 探索化，寻求突破、蓄势待发

为拓宽专业范围，协会教培中心员工团队不断加强专业知识学习和公司业务研究，不断扩大培训视野和涉足主题。近两年来推出的信用保证险、高管人员责任险、环境污染责任险、银保系列、团险系列等培训都是首次举办，培训效果良好，获得学员肯定。

5. 创新化，关注热点、资源整合

为丰富办班模式，多数培训班借培训机会通过小型沙龙、企业参访等形式，搭建思想交流碰撞平台，通过整合行业内外资源，促进行业又快又好发展。保险科技思享会系列培训以人工智能、云计算、大数据、区块链技术、物联网、车联网、无人驾驶汽车、无人机、基因检测、可穿戴设备等在内的科技为主题，把握保险业与科技结合改良业态的潜在机会。保险创新"实验室"系列培训以寿险营销、场景化保险、社区化保险等为主题，探讨在保险业变革中行业的发展方向及机遇。

6. 个性化，发挥优势、灵活多样

为满足市场主体不同的个性化需求，协会与会员单位良性互动、优势互补，丰富服务手段。为中邮人寿、富德生命人寿、太保寿险、中煤财险等公司提供定制培训，把企业资源和协会资源完美结合，充分实现培训价值最大化。

7. 国际化，国际国内、双轨并行

引领行业中高级人才拓宽国际视野，培养国际思维，借鉴国际先进经验，也是协会不遗余力持续推进的工作。为搭建友好交流的桥梁，目前采取"走出去"与"请进来"双轨并行。4年来，已累计举办26期海外培训，向美国、加拿大、英国、法国、澳大利亚、日本、韩国，以及中国香港地区、台湾地区等保险机构取经送宝，展示我国保险业蓬勃向上形象。同时也邀请日本OLIS、安泰集团、凯撒集团、硅谷等国际知名机构的专家来华，把国际先进的保险管理、技术和创新经验引进国内。

（三）资源共享，提升远程教育的覆盖率

2014年10月23日，在中国保险行业协会第四届理事会的大力推动下，首个全国性保险行业远程教育学习平台"中国保险网络大学"应运而生。自正式上线以来，集PC端网站、移动端App、微信公众号三位一体的中国保险网络大学一直本着服务为先的理念，按照"需求导向、内容为王、整合资源、加强推广"的工作思路，不断加强平台建设和内容生产，致力于为保险行业从业人员专业能力和综合素质的提升提供重要支撑。

截至目前，中国保险网络大学PC端注册用户突破210万，平均每周访问量达到

30万人次，微信公众号粉丝量突破30万，PC端与移动端累计上线课程资源超过4300课时，已建成专题培训、制式培训、保险大讲堂、营销学院、入职教育、继续教育等多个专业学习板块，并在推动监管政策学习、行业知识分享等方面发挥了显著作用。同时，经过4年多时间的运营摸索，中国保险网络大学与行业公司、全国地方协会在内容、平台等方面开展深度合作，形成有力的共振模式，影响力辐射全国。

1. 平台技术不断升级，功能和用户体验不断提升

2016年，中国保险网络大学借助H5开发技术，完成网站升级换代的改版工作，通过技术升级，不仅便利手机等移动端的访问，更提升用户体验。同时，新版网站还设立直播中心，引入新的培训学习辅助工具及手段，保证重要培训项目的时效性和便捷性，2017年全年共举办30期特定主题的网络直播培训。同时，为满足在线学习用户B端和C端的各种需功能需求，中国保险网络大学服务功能不断提升，已经从早期最简单的公开课平台，逐渐成长涵盖从报名注册、专业学习、在线答疑、考试测评、信息查询、证书管理、继续教育等全流程管理的综合性远程教育平台。

2. 立体搭建培训课程体系，学习地图引领学员职涯发展

自中国保险网络大学建立以来，始终把课程研发当作工作核心，作为行业教育培训平台，网络大学课程体系设计一直以"宏观＋微观""专业深度＋知识广度""基础理论＋实务技能"为宗旨，内容以入职教育为起点满足行业新人从业基础知识积累，再以提升各领域专业能力的制式培训为衔接帮助从业人员走专业化发展道路，并辅以各类专题培训课程以扩大从业人员宏观或专业的知识面、更新知识内涵。由于行业协会本身的公信力使然，在助力监管政策宣导和行业热点关注等方面更具影响力，网络大学先后推出的"偿二代""营改增""财税风险防范""多资产投资""反洗钱反欺诈反垄断""保险司法解释""保险诉调对接"等专题远程培训课程，受到了会员单位的高度重视和充分肯定。4年来，网络大学课程内容不断丰富，目前已形成政策解读、财税审计、法律合规、保险业务等九大课程体系，课程体系条线清晰、层次分明，满足了不同层级保险从业人员专业能力和综合素质提升的综合需求，通过学习地图的引领，陪伴从业人员稳步规划职业发展之路。

3. 不断加强资源共享，有效扩大学员覆盖率

从2017年开始，中国保险网络大学加强与会员单位的互动，不断推进网络大学资源与行业机构共享，具体模式包括：（1）同会员单位自有在线学习平台进行对接，便利会员单位员工登录网络大学学习；（2）在网络大学建立企业专区，目前网络大学第一个企业专区——亚太财险学院已正式上线；（3）打造单一学习模块的公司定制通道，比如为太保豫南分公司建立的专向为入职新人提供的学习平台，满足该公司全体新人的线上入职教育培训；（4）建立全国地方协会自律培训专区，为满足全国地方协会工作人员的学习需求，依托中国保险网络大学微信公众号移动平台为全国地方协会建立起包括180门共计500课时的培训课程；通过与行业公司和全国地方协会之间建立起这种有效的联动机制，逐步形成了以中国保险网络大学为中心的资源与技术共享行业培训生态圈。

（四）坚持公益，做优、做强中国保险大讲堂

为引领学习型行业建设，自2013年8月起中国保险行业协会立足"汇聚前沿思想，分享高端智慧"，创办中国保险行业首个公益大讲堂，利用协会平台邀请各方专家开展公益讲座，向行业管理人才免费开放，引导广大从业者主动学习、勤奋学习、热爱学习。4年来，中国保险大讲堂已经发展成为行业内信息沟通、行业间观点碰撞的重要窗口，在行业内外树立起良好的品牌。

1. 坚持高端定位

迄今为止，中国保险大讲堂已汇聚了一批包括诺贝尔经济学奖得主罗伯特·默顿先生、社科院副院长蔡昉教授以及多名金融领域的首席经济学家和来自政产学研界的专家学者共计220余名，他们结合行业发展热点，带来政策传导、行业解读、国际经验等专业讲座，共同为保险业的发展贡献高端智慧。

2. 坚持前瞻视角

除了扩展行业知识外延，在理论前沿方面，邀请国务院发展研究中心党组成员兼办公厅主任、宏观经济研究部部长余斌、中国国际经济交流中心副总经济师、CCTV特约经济评论员徐洪才等专家解析国内外宏观经济形势；邀请像央行金融研究所所长孙国峰、国家金融与发展实验室副主任殷剑峰等专家解读国家金融会议精神；市场前沿方面，邀请新华保险董事长万峰、太保寿险董事长徐敬惠、华泰集团董事长王梓木等畅谈新形势下保险业发展路径选择；技术前沿方面，邀请"互联网金融之父"谢平、BATJ等相关负责人介绍金融科技新趋势。

3. 坚持开放思维

自大讲堂开设以来，坚持高频率举办，4年来共计举办203期，成为金融领域举办次数最多的大讲堂；坚持以协会为主阵地，推动大讲堂走入企业、走进校园、走向全国，线上线下累计听课人次超过20万；根据精选部分讲座内容而编辑成的《中国保险大讲堂实录精选》，目前已公开出版14册，字数170万字，累计发行4万余册，为行业储存了一笔思想财富、智慧结晶。

4. 坚持创新形式

通过网络直播、走进地协、7.8巡讲等形式，携手各界重量级嘉宾、最美保险营销员、保险扶贫团队带头人等嘉宾在天津、北京、上海、郑州、厦门、杭州、福州、太原等全国10多个城市举办大讲堂，真正发挥出分享行业智慧、弘扬保险理念的公益培训效应。同时，开创特别活动，成功举办3期"中国健康保险与健康产业发展论坛"、1期"纪念改革开放四十周年·区块链技术服务保险行业"特别活动，深入探讨保险产业链相关业态发展对行业的影响。

几年来的工作实践证明，要推动一支总数量超过800万的保险行业内外勤员工队伍持续向高素质、高学历、高专业化方向迈进，行业协会组织发挥的牵头组织、引领统筹、规划执行作用不可忽视，只有依托协会才能有效团结行业内外力量共同参与人才发展工程建设，才能有效分配建设过程中的社会资源分配，更好地集中力量办大事，搭建起专业化人才培养体系和各类平台。

四、中国保险行业人才培养工程未来思考

中国古语有云：十年树木、百年树人，比喻人才培养是长久之计，非一日之功。中国保险行业自复业后到行业大发展不过20余年时间，人才的积累和沉淀本身非常有限，再加上市场主体在前些年的大发展背景之下，只注重规模和市场，在销售端多依靠人海战术，在管理端则依赖强力挖角，普遍不重视人才培养，导致行业人力资源的内生力量不足。

伴随国家对保险行业的战略定位调整，当前保险业走进了回归本源、服务实体、严控风险、深化改革的关键发展期。行业人才工作、教育培训工作要从服务行业战略的角度出发，与党的十九大精神、中央金融工作会议精神、监管精神紧密结合起来。全行业要以宏观视野和世界眼光来看待行业人才发展，把培养一批真正认同保险理念、专业能力过硬且兼具职业操守的人才，当作行业人才发展和教育培训工作者的历史使命。行业协会与企业要团结起来，开展深入合作、形成更高效的资源共建、共享、共振机制。

（一）继续加强行业人才培养顶层设计能力

以行业协会组织为平台，在现有人力资源专委会、教育培训专委会基础上更广泛的吸纳国内外专业机构参与到行业人才培养工程的顶层设计中来，确保行业人才发展方向与国家经济金融发展趋势、保险行业发展战略相符，能承接现代保险服务业在当前中国经济社会中所承担的责任和历史使命。

（二）扩大专业人才培养范围，实施人才精细化管理

不断丰富现有人才培养体系化建设，细分保险行业专业知识领域，有序扩大专业人才培养范围，通过制式培训体系引领全行业向纵深培养各类专业人才，通过协会组织与公司联动，对专业化人才实施精细化管理，引领专业人才将个人成长与行业职业发展相结合，获得在保险行业长远发展的动力。

（三）充分利用互联网技术优势，多快好省提高培训效率

在面授培训基础之上，要重视互联网技术对人才教育培训的创新影响，充分发挥互联网跨地域、广覆盖、节约成本、操作便捷等优势，以弥补行业普遍存在的培训资源不足、课程研发力量薄弱等问题。同时，通过行业协会组织与企业、外部专业机构之间在平台、技术、师资、课程、渠道等方面的资源互换、互补，甚至联合共建、共享，能真正建立起中国保险行业互联网教育培训生态圈，实现培训价值最大化。

（四）加强行业各类专业课程研发，探索知识产权代理机制

围绕教育培训工作两大核心要素：内容和讲师，加大资源投入力度，培养起一支高素质的培训讲师，并依托他们强力开发各类具有独立知识产权的专业课程，通过知识产权代理机制的建立，快速推动人才复制。

（五）创新人才管理机制，激活人才动力

随着经济、科技的不断发展，保险行业的共生领域不断增多，互联网科技、人工智能、车联网、物联网、区块链、基因工程等多个领域的业态发展对保险行业当前及未来的发展影响深远，保险业在商业模式、盈利模式，甚至服务方式等方面，都不断涌现一些崭新的课题，行业涉及面越来越广，存在很多未知领域，即便要知，也还需要探索，所以迫切需要各方面的人才激发新动力。这就需要创新人才管理机制，传统的企业组织管理结构需要更灵活、人才激励手段需要进一步丰富、企业文化的塑造需要得到重视并加强，人才管理机制是人才留存、发展的生态系统，只有把行业的人才管理生态系统建立起来，才能吸纳人才、留存人才、激活人才动力。

回顾过去，展望未来，保险行业仍然处在一个难得的发展机遇期，全行业只要不忘初心、牢记使命，行业的黄金时期一定能变为现实，但真正的黄金时期，绝不仅仅

只是行业的大发展、大进步,而是要让国家和社会因为保险行业的大发展、大进步得到最完美、最充分、最满意的保障服务,那才是保险行业的价值所在、使命所在。行业的人才发展工作的方向、人才培养的目标,都应该以这个使命为灯塔,才能牢牢把握保险业人才工作的航向。

特色案例

"保险+医养康宁"跨界融合 打造全生命周期大健康生态体系——泰康人寿保险有限责任公司案例分析[*]

从摇篮到天堂,深耕寿险产业链

保险业是最具人文关怀的产业。自1996年成立以来,泰康从保险出发,不断深化对保险的认识,实现了保险从家庭保障功能到一种生活方式,再到尊重生命的哲学意义的升华,在给保险注入新内涵的同时,也促进了泰康战略与业务的发展,推动、传播和深化了独具特色的价值观和人生观。

泰康人寿秉持"尊重生命,关爱生命,礼赞生命"的理念,以客户需求为导向,

---

[*] 本报告所引用数据,均来自泰康人寿保险有限责任公司。

积极进行产品创新，建立起完善的寿险产品体系。为满足客户的不同需求，泰康人寿开发了健康、医疗、意外、养老、年金、理财等多层次产品，并在业内首创"活力养老、高端医疗、卓越理财、终极关怀"四位一体的商业模式，创新推出"寿险 + 医养康宁"全生命链的产品与服务。通过对接医养实体，依托专业投资，充分发挥保险功能，为客户提供从摇篮到天堂持续一生的全方位金融保险服务，致力于让保险更安心、更便捷、更实惠，让人们更健康、更长寿、更富足。

改革开放40年，解决了中国的工业化、城市化，解决了老百姓衣食住行的问题，现在中国进入一个新时代，进入经济的下半场，下半场解决的是民生的大问题：娱乐、教育、医疗和养老。保险是金融服务业，更是民生产业，泰康人寿顺应时代发展潮流和人民群众切实需求，专注主业、专注专业，坚持深耕寿险产业链，将虚拟保险和实体医养相结合，依托保险、资管、医养三大业务板块，打造"保险 + 医养康宁"大健康产业生态体系，力争成为新时代大民生工程核心骨干企业。

- **"幸福有约"全新升级**

早在2012年，泰康率先推出中国第一个将虚拟保险产品与医养实体相结合的创新型产品"幸福有约"，深得广大客户认可，也成为行业的明星标杆。随着社会的不断发展，高净值人群对于幸福的需求和标准也在不断升级，泰康为实现客户们"健康无忧，财富永续"的切实需要，于2018年12月隆重推出全新升级的"幸福有约"品牌高级定制产品，深层挖掘四位一体的商业模式，为高净值人群打造养老、健康、财富三个闭环。

新升级的"幸福有约"品牌在四位一体的框架下，延展出不同的细分产品。

"保险+医养康宁"跨界融合　打造全生命周期大健康生态体系——泰康人寿保险有限责任公司案例分析

养老方面，泰康为高净值人群规划保险与医养融合的高端养老社区，打造理想的晚年生活；医疗方面，泰康依托丰富的医疗保险体系，提供全球最顶尖的医疗资源服务网络，并为客户海外就医进行全程陪护的服务；理财方面，泰康配合高净值人群对于资产配置全球化和专业化要求，借助多元化理财产品，对客户资金投入进行专户管理、专门运作；终极关怀方面，泰康将打造集墓地、殡葬服务等一系列服务，让家庭文化在仪式与相聚中不断传承。泰康综合考虑客户需求，帮助客户在人生的每个阶段运筹帷幄，解除后顾之忧。

"幸福有约"在产品升级的同时，更配备了一批专业素质强、服务水平高的金牌健康财富规划师，为高净值人群及家庭的幸福人生旅程保驾护航。

高品质医养服务，打造全国领先品牌

· 投资医养基础设施

2007年，泰康开始进行养老产业探索，目前，已在北京、上海、广州、成都、武汉、杭州、苏州、三亚、南昌、厦门、沈阳、长沙、南宁、宁波、合肥等15个核心城市投资建设大规模、全功能、国际标准的医养融合社区，可提供养老及护理床位逾2万张，实际运营户数超过2000户，每个社区均配建康复医院。在医疗方面，泰康战略控股南京仙林鼓楼医院和拜博口腔医院，下一步，在武汉和成都将与国内外顶级医疗机构打造华中医学中心和西南医学中心。

截至目前，泰康在医疗和养老基础设施建设投入的资金超过200亿元。未来，泰康将进一步加大在医疗和养老领域的投资，打造服务全国的生态化医养实体服务网络。

· 探索医养融合模式

泰康已经在养老、医疗、高品质墓园领域形成了国内领先的产业投资及资产运营能力，致力于打造中国医养产业卓越品牌。在建设养老社区之初，泰康便开始探索自己的"医养融合"模式，创新实践"一个社区，一家医院"的理念，在养老社区配建以康复和老年病为特色的医院，建立以长期健康管理为目标，以老年医学为中枢，整合急症转诊、长期护理、预防保健及康复治疗的医养康护体系。在此基础上，根据客户的不同身体情况进行分区照护，设置独立生活、协助生活、专业护理和记忆照护四个服务区域，实现"一站式"持续照护。

针对老年人群慢病为主、多病共存的特征，泰康医养服务体系全面构筑三重防线。第一重，急救保障。医院具备专业急诊急救团队，亦可即刻对接大型综合医院。第二重，老年慢病管理。对长者的生活方式、饮食及医疗保健习惯进行全面全程干预。第三重，老年康复。通过专业的康复手段，介入到护理过程中，尽可能延缓人体功能衰老，提升长者生活质量。

"保险+医养康宁"跨界融合 打造全生命周期大健康生态体系——泰康人寿保险有限责任公司案例分析

闭环整合型医养服务体系：预防、治疗、康复、长期护理

泰康康复医院汇集国内外康复医学专家，组建多学科康复医疗团队，为客户提供集诊疗、康复、护理为一体的国际化康复医疗服务。医院配备先进的康复治疗设备、设施，以及国内康复医院少有的日常生活能力训练区。各康复医院均采用泰康国际标准康复体系，患者从入院到出院均可以享受到全程、全方位的国际标准服务流程，多学科团队为每一位患者制订个性化的康复治疗方案，开展家庭会议，家属也成为康复团队的一员，并根据康复计划的执行情况，定期调整康复计划，以确保治疗顺利实施，并达到最优的康复效果。

泰康粤园康复医院

泰康燕园康复医院

泰康申园康复医院

成都泰康蜀园医院

· 推动一场"养老革命"

不同于传统的养老院,泰康养老社区以活力养老、健康养老、文化养老和科技养老为特色,配套设施完善,能提供居住、餐饮、医疗护理、文化娱乐、健身运动等全方位、多层次的高品质生活,以满足老人"社交、运动、美食、文化、健康、财务管理和心灵的归属"七大核心需求。

目前,泰康也在进行医养融合社区2.0至3.0版本的创新探索,力争不断降低成本,让高品质养老服务辐射更大的人群。就像当年福特先生一样,通过不断改进技术和生产方式,让汽车进入寻常百姓家。同时,泰康启动"溢彩公益计划",拟在全国资助1000家养老院,让贫困及孤寡老人老有所养,安度晚年。

泰康将持续在中国推进一场伟大的"养老革命",改变中国老年人对生命的态度,更提升了国人对生命的不断追求,让老年生活成为充满诗意的存在,让人生每个乐章都流光溢彩。

依托泰康集团,综合实力更强

泰康人寿是泰康保险集团的子公司,前身为泰康人寿保险股份有限公司,成立于1996年,总部位于北京。

泰康人寿始终坚持"市场化、专业化、规范化"的企业价值观,做市场和监管的好学生。

36 家 寿险分公司

3800 个 机构网点超

超 70 万 营销队伍

1.17 亿人次 累计理赔客户

305 万件 累计理赔超

190 亿元 累计支付理赔金

1500 亿元 规模保费超

第 8 2018年亚洲寿险十强

第 4 中国寿险十强

注:未经审计数据,截至2018年12月。

泰康人寿依托实力强大的泰康保险集团，拥有丰富的资源，公司外延和内生增长动力更加强劲。泰康保险集团是一家涵盖保险、资管、医养三大核心业务的大型保险金融服务集团。2018年跻身《财富》世界500强，并连续15年荣登"中国企业500强"，管理资产超14000亿元。旗下拥有泰康人寿、泰康资产、泰康养老、泰康健投、泰康健康、泰康在线等多家公司。业务范围全面涵盖寿险、互联网财险、养老保险、企业年金、资产管理、医疗养老、健康管理、商业不动产、海外业务等多个领域。

14000 亿元
泰康集团管理资产超

500 强
连续15年荣登
中国企业500强

泰康 Taikang

保险	资管	医养
泰康人寿	泰康资产	泰康健投
泰康养老	泰康资产（香港）	泰康健康
泰康在线		

"保险+医养康宁"跨界融合 打造全生命周期大健康生态体系——泰康人寿保险有限责任公司案例分析